제 3 판

국 제 기 구

-글로벌 거버넌스의 정치학-

서창록 · 김영완

다산출판사

제3판 서문

현재 국제사회에서 국제기구는 유례없는 위기를 맞이하고 있다. 제2판이 2016년에 나온 이후 국제기구에 관련하여 국제사회에는 세 가지 큰 사건이 있었다. 첫 번째는 국제기구 존재 자체를 부정하고 기능에 회의적인 트럼프 미국 대통령이 2017년에 취임하여 국제기구의 많은 기능을 부정하였던 것이고, 두 번째는 2019년 말에 생겨난 코로나19로 인해 국제기구의 기능과 역할에 대한 근본적인 회의가 일어난 것이다. 마지막으로 더 충격적이었던 것은 2022년 2월 국제사회 평화를 위협하는 러시아의 우크라이나 침공 행위에 대해 유엔을 비롯한 대부분의 국제기구가 침묵을 지킨 것이다. 이러한 세 가지 사건 모두 국제기구의 존재에 대한 근본적인 질문을 던진 사건이었다. 그러나 아이러니하게도 국제사회에서 그동안 일어난 일련의 사건에 대한 해결책을 묻는다면, 여전히 많은 사람들이 결국엔 국제기구가 제대로 된 역할과 기능을 수행해야 한다고 답을 하곤 한다.

제2판에 이어 제3판도 고려대학교 서창록 교수와 서강대학교 김영완 교수의 공동 작업으로 이루어졌다. 두 사람은 현재 비정부기구인 휴먼아시아에서 아시아 인권 증진과 개발을 목표로 각각 이사장과 상임이사로 일하고 있다. 또한, 서창록은 유엔인권이사회 자문위원회 위원을 거쳐, 한국인 최초로 유엔 시민적·정치적 권리위원회 위원으로 일하고 있다. 김영완 역시 코이카를 비롯하여, 굿네이버스, WFP, UNHCR, UNRISD 등과 함께 개발협력 관련 연구를 진행하고 있다. 두 사람 모두 국제기구에 대한 이론적 이해를 기반으로 현실에서 국제기구와 함께 일하고 있는 공통점을 지니고 있다.

본 책은 제2판 이후 다행히 많은 독자들의 사랑을 받았으며 제2판이 나온 지 대략 6년 반 만에 제3판을 출간하게 되었다. 많은 대학에서 교재로 사용되었으며, 중고등학생 역시 본 책을 많이 구입하여 읽었다. 과거에 비해 많은 학생들이 국제기구에 관심을 가지게 되었고, 국제기구에서 일을 하고 싶어 하며 이에 대한 환상을 가지고 있다. 하지만, 국제기구에 대한 정확한 이해를 가지고 있지 않은 것이 사실이다. 본 책을 통해 독자들이 국제기구에 대한 이해를 높이고 실제 국제기구의 기능과 역할을 알게 되었으면 한다.

제3판에서는 제2판에 있었던 오류 및 오타 등을 바로잡을 수 있었다. 많은 관심과 사랑을 받은 덕분에 제2판 2쇄 작업을 통해서도 고쳐지지 않았던 문제들을 제3판을 통해 고칠 수 있었다. 또한, 2023년 2월을 기준으로 최신 데이터로 최대한 수정을 하였으며, 앞서 지적하였던 주요 문제들에 대한 논의를 다루기도 하였다. 여전히 고쳐지지 않은 문제가 발견되기도 하지만, 저자들이 최선을 다해 보다 나은 책을 만들기 위해 노력하였다. 출판사를 통해 중간고사, 기말고사, 강의계획서가 무료로 배포되고 있으니 대학 교재로 사용하시는 분들은 편히 이용하였으면 한다. 지난 6년 반 동안 본 교재를 사용하여 강의를 진행하였기에 제공되었던 강의안(PPT)을 비롯하여 많은 부분이 개선되었다고 할 수 있다.

가능하다면 앞으로는 좀 더 짧은 기간 동안 다음 개정판을 출간하여 빠르게 변하는 국제사회 시대의 흐름을 따라잡고자 한다. 외국의 교과서들이 20판도 넘게 개정판을 출간하는 것을 보며 부러워했던 적이 있다. 국제기구 역시 앞으로도 널리 사랑받아 많은 개정판을 출간할 수 있었으면 한다.

2023년 2월

스위스 제네바에서 서창록, 베트남 무이네에서 김영완

제2판 서문

국제기구는 시간이 지날수록 복잡해지고 있으며 국제사회에서의 역할도 더 중요해지고 있다. 특히나 국가 간 국제기구와 함께 비정부기구들은 전통적으로 국가가 담당하였던 역할을 대신하여 수행하고 있다. 바야흐로 정치, 경제, 사회 전반에서 국제기구를 이해하지 않고서는 국제사회를 분석할 수 없는 시대가 온 것이다. 국제기구라는 책이 출판된 지도 벌써 12년이 흘렀다. 사실 3년 전부터 개정판을 준비해 왔으나 저자의 게으름과 공사다망함으로 인하여 개정판의 출판이 늦춰졌었다. 책의 독자와 이 책을 사용하여 강의를 해 왔던 강사분들에게는 미안한 마음만 가득하였다. 결국 2016년 6월에 와서야 개정판의 준비를 끝낼 수 있었고 마침내 개정판을 낼 수가 있었다. 이번 개정판은 초판을 바탕으로 서창록, 김영완의 공동 작업으로 이루어졌다. 마지막 원고 정리 중에 브렉시트(Brexit)를 맞이하였고 이는 국제기구를 공부하는 이의 입장에서 큰 충격이었다. 국제기구 중 가장 진보적이고 발전되었다는 평가를 받는 EU의 침체 혹은 해체의 징조는 안타까움으로 다가왔다. 하지만 이와 함께 국제기구는 평생을 바쳐 공부할 필요가 있는 분야임을 다시금 깨닫게 되었다.

책의 주요 개정내용은 다음과 같다. 첫째, 오래되었던 데이터와 새로 일어난 일들을 모두 개정하였다. 2004년에 출간된 책의 내용은 그보다 더 오래된 데이터와 예전의 국제사회의 모습을 설명하고 있었다. 지난 10여 년간의 변화는 국제사회에 엄청난 변화를 가지고 왔다. 세상은 이전보다 더욱더 빨리 변화하고 있고 급변하는 국제사회 속에서 많은 행위자들이 각자의 역할을 하고 있다. 오래된 데이터들을 개정하는 일은 보다 세심한 주의가 필요하고 사실확인이 필요하였다. 오래된 부분을 놓치지 않도록 최선을 다하였으나 부족한 부분이 있을 수도 있음에 독자의 주의를 환기하는 바이다. 둘째, 최근에 생겨난 국제기구들이나 이전 책에 실리지 않았던 국제기구들을 추가하였다. 모든 장에는 신생 국제기구들을 소개함으로써 국제기구가 어떻게 변화하고 생겨나고 있는지를 독자가 알 수 있도록 하였다. 셋째, 보다 많은 표와 그림들을 삽입하였다. 2004년에 발간된 책은 서술 위주로 독해하기가 좀 어려운 측면이 있었다. 그러한 단점들을 극복하여 표와 그림들을 삽입하여 독자들이 좀 더 재미 있게 읽을 수 있고 교재로서도 눈에 잘 들어오도록 개정하였다. 넷째, 국제사회의 새로운 변화의 물결을 반영하였다. 앞서 언급하였듯이 정부 간 국제기구는 여전히 중요한 행위자이지만 비정부기구는 과거에 비해 훨씬 더 중요해졌다. 이러한 변화를 반영하여 비정부기구들을 소개하였고 이들의 활동에 많은 초점을 맞추었다. 다섯째, 각 장의 구성을 달리하고 보강하여 강의교재로 사용하기 편리하게 개정하였다. 본 책의 주요 독자층은 대학생이며 책이 강의용으로 사용되는 경우가 많이 있다. 개정판은 총 15장으로 구성되어 중간고사 이전에 사용할 수 있는 1장부터 7장, 그리고 중간고사 이후부터 사용할 수 있는 9장부터 15장이 있다. 8장은 중간고사 기간을 생각하여 쉬어가는 장으로 일부러 비워 두었다. 1장부터 7장까지는 국제기구에 대한 이론과 주요 이슈들을 다루었으며, 9장부터 15장까지는 다른 종류의 국제기구들을 설명하였다. 이와 함께, 각 장에 대한 강의자료를 파워포인트(PPT)로 만들어 출판사를 통해 강의계획서와 함께 배부하고 있다.

개정판의 자료 수집과 데이터 개정에 도움을 준 조소영, 박민기, 정수나 조교에게 감사의 말씀을 전하며 개정판을 내기 위하여 책을 교재로 먼저 사용하고 토론 주제들을 만드는 데 도움을 준 한국외국어대학교 LD 학부 학생들에게 감사를 표한다.

2016년 8월

버클리에서 서창록, 키갈리에서 김영완

서 문

국제기구란 무엇인가? 국제기구는 어떤 역할을 하는가? 국제기구는 과연 국가와 국가 간에 해결할 수 없는 문제점을 대신 해결할 수 있는 대안인가? 국제기구는 글로벌 거버넌스(global governance)의 역할을 어떻게, 또 어느 정도 수행하고 있는가? 국제기구는 인류의 삶의 질을 향상하는 데 보탬이 되는가? 필자는 이 같은 근본적인 질문에 답하고자 이 책을 구상했다. 따라서 이 책은 국제기구의 실체를 드러내고 그 미래를 짚어보면서, 국제기구란 무엇이고 주어진 과제는 무엇인지, 그에 대한 해답을 찾아 가는 과정이다.

필자의 국제기구에 대한 관심은 수년 전 글로벌 거버넌스에 대한 연구를 하면서부터 시작되었다. 국제관계에서 가장 중요한 행위자로 오랫동안 군림해 온 주권국가의 중요성이 줄어들면서 다른 다양한 행위자들이 독립적 행위자로 출현했고, 국제관계에서 상대적으로 다른 행위자들의 중요성이 부각되면서 글로벌 거버넌스의 필요성과 관심이 높아졌다. 지구상에 존재하는 무수히 많은 문제들이 주권국가와 주권국가들의 협력만으로 해결되기 어려워졌고, 따라서 주권국가들이 다른 행위자들과 어떻게 어우러져서 범지구적 · 탈근대적 문제들을 다루어 나가야 하는지에 대한 논의가 시작됐던 것이다. 이것이 바로 글로벌 거버넌스의 논의이다.

그리고 그러한 글로벌 거버넌스의 논의에는 국제기구가 그 중심에 있었다. 특히 유엔은 가장 주의 깊게 살펴봐야 할 국제기구였다. 유엔은 주권국가들의 모임이지만, 여러 사례에서 나타나듯이 다른 행위자들을 수용하면서 글로벌 거버넌스의 역할을 수행하려고 노력해 왔다. 그러나 그러한 유엔의 역할에는 한계가 있고, 주권국가의 모임이라는 태생적 한계를 극복하기 어렵다는 비판이 끊이지 않는다. 과연 유엔을 비롯한 국제기구는 현재 국제사회에서 어디쯤 위치하고 있는가? 그 해답을 찾기 위해 이 책은 글로벌 거버넌스와 국제기구에 대한 이론적 논의를 정리하고, 분야별로 국제기구의 글로벌 거버넌스에 대한 역할을 논의한다. 국제기구를 공부하는 학생들에게는 좋은 교과서가 될 수 있을 것이다. 또 글로벌 거버넌스에 관심이 있는 국제정치학도들에게 좋은 이론적 배경과 실제를 제공해 줄 것으로 기대한다.

이 책은 특히 국제기구의 정치적 상황에 많은 부분을 할애했다. 국제기구는 그 탄생의 배경으로부터 최근의 활동에 이르기까지 국제정치라는 현실적 상황으로부터 자유롭지 못했다. 국제정치의 냉혹한 현실로부터 거리를 두려고 하는 노력 자체가 국제정치의 현실을 인식한다는 반증이 되는 것이다. 국제정치와 국제기구의 성쇠는 톱니바퀴처럼 맞물려 있다. 국제기구의 성과는 국제정치 상황과 밀접한 관계가 있는 것이다. 그 때문에 한편으로는 주권국가의 이익쟁탈이라는 현실정치하에서 국제기구가 과연 독자적이고 긍정적인 역할을 할 수 있을 것인가에 대한 회의적인 시각을 갖게 되기도 하였다. 그러나 또 다른 한편으로는 국제기구가 21세기 글로벌 거버넌스에 중요한 역할을 할 것이라는 확신과 희망을 가지면서 이 책을 마무리했다.

대부분의 책이 남의 도움 없이 혼자의 힘으로 만들어지지 않는다. 이 책도 예외가 아니다. 먼저 뉴욕대학교의 스미스(Dennis Smith) 교수에게 감사하고 싶다. 그는 오랫동안 필자가 소속되어 있는 고려대학교 국제대학원의 좋은 파트너로서 몇 년 전 국제기구 전문가 과정을 공동으로 개발하면서 필자에게 이 분야의 중요성을 인식하게 해 주었다. 특히 지난해 필자가 뉴욕대학교에 교환교수로 있을 때 지속적으로 이 분야의 필요성과 가능성을 일깨워 주었다. 웹스터 대학교의 피스(Kelly-Kate Pease) 교수에게도 특별한 감사의 표시를 하고 싶다. 많은 조언을 주었고, 특히 이 책을 쓰는 데 있어 그녀의 자료를 활용할 수 있도록 허락해 준 것에 대해 감사한다. 이 책에서의 많은 자료가 피스 교수의 저서(Pease, Kelly-Kate S. *International Organizations. Perspectives on Governance in the Twenty-First Century*. 2nd ed. New Jersey: Prentice Hall, 2003)와 베넷(Bennett)의 저서(Bennett, A. LeRoy. *International Organizations: Principles and Issues*. 6th ed. Upper Saddle River, NJ: Prentice Hall, 1995)에 실린 자료를 활용하여 내용을 정리한 것임을 밝힌다.

자료수집과 편집과정에서 헌신적으로 도와준 고려대학교 국제대학원의 윤세

경, 양주희, 최인혜, 유지용, 김휘연, 이은영, 양윤정, 이철호, 이효연 학생들에게 감사한다. 또 아들이 글을 쓰는 것을 큰 자랑으로 여기시는 부모님께 이 책이 또 하나의 자랑이 되기를 바란다. 마지막으로 책을 쓴다는 이유로 가정에 소홀했던 필자를 항상 격려하고 지원해 준 아내와 세 아이들, 혜정, 유정, 규상에게도 고맙다는 말을 전하고 싶다.

2004년 1월
안암동 연구실에서
서 창 록

차 례

PART 1

PART 2

PART 1

chapter
01

서 론

국제기구는 국제적 문제들을 해결하기 위해 구성된 단체이다. 대부분의 국제기구는 주권국가Nation-State를 단위로 하여 구성되고 각국이 국가이익을 추구하는 과정에서 형성된다. 하지만 국가를 단위로 하지 않는 새로운 단체들, 특히 비정부기구NGOs: Nongovernmental Organizations가 급속도로 발전하면서 국제기구가 더 이상 정부간 기구IGOs: Intergovernmental Organizations만을 의미한다고 할 수 없게 되었다. 이러한 변화를 반영하여 현대의 국제기구는 정부간 기구와 비정부기구를 포함하는 것으로 볼 수 있다. 국제기구는 그 기능에 따라 범세계적 기구와 지역적 기구로 구분된다. 이 책에서는 범세계적 기구로 제2차 세계대전 이후 가장 중요한 국제기구로 자리 잡고 있는 국제연합UN: United Nations(이하 유엔)을 중심으로 정부간 기구를 세분화하여 살펴볼 것이다. 평화, 안보, 경제, 인권, 환경 등 유엔이 관여하고 있는 다양한 분야에 대한 국제기구의 역할을 논의하고 지역적 기구의 역할 역시 다룰 것이다. 이와 함께, 최근 급속도로 늘어나고 있는 비정부기구에 대한 분석을 진행함으로써 그들과 유엔을 포함한 정부간 기구와의 관계에 대해 살펴보도록 할 것이다.

국제기구를 이해하는 데 있어 가장 중요하고 근본적인 의문은 과연 국가 간의 상호작용으로 풀기 어려웠던 문제들에 대해 국제기구가 얼마만큼 해결의 실마리를 제공할 수 있는가 하는 것이다. 현재 국제사회에서는 국가의 주권이 가장 존중받고 있고, 다른 국가 또는 국제기구가 한 주권국가의 국내문제를 함부로 간섭할 수 없게 되어 있다. 그러나 국내문제와 국제문제의 경계를 구별하기 점점 힘들어지는 요즘, 국제기구가 어느 정도까지 국내문제를 간섭할 수 있으며, 국제기구가 어떤 역할을 할 수 있는가에 대한 논의는 매우 중요한 문제이다. 최근 들어 국제기구의 숫자가 급속도로 늘어나고 있다는 것은 국제문제를 해결하는 데 있어서 국제기구의 역할이 커지고 있다는 점을 보여주고 있다. 다시 말해 복잡하고 다양한 현대 사회에서 각각의 국가들이 국제문제를 해결하는 데는 한계가 있으며 각국 정부가 의지를 갖고 실천하지 않은 여러 문제들을 해결하기 위해 세계시민들의 자발적인 참여가 늘어났다는 것이다. 유엔을 중심으로 한 정부간 기구와 그 아래 수많은 산하기구, 또한 무수히 많은 비정부기구는 과거에는 상상조차 못했을 정도로 국제문제에 관여하고 있으며 중요한 역할을 맡고 있다.

이 책은 국제기구를 공부하는 학생들을 위해 구성됐다. 국제기구의 이론과 역사, 유엔을 중심으로 한 국제기구 조직을 먼저 다루고 경제, 환경, 인권 문제 등 국제기구의 분야별 현황 등을 다루게 된다. 이 책에서 다룰 가장 중요한 주제 역시 정부간 기구와 비정부기구를 포함한 국제기구가 국제문제를 해결하는 데 있어 얼마만큼 독립적 역할을 할 수 있고, 실제로 하고 있느냐 하는 점이 될 것이다.

국제기구의 역할

주권국가는 국제사회에서 기본적이고 우선적인 정치적 단위로 자리매김해 왔다. 현대 국제정치의 다양하고 복잡한 변화에도 불구하고 주권국가는 그 주도적인 위치를 잃지 않았고, 앞으로도 상당기간 그 위치를 유지할 것이다. 주권국가라는 개념이 형성된 것은 불과 350여 년 전의 일이다. 인류역사에 비해 상대적으로 짧은 기간이지만 주권국가는 그동안 인간의 정치적 삶을 권위적으로 구성할 수 있는 가장 크고 강력한 권위체로 존재해 왔다. 국제기구의 역사는 약 150여 년 정도라고 할 수 있다. 그마저도 유엔 탄생 이전의 국제기구의 활동은 미미한 수준이었다. 그러나 지난 80여 년간 국제기구는 엄청난 속도로 발전해 왔다. 주권국가가 짧은 역사에도 불구하고 인간의 삶에 미치는 권위와 영향에 있어 비약적인 성장을 했다고 본다면, 앞으로 국제사회에 있어 국제기구 역시 그와 같은 성장을 이룰 수 있을까? 인간이 이루고자 하지만 쉽게 이뤄지지 않는 평화와 경제발전, 환경보호, 인권향상과 같은 국제사회의 문제들이 국제기구의 주도하에 해결될 수 있을 것인가? 이 책은 이 같은 질문과 함께 그 해답을 찾기 위해 국제기구의 과거, 현재, 미래의 모습을 들여다볼 것이다.

앞서 언급하였듯이 현대의 국제기구는 정부간 기구와 비정부기구로 분류될 수 있다. 이 책은 주로 정부간 기구를 다루고 있지만 비정부기구도 함께 살펴볼 것이다. 국제기구의 공통된 자격 요건으로 1) 부과된 기능을 지속적으로 수행할 수 있는 영구기관일 것, 2) 정당성을 갖춘 조직과 회원들의 자발적 참여로 이루어졌을 것, 3) 활동의 목표와 체계 그리고 방법 등을 명시한 기본 발기문을 갖출 것, 4) 광범위한 대표성을 가진 협의기관일 것, 5) 지속적 행정업무와 연구 그리고 정보 기능을 수행할 영구 사무소를 갖출 것이 있다(Bennett and Oliver, 2002). 위의 자격 요건이 충족되었을 때 해당 기구를 국제기구라 할 수 있다. 정부간 기구는 주로 국제조약internaitonal treaty에 의해 설립되고, 국가주권을 보호하기 위해 강제나 강압을 통해 활동하기보다는 동의 · 권고 · 협력의 차원에서 활동한다.

일반적인 경우, 국제기구는 국가 시스템 안에서 그 기능을 수행하는 것으로 이해할 수 있다. 국제기구의 중요한 역할은 협력을 통해 모든 국가 또는 대부분의 국가들이 이익을 얻을 수 있는 영역 내에서 국가들 간의 협력 수단을 제공해 주는 것이다. 그들은 협력이 이루어지는 장소를 제공할 뿐 아니라 결정을 행동으로 취하는 행정적 기구로서의 역할을 수행한다. 국제기구의 또 다른 역할은 정부들 사이에 의사소통이 원활하도록 다양한 채널을 제공하여 문제가 발생할 경우 신속한 접근과 조정이 용이하도록 하는 것이다. 분쟁상황에서 국제기구는 분쟁 당사국들의 문제에 귀를 기울이는 것 외에도 다른 국가들의 이익에 해가 갈 수 있는 위험한 행동이 일어나지 않도록 조율하는 역할을 담당한다.

주권국가로서 국가는 국가 간 분쟁을 국제기구를 통해 해결할 수 있고, 국제기구가 관여하는 것을 거부할 수도 있다. 그들은 경우에 따라 협상을 할 수도 있고, 또 모든 협상이나 양보를 거절할 수도 있다. 그들은 국제기구의 대부분의 회원들이 동의한 결정에 순응하여 따를 수도 있고, 혹은 이러한 권고를 수행하거나 문제해결에 협력하는 것을 거부할 수도 있다. 만약, 한 국가가 어떤 강요를 당하게 된다면 그것은 다른 국가들의 행동에 의해서만 가능하다. 일반적으로 국제기구는 강제력을 동원할 독자적 수단이 없다.

그럼에도 불구하고 국가들은 분쟁의 값비싼 대가를 치르는 것을 피하기 위해서 국제기구를 통해 문제를 해결하는 경우가 많다. 유엔의 경우는 분쟁해결의 수단을 동원할 수 있는 다양한 산하기구를 두고 있다. 국가들 간의 이익 충돌이 심각하지 않은 상황일 경우에는 관련 국가들의 상호이익을 충족시켜 주는 합의가 도출될 수 있기 때문에 국제기구를 통한 손쉬운 해결이 가능하다. 국가 간의 통신을 원활하게 하기 위한 협의 등은 관련 국가들에게 불이익을 줄 가능성이 비교적 적어 국제기구를 통한 합의가 가장 손쉬운 해결방안이 될 수 있는 사례이다.

국가 간 상호의존도가 높아진 오늘날 국제사회에서 국제기구의 역할 역시 증가할 수밖에 없다. 각 국가들은 자국의 복지 또는 안보를 증진시키기 위해, 그리고 다양한 국내문제들을 해결하기 위해 국제기구를 필요로 한다. 따라서 국제기구는 과거 어느 때보다도 다양해지고 수적인 성장이 일어났다. 물론 세계시민들이 자국의 문제뿐만 아니라 국제문제로 관심을 가지게 된 점도 간과할 수 없다. 국제기구는 이제 각 국가들이 다양한 목적을 달성하기 위해 사용하는 필수 불가결한 기제가 되었고, 국제분쟁의 다양성을 감안할 때, 국제기구는 앞으로 수적으로도 더욱 증가할 뿐 아니라 그 영향력도 더욱 확산될 것임을 예측할 수 있다.

현대 국제정치의 가장 중요한 행위자인 주권국가가 중심이 되지 않는 비정부기구의 등장과 양적인 그리고 질적인 성장은 국제기구를 연구하는 사람들에게 중요한 관심사가 아닐 수 없다. 최근 비정부기구의 수는 기하급수적으로 증가하고 있고, 중요한 정책결정에도 참여하는 등 그 역할 또한 크게 증대되었다. 이러한 점은 앞으로의 국제관계가 과거와 달리 주권국가와 그들로 구성된 국제기구에 의해서만 좌우되지 않을 것이라는 것을 예고한다. 또한 앞으로 국제문제의 관리, 즉 글로벌 거버넌스의 특성 또한 크게 변화할 가능성이 크다는 점을 시사한다.

글로벌 거버넌스의 의미

거버넌스란 단어는 이제 많은 사람들에게 익숙한 단어가 되었지만, 정의 내리기는 쉽지 않다. 과거에는 국가와 사회라는 이분법적인 분류에서 국가는 통치하고 사회는 통치를 받는 수직적인 개념이 지배적이었다. 하지만, 현대 사회에서 국가와 사회의 각각 다양한 주체들이 네트워크식의 형태로 수평적인 국정운영이 강조되고 필요성이 증대되면서 거버넌스라는 개념이 등장했다(서창록 외, 2002). 국제사회에서 주권국가들이 유일한 행위자로서 그들의 관계로 형성되었던 국제관계가 변화하여, 다양한 다른 행위자들이 등장하고 새로운 행위자들이 국가들과 수평적 관계를 설정하게 되었다. 이를 통해, 국제사회의 다양한 문제를 해결해 나가는 새로운 환경에서 글로벌 거버넌스global governance라는 개념이 등장하였다.

세계화라는 거대한 물결 속에서 범세계적인 문제들이 국경을 넘나들면서 주권국가의 영역을 침범하며, 주권국가가 스스로 문제해결 능력을 상실해 가는 이 시점에 글로벌 거버넌스라는 개념이 등장한 것이다. 글로벌 거버넌스란 전통적인 국가 중심의 국제정치이론이 지닌 한계를 극복하고 새로운 행위자들을 포함하려는 의도에서 도출된 개념이라고 할 수 있다(서창록, 2002). 글로벌 거버넌스에 대한 통일된 개념의 정의는 아직까지 내려지지 않았지만, 한 가지 분명한 것은 세계화에 따라 한 국가가 다른 국가와의 협력 없이 자국의 힘으로만 해결할 수 있는 문제의 범위가 갈수록 좁아지고 있다는 것이며 글로벌 거버넌스는 이 같은 현실과 밀접한 관련이 있다는 점이다. 이는 세계화로 대변되는 1990년대 이후의 세계정치경제 질서와 무관하지 않다. 냉전종식 이후 안보, 군사 그리고 정치적 쟁점 등 상위정치high politics에 국한되어 있던 국제문제들의 무게 중심이 경제, 문화, 인권, 환경 등 하위정치low politics의 쟁점으로 확산되거나 혹은 강화되었고, 이러한 세계질서를 이해하기 위한 통합적이고 포괄적인 분석의 틀이 요구되었다. 이러한 시기에 적절한 분석의 틀로 등장한 것이 바로 글로벌 거버넌스라고 할 수 있다.

로즈노James Rosenau는 이와 같은 변화된 환경을 '분열fragmentation'이라고 명명하고, 과거 무정부적 세계질서 아래에서의 주권국가 간의 상호행동들이 세계질서를 결정짓는 가장 중요한 핵심이었던 반면에, 현재는 동시다발적으로 일어나는 새로운 범지구적 그리고 지역적 세력들의 '통합integration'과 '분열fragmentation'을 향한 상호행동이 국제정치의 핵심에 자리 잡고 있다고 지적했다(Rosenau, 1999).

글로벌 차원에서의 공동노력으로 다양한 분야에서 다양한 행위자들과 연관되어 나타나는 문제에 대응하고자 하는 시도는 1995년 유엔글로벌거버넌스위원회UN Commission on Global Governance의 창설을 계기로 확대되게 된다. 글로벌 거버넌스가 세계적인 주목을 받게 된 것이다. 그리고 같은 해 발표된 위원회 보고서인, 세계는 이웃이라는 의미의 'Our Global Neighborhood'는 변화된 세계질서에 대응하기 위한 도구로서 글로벌 거버넌스를 제안하면서 기존의 정부 간 관계뿐 아니라 비정부기구, 다국적기업, 세계자본시장 등의 다양한 세력들을 포함하는 개념으로 글로벌 거버넌스가 제정되어야 한다고 주장했다.

국제기구는 글로벌 거버넌스의 중요한 주체가 되고 있다. 여전히 많은 이론가들이 주권국가를 국제사회의 유일한 행위자로 보고 국제기구는 국가들이 자기들의 이익을 추구하는 하나의 장으로 설명하고 있지만, 다양한 형태의 국제기구가 독립적 행위자로서 글로벌 거버넌스의 주체가 되고 있는 것이 현실이다. 주권국가가 국제사회에서 유일한 행위자인가 아니면 비국가 조직 또는 개인이 국제사회에 중요한 행위자가 될 수 있는가 하는 문제는 현대 국제정치이론의 중요한 논제가 된다.

이 책은 글로벌 거버넌스라는 국제사회에 막대한 영향력을 미치고 있는 새로운 개념을 토대로 국제기구를 이해하고자 시도하였으며 1부와 2부로 나뉘어 총 15장으로 이루어져 있다. 1부(1장~7장)에서는 국제기구에 대한 이론적인 이해와 전반적인 상황을 설명하였으며 2부(9장~15장)에서는 국제사회의 이슈에 따른 국제기구를 설명하였다. 1장인 본장은 책의 서론으로서 역할을 하고 있으며 2장과 3장에서는 국제기구를 바라보는 이론적 접근법을 기술하였고 4장에서는 국제기구의 역사를 설명하였다. 5장에서는 현존하는 가장 광범위한 국제기구인 유엔의 역사와 조직을 살펴보고 각 분야에 걸친 유엔과 그 밖의 주요 국제기구들의 활동을 분석하였다. 6장과 7장에서는 각각 국제평화와 국제경제의 이슈를 국제기구와 연관하여 기술하였다. 8장은 쉬어 가는 장으로서 국제기구와 관련된 내용이 담겨 있진 않다. 9장에서는 지역주의와 함께 발전한 국제기구를 설명하였으며 10장에서는 지역주의의 대표적인 국제기구인 유럽연합을 살펴보았다. 11장은 초국가주의와 비정부가구를 다루었으며, 12장은 국제개발협력 분야에서의 국제기구의 역할을 분석하였다. 13장과 14장은 인권과 환경의 문제에 관련된 국제기구를 설명하였다. 마지막으로 15장은 국제기구의 미래와 앞으로의 발전 가능성을 설명하였다.

토론 주제

1. 현재의 세계화가 계속 지속된다고 가정할 때, 국제기구가 주권국가를 뛰어넘는 또는 주권국가와 동일한 힘을 가지는 국제정치의 주체가 될 가능성에 대해서 어떻게 생각하는가?
2. 국제기구는 짧은 역사에 비해 비약적인 성장을 이루었다. 앞으로 국제기구의 역할이 얼마나 확대되어야 하는가? 미래 국제기구의 역할은 현재와 어떻게 달라져야 한다고 생각하는가?
3. 국제기구가 그 목적을 보다 효과적으로 수행하기 위해서는 강제적 제재 수단이 필요한가?
4. NGOs의 분야가 다양해짐에 따라 서로 다른 분야의 NGOs 간 충돌 가능성도 증가하고 있다. 앞으로 국제사회에서 NGOs의 영향력이 더욱 증대된다면, 국제사회에 혼란을 가중시킬 것인가? 상충되는 다양한 행위자들의 목소리가 어떻게 국제관계에 적용될 것이라고 생각하는가?
5. 미래의 국제체제를 글로벌 거버넌스로 설명할 수 있다면, 글로벌 거버넌스의 리더 역할은 누가 할 수 있는가?

chapter 02

국제기구이론 – 전통적 접근

국제정치를 이해하기 위해 가장 많이 사용되는 이론은 현실주의realism와 자유주의liberalism이다. 이 장에서는 국제정치 이론의 전통적 접근법으로 현실주의와 자유주의를 이용하여 국제기구를 이해해 보도록 하겠다. 현실주의와 자유주의는 다른 국제정치의 문제들에 접근하는 것과 마찬가지로 국제기구에 대해서도 각각의 입장을 개진하였으며 국제기구가 국제관계에서 어떠한 역할을 하는지 광범위하게 분석하였다. 이 두 가지 접근법은 풍부한 지적 전통에 기반하고 있으며 각각은 국제정치에서 행위자들 간의 역학적 관계를 설명한다. 여기서 우리는 현실주의와 자유주의에 대해 그들의 기본 가정을 중심으로 국제기구를 이해하고 이러한 이론적 기반이 국제기구의 탄생과 발전, 그리고 역할을 어떻게 설명하고 있는지 알아볼 것이다. 그리고 마지막으로 현실주의와 자유주의의 대안으로 등장한 이론인 구성주의constructivism에 대해서도 살펴보겠다.

현실주의

현실주의는 국제관계를 이해하는 데 필요한 가장 오래된 이론적 접근법 가운데 하나다. 현실주의의 중요한 관심은 권력정치power politics, 혹은 현실정치에서 국가가 권력power을 획득하고 유지, 활용하는 데 있다. 현실주의자는 주권국가에 주목하고 안보, 전쟁 또는 다른 형태의 폭력적 분쟁과 같은 국제적 문제에 대한 분석에 중심을 둔다. 또한 국제관계에 있어서 질서와 안정의 유지를 어떻게 설명할 것인지, 질서가 어떻게 파괴되고 안정이 왜 무너지는지 등에 많은 관심을 보인다.

세계관으로서 혹은 이론적 접근법으로서 현실주의는 유럽의 역사적 경험과 지식에서 비롯되었다. 유럽 대륙은 30년 전쟁(1618~1648)에서 나폴레옹 전쟁(1803~1815), 그리고 제1차 세계대전(1914~1918)과 제2차 세계대전(1939~1945)을 겪으면서 세계적으로 가장 파괴적이고 끔찍한 분쟁들을 경험했다. 또한 식민지를 정복하고 제국을 세우기 위해 폭력적인 제국주의에 몰두했다. 15세기부터 시작된 유럽의 무력적 확장에서 비롯된 전쟁과 제국주의의 경험은 국제관계를 이해하기 위한 현실주의의 기본 틀이 되었다. 현실주의는 안보와 전쟁을 가장 중요시 여긴다. 유럽에서 시작된 현실주의는 국제정치 이해에 통찰과 교훈을 주는 접근법으로서 이후 유럽 이외의 지역에도 그 기본적 틀과 세계관이 그대로 유입되었다.

현실주의자는 국제기구의 독립적인 역할에 대해 한계를 지적하면서 부정적인 시각을 드러낸다. 국제기구는 주권국가의 행위를 억제하거나 전쟁을 막을 수 없다는 것이 현실주의자의 기본적인 생각이다. 현실주의자의 주장을 이해하기 위해서는 전쟁과 국제기구의 역사를 살펴볼 필요가 있다. 앞서 언급한 유럽의 여러 전쟁은 전후에 평화유지를 위한 국제기구를 탄생시켰다. 즉, 전쟁이 끝나고, 다시 전쟁을 되풀이하지 않기 위해 국제기구가 발족됐다. 그러나 그러한 국제기구들은 또 다른 분쟁과 전쟁을 막는 데 실패했다. 예를 들어 나폴레옹 전쟁이 끝나고 빈회의를 통해 유럽협조체제Concert of Europe가 생겨났다. 그러나 유럽협조체제는 제1차 세계대전의 발발을 막지 못했다. 그리고 전쟁의 잿더미 속에서 국제연맹League of Nations이 창설되었다. 하지만 국제연맹 역시 세계평화를 증진시키는 임무수행에 참담하게 실패하였으며 세계는 다시 전쟁에 휩싸이게 되었다. 제2차 세계대전 이후에 국제 평화와 안보를 유지할 또 다른 기구인 유엔이 설립되었다. 그러나 전쟁과 분쟁은 여전히 우리 주위에 산재하고 있다. 그 이유가 무엇일까?

현실주의자는 전쟁을 국가 간의 권력의 불균등한 분배에서 오는 필연적인 결과라고 말한다. 이러한 경우에 국제기구는 국가권력에 맞서 할 수 있는 일이 거의 없다. 국제기구는 그 의도와 목적이 무엇이든 간에 강대국이 약소국을 조정하기 위한 강대국의 도구에 불과하다는 것이 현실주의의 입장이다. 즉, 국제기구는 독립적인 역할을 하는 데 한계가 있으며, 국제관계에서 강대국의 가치와 규범이 반영되는 것에만 중요성을 갖게 된다는 것이다. 따라서 국제관계에 있어 유엔아프가니스탄지원단(UNAMA: United Nations Assistance Mission in Afghanistan)은 아프가니스탄의 발전과 평화를 위해 아프간 정부와 시민들의 요청에 의해 2002년 유엔안전보장이사회(UN Security Council)의 결정에 따라 시작되었다. 이후 2014년 3월 17일 15개국의 유엔안전보장이사회에서 만장일치로 결의안 2145를 통과시켰다. 이 결의안은 유엔아프가니스탄지원단의 권한 기간을 갱신하고, 아프가니스탄이 정치적·안보적 과도기에 머물러 있는 만큼, 12개월 동안 반드시 수행해야 할 활동의 범위와 분야를 포함하고 있다. 또한 이 결의안은 유엔안전보장이사회가 아프가니스탄의 과도기적 과정에 대한 계속적인 지원 의사를 밝힌 데에도 그 의의가 있다. 이와 관련해 이사회는 아프가니스탄의 과도기는 안보의 과정일 뿐만 아니라, 아프간 사람들의 리더십과 정부의 주인의식이 모두 포함되는 가정하에 이루어져야 하는 발전이라고 말했다. 15개의 회원국은 아프가니스탄의 안보, 경제, 발전을 위해서 이들 분야가 서로 연결되어 있는 포괄적인 접근의 중요성을 언급하며, 국가의 안정을 보장하는 군대식 방안은 존재하지 않는다고 주장했다. 미군이 아프가니스탄에서 철수한 이후에도 계속해서 지원을 이어오고 있으며, 주로 인도적 지원에 초점을 맞추고 있다.

출처: UNAMA 홈페이지 참조.

거버넌스란 국제기구라는 이름으로 가려진 강대국들의 각축장으로 요약될 수 있는 것이다. 현실주의 입장에서 보면, 강대국 간의 안보에 관한 이익이 상충될 때 국제기구는 국가들에 의해서 무시되거나 무기력한 것으로 치부된다. 예를 들어, 2003년 미국의 이라크 공격에서 유엔은 중요한 역할을 해내지 못하였다. 가장 근본적인 이유는 미국이 강대국이었기 때문이며, 다른 국가들은 이를 국제기구인 유엔을 통해서 막아내지 못하였던 것이다.

현실주의의 가정

현실주의는 다양한 이론을 포함한다. 전통적 현실주의classical realism, 신현실주의neorealism, 구조적 현실주의structural realism, 중상주의mercantilism, 신중상주의neomercantilism 등은 모두 현실주의 이론에 속하지만 조금씩 차이가 있다. 그러나 그 차이에도 불구하고 이들 모두는 국제관계의 본질에 대한 세 가지 가정을 근거로 제시한다(Pease, 2003).

첫째, 국가는 국제관계에서의 가장 중요한 행위자이다. 1648년 유럽역사상 최초의 국제회의이자 스위스와 네덜란드를 독립국으로 승인하고 프랑스와 독일 등의 국경과 주권을 인정한 베스트팔렌 조약Peace of Westphalia이 체결됐다. 이 조약 이후 유럽에서는 국제관계의 정치적 단위가 주권국가가 되기 시작하였으며, 로마 가톨릭 교회의 범유럽적 권위로부터 주권국가는 독립하였다. 지정된 영토 내에서 군주에 의해 통합된 개별적 지역 독립체가 절대적 주권을 가지게 된 것이다. 국가 혹은 국가의 대표, 즉 정부는 그 영토 내에서의 정책에 대한 최종적 결정권을 갖게 되었다. 현실주의자는 주권과 자주권이 법적 의미에서 권리로 인정될 수 있지만, 실제로 영토 내에서 최종적 결정권을 갖는 것은 외부의 개입을 물리칠 수 있는 힘을 필요로 한다는 점에 주목한다. 다시 말해 자주권은 국가의 능력capability에서 오는 것이다.

1648년 유럽 주권국가의 탄생은 근본적으로 국제관계의 성격을 바꾸어 놓았다. 교회는 더 이상 초국가적 주권을 유지할 수 있는 명목상의 능력을 유지하지 못하였다. 반면에, 군주는 군사력을 사용함으로써 그들이 사법권을 행사할 수 있는 영토국가를 설립할 수 있게 되었다. 현실주의자에게 있어서 1648년 이후의 국제관계는 주로 영토국가 사이의 상호작용과 활동에 관한 것이다. 그리고 이것이 현재까지 지속되고 있다고 가정한다.

둘째, 국가는 단일적unitary이며 이성적rational 행위자이다. 이는 현실주의의 가정을 이해하기 쉽도록 표현한 것이지만, 국제관계를 분석적으로 이해하는 데 도움이 된다. 국가는 개인, 그룹, 그리고 사법부, 행정부와 같이 다양한 정부 행위자로 구성되어 있다. 그러나 국가 내의 다양한 목소리들은 궁극적으로 국가구조를 통해 통합되어 국가는 하나의 목소리를 가지게 된다는 것이다(Viotti and Kauppi, 1993). 그리고 국가는 이익과 목적을 정확히 구별할 수 있는 이성적인 행위자로 그려진다. 현실주의자에게 있어 국가는 철저한 이성적 계산을 할 수 있으며, 목적을 이루기 위해 항상 최선의 전략을 선택할 수 있는 개체로 받아들여진다.

셋째, 국제관계는 본질적으로 분쟁적이다. 모든 현실주의자가 이 가정을 받아들이고 있으나 그 이유는 조금씩 다르다. 전통적인 현실주의자는 인간 본성 자체에 대한 비관적인 판단에서 국제관계를 본질적으로 분쟁적으로 본다. 모겐소Hans Morgenthau와 카E.H.Carr와 같은 전통적인 현실주의자는 대부분 영국 철학자

홉스Thomas Hobbes의 영향을 받은 홉스주의자이다. 인간은 본성적으로 이기적이고, 침략적이며 비열한 행동을 하고, 국가는 이러한 인간이 만든 부산물이므로, 항상 국가는 다른 국가들의 침략으로부터 자신을 보호해야 한다고 보는 것이다.

한편 신현실주의자 혹은 구조적 현실주의자는 구조적 혹은 체계적인 요소가 국제분쟁을 일으키고 국가의 행위를 지배한다고 지적한다. 신현실주의자에 따르면 국제체계는 무정부적인 힘의 균형으로 표현된다. 왈츠(Walts, 1959)는 무정부적 상황anarchy이 전쟁을 일으키는 원인이라고 지적하면서, 세계정부와 같은 더 높은 권위체가 존재하지 않으며 한 국가의 침략행위를 막을 수 있는 기제가 존재하지 않는다고 주장한다. 따라서 국가는 그 생존과 이익을 확보하기 위해 자구self-help해야만 한다는 것이다. 신현실주의자나 구조적 현실주의자는 모든 국가가 그 정부의 형태, 이념, 인구분포에 상관없이 생존을 지속하기를 원하며 무정부적 상황에 속해 있다고 보고 있다.

현실주의자는 무정부적 상황 때문에 국가가 자기방어를 위해 무장해야 한다고 주장한다. 그러나 이와 관련해 군비의 획득 자체가 도박 행위가 되는 것이라는 입장을 나타내는데, 만약 한 국가가 군비를 증강시켜 무장한다면 다른 국가들은 반드시 동일하게 대응하거나 공격 또는 파괴의 위협을 무릅써야 하기 때문이다. 이러한 대응에 처음 무장을 시도한 국가는 오히려 위협을 받게 되어, 그 국가는 더욱 무장을 하게 되고, 이에 상대는 또 같은 방식으로 대응할 것이라는 게 신현실주의자나 구조적 현실주의자의 주장이다.

현실주의자는 소위 상위정치를 강조한다. 그들은 경제, 환경, 인권, 기아와 같은 쟁점은 하위정치로 표현하여 국제정치에서 보다 덜 중요한 것으로 간주하고 국제정치의 가장 중요한 쟁점은 안보문제와 전략적 · 지정학적인 것으로 이것을 상위정치라고 말한다. 적대적인 국제환경과 대규모 전쟁이 불러오는 끔찍한 결과를 감안하면 국가안보는 모든 국가의 가장 중요한 문제임에 틀림없다. 전통적인 현실주의자는 권력의 획득을 국가안보 달성의 주요 전략으로 보았다. 각 주권국가는 군사력 증진과 같은 힘의 극대화를 노리는 것이 당연하다. 다른 경제, 환경, 인권, 기아와 같은 다른 국제적 쟁점들은 비주류로 치부된다. 국가는 현실주의자가 말하는 소위 하위정치, 즉 환경과 인권, 기아와 같은 문제를 제기하고는 있지만 비중 있게 다루지는 않는다는 것이 현실주의자의 생각이다.

신현실주의자는 전통적 현실주의에 비해 경제적 문제에 더 많은 관심을 나타낸다. 신현실주의자가 경제적 논의를 강조하는 이유는 경제문제가 국가 권력과 안보와 큰 관련이 있기 때문이다. 신현실주의자의 논리는 신중상주의와 밀접한 관련이 있다. 신중상주의 이론가들은 국제경제에서 국가에 초점을 맞춘다는 점에서 현실주의적 모습을 보인다. 국제정치경제는 국제관계학에 속한다고 보면서 주로 시장과 사회의 관계에 관심을 보인다. 신중상주의자는 고도로 상호의존적인 세계경제에 참여하는 것을 강대국의 위치를 얻고 유지하기 위해 필수적인 것으로 본다. 그러나 상호의존은 한 국가가 다른 국가에게 어느 정도는 의존하게 된다는 것을 의미하기 때문에 필연적으로 국가의 자주성을 침해하게 마련이고 따라서 신현실주의자와 신중상주의자는 상호의존적인 관계는 거의 균형적이지 않다고 주장한다. 국가들은 주도적이고도 비균형적인 상호의존 관계를 만들고 그것을 자신의 국익을 위해 사용한다는 것이다.

신현실주의와 중상주의자는 또 국가가 자신이 취약하다고 생각되는 부분에서의 상호의존적 관계를 최소화하려고 한다고 보고 있다. 나아가 국가는 국내, 국제 경제에 개입하여 국가의 권력과 부에 공헌하는 산업을 보호한다. 신현실주의, 신중상주의자는 산업생산력과 같은 경제활동을 국가의 안보와 권력에 중요한 요소로 보지만, 모든 경제활동을 똑같은 중요도로 고려하는 것은 아니며 경제성장을 이끌고 파급효과를 일으키는 분야의 산업에 관심을 가진다. 과거에는 주요 분야가 섬유, 철강, 내구재, 자동차였으며, 내구재와 자동차는 현대에도 여전히 주도적 분야로 분류되고 새로운 분야로 컴퓨터, 기술과 통신 분야가 떠오르고 있다. 신현실주의자, 신중상주의자는 주도 분야에서 국가의 경쟁력을 키우는 것이 다양성과 발전을 증진시키고 나아가 국가의 부와 권력을 향상시킨다고 보고 국가 주도의 산업정책을 옹호한다.

요약하면, 현실주의는 정치적 현실주의와 경제적 현실주의(중상주의와 신중상주의)의 혼합형으로 이러한 세계관은 현실주의자가 국제관계에서 국제기구를 보는 그들만의 관점을 만들었다. 그러나 국제기구의 본질에 대한 현실주의적 설명, 그러니까 국제기구가 왜 생겨났으며 어떻게 운영되는지에 대해, 주권국가가 적대적인 국제환경에서 투쟁해 가는 맥락과 연계한 부분은 다음 장에서 살펴보도록 하겠다.

현실주의 시각에서 본 국제협력

국제기구와 국제협력에 관한 현실주의적 분석은 게임이론game theory으로 설명되는데, 이는 협력이 무정부적 상황에서 발생하기가 왜 어려운지 설명한다. 현실주의자와 자유주의자가 협력의 발생 혹은 부재를 설명하기 위해 사용하는 게임이론에 대해 여기서 간단히 살펴보겠다.

게임이론은 시장에 참여하는 행위자들 사이에서의 선택을 설명하기 위해 경제학자들이 고안해 낸 것이다. 간단히 말해 게임이론은 경제적 · 정치적 선택을 몇 가지 지배적인 규칙과 가정에 기초한 게임이라는 문맥에서 설명한다.

게임이론의 첫 번째 가정은, 이성적인 행위자의 경우 절대적 이윤을 추구할 것이라는 것이다. 이는 한 행위자가 다른 행위자가 얻는 것과는 상관없이 가장 바람직한 결과를 스스로 선택할 것이라는 것이다. 이것은 게임이론가들에게 매우 중요한 가정인데, 이기적인 행위자는 자신의 관점에서만 생각하기 때문이다. 자신의 이윤을 다른 사람의 것과 비교하는 상대적인 관점으로 생각하는 것이 아니다. 또 다른 가정은 적어도 단순한 게임에는 '완전한' 정보가 있다는 것이다. 이것은 모든 행위자가 가능한 결과와 다른 행위자들의 전략을 알고 있다는 것을 의미한다. 좀 더 복잡한 게임에서, 이 가정은 불완전한 정보를 포함하는 것으로 다소 느슨해진다. 이런 경우에 결과와 행위자들이 확실하지 않고 따라서 여러 가능성이 생기게 된다. 국제관계에서 국가들의 행동을 설명하는 데 있어 이처럼 단순한 게임이 자주 사용된다.

대다수 전통적 현실주의자와 중상주의자는 국제관계와 경제를 제로섬zero-sum 게임으로 본다. 제로섬 게임에서는 행위자들의 이익이 다른 행위자와 정반대로 설정되어서 한 행위자의 이득은 다른 행위자의 손실로 이어진다(Binmore, 1992). 이것이 국제관계의 문맥에서 제시하는 바는 한 국가가 더 높은 정도의 안보를 확보하는 것은 그만큼 다른 국가의 안보능력이 줄어드는 것이다. 즉 제로섬 게임이다. 이러한 상황에서 국가는 다른 국가와 협력할 동기가 없고 심지어 그 행동을 조정할 이유도 느끼지 못한다. 국가의 목적은 다른 행위자들을 희생시켜서라도 그 세력과 안보를 최대화하는 것이다.

전통적 현실주의자와 중상주의자는 모든 국제관계를 완전한 제로섬 게임으로 묘사함으로써 많은 비난에 직면했다. 국제관계는 필수적으로 경쟁적이지만, 그렇다고 해서 반드시 제로섬 게임이어야만 하는가? 그렇지만은 않을 것이다. 국가 간에도 협력을 위한 동기는 부여될 수 있다. 한편, 현실주의자는 무정부적 국제환경에서 국가가 직면하게 되는 안보 딜레마가 '죄수의 딜레마prisoners' dilemma'와 마찬가지라고 보고 있다. 죄수의 딜레마는 간단한 게임이지만 왜 협력이 현실적으로 일어나기 어려운지 설명하고 있다.

죄수의 딜레마는 다음과 같다. 두 명의 무장강도 용의자, A와 B는 경찰의 수사선상에 있다. 두 사람은 친구다. 그들은 실제로 범죄를 저질렀지만 그 유일한 단서는 경찰이 그들의 자동차에서 발견한 총기다. 경찰은 죄수를 분리해 가두고 각각 다른 방에서 심문한다. 그리고 각각에게 네 가지의 가능한 시나리오 중 하나를 선택할 것을 요구한다. 아래 시나리오는 〈표 2-1〉과 같이 정리될 수 있다.

시나리오 1: 당신이 무장강도 사실을 시인하고, 당신의 친구는 혐의사실을 인정하지 않으면 당신은 자유로워질 것이고 당신의 친구는 20년 형을 받을 것이다.

시나리오 2: 당신이 혐의사실을 인정하지 않고, 당신의 친구가 당신을 배신해서 혐의사실을 인정하면 당신은 20년 형을 받을 것이고 친구는 자유롭게 될 것이다.

시나리오 3: 둘 모두 혐의사실을 인정하면 둘이 같이 10년 형을 받을 것이다.

시나리오 4: 둘 다 혐의사실을 인정하지 않으면, 당신 둘은 단순한 불법 무기소지 혐의로 3년 형을 받을 것이다.

표 2-1 죄수의 딜레마

	A 혐의사실 불인정	A 혐의사실 인정
B 혐의사실 불인정	A와 B : 3년 형	A : 무죄, B : 20년 형
B 혐의사실 인정	A : 20년 형, B : 무죄	A와 B : 10년 형

놀랍게도 이 게임에서 합리적 행위자의 선택은 시나리오 3이다. 용의자 둘 다 무장강도 혐의를 인정하고 각각 10년 형을 받게 된다. 둘 모두 침묵을 지킴으로써 3년 형을 받는 것이 혐의를 인정하는 것보다 더 이성적인 선택인 것으로 보인다. 하지만 혐의를 인정하기로 한 결정이 더 이성적인 것이다. 이유는 다음과 같다. 게임이론의 규칙에서는 각각의 행위자가 절대적인 이윤을 추구한다. 즉, 각

각은 자신을 위해 가능한 가장 좋은 결과를 얻기를 원한다. 다른 규칙은 각각의 행위자가 상대가 취할 수 있는 모든 가능한 전략에 대해 알고 있다는 것이다. 이것은 각각의 행위자가 다른 행위자가 무엇을 선택할 것인지 알고 있지는 않지만, 다른 행위자의 입장에서 볼 때 이성적이라고 보여지는 것에 바탕을 둔 전략을 선택할 것이라는 것은 예상할 수 있다는 것이다.

그럼 용의자 A의 입장에서 논리를 정리해 보자. "만약 내가 침묵을 지키고 내 친구가 혐의사실을 시인하면 나는 최악의 결과인 20년 형을 받게 될 것이다. 내가 만약 혐의사실을 인정하고 그가 침묵한다면, 나는 가장 좋은 결과를 예상할 수 있다." 그래서 용의자 A는 혐의사실을 인정하게 되는 동기를 가지게 된다. 그러나 용의자 A가 갖게 되는 결과는 용의자 B의 결정에 달려 있다. 용의자 B도 같은 이성적인 논리로 생각할 것이고 따라서 그도 혐의사실을 인정하는 결정을 내릴 것이다.

여기에서 각각의 용의자는 '무장강도에 대해 10년 형을 받는 것'의 선택이 둘 모두에게 가장 좋은 결과가 아니지만 혐의사실을 인정하게 된다. 사실, 둘 다 침묵을 지키는 것이 가장 좋을 것이지만 그 선택은 바람직하지 않다. 만약 용의자 A가 용의자 B가 침묵할 것을 알고 있다면 용의자 A는 속이거나 배신할 것이다. 즉 혐의사실을 인정하고 자유롭게 될 것이다. 그러나 이런 선택은 용의자 B가 똑같은 전략을 고려하고 있기 때문에 가능하지 않다. 따라서 죄수의 딜레마의 유일한 해결책은 각각의 용의자가 다른 용의자도 똑같이 할 것이라는 예상 아래 혐의를 인정하는 것이다.

죄수의 딜레마는 이성적인 행위가, 쌍방이 이성적임에도 불구하고 어째서 최선이 아닌 차선적 결과가 일어나는지, 왜 국제관계에서 협력이 이뤄지기 어려운가 하는 점을 설명한다. 이것이 바로 현실주의자가 모든 행위자가 이득을 얻을 수 있는 게임positive-sum game에서조차도 협력이 일어나기는 힘들다고 주장하는 이유이다. 각 국가가 가지고 있는 안보 딜레마는 각각의 방 안에 있는 용의자들이 대면하고 있는 딜레마와 비슷하다.

현실주의자라고 해서 국제협력이 일어나지 않을 것이라고, 즉 국가 간의 협력은 있을 수 없다고 주장한 적은 없다. 국가들은 바람직하지 않은 결과를 피하기 위해서 국제적 규칙에 합의하는 것과 같이 정책을 조정한다(Krasner, 1991). 그러나 이러한 상황은 하위정치에서만 일어난다는 것이 현실주의자의 생각이다. 국제협력이 교통과 통신 같은 사안에서 일어날 수 있는 반면, 국제적 · 국내적 안보문제에서는 이러한 협력이 일어나지 않는다는 것이다. 안보의 중요성은 특히 가속화된 기술적 발전과 함께 국가들로 하여금 경계를 더욱 강화하게 했다. 스트레인지(Strange, 1983: 345)가 말했듯이, “모든 레짐이라고 불릴 만한 국제적 배열은 협상세력 균형이나 국가이익이 협상에 참여하고 있는 국가들 사이에서 변화했을 때 너무나도 쉽게 무너질 수 있는 것이다.”

현실주의 시각에서 본 국제기구

현실주의자에게 있어 국제관계는 개별국가가 주권을 가지고 있는 무정부적 상태이다. 따라서 그 어떤 국제기구도 국가에 대한 사법권을 행사할 수 없고 국내문제나 외교적 정책 결정에 관여할 수 없다. 현실주의자가 말하는 무정부적 상태가 곧 혼란을 의미하는 것은 아니다. 국제관계에서는 사실상 국가들 사이에 세력의 서열이 존재하기에 그 위계가 상당히 정돈되어 있다고 할 수 있다. 어떤 국가는 충분한 자원으로 강대국의 위치를 획득한다. 현실주의자는 국가들을 수직적 관계를 바탕으로 초강대국, 강대국, 중대국과 약소국으로 나눈다. 그리고 이러한 권력의 수직적 질서를 통해 국제기구의 탄생과 본질을 설명한다. 길핀 Robert Gilpin의 패권안정이론hegemonic stabiliy theory은 현실주의의 관점에서 국제기구의 생성과 활동을 잘 설명해 준다. 국제관계에서 세력분배 모양 중의 하나는 “하나의 강력한 국가가 체제에 있는 약한 국가들을 조정하거나 지배하는” (Gilpin, 1981: 29) 패권적 시스템이다.

지배적인 국가 혹은 패권국가는 그 이익과 가치를 국제체계에서 증진시키기 위해 국제기구와 레짐regime을 탄생시킨다. 패권국가는 부와 세력을 이용해 국제기구를 만들고 이를 유지하는 비용을 감수한다. 또한 패권국가는 안보를 보장하거나 경제를 지원하는 것과 같은 동기를 부여함으로써 다른 국가들도 이에 동참하도록 한다. 일단 국제기구가 성립되면, 패권국가는 지배와 동기 제공을 통해서 지속적으로 다른 국가들의 참여를 유도하고 국제기구를 유지해 간다.

현실주의자는 국제사회의 본질을 현실적으로 탐구한다. 힘의 논리를 가장 중요한 기본질서로 간주한다. 따라서 현실주의자는 정부간 기구에 주목한다. 국제관계에서 국가는 가장 중요한 행위자이기 때문에 그들이 이끄는 국제기구가 중요한 분석의 대상이 된다. 패권안정이론가는 국제기구를 패권국가의 연장선에서 보고 있다. 국제기구의 효율성은 패권국가의 힘과 직접 연결돼 있다는 것이다. 패권국가의 힘이 줄어들면, 국제기구를 탄생시켰던 지지세력도 사라지게 된다. 패권국가의 권력의 상실은 현 상태의 변화에서 이득을 얻을 수 있는 국가들을 더 강하게 만든다. 이들 국가는 현존하는 기구와 법칙에 반발할 것이고 종국에는 현존하는 질서를 전복할 것이다. 대부분의 현실주의자에게 있어서, 패권국가는 국제기구의 형성을 위해 필요하고 국제기구의 존속은 패권의 존속을 요구한다(Keohane, 1984).

같은 맥락에서 장주기이론long cycle theory은 국제질서가 세계지도력에 의해 제공된다고 주장한다. 모델스키(Modelski, 1978)는 국제 시스템을 계속적으로 반복되는 역사적 패턴 혹은 세계지도력이 주기가 있다는 관점에서 이해할 수 있다고 주장한다. 세계지도력은 약 100년을 주기로 하는데 세계전쟁, 세계지도국의 탄생, 비정통화delegitimation, 분산화deconcentration의 네 가지 국면으로 나누어질 수 있다.

첫 번째 국면인 세계전쟁은 국가들 간의 세계질서를 구성하기 위한 군사적 분쟁을 의미한다. 세계전쟁은 국가들 간의 새로운 시스템의 규칙과 규범을 결정하기 위한 '잔혹한 선택의 수단'이 된다. 세계대전은 보통 명백히 다른 세계관을 가진 그룹국가들 간의 이념적 투쟁이다. 두 번째 국면에서 세계지도국, 세계전쟁의 승자는 그 힘을 합쳐 국제기구를 창설한다. 국제기구와 국제법의 창설을 통해 세계지도국의 세계관은 제도화되고 그 지배적인 위치가 정당화된다. 그러나 세계지도국의 권력이 쇠퇴하면서, 세 번째 국면인 비정통화delegitimation에 접어들게 된다. 이 기간 동안에 성장한 국가rising power는 세계지도국의 권위에 도전하여 이러한 과두정치적 경쟁 혹은 강대국 경쟁은 세계질서의 기본을 무너뜨린다. 네 번째 국면은 분산화deconcentration이다. 이 기간 동안에 세계지도국은 힘에 의한 지배를 시도하게 된다. 이는 이제까지 유지돼 왔던 질서와 그 질서를 지킬 수 있는 권력의 상실을 의미하는데, 세력에 의한 지배는 훨씬 비용이 많이 들기 때문이다. 세계지도국의 쇠퇴는 다음 세계분쟁의 장을 열게 된다는 것이다.

길핀과 모델스키의 관점은 세계질서가 언젠가 쇠퇴하게 되어 있는 하나의 지배국가의 힘에 의해 생성된 것으로 본다는 점에서 흡사하다. 지배국가의 흥망성쇠는 그대로 국제기구에 영향을 미친다. 즉, 지배국가의 쇠퇴는 국제기구와 그 활동의 중요성을 퇴색하게 한다. 길핀과 모델스키는 패권국가 혹은 세계지도국의 쇠퇴가 곧 세계질서의 파멸을 의미하지는 않는다고 주장한다. 현존하는 세계질서의 파괴를 위해서는 그것을 이루고자 하는 욕망을 필요로 하기 때문이다. 즉, 수정주의적 권력이 반드시 현 상태에 도전해야 하며 현존하는 질서는 수정주의적 권력이 공격할 수 있는 약점을 가지고 있어야 한다. 지도적인 국가들이 쇠퇴하고 다른 국가들이 성장함에 따라, 국제기구는 퇴화하거나 새로운 힘의 분배를 반영하기 위해 다시 조정된다는 것이다.

유엔의 역할을 예로 들어 보자. 유엔은 제2차 세계대전 후 강대국들에 의해 국제 평화와 안보를 주요 목적으로 하여 탄생했지만, 유엔이 시도한 집단안보의 노력은 냉전기간 동안 거의 실패했다. 당시 안전보장이사회는 안보문제에 있어서 효과적인 역할을 수행할 수 없었다. 이때 유엔의 실패는 권력정치와 그 기조에 깔려 있는 정치적 질서에 기인한다. 즉, 유엔의 집단안보 조치는 강대국이 실행되기를 바랄 때만 실행될 수 있는 것이었다. 최근에 유엔이 집단안보에 있어 여러 번의 성공을 거듭할 수 있었던 이유는 강대국의 이익이 일치했기 때문이다.

탈냉전시대의 세력균형은 빠르게 변화하고 있다. 미국은 쇠퇴하고 있는 패권국가로서 유엔과 그 활동에 재정적 지원을 제공할 수 없거나 그럴 의지가 없다고 인식되고 있다. 미국은 분담금 납부를 미루고 있고 재정적 공헌을 유엔을 조정하기 위한 잣대로 사용하고 있다. 한국 전쟁에 미국은 적극 동참했고 재정적으로 지원했다. 40년이 지나고 난 후 미국은 걸프전에서 다른 동맹국들에게 미군을 사용하기 위한 돈을 지불할 것을 요구해야만 했다. 또한, 아프가니스탄 전쟁과 이라크 전쟁에서의 실패로 인해 미국은 사실상 세계의 경찰로서 역할을 더 이상 수행할 수 없음이 드러났다. 심지어 트럼프 대통령은 미국이 만들어 낸 신자유주의에 기반한 국제질서를 부정하기도 하였다. 즉, 미국은 그 자신이 만들어 낸 창조물을 지원하기 위한 비용을 감당할 수 없거나 하려고 하지 않는 것이다.

현실주의자는 국제기구가 패권국가나 세계지도국가의 도움 없이는 형성될 수 없다고 주장한다. 국제기구는 국가들이 공통의 이익과 문제를 공유하고 있을 때 만들어질 수 있는 것이다. 나폴레옹 전쟁이 끝난 후 열린 비엔나 회의에서는 유럽의 평화를 지키고자 유럽협조체제를 이끌어 냈다. 강대국들은 더 이상 전쟁이 없기를 바랐고, 특정 국가가 너무 많은 권력을 갖는 것을 두려워했기에 공동의 관심사를 관철시킬 수 있었다. 1815년 당시의 유럽은 다자적 구조를 갖고 있었다. 그러나 분쟁을 일으키는 것 대신, 강대국들은 다른 대륙전을 피하기 위해 협력했다. 그리고 유럽협조체제는 제1차 세계대전까지 평화를 유지하는 데 성공적인 역할을 할 수 있었다. 결국 세력균형이 변화했을 때 강대국의 이익도 변화하였고 따라서 협력의 효율성도 달라졌다.

현실주의가 보는 국제기구의 역할

현실주의자가 국제기구를 바라보는 시선은 단호하다. 국제기구는 패권국가에 의해 탄생하거나, 강대국들의 협력에 의해서 형성되는 것으로 보고 있다. 현실주의자는 국제기구를 패권국가의 연장선으로 보고 강대국의 지시에 따라 움직이는 것으로 인식하고 있다. 국제기구의 활동은 직접적으로 강대국들과 연계되어 있으며, 국제기구는 회원국들이 모인 모임의 장 이상이 아니므로 그들의 활동은 국제 시스템에 깔려 있는 힘의 분배에 의해서만 설명되고 규정될 수 있다는 것이다.

현실주의자에게 있어 국제기구는 현실주의적 세계에서 두 가지 역할을 이행한다. 하나는 크게 논쟁적이지 않은 분야에서 미미하게 협력을 증진시키는 것이다. 국제기구는 국가의 이해관계가 다양하고, 대치하고 있는 분야에서는 국가의 행위를 거의 통제할 수 없으며 국제 평화와 안보를 지키는 데는 거의 제 역할을 할 수가 없다고 본다. 따라서 현실주의자에게 국제기구는 세계정치의 가장자리에 있다고 할 수 있다(Mearsheimer, 1994/95). 둘째로, 국제기구의 역할은 패권국이나 강대국의 이익을 대변하는 것이다. 다른 중소국가들도 목적을 달성하고 국제사회에서 발언권을 얻기 위해 국제기구를 이용하지만, 그들은 특정 국가의 행위를 억제할 수 없으며 패권국이나 강대국들은, 국제기구가 자국의 이익에 큰 도움이 되지 못한다면 그들을 무시하게 될 것이라는 관점이다.

다소 온화한 현실주의자는 국제기구의 긍정적인 측면도 강조한다. 쉬웰러와 프리에스(Schweller and Priess, 1997)는 국제기구가 다음의 세 가지 중요한 기능을 하고 있다고 한다. 첫째, 국제기구는 강대국 단합의 장을 제공한다. 강대국들은 대체로 현존하는 국제질서에서 이익을 얻고 따라서 그것을 유지하기를 원한다. 결국 그들은 현존하는 규칙과 기구 아래 활동하고 있는 것이다. 국제기구는 강대국 간의 이해관계가 충돌할 경우 무용지물인 경우가 있지만, 그럼에도 불구하고 강대국들이 국제사회의 다른 국가들을 조정하는 것을 용이하게 하는 역할을 한다. 둘째, 국제기구는 현존하는 질서에서 기본적인 원칙과 규범은 유지한 채 약간의 수정을 가하는 데 용이한 그룹이다. 셋째, 국제기구는 국제사회화를 위한 수행자의 역할을 할 수 있다. 국제기구는 현존하는 질서를 정당화함으로써 지배당하고 있는 국가들의 현재 상태에 대한 인정을 얻어낸다.

자유주의

자유주의의 특징은 사회적 관계에 대해 보다 긍정적 자세로 현실주의의 부정적 세계관에 도전한다는 것이다. 자유주의는 국제관계를 협력과 분쟁이 혼합된 상태로 인식하므로 국제기구의 역할에 대해서도 더 많은 기대와 가치를 부여한다. 자유주의의 주장은 국제기구가 국제사회의 안정과 복지에 긍정적이고 건설적인 역할을 할 수 있다는 가정에서 출발한다. 자유주의자에게 20세기 후반은 변혁의 시기라고 볼 수 있으며 이들에게 있어 국제관계는 다음의 세 가지 이유로 근본적인 변화를 나타냈다.

첫째, 국제관계에서 군사력의 중요성이 줄어들었다. 전통적인 무기들은 계속 발전하면서 그 사용 자체가 너무 파괴적이어서 외교적 목적을 이루기 위한 수단으로 사용하는 것이 불가능하게 되었다. 대량살상 무기는 효과적인 억제책은 될 수 있으나 전쟁에 실질적으로 사용하기에는 부적절하다. 둘째, 민주주의가 확산되면서 타협과 법의 지배와 같은 가치들이 널리 퍼지게 되었다. 이러한 가치들은 정책 결정자가 분쟁을 해결하기 위한 수단으로 군사력에 의존하는 것을 점점 어렵게 한다. 셋째, 각각의 사회는 더 이상 과거처럼 홀로 떨어져 존재하지 않는다. 각국은 세계시장과 생산으로 연결되어 있으며, 대중방송 매체, 교통 그리고 통신기술이 발전하면서 범세계적인 의사소통이 가능하게 되었다. 그러므로 현재의 국제관계는 과거와 20세기 초 유럽 대륙에서 있었던 지역전략적 권력게임과는 전혀 다른 양상으로 전개되고 있는 것이다. 따라서 자유주의자는 국제평화에 대해 보다 긍정적인 관점을 견지해 나갈 수 있게 되었다.

자유주의의 가정

국제관계를 분석하는 자유주의 이론은 다음 네 가지 가정을 가지고 있다(Pease, 2003). 첫 번째 가정은 국가와 비국가 행위자 모두 국제관계에서 중요한 역할을 한다는 것이다. 자유주의의 철학적 전통은 개인과 그들이 속한 사회, 경제, 정치적 기구에 중요한 가치를 두었다. 그 결과, 자유주의자는 가족 단위, 기업, 이익집단, 정부, 그리고 국제기구에 집중하게 되었다. 국가보다 낮은 단위인 개인이나 이익집단 같은 행위자들이 국제문제에 직접 혹은 간접적으로 중요한 영향을 미칠 수 있다고 보게 된 것이다. 자유주의자는 또 국제적 · 초국가적 행위자들이 국제체계를 만들어 간다고 보고 있다.

국제기구는 단지 국가 간의 기구인 정부간 기구만을 의미하는 것이 아니라 공적인 그리고 사적인 기능을 아우르는 비정부기구도 포함하는 것이다. 다국적기업MNCs: Multinational Corporations, 마약 조직, 테러리스트 조직의 활동 또한 국제관계에 영향을 미칠 수 있다. 이와 같이 국가를 가장 중요한 행위자로 보는 현실주의의 가정과는 반대로 자유주의자는 비국가 행위자들도 그들이 국내문제와 국가의 외교정책에 독립적이고 간접적인 영향을 끼칠 수 있기 때문에 중요하다고 생각한다.

두 번째 가정은 국가가 단일하고 합리적인 행위자일 필요는 없다는 것이다. 국가의 정부는 개인, 행정부, 사법부, 입법부로 구성되어 있고 이들은 각각 서로 다른 이익을 추구할 가능성이 있다. 국가가 반드시 하나의 단일한 이익을 추구하지는 않는다는 것이고 그 결과 단일한 국가의 관점에서 합리적으로 보일 수 있는 것이 대통령이나 국무장관과 같은 정부 관료의 입장에서는 이성적인 것이 아닐 수도 있다.

선택은 여전히 자기중심적인 이기적 관점에서 이루어지지만, 여기서의 '자기'는 분석수준에 의해 결정된다. 이러한 국가의 세분화는 정부의 결정권에 대한 분석을 확장시키고 왜 정부가 그러한 결정을 내리게 되었는지를 설명할 수 있게 한다. 또한 자유주의자는 국가를 좀 더 유동적인 것으로 보고 그 안에서 경쟁적으로 서로 다른 이해관계를 가진 집단들이 정부를 조정하거나 정부에게 로비를 하여 그 자신의 정책목적을 이루려고 하는 것으로 본다. 즉, 국가는 자주적이지 않고 내적 혹은 외적 영향에 의해 흔들릴 수 있다는 것이다. 정부는 어떠한 그룹이나 그룹의 모임에 의해서 언제나 조정될 수 있다는 것이 자유주의자의 생각이다. 자유주의적 관점에서는 서로 다른 이익들이 정치적 과정이라는 틀 속에서 경쟁하고 타협을 통해 조정되며, 국가의 이익이 그 타협의 정점이 된다.

세 번째 가정은 국제관계의 본질이 분쟁과 협력이 상존하는 복합적인 것이라는 것이다. 이 가정은 본질적으로 자기중심적이지만 그럼에도 협력에 동의하는 인간의 본성에 대한 자유주의적 관점에서 나온 것이다. 스미스Adam Smith와 리카르도David Ricardo는 시장에서의 이기적인 경제적 행동이 사회적 화합을 이끈다고 생각했다. 현대인들이라고 해서 이처럼 이성적일까? 그러나 오늘날의 자유주의자는 이기적인 시장에서의 행동이 부를 창출하고 국제교역의 증가를 가져온다고 주장한다. 이러한 국제교역은 국가와 사회 내의 다른 행위자들이 무역과 투자를 통해 서로 연관되어 있는 복합적 상호의존적 관계라고 알려진 상황을 만든다는 것이다. 복합적 상호의존은 국가와 비국가 행위자들이 서로에게 의존하고 있기 때문에 서로 협력하도록 하는 동기를 제공한다는 것이다. 상호의존의 자유주의적 인식은 체계적인 것은 아니다. 그렇지만 그들은 복합적인 상호의존이 협력을 증진시키고 폭력적인 분쟁의 가능성을 줄이는 것으로 보고 있다. 복합적 상호의존은 국가와 비국가 행위자들의 행동을 통제하는 국제체제의 하나의 특징이라는 것이 자유주의자의 설명이다.

자유주의자는 공통된 규범과 가치의 확산이 민주적인 정부의 확산을 가져왔고 도덕적인 상호의존 관계를 만들었다고 주장한다. 개인의 권리, 법 앞의 평등, 다수의 원칙, 소수의 권리와 같은 민주주의적 원칙에 기반하여 조직된 사회는 분쟁을 평화적으로 해결하고 서로 협력하고 타협할 것을 추구한다는 것이다. 다시 말해, 민주적 사회는 공통된 규범과 가치로 인해 서로 잘 인식하게 된다는 것이다. 분쟁이 지속될지라도 분쟁이 전쟁으로 갈 것인가에 관한 결정은 한 개인이나 소그룹에게 달려 있는 것이 아니기 때문에 분쟁이 폭력으로 갈 가능성은 적다. 민주사회에서의 정책 결정자들은 그 시민들에 대해 책임감을 가지므로 민주주의 국가들 간에는 전쟁이 벌어지지 않는다(Oneal and Russett, 1997; Russett, 1993; Nincic, 1992). 이러한 도덕적 상호의존은 일방적인 행동에 대한 경제적·정치적 비용과 더불어 국제적 조율과 협력을 현존하는 국제법과 국제기구하에서 증진시켜 나간다. 이것이 자유주의자가 도덕적 상호의존 관계에 대해 내리는 해석이다.

네 번째 가정은 다양한 쟁점들이 국제적인 의제로 상정될 수 있다는 것이다. 안보와 군사 문제를 가장 중요한 쟁점으로 보았던 현실주의자와는 달리 자유주의자는 경제적 · 사회적 · 환경적 문제 역시 각 정부와 사회에 중요하다는 점을 지적한다. 이런 쟁점의 영역은 국가에서 국제기구 그리고 비정부기구와 같은 다양한 행위자를 포함하고 각각은 그 자신의 전략과 목적을 추구한다(Keohane and Nye, 1977). 자유주의자에게 있어 국제적 쟁점의 서열은 있을 수 없다. 따라서 자유주의자에게 있어 국제적 서열은 존재할 수 없으며 국제적 목적과 이익 역시 정의 내리기 어려운 것이다.

자유주의 시각으로 본 국제기구

자유주의의 이론적 접근방법은 현실주의의 부정적인 견해와는 달리 IGOs, NGOs, MNCs와 레짐 등 다양한 국제기구의 존재를 강조한다. 따라서 이러한 기구들의 기원과 본질에 관해서도 현실주의와는 다른 설명을 하고 있다. 국제기구의 형성에 관하여 자유주의자에게 가장 중요한 기능주의functionalism와 제도주의institutionalism에 대해 자세히 살펴보도록 하겠다. 제도주의와 현실주의의 공통점과 차이점에 대해 알아본 후, 자유주의에서 살펴본 국제기구의 본질에 대해 분석해 보도록 하겠다.

기능주의는 한때 자유주의 국제기구이론의 지배적인 접근법이었으나 그 예상이 완벽히 실현되지는 않았다. 따라서 지난 20년 동안 이와 관련해서는 회의적 견해가 대부분이었다. 그럼에도 이와 관련해 살펴보자면, 기능주의자는 IGOs가 국가들의 필요에 의해서 만들어졌다는 점을 강조한다. 초국가적 연계가 증가함에 따라 통합과 상호의존이 늘어났고, 국가들이 공통의 문제를 함께 논의하게 되었다. 이러한 문제들의 많은 부분은 오직 국제적 협력을 통해서만 조절될 수 있는 것이었고, 따라서 기술적 전문가를 소유한 전문화된 국제기구를 필요로 하게 되었다(Mitrany, 1948, 1966; Haas, 1964)는 분석이다.

이처럼 전문적이고 또 경제 사회적으로 비정치적인 문제들에 관한 협력이 방위, 재정 정책과 같은 좀 더 광범위하고 더 정치화된 문제영역으로 번져 나갈 수 있는 소위 누출효과spillover effect를 가져올 수 있다는 것이 기능주의자의 주장이다. 기능주의자는 국가의 주권이 국제관계에서 보장된 원칙임을 인식했고 국제기구도 국가들에 의해 형성된 것이라고 말한다. 그러나 협력적인 관계가 제도화됨에 따라서 IGOs는 유럽연합EU: European Union이나 세계무역기구WTO: World Trade Organization와 같은 초국가적transnational 기구로 진화할 수 있다고 보고 있다. 국가의 권한은 점차적으로 초국가적 기구에 의해 대체될 수 있다는 것이 기능주의자가 국제기구를 긍정적으로 보는 이유이다.

신자유주의 제도주의

신자유주의 제도주의neoliberal institutionalism라고도 불리는 제도주의는 자유주의 전통에서 국제기구(IGOs와 레짐)에 관한 연구성과로 현실주의, 게임이론, 그리고 기능주의가 복합된 이론집합이다. 코헤인Robert Keohane의 초기 연구인 「헤게모니 이후(*After Hegemony*)」는 이기적인 국가들의 집단행동을 IGOs가 어떻게 극복해야 하는가, 또 무정부적 상황에서 어떻게 협력을 도모해야 하는가에 대해 설명한다. 제도주의는 다른 자유주의자와 달리 현실주의의 가정을 대폭 수용하고 있다. 현실주의자처럼 제도론자는 국가를 단일적이고 합리적인 행위자로서 위험하고 불안정한 세계에서 상호작용하는 것으로 보고 있다. 제도론자는 또 현실주의자와 마찬가지로 패권국가가 IGOs와 레짐의 형성을 위해 필요하다고 주장한다. 자유주의 제도론자는 현실주의적 개념과 가정을 도입했기 때문에 때로 '다른 이름의 현실주의자'로 간주되기도 한다(Mearsheimer, 1995).

그러나 제도론자가 현실주의자와 입장을 달리하는 것은 명백하다. 제도론자

표 2-2 현실주의와 신자유주의 제도주의의 공통점과 차이점

<table>
<tr><th></th><th>현실주의</th><th>신자유주의 제도주의</th></tr>
<tr><td rowspan="2">공통점</td><td colspan="2">현실주의의 가정 수용(국가 중심)</td></tr>
<tr><td colspan="2">국가 행동의 설명을 위해 게임이론 사용</td></tr>
<tr><td rowspan="3">차이점</td><td rowspan="2">패권국가가 쇠퇴하면 국제기구도 쇠퇴</td><td>회원국들 간의 교역과 정보의 비용을 감소시킴</td></tr>
<tr><td>국가의 행동에 규칙 부여 및 투명성 증진</td></tr>
<tr><td>무정부적 상황하에 이기적인 행위자들 간의 협력은 불가능하며 국제기구는 제 역할을 하지 못함</td><td>반복되는 게임을 통해 국가들은 무정부 상황에서도 협력 가능</td></tr>
</table>

는 패권국가가 쇠퇴할 경우 영향력을 발휘할 국제기구의 중요성에 대해 더욱 긍정적인 태도를 취한다. 패권안정이론을 주장하는 현실주의자는 패권국가가 쇠퇴하면 무질서가 일어나면서 당연히 국제기구가 쇠퇴할 것으로 단정했다. 그러나 자유주의 제도론자는 IGOs와 레짐은 패권국가의 이익을 증진시키는 것 이외에 다른 몇 가지의 목적을 이행한다고 주장한다. IGOs와 레짐은 그 회원국들에게 교역과 정보의 비용을 줄여주며 국가의 행동에 규칙을 부여하고 투명성을 증진시킨다는 것이다. 복합적 상호의존의 상황에서 IGOs와 레짐은 국가에게 매우 중요한 자산이 된다. 유형적 이익을 회원국들에게 제공하고, 따라서 이들은 패권국가가 사라진 이후에도 IGOs와 레짐을 유지하기 위한 비용을 공유하려 할 것이라는 게 제도론자의 주장이다(Gowa, 1988: 316). 현실주의자와 제도주의자 주장의 공통점과 차이점은 앞의 표와 같이 정리될 수 있다.

자유주의 제도주의자와 현실주의자는 모두 국가의 행동을 설명하기 위해 게임이론을 사용하지만, 제도주의자는 현실주의와는 다른 입장을 취한다. 현실주의가 무정부적 상황과 이기적인 행위자들 때문에 국가들이 협력하기 힘들고 국제기구가 국제협력에 큰 역할을 하지 못한다는 점을 강조하는 데 반해 제도주의자는 반복되는 게임을 통해서 국가들이 무정부 상황에서도 협력이 가능하다는 점을 입증하고자 한다. 무정부적 상황에서도 국가 간 협력이 가능하기 때문에 국제기구는 협력을 증진시키는 역할을 할 수 있다는 것이다. 한 레짐에서의 협력이 다른 레짐에서의 협력과 연계되어 국가는 IGOs와 레짐을 사용하여 분쟁을 해결하는 것에 익숙해지게 된다. 이것은 상호의존적인 관계와 함께 국가가 장기적인 안정을 위해 즉각적인 이익을 추구하고자 하는 행동을 삼가하게 된다는 것이다.

제도주의와 기능주의의 긍정적인 관점은 자유주의적 전통에 기반하는 것이다. 국제기구는 그 본질상 자유주의적인 것이다. 미국이 제2차 세계대전 이후에 제도화하고자 했던 세계질서는 경제적 · 정치적 자유주의에 기반하는 것이었다. 대부분의 자유주의자에게 미국의 패권은 경제적 · 군사적인 것만큼 이념적인 것이었다. 미국은 '연성권력soft power' 혹은 이념의 권력을 갖고 있었다(Nye, 1990). 당시 미국은 세계에게 자유무역과 시장가치에 대한 신념을 심어 주었다. 또한 민주주의와 제한된 정부에 대한 개념도 증진시켰다. 당시 미국의 패권은 강력하고 설득력을 가진 이념에 기반하는 것이었고 자유주의 이념은 국제적으로 널리 퍼져서 이제는 경제적 · 정치적 사실로 받아들여지고 있다. 미국도 제2차 세계대전 종전 직후와는 많이 달라졌다. 패권주의가 확장됐고 미국이 세계와 그리고 이념을 바라보는 시선도 달라졌다. 여기서 말하고자 하는 것은 제2차 세계대전 직후 미국이 전파하려고 애쓴 자유주의적 세계질서이다. 그것은 이미 검증되고 받아들여진 이념이기 때문에 미국 정부가 달라졌다고 해서 사라질 것은 아니며 앞으로도 이어지고 더 확산될 가능성이 크다.

자유주의자가 주장하는 또 하나의 중요한 국제적 행위자로는 다국적기업 MNCs: Multinational Coroporations이 있다. 이들에 따르면 MNCs는 사적이고 경제적인 개체로 효율적인 시장의 확장에 의해 성장한다. MNCs는 세계적인 규모의 경제를 이루고 거기서 노동과 생산기지 그리고 판매와 시장을 조정하고 접근한다. 이들은 개인이나 기업이 시장에서 참여하는 것과 같이 이익의 극대화를 위해 움직인다. 주주들의 사적 이익은 MNCs의 운영을 효율적으로 이끌고 이것은 점진적으로 더 높은 수준의 세계사회 발전을 이끈다. MNCs는 새로운 기술과 산업조직을 창조하면서 일자리를 창출하고 효율성을 증진시키며 높은 수준의 재화와 서비스를 소비자들이 지불하고자 하는 가격에 제공한다. 다시 말해, 자유주의적 관점에서 보면 MNCs는 팽창하는 시장의 필요를 만족시키는 세계의 구성원이라 할 수 있다.

제도주의자는 패권국가가 국제기구의 형성을 위해 필요하지만 패권국가가 그 지속적인 유지를 위해서 반드시 필요한 것은 아니라고 말한다. IGOs와 레짐은 공공재를 공유함으로써 공동의 이익과 가치를 증진시킬 수 있다고 말한다. 공공재란 한번 제공되면 동시다발적으로 많은 이들이 재화나 서비스의 혜택을 받을 수 있는 것을 말한다. 따라서 이들 국제기구는 국가, 즉 정부에게 그만큼의 가치가 있고, 패권국가가 없는 상태에서도 지속될 수 있는 것이다. 패권은 기능주의자에게는 불필요한 문제다. 각각의 쟁점과 그들의 복잡한 문제들이 IGOs의 탄생과 필요를 결정짓는다. 따라서 비슷한 생각을 가진 개인과 정부는 복잡한 문제를 해결하기 위해 국제기구를 만들고, 그리고 발전시킬 것이라는 주장이 지배적이다.

자유주의가 보는 국제기구의 역할

자유주의는 현실주의보다 국제기구가 국제관계에 미치는 공헌도와 독립성에 대해서 좀 더 긍정적이다. 자유주의자는 국제기구에 대한 다음 다섯 가지 역할을 강조한다(Pease, 2003). 첫째, 국제기구는 국가들이 집단행동의 문제를 극복하도록 도와준다. 다시 죄수의 딜레마를 사용하여 보자. 만약 용의자들이 집단적으로 행동해서 침묵을 지켰다면, 둘 다 최상의 결과를 얻을 수 있었을 것이지만 다른 한쪽이 어떻게 행동할지에 대해 알지 못하는 데서 오는 불안과 경찰이 알고 있는 정보에 대한 불확실성은 두 용의자가 서로 배반하도록 하는 동기를 제공한다. 결과는 두 용의자 모두에게 최상의 것이 아니게 된다. 자유주의자, 특히 제도주의자는 국제기구가 바로 이 같은 게임의 규칙을 바꿀 수 있다고 주장한다. 죄수의 딜레마와 관련해 국제기구는 변호사로 비유될 수 있다. 결국 두 용의자의 이익은 근본적으로 상충되는 것이 아니다. 만약 변호사나 그와 같은 종류의 중재자가 있었다면 두 용의자는 그들의 집단행동문제를 극복할 수 있었을 것이다.

집단행동의 문제는 경제에서 환경에 이르기까지 다른 문제영역에서도 존재한다. 가장 어려운 것은 무임승차free riding의 문제로 하나의 국가가 공공재를 제공하는 데 다른 국가가 어떠한 공헌도 하지 않은 채 그 공공재의 제공에서 이익을 얻는 경우를 말한다. 자유주의자는 자유무역 역시 패권국에 의해 제공될 수 있는 공공재로 본다. 패권국은 자유무역 시스템을 만들어 내고 유지하는 비용을 감수한다. 이 경우에 무임승차를 한 국가는 다른 국가들이 그 시장을 개방하는 동안 그 자신의 시장은 닫은 채로 이익을 얻는다. 패권국은 자유무역에서 오는 이득이 무임승차로 인한 비용보다 크기 때문에 일반적으로 무임승차를 받아들인다. 그러나 패권국의 능력이 쇠퇴하면서 그 평형선은 무너지기 시작한다. 국제기구는 무역에서의 장애물을 지적하고 무역분쟁을 해결할 수 있는 중립적인 장소를 제공함으로써 패권국 없이도 무임승차의 문제를 억제하는 것을 돕는다. 패권국에 의해 허용되었던 무임승차는 패권국이 쇠퇴할 때는, 국제기구가 국가들이 더 이상 무임승차를 하지 못하도록 하는 기능을 담당하게 되는 것이다.

국제기구의 두 번째 역할은 경제적 번영과 세계적 복지를 증진시키는 것이다. 이념적으로 자유주의자는 세계의 재화와 서비스는 시장에 의해 분배되어야 한다고 주장한다. 자유주의자는 시장이 가장 효율적인 자원의 사용을 가능하게 하고 가장 효과적인 재화와 서비스를 생산한다고 믿기 때문이다. 또한 개인과 기업이 시장의 변화에 직접적으로 영향을 받고 가장 쉽게 적응할 수 있기 때문에 사적 소유와 사적 재산권이 그만큼 중요하다고 보고 있다. 개인과 기업은 국가나 정부와 비교할 때 훨씬 더 창의적이고 역동적이기도 하다. 비교우위에 기반한 세계시장의 발전은 그 국적과 상관없이 많은 개인의 복지를 증진시키고 그럼으로써 세계복지에 기여한다.

국제통화기금IMF: International Monetary Fund이나 세계무역기구WTO: World Trade Organization와 같은 국제경제기구는 그 같은 목적을 추구하기 위해 존재한다. 그들은 다자간 협상을 통해 세계무역의 장벽을 줄여 왔고 국가에 의해 주도되는 보호주의 정책을 없애도록 노력해 왔다. 각 국가들이 산업을 사유화하도록 하고 시장에 관한 규제를 풀도록 유도했으며, 다국적기업에 의한 해외 직접투자를 지지하는 프로그램을 개발했다. 또 경제적 성장과 발전을 증진시킬 수출산업의 형성을 위한 자금을 제공하기도 했다. 심지어 국가가 그 경제를 새로운 국제시장의 현실에 맞게 조정하도록 돕는 역할도 맡았다. 국제기구가 세계시장, 무역, 투자를 증진시킬 때, 그들은 복합적 상호의존을 동시에 증진시키는 것이다. 복합적 상호의존은 국가의 목적을 이루고 분쟁을 해결하는 데 있어 무력사용의 효율이 크게 줄어들게 함으로써 전쟁의 가능성을 줄이게 된다. 이 같은 견해는 자유주의자가 국제경제기구를 긍정적으로 바라본다는 것을 뜻한다.

자유주의자가 말하는 국제기구의 세 번째 역할은 여러 사회가 공통의 가치와 규범을 발전시키도록 돕는다는 것이다. 상호의존은 폭력적 분쟁을 줄일 수 있지만 모든 사회가 공통된 기반을 갖추지 못했다면 상호의존과 관련된 문제는 조정되거나 해결되기 어렵다. 국제기구는 일정한 가치를 증진시키고 타협이나 상호주의, 다자주의, 법과 규칙과 같은 분쟁의 평화적 해결에 도움이 되는 일정한 규범을 세우는 것을 도와준다. 국제기구는 민주주의와 민주적 제도를 지지하며 개인의 권리를 보호하고 증진시킨다. 또한, 사유재산권과 제한된 국가 개입과 같은 신고전주의 경제원칙에 기반을 두고 국제경제 질서와 관련된 가치들을 증진시킨다.

그러나 이러한 가치와 규범들은 자유주의자의 생각과는 달리 전 세계적인 것도 아니고 사회 내에서 혹은 사회 간에 자명한 것도 아니다. 공동체의 이익이 개

국제형사재판소(ICC: International Criminal Court)는 세계 최초의 상설 전쟁범죄재판소로서 1998년 7월 17일 이탈리아 로마에서 채택된 국제형사재판소에 관한 로마규정(Rome Statute of the International Criminal Court)에 근거하여 2002년 7월 1일 정식으로 발족하였고, 본부는 네덜란드 헤이그에 있다. 대량학살(genocide), 전쟁범죄(war crimes), 반인도적 범죄(crimes against humanity)를 저지른 개인을 형사처벌하기 위해 설립된 국제형사재판소는 독립적인 기관으로, 유엔재판소는 아니지만 유엔과 협력하는 관계이다. 이 재판소는 소장단(Presidency), 재판부(Judicial Divisions), 소추부(Office of the Prosecutor), 사무국(Registry)으로 구성되어 있다. 재판소의 전반적인 운영을 책임지는 소장단은 3명의 판사로 이루어져 있는데, 이들은 18명의 판사들의 과반수 투표로 선출되고 3년 임기로 재선이 가능하다. 재판소장과 함께, 재판소 제1차장과 재판소 제2차장이 있다.

재판부는 예심재판부(Pre-Trial Division), 1심재판부(Trial Division), 상소재판부(Appeals Division)로 나뉘며 18명의 판사로 구성되고, 여러 단계에서 재판소의 절차를 수행하는 책임을 진다. 소추부는 재판소의 관할 안에서 범죄에 대한 입증된 정보를 받고, 이들을 조사하여, 재판 전에 조사와 기소를 진행하는 책임을 진다. 사무국은 재판소의 비사법적 측면의 운영과 서비스를 책임진다. 국제형사재판소는 현재까지 다양한 소송을 진행하였고, 로마규정에 따라 검사는 어떤 회원국 당사자들이나 유엔안전보장이사회로부터 수사를 요청할 수 있다. 우간다, 콩고, 말리, 중앙아프리카공화국이 영토 문제에 대한 수사를 의뢰하였고, 또한 유엔안전보장이사회는 수단의 다르푸르와 리비아 상황에 대한 수사를 요청하기도 하였다.

출처: 국제형사재판소 홈페이지 참조.

인의 이익보다 우선시되는 사회가 있다. 어떤 사회는 국가와 종교가 분리되는 것에 불만인 세력이 다수를 차지하기도 한다. 또 어떤 사회는 국가가 사유재산권을 폐지하거나 혹은 비록 그것이 산업의 공유화나 비싼 복지예산을 요구하는 것이라 할지라도 그 나라 시민이 출생하는 순간부터 죽는 순간까지 책임을 져야 한다고 생각한다. 하지만, 자유주의 가치와 규범은 많은 사람들에게 받아들여졌고, 전례 없는 수준의 번영과 개인적 자유를 생산해 낸 것이 사실이다. 자유주의자에게는 현대의 국제기구는 모든 사람들이 이득을 얻을 수 있는 정치적 · 경제적 질서를 위한 사회화의 대행자agent이다. 이 같은 자유주의적 시각은 한 국가 혹은 한 국가집단이 국제체제에서 약소국가를 지배하고자 하는 수단으로서의 국제기구를 보는 현실주의의 시각과는 대비된다.

자유주의자가 말하는 국제기구의 네 번째 역할은 세계시장의 통합으로, 주로 다국적기업, 즉 MNCs에 의해 이행된다. MNCs의 활동은 직업을 창출하고, 산업과 조직력 그리고 기술을 이전하는 과정에서 사회에 이득을 준다. 그들은 주주들에게만 책임을 가지게 하는, 국가의 경계를 뛰어넘는 사적인 경제조직이다. MNCs는 세계경제에서 경제자유주의의 중요한 원동력이다(Goldstein, 1996: 376). 그들은 많은 자원을 부릴 수 있고 정부와 IGOs에 영향을 끼친다. MNCs는 제한된 정부의 개입과, 자본을 가장 효과적으로 사용할 수 있는 곳으로 옮기는 자유에 관심을 가진다. MNCs는 자본의 자유로운 이동을 이룩하는 데 공헌하였고 그들이 어딜 가든지 간에 자유주의 이념을 전파했다.

자유주의자에게 국제기구의 다섯 번째 역할은 '국제정치의 희생자'에게 원조를 제공하는 것이다. 이 희생자들은 빈곤층, 난민, 환경파괴로 인한 피해자 그리고 전쟁으로 인해 발생한 피해자를 포함한다. 자유주의자는 이러한 종류의 재난을 인간이 만들어 낸 것으로 본다. 국가는 이처럼 시민들에게 악영향을 줄 수 있는 정치적 선택을 자주 한다. 천재지변과 전염병 등과 같이 자연에 의해 영향받는 것들도 있지만, 잘못된 정부의 정책은 상황을 더욱 악화시키는 역할을 하기도 한다. 국제기구는 이러한 정치적 희생자들에게 위안을 주고 지속가능한 해결책을 찾고자 한다.

자유주의자에게 국제기구는 국가로 하여금 집단안보의 문제를 극복하게 하고 경제적 번영과 세계복지를 증진시키도록 돕는다. 또한 국제기구는 공통된 규범과 가치를 증진시키고 나아가 경제적 상호의존을 지지한다. 마지막으로 국제기구는 국제정치의 희생자들을 돕는다. 주변적인 행위자라기보다는 글로벌 거버넌스의 중앙에서 그 역할을 한다.

구성주의

현실주의와 자유주의는 전통적 접근법의 양대 축으로 그동안 많은 국제정치이론과 국제기구 연구의 근본이 되어 왔다. 그러나 두 이론은 접목되고 있는 경향이 있다. 특히 신현실주의와 신자유주의 제도주의를 보면 그 가정에서 많은 공통점을 가지고 있다. 두 개 이론이 국제관계의 무정부적 상태를 인정하고 주권국가를 주요 행위자로 가정하고 있다는 점에서 둘 다 국가중심이론이라고 볼 수 있다. 하지만 다양한 비국가기구 또는 단체들이 늘어나고 그들의 글로벌 거버넌스에의 역할이 증가하고 있는 지금의 시점에서 이러한 국가중심이론은 한계가 있다. 다음 장에서 살펴볼 비판적 접근법과의 가장 큰 차이가 여기에 있다고 볼 수 있다. 여기서는 간단히 현실주의와 자유주의의 장단점을 살펴보고, 이들 접근법에 대한 비판, 대안으로 등장하고 있는 구성주의constructivism를 검토한다.

이론적 접근법으로서 현실주의는 간결하고 단순한 구조를 지니고 있다는 데에 큰 장점이 있다. 동시에 현실주의는 국제관계에서 전쟁과 폭력적 분쟁에 관해 뛰어난 설득력을 가진다. 국제정치의 복잡성을 고려하면, 현실주의의 간결함과 통찰력은 현실주의가 계속해서 여전히 유용한 이론으로 받아들여지고 있는 이유라 할 수 있다. 그러나 현실주의의 가장 큰 단점은 그 개념이 정확하지 않다는 데에 있다. 권력, 국가이익, 세력균형 등의 개념들은 매우 정의 내리기 힘들고 애매모호한 개념이기 때문이다.

현실주의는 국제기구의 역할에 대해 부정적이다. 그뿐만 아니라 현실주의는 최근 증가하는 국제기구의 수와 역할에 대한 설명이 부족하다. 반면 자유주의는 이를 잘 설명해 주고 있다. 자유주의자에게 있어서 국제관계의 본질은 20세기 후반 동안에 근본적으로 바뀌었다. 세계는 경제적 · 정치적으로 그리고 사회적 · 도덕적으로 상호의존함으로써 서로 연계되어 있어 국제기구의 효율적인 글로벌 거버넌스는 필수적인 것이 되었다. 국제기구는 글로벌 거버넌스에 있어서 중요하고 건설적인 역할을 한다. 몇몇의 자유주의자는 국제기구를 초창기 새로운 세계질서를 시작하는 하나의 축으로 본다. 다른 자유주의자는 국제기구를 국가들이 집단행동문제를 해결하는 것을 도와주는 것으로 본다. 자유주의의 이론적 틀은 국가와 비국가 행위자들의 국제적 역할을 이해하기 위한 메커니즘을 제공하고 국제 경제, 정치, 사회적 변화를 증진하는 데 있어서 시장의 역할을 강조한다.

자유주의이론은 민족중심적ethnocentric이라고 널리 비판받는다(Viotti and Kauppi, 1993; Strange, 1983). 자유주의적 세계관은 미국과 영국의 학자들에 의해 널리 받아들여지고 있다. 현대의 자유주의 질서는 모든 사람들에게 이득을 주고 있다는 그들의 주장은 그 자신의 사회적 구조가 다른 것보다 뛰어나다는 편견에 의해 영향받은 것이다. 학문으로서의 국제관계가 캐나다, 영국, 호주, 미국으로 이어지는 영어권 국가들에 의해 주도되고 있다는 점에서 이러한 편견은 지속되어 왔다. 자유주의 주장의 규범적인 편견은 분명하다. 민주주의는 더 좋은 형태의 정부이고 자본주의는 더 좋은 생산 방식이라는 것이다. 이러한 민족중심주의는 자유주의자가 묘사하고 있는 자유주의 질서를 올바르게 접근하고 비판하는 능력을 감소시킨다고 봐야 할 것이다.

구성주의는 앞서 살펴본 국가 중심의 두 이론의 한계를 지적하면서 등장한 이론이다. 구성주의는 소위 신현실주의와 신자유주의로 대표되는 국가중심이론에서 본질적으로 주어진 사실 혹은 진실이라고 여겼던 무정부적 세계질서와 그 안에서 일어나는 국가의 행위 패턴에 대해 새로운 해석을 시도했다. 구성주의자는 행위자들의 정체성identity과 이해관계가 주어진 것given이라 가정하는 국가 중심의 접근법과 합리적 선택이론과 달리 이들의 정체성과 이해관계가 사회적으로 '구성된constructed' 것이라는 점에 주목한다.

러기John Ruggie는 국제정치 행위자의 정체성과 역할을 주어진 것으로 본다는 신현실주의와 신자유주의의 기본가설 자체가 잘못되어 있음을 지적한다(Ruggie, 1998). 즉 위의 두 이론은 '주어진' 정체성에서 국가행동의 패턴을 그 연구의 대상으로 할 경우 행위자가 어떻게 자신의 정체성과 역할을 인식하게 되는지에 대한 설명이 빠지게 되어 국제관계를 이끌어 내는 본질적인 규범이 무엇인가에 대한 해답을 제시해 줄 수 없다고 주장한다. 환경을 '발견find'하는 일에 초점을 맞추고 인지된 환경이 어떻게 행위를 제약하는 요소가 되는지를 살피는 위의 이론들은 냉전종식 이후 새로이 등장한 국제질서에서 자국의 이해와 관심사가 무엇인지와 관련해 국제정치사회를 이해하는 데 한계를 보여준다.

또한 국제 레짐을 통한 국가 간 협력의 가능성을 타진하는 신자유주의 제도주의자의 주장도 행위자들의 정체성과 이해관계가 주어진 것이라고 가정하기 때문에 행위자들의 행동 패턴이 왜 변화하는지에 대해서는 어떤 설명도 제공해 주지 못한다는 점을 지적한다. 즉 일단 한번 만들어진 레짐은 행위자들의 정체성과 이해관계를 다른 방향으로 변환시킬 수 없게 하므로 레짐의 변화 및 세계질서 변화의 이유에 대해서는 명확한 실마리를 제공해 주지 못한다는 것이다(Wendt, 1992).

이에 반해 구성주의는 이해관계와 정체성이라는 것이 주어지는 것이 아니고 구성되고 형성되는 것이라는 가정에서 국제환경을 '만드는making' 일에 관심을 기울인다(Ruggie, 1998: 236). 국가는 정체성을 형성하고 그것을 기반으로 자신의 이해관계를 정의하므로 정체성이 변하면 인식하는 이해관계가 달라질 수 있고, 이것이 행위자들의 행동 패턴이 왜 변하는지에 대한 근원적인 해답을 준다고 주장한다. 국가의 행동 패턴을 찾아서 보여주기describe보다는 그렇게 행동하게 된 근본적인 이유를 밝혀 설명explain하는 데 중점을 둔다(Wendt, 1995).

구성주의의 주요 전제는 상호주관적인intersubjective 지식을 만들기 위한 법칙이 사회 시스템의 가장 중요한 요소라는 점이다. 구성주의는 사회적인 변화가 일어나는 이유로 구성원들이 인식하는 역할과 가치가 구성원들 간의 끊임없는 대화를 통해 사회법칙이 변화하기 때문이라고 설명한다. 그러므로 영원불변한 법칙이나 원칙은 존재하지 않으며 대화를 통한 새로운 법칙이 늘 탄생하고 기존의 법칙이 변화를 겪기 때문에 끊임없는 변화가 가능하다고 지적한다.

이러한 가정을 바탕으로 구성주의자가 보는 글로벌 거버넌스는 물질적 능력material capabilities에 따라 국가들이 수직적 질서를 이루고 있기는 하지만, 동시에 사회적 관계에 의해서 일어나는 것이다(Wendt, 1995). 그리고 구성하는 국가들의 상호작용을 통해서 정체성에 변화가 일어날 수 있고 이는 더 나아가 사회적 관계와 행동 패턴을 변화시킬 수 있는 것이다. 즉 구성주의는 국가를 그 기반으로 하고 무정부적 국제질서를 인정하지만, 그런 외부환경이 신현실주의에서 말하듯이 필연적으로 대립적인 관계를 가져오거나, 신자유주의에서 주장하듯이 경제적 관점에서 낮은 거래비용을 목표로 제도를 통한 국가 간의 협력관계가 만들어진다고 보기보다는 계속적인 상호작용을 통해 구성원(국가)들의 정체성의 변화가 일어나게 되어 정통성legitimacy, 사회적 동의consent에 따라 글로벌 거버넌스의 구조가 생겨나는 것이라고 지적한다. 즉, 국가의 정체성이나 이익이 국가 간 상호작용 속에 내재되어 있다는 것이다.

구성주의가 바라보는 글로벌 거버넌스는 세계화로 인해 초국가적인 법칙이 전 세계로 확산되면서 일어나는 사회적 법칙의 변화 혹은 기본법칙의 수정이 형식화된 것 그리고 그 이행을 도모하기 위해 형성된 국제기구를 포함한 거버넌스 체계가 수립된 것을 의미한다. 구성주의이론에서는 국제기구가 처음에는 국가들의 이익을 위해서 만들어졌지만 어째서 그 효용이 떨어진 후에도 계속 존속하게 되는가에 대해 설명한다. 즉, 국제기구가 그것을 만든 국가들의 이익을 대변하지 못하는 상황이 되어도 동의에 의한 정통성을 가진 글로벌 거버넌스 구조로서 지속적으로 존속하고, 행위자를 구속하게 되는 역할을 수행하게 되는 것이다.

토론 주제

1. 현재 패권국인 미국이 세운 세계관 및 세계질서는 다음 패권국이 등장했을 경우 무너지고 새로운 형태로 나타날 것인가?
2. 자유주의 질서는 과연 모든 이에게 이득을 주는가?
3. 자유주의 질서로 인해 국제정치의 희생자가 생긴다고 할 수 있는가? 있다면 국제기구가 존재하는 것이 과연 이로운가?
4. 자유주의자는 국제기구가 국가로 하여금 집단안보의 문제를 극복하게 한다고 하였는데, 집단안보의 문제는 무엇인가? 만일 집단행동의 문제와 같은 무임승차라면 안보에 있어서 과연 무임승차가 가능한가?
5. 유엔을 비롯한 국제기구의 중요성이 점점 커지고 있는 상황에서 현실주의가 국제기구를 보는 관점이 옳다고 할 수 있는가?

chapter
03

국제기구이론–비판적 접근

앞 장에서 살펴본 국제관계의 전통적인 이론적 접근법에 대해서 다양한 철학적 기반을 가진 여러 학자들로부터 비판이 있었다. 여기서는 막스주의자marxist에 의해 처음 시작된 비판적 접근법을 종속이론dependency theory, 세계체제론world system theory, 그람시Antonio Gramsci의 영향을 받은 콕스Robert Cox의 비판이론 등을 중심으로 살펴본다. 이들은 국제기구의 역할에 대해 전통적 국제정치이론과는 전혀 다른 접근법을 제시한다. 먼저 막스주의의 철학적 배경과 주요 가정을 살펴보고, 막스주의가 보는 국제기구는 무엇인지 알아보도록 하겠다. 마지막으로 그람시–막스주의에 기반을 둔 콕스의 비판이론이 국제기구 발전에 어떠한 새로운 제안을 제시하는지 살펴보겠다.

막스주의 전통의 이론

국제관계에 대한 막스주의적 접근법은 국제관계와 국제기구를 전통적 이론과는 상당히 다른 시각에서 보고 있다. 막스주의자들에게 국제기구는 강대국에 의해 움직이는 것이 아니며 국제적 공공재를 제공하면서 독립적으로 활동하는 것도 아니다. 오히려 이 기구들은 피지배계급을 착취하는 자본주의의 도구가 된다. 세계 자본주의의 취약성에 관한 막스주의자들의 생각은 전 미국 대통령 후보 페로Ross Perot와 부캐넌Patrick Buchanan에 의해서도 제기된 바 있다. 그러나 두 사람 모두 막스주의자로 간주되지는 않았다. 막스주의이론을 접목한 주장을 펼친다고 해서 모두 공산주의자로 몰리는 것은 아니라는 뜻이다.

환경그룹과 노동조합은 막스의 이념을 지지하는 것과는 별개로 막스주의적 설명을 이해하고 받아들인다. 제3세계의 많은 사람들이 현실주의와 막스주의의 복합적인 세계관을 갖고 있다. 그들은 국가의 주권에 대해 염려한다는 점에서는 현실주의자이다. 거의 대부분의 제3세계 국가들이 식민주의를 경험했고 독립을 유지한 지 사실상 얼마되지 않았다. 제3세계의 많은 사람들은 가난하고 경제적으로 불이익을 당하고 있기 때문에 막스주의를 기본적으로 찬성할 가능성이 있다. 식민지 역사는 자본주의에 대한 불신을 키우게 했다. 그들에게 있어 자본주의는 가난, 영양부족, 질병, 심지어 폭력적인 죽음을 뜻하는 것이 되었다. 막스주의는 경제와 정치 관계의 이해의 틀을 통해 현대 국제관계와 국제기구의 이해를 넓혔다고 할 수 있다.

막스(Karl Marx, 1818~1883)는 막스주의이론의 창시자이며 지적 선구자이다. 막스는 그의 저서 「공산당 선언(*The Communist Manifesto*)」을 통해 역사와 진보는 사회가 한 종류의 생산방식에서 다른 종류로 이동하면서 변증법dialectic적으로 이뤄질 수 있다고 주장한다. 막스에 따르면 사회는 생산방식에 의해 그 형태가 결정되고 생산수단에 대한 관계에 따라 나누어지는 계급 중심으로 조직된다. 생산수단은 재화와 서비스를 제공하기 위해 필요한 자원들이다. 막스는 경제를 사회와 정치를 이끄는 원동력으로 본다. 막스는 계급 간의 분쟁과 서로 다른 생산방식에 내재되어 있는 모순을 진보를 위한 원동력으로 보았다. 막스는 각각의 생산방식이 그 자체로 모순을 가지고 있으며 이것은 궁극적으로 붕괴를 일으킬 것이라고 주장한다.

다시 말해, 봉건제도를 예로 들면, 봉건제도 안의 모순은 기술의 발전과 함께 봉건제로 인해 생긴 사회적 계급 사이의 분쟁에서 생겨난다는 것이다. 성장하는 산업기술은 생활을 유지하기 위한 다른 방식을 제공해 주었고 재화의 과잉공급을 야기시켰다. 봉건제도하에서는 토지는 장남에게 세습되기 때문에 부동산은 계속 보존된다. 재산은 물려 받았지만 토지는 물려 받지 못한 둘째, 셋째 아들은 대체로 도시로 가서 새로운 기술에 투자를 하고 새로운 사업을 시작하여 상인이라는 새로운 계급의 바탕이 되었다. 이러한 모순이 점차 커짐에 따라 봉건주의가 무너지게 되었고 새로운 지배적인 생산 방식인 자본주의가 나타난 것이다.

봉건제도가 무너지고 자본주의가 생겨났고 그와 함께 사회의 본질도 근본적으로 바뀌어 새로운 계급이 성장하게 되었다. 부르주아 계급은 공장을 소유하고 인력을 고용하고 자본을 통제하는 자본주의자들이다. 프롤레타리아 계급은 임금을 받기 위해 노동력을 제공하는 노동자들이다. 사회는 이 같은 새로운 생산 방식을 인식하고 사회정치 제도는 새로운 경제질서를 표방한다. 귀족주의가 봉건제도의 지배계급의 이익을 대변한 것과 같이, 민주주의는 부르주아 계급의 이익과 필요를 대변한다. 통치를 위한 정통성은 더 이상 유전적으로 세습되는 것이 아니었다.

오히려 모든 인간은 평등하게 태어났고 정치적으로 참여할 권리가 있다는 자유주의적 이념은 자본주의 아래서 정통성을 지닌 정부를 세우기 위한 기본 틀을 마련했다. 민주주의는 그것에 동의하는 다수결의 원칙에 의해 만들어진 법의 지배에 기반한다. 자유주의는 귀족정치의 정치적 권위를 감소시키고 부르주아 계급이 이익을 도모할 수 있는 새로운 정치구조를 정당화하였다. 막스의 경우 자본주의는 그 자체의 모순으로 붕괴될 것이라고 예상하였으며 노동자들이 봉기하여 폭동을 일으켜 생산수단을 장악하게 할 정도까지 가난을 만들어 내는 자본주의의 모순을 지적하였다. 막스는 이러한 문제들을 시장실패를 유도하는 모순들로 표현하고, 적어도 자본주의는 불안정하고 위기에 민감하다고 주장하였다.

자본주의의 첫 번째 모순은 자본의 집중을 일으키는 시장의 경향이다. 시장에서 활동하는 자본주의자는 재화와 서비스의 생산에 있어서 더 큰 효율성을 위해 움직인다. 경쟁과 효율성은 자본주의자가 생산비용을 낮추도록 한다. 비효율적이고 비경쟁적인 사업은 시장에서 퇴출당하게 되어 과두나 독점의 형태로 가게 되고, 소수의 개인들이 부를 축적하게 된다. 이러한 모순적인 상황은 노동자와 소비자들에게 심각한 결과로 이어진다. 인건비가 생산비용의 가장 큰 부분을 차지한다고 봤을 때 효율적인 생산이란 곧 인건비를 줄이는 노력으로 해석될 수 있다. 대중은 그 결과로 발생하게 되는 저임금과 실업으로 빈곤에 빠져들게 된다. 시장이 소수의 기업에 의해 지배될 경우, 살아남은 부르주아 계급은 생산된 재화에 대해 더 높은 가격을 요구할 수 있게 된다. 일단 경쟁이 끝나게 되면 자본주의도 끝나는 것이다.

막스가 지적하는 두 번째 자본주의의 모순은 초과 생산에 있다. 자유주의자는 수요와 공급의 접점이 가격구조와 함께 과잉 생산을 막는다고 주장한다. 막스는 시장의 내재적인 균형에 대한 이러한 믿음에 대항하여, 자본주의는 그 큰 효율성이 자본주의자로 하여금 같은 제품을 같은 비용이나 더 낮은 비용으로 생산할 수 있게 하기 때문에 과잉 생산하는 경향이 있다고 주장한다. 노동자들은 그렇게 생산된 물건들을 그들의 임금한도에서 쉽게 소비할 수 없기 때문에 이러한 물건에 대한 수요는 줄어든다. 결국, 시장은 과잉 생산된 재화와 서비스로 넘치게 된다.

세 번째 모순은 자본주의자가 초과로 저축하게 하는 이익의 체감경향이다. 자본이 축적됨에 따라 투자자본에 대한 수익률은 감소한다. 자본주의자는 생산적인 사업에 투자할 동기를 잃게 되고 그 대신 부를 축적하기 시작한다. 다시 말하면, 자본주의적 발전은 명확한 한계가 있다. 자본의 축적은 투자수익이 줄어들게 만들며 종국에는 투자 자체를 사라지게 한다. 이러한 모순은 부자와 가난한 사람들, 자본가와 노동자 사이의 불평등을 초래한다. 노동계급의 피폐는 그들이 더 이상 잃을 것이 없는 상황으로 이끌어 종국에는 사회주의 혁명을 일으키게 한다.

그러나 막스가 지적한 자본주의의 모순점에도 불구하고 자본주의는 그의 예측대로 붕괴되지 않았다. 그 부분과 관련해 영국 경제학자 홉슨John A. Hobson은 막스의 자본주의의 모순과 관련하여, 왜 자본주의가 막스의 예측대로 붕괴하지 않았는지에 관한 이유로 '제국주의'를 들었다. 홉슨은 「제국주의(*Imperialism*)」란 저서를 통해 과잉 생산, 저소비와 과잉 저축에 익숙해진 자본주의자가 잉여물품을 팔고 새로운 투자 활로를 찾기 위해 새로운 시장을 개척한다고 주장했다. 그는 제국주의를 "산업을 통제하는 거대한 세력이 그들이 국내에서는 팔거나 사용할 수 없었던 재화를 소비하기 위해 외국시장과 투자대상을 찾는 것을 통해 잉여된 부의 흐름의 통로를 넓히고자 하는 노력"으로 정의한다(Viotti and Kauppi, 1993: 453). 홉슨은 자본주의 사회가 새로운 시장, 값싼 노동력과 원자재로의 접근을 얻기 위해 다른 시장으로 진출하거나 서로 분쟁을 벌인다는 점에서 제국주의를 전쟁의 원인으로 본다. 또한 그는 제국주의적 팽창을 위한 전쟁이 수출 자본가나 은행가와 같은 사회의 일부 계층에게만 도움을 주고 국가 전체로는 도움이 되지 않는다고 지적했다. 이 점에서 홉슨은 신중상주의자neo-mercantilist나 경제제국주의자economic imperialist로 간주될 수 있을 것이다.

레닌Vladimir Illyich Lenin은 막스에 의해 예상된 자본주의의 종말이 제국주의에 의해 잠시 연기된 것일 뿐이라고 주장한다. 「제국주의: 자본주의 최고의 단계(*Imperialism: The Highest Stage of Capitalism*)」를 통해 레닌은 자본주의의 모순점들, 즉 과잉 생산, 저소비, 초과 저축 등이 자본주의 국가의 식민지 팽창에 의해서 일시적으로 해결되었다고 주장한다. 식민지 획득은 자본주의 경제가 소비되지 않은 물품을 처리하게 하고, 값싼 자원을 획득하게 하며 과잉 자본을 배출하게 한다는 것이다(Gilpin, 1987: 38). 레닌은 식민지를 통한 자본주의의 확장은 세계적 경제발전에 공헌했다고 주장한다.

그러나 레닌에 따르면 그러한 발전은 불평등한 것이다. 즉, 자본주의 국가들은 불평등하게 발전하여 경제 · 정치적인 분쟁을 일으키게 된다. 이러한 설명은 전쟁에 관한 현실주의의 생각과 비슷하다는 것에 주목할 필요가 있다. 현실주의자는 불균등한 성장률은 세력균형의 변화를 야기시켜 전쟁을 일으킨다고 주장하지만 현실주의자가 분쟁의 정치적 이유를 강조하는 것에 비해 레닌은 경제적 원인을 강조한다.

한편, 이탈리아 출신 막스주의자인 그람시Antonio Gramsci는 전통적인 막스주의와는 조금 다른 견해를 피력했다. 그람시는 정치가 경제질서의 변화를 나타낸다고 하는 막스의 경제우선주의를 비판함으로써 오히려 막스주의에 공헌했다. 막스에 따르면 자본주의는 생산의 힘과 관계 사이의 모순이 더 커짐에 따라 경제적 붕괴로 가게 된다. 그러나 그람시는 이 같은 경제주의가 노동계급이 수동적으로 자본주의의 필연적인 위기를 기다리도록 하기 때문에 잘못된 해석이라고 말한다(Simon, 1982). 그람시는 사회라는 것을 각각 다른 종류의 그룹과 계급 사이의 관계의 연속선상으로 이해했다. 자본주의 사회에서 부르주아 계급의 권력을 이해하기 위해서는 정치를 분석의 대상으로 다시 보는 것이 필요하다는 주장이었다.

그람시에 따르면 정치는 "지배계급이 지배를 정당화하고 유지할 뿐만 아니라 피지배계급에게서 적극적인 동의를 얻도록 조정하는 정치적 · 이론적 활동의 복합체"(Hoare and Smit, 1971: 114)이다. 그람시에 의해 '패권hegomony'이라는 개념이 창안됐다. 그람시는 지배계급이 패권을 발전시킬 수밖에 없다고 보았다. 패권은 "한 사회그룹이 그 사회 전체의 지배에 대한 다른 사회그룹의 동의를 얻기 위해 조정을 통해 다른 사회그룹에게 영향을 미치는 방식"과 관련이 있다(Sassoon, 1982: 13). 이러한 개념은 현실주의자, 자유주의자와 막스주의자에 의해 도입되는 단순한 지배의 개념과는 다르다. 그람시-막스주의자에게 패권은 정치적 · 이념적 지도력에 대한 동의와 관련 있는 것이지 힘의 지배와는 관계가 없다(Simon, 1982: 11). 이러한 관계는 그 동의를 얻는 한도에 이르기까지는 조정과 타협 그리고 그 동기에 기초한다. 그러나 지배계급의 중심가치는 변하지 않는 것이다.

그람시는 패권과 지배에 관한 또 다른 구별을 제시한다(Hoare and Smit, 1971: 56-57). 지배는 무력의 사용과 모든 분쟁에서의 최종 중재자로서 역할을 할 수 있는 국가의 독점에서 비롯되지만, 패권은 지배받는 그룹의 동의를 필요로 한다. 한 국가는 지배하기 위해 무력과 지배에 의존한다. 강한 국가는 패권을 통해 지배한다. 프롤레타리아 혁명은 부르주아 계급과 일반대중 사이에 이미 형성되어 있는 패권적 관계를 대치할 수 있는 또 다른 패권을 필요로 하는 것이다.

막스주의에 따른 국제관계를 설명하는 데 있어 그람시의 공헌은 이념과 권력을 연관시킨 데 있다. 그람시-막스주의자에게 부르주아의 권력은 국가와 무력을 소유한 데서 오는 것이 아니다. 권력은 지배적인 계급 혹은 국가의 이익이 하위계급의 이익과 한데 연결되어 있다는 것이다. 노동계급은 그 자신이 착취되고 있는 사회구조라 할지라도 스스로 참여하도록 하는 이념 혹은 패권을 발전시키는 데 기여한다. 기업의 발전은 노동자의 발전과 직접적으로 관계가 있다. 노동환경에 불만을 가지고 조합을 구성하거나 임금을 인상시키려는 노동자들은 부르주아 계급에게뿐만 아니라 다른 노동자들에게도 위협으로 등장한다. 따라서 노동자를 지배하는 계층은 시스템을 대치시키려 하기보다는 시스템 내에서의 개혁을 추구한다. 사회적 · 정치적 압력은 불만을 가진 하위계급의 일부분에게 적용되어 현존하는 부르주아적 규범과 가치를 따르도록 한다. 폭력은 오직 마지막 수단으로만 사용된다.

막스, 홉슨, 레닌, 그람시 모두 국제관계의 막스주의 접근법에 영향을 미쳤다. 막스는 계급형성에 관한 관점을 제시하고 자본주의의 안정을 위협하는 모순을 지적했다. 홉슨과 레닌은 식민주의의 경제적인 원인과 정치적인 결과를 제시했다. 그람시는 권력과 동의를 기반으로 한 계급이 다른 계급을 지배하는 것과 관련해 이념이 어떤 의미를 지니는지 설명했다. 이 세 가지 설정은 뒤에 나오는 국제관계와 국제기구에 대한 막스주의이론의 가정을 살펴보면 더욱 분명해진다.

국제관계에서의 막스주의의 가정

국제관계에 대한 막스주의 접근법은 다양하다. 하지만 일반적으로 이론으로서의 막스주의는 현실주의, 자유주의와 마찬가지로 몇 가지 기본가정을 전제로 하고 있다. 첫 번째 가정은 세계 자본주의의 경제체제가 국제관계 속의 행위자의 위치와 행동을 결정하고 구속한다는 것이다. 막스주의자는 국제관계의 특성을 현실주의나 자유주의와는 다르게 보고 있다. 현실주의는 무정부적 상태를, 그리고 자유주의는 상호의존적 관계를 강조하지만 막스주의자는 다른 특징을 내세운다. 착취계급과 그에 따라 착취당하는 피지배계급의 종속적 관계에 초점을 맞춘다. 부의 불평등 관계가 갈등의 원인이 된다는 것이다. 이와 함께 막스주의는 세계 자본주의적 경제체제라는 것이 행위자에게 동기를 제공하고 행위자의 행동을 제한한다고 주장한다.

막스주의의 두 번째 가정은 분석의 주요 단위를 경제계급으로 보고 있다는 것이다. 막스주의자는 국제관계에서 행위자는 경제적 계급으로 정의될 수 있다고 본다. 국제관계는 경제적 생산에 따라 움직인다. 따라서 주요 행위자는 세계 재화와 서비스 생산에서의 그 역할에 따라 구분될 수 있다. 가장 유명한 막스주의 이론으로 종속이론과 세계체제론이 있는데, 계급의 역할에 대해서는 조금 다른 주장을 펼치고 있다.

종속이론은 전통적인 계급에 대한 막스주의적 관점을 받아들여서 국제체제에 적용하는 경향이 있다(Packenham, 1992; Valenzuela and Valenzuela, 1978; Cardoso and Faletto, 1979; Amin, 1977; Evans, 1979). 이 이론가들은 왜 제3세계 국가, 특히 남미에서 경제발전이 왜 이뤄지지 않는가에 대해 설명하고자 했다. 종속이론을 신봉하는 학자들은 신식민주의, 자본주의적 팽창, 불균등한 상호의존적 관계의 형성이 제3세계 국가가 발전하기 어려운 이유라고 주장한다.

종속이론은 제3세계가 발전하지 못하는 이유가 반드시 역사적 관점에서 이해되어야 한다고 설명한다. 제3세계 국가의 대부분이 한때 서구 자본주의의 식민지 역할을 했고 시장이 무력화됨과 동시에 천연자원과 저임금 노동력의 원산지로 전락해야 했다. 그리고 이들이 해방된 후에도 국제적 부르주아 계급은 교묘한 방식으로 계속해서 신생 독립국가를 통제하기 시작했다. 식민주의가 무력에 의한 영토적 지배를 의미한다면, 신식민주의는 저개발국가에 대한 자본주의 국가의 비영토적·경제적 통제를 의미한다.

종속이론가는 제3세계 국가들이 받았던 자본주의의 영향을 분석했다. 따라서 그들이 국가를 국제관계의 중요한 행위자로 본 것은 당연하다. 그럼에도 불구하고 그들은 국가를 지배계급, 즉 국내 부르주아 계급의 이익을 반영하는 것으로 본다. 국가는 부르주아 계급에게 종속되고 부르주아 계급은 국가를 조정한다. 여기서 국가가 하는 일이란 기반시설이나 인력과 같은 자본주의의 필수적인 요소들을 재생산하고 각종 계약과 사적 재산을 보호하는 역할을 맡는 것이다. 최악의 경우 국가는 단지 '부르주아 계급의 행정부적 역할'을 하면서 부르주아 계급이 그 이익을 추구하고 하위계급을 착취하기 위해 국가의 강제력을 사용하도록 허용하게 된다.

세계체제론의 이론가인 월러스타인(Wallerstein, 1980)은 국가를 세 개의 계급으로 구분하고 각각 중심부core, 주변부periphery, 반주변부semi-periphery로 정의했다. 중심부는 자본과 고도의 기술을 가진 인력을 국제경제에 제공하는 산업화된 국가로 구성되어 있다. 주변부는 저임금 단순 노동력과 천연자원을 제공한다. 반주변부는 신생 산업국가들로 세계경제에 값싼 비용으로 경제적이고 반기술적인 노동력을 제공한다. 다르게 말하면, 중심부는 세계 부르주아 계급이고 주변부와 반주변부는 세계 프롤레타리아 계급이다.

중심부의 주변부에 대한 체계적인 착취는, 비록 그 착취의 성격은 많이 바뀌었지만 지난 500년간 이어져 왔다. 약 1500년에서 1945년까지, 중심부의 착취는 영토적인 식민주의의 모습으로 나타났다. 1945년에서 1980년까지는 착취의 형태가 영토적인 것에서 경제적인 것으로 바뀌었다. 중심부는 강압적으로 값싼 노동력을 착취하여 자원을 강탈하는 것 대신에 자원을 방출하거나 시장에서 그것들을 헐값에 사들인다. 이러한 자원은 중심부로 와서 높은 가치를 지닌 제품의 생산을 위해 사용된다. 제작된 제품은 중심부에서 팔리고 남은 것은 판매를 위해 주변부로 수출된다.

이러한 착취의 형태는 무역수지terms of trade, 즉 수입품의 가치 대비 수출품의 가치를 떨어뜨린다. 이상적으로 본다면 수출품과 수입품 간의 가치는 동등해야 한다. 그러나 수입품의 가치가 수출품의 가치보다 높게 되면, 해당 국가는 외화로 수입된 물품에 대한 가격을 지불해야 하기 때문에 경제적 손실을 입게 된다. 이때 일어나는 무역수지 적자는 경제성장을 크게 발전시키기 위해 필요한 충분한 부와 자본이 축적되는 것을 막고 경제발전을 저해하는 핵심적 요인이 된다.

이처럼 1980년대 이후부터 생산의 세계화는 착취의 형태를 다시 한번 바꾸어 놓았다. 주변국은 여전히 천연자원과 단순 노동력을 제공하는 식민시대의 입장에서 크게 달라지지 않았다. 그러나 이때 말레이시아, 멕시코, 브라질, 홍콩과 같은 신생산업국가를 포함하는 반주변부가 생산과정의 중간자로서 등장했다. 반주변국가들은 세계 자본주의에 있어 두 가지 역할을 한다. 첫째, 중심부에서 임금이 너무 크게 인상될 경우 보호막으로 작용한다. 둘째, 중심부가 은행업, 보험, 통신과 같은 서비스 중심의 사업으로 이동함에 따라 제조업의 중심이 된다.

세계체제론과 종속이론은 계급과 국가를 각각의 부분으로 보고 있다. 종속이론가는 국가의 지배가 경제계급의 이익을 반영한다고 보고 있다. 세계체제이론가는 국가와 국가체제를 자본주의 축적을 위한 필수조건으로 본다(Crane and Amawi, 1997). 이때 자본의 축적과정은 국제 부르주아 계급에게 이득을 가져다준다. 이러한 막스주의적 국가관은 현실주의와 자유주의의 국가관과 국제관계의 행위자들의 본질과 대비된다. 현실주의자는 국가를 단일하고, 합리적인 행위자로서 국익의 극대화를 추구한다고 보고 있다. 자유주의자는 국가를 개인의 복지를 최대화하도록 되어 있는, 경쟁적인 이익들이 공존하는 분리 가능한 개체로 보는 경향이 있다. 막스주의자는 국가를 계급으로 구성된 분리된 개체로 본다. 그러나 막스주의자의 세계관에서는 하나의 계급, 즉 부르주아 계급이 정부를 지배한다.

세 번째 가정은 국제관계가 본질적으로 분쟁적이라는 것이다. 착취는 사회 내에서 그리고 사회와 사회 간의 분쟁을 낳는다. 자본주의는 폭력과 경제적 · 사회적 · 정치적 불평등을 만들어 낸다. 막스주의자에게 있어서는, 자본주의가 국제경제를 지배하는 한 국제분쟁은 계속될 수밖에 없는 것이다. 국제분쟁은 국가 간의 전쟁의 형태로 혹은 테러나 내전과 같은 형태로 나타난다. 세계적인 생산방식과 그것이 만들어 낸 상호의존의 시대는 사회 내의 혹은 각 사회 간의 폭력이 자주 국제적인 분쟁으로 확산되는 원인을 제공했다.

막스주의의 네 번째 가정은 정치적 · 전략적이 아닌 경제적 요소가 국제관계를 이해하는 데 가장 중요한 요소라는 것이다. 전략적이고 군사적으로 보이는 문제일지라도 사실상 그것은 자본주의적 축적과 착취에 원인이 있다는 것이다. 결국 군사력과 다른 종류의 세력의 기반은 경제적 능력과 직접적으로 연관이 있는 것이다. 강대국과 약소국 간의 전쟁은 식민주의 때문에 일어났다. 탈식민지시대의 전쟁은 시장과 노동력, 자원에 대한 접근 때문에 일어났다. 세계대전과 같은 패권국 혹은 강대국 간의 전쟁은 누가 세계지도국이 될 것인지에 관한 것인 만큼 또한 세계가 어떤 생산방식을 선택할 것인가에 대한 전쟁이었다.

막스주의자에게 있어 냉전은 구 소련이 서구사회에 대해 심각한 군사위협을 가했기 때문에 생긴 현상이 아니었다. 오히려 그것은 미국이 경제적 제국주의를 추구했기 때문에 생긴 결과였다(Kolko and Kolko, 1972). 막스주의자의 이론적 틀은 국제관계를 분석하는 데 새로운 시각을 제공한다. 세계 자본주의, 경제적 계급, 분쟁과 경제적 동기에 대한 관심은 20세기의 거버넌스의 본질에 대한 또 다른 관점을 제시했다.

막스주의 관점에서의 국제기구

자유주의자, 현실주의자와 같이 막스주의자는 국제기구가 패권을 통해 만들어졌다고 주장한다. 그러나 전통적인 막스주의자와 그람시-막스주의자는 패권에 관해 다른 의견을 가지고 국제기구의 본질에 관한 서로 다른 결론을 도출한다. 전통적인 막스주의자는 패권을 군사적 · 경제적 지배와 동일시하였다. 국제기구가 창설되고, 그리고 나머지 국가들은 이에 동참할 것을 강요당한다. 국제기구는 자본주의적 생산 방식을 강화하고 증진시켜 중심부의 지배적 위치와 반주변, 주변부의 종속적 위치를 제도화 한다. 그람시-막스주의자에게 있어서 패권이란 주변부에도 인정된 이념적 패권을 의미한다. 따라서 그들은 이념을 변경하여 새로운 패권을 창출할 수 있는 국제기구의 역할을 강조한다.

전통적 막스주의자에게 국제기구는 자본주의의 지배와 착취를 위한 수단이다. 미국에 의해 제2차 세계대전 이후에 설립된 국제질서는 미국이 산업 생산력에서 비교우위를 가진 자본주의체제이다. 자본주의적이며 자유주의적 경제원칙에 기반한 국제체제는 미국 산업의 세계시장 침투를 한결 용이하게 한다. 전통적인 막스주의자에게 있어서 미국 패권의 근원은 그 자본주의적 비전을 다른 국가에 강요할 수 있는 힘의 우위에 있다. 정치, 경제 그리고 사회적 기구들은 각각 그 기조에 깔린 경제체제를 반영한다. 현대의 국제관계와 국제기구는 세계 자본주의에 의해 만들어지고 그것을 가르치며 표방한다.

그람시-막스주의자는 패권에 관해 보다 폭넓은 개념을 가지고 있다는 점에서 전통적인 막스주의자와 의견을 달리한다. 그러나 현실주의자와는 입장이 다르다. 그람시는 이념과 권력을 연결시켜 패권이 정치적 · 이념적 지도력에 대한 동의와 관련 있다고 주장한다(Simon, 1982: 11). 어떻게 지배계급은 종속계급이 그 지배와 착취에 동의하도록 만들 수 있을까? 그 답은 지배계급의 이해와 피지배계급의 이해를 연계시키는 데 있다.

예를 들어 미국에 의해 만들어진 국제질서는 제3세계 국가에서 미국의 패권을 발전시킨 몇 가지 원칙에 기반한다. 미국이 주장한 식민지배의 종식은 식민지하의 나라들에게 자결권을 주었고, 이는 미국의 지도력이 자치정부가 될 수 있는 기회를 의미하는 것이 되었다. 미국의 지도력에 의해 유엔도 탈식민지과정에서의 과거 식민지들의 독립을 도왔다. 사실상 탈식민지화는 과거 미국 기업들에게는, 유럽에 의해서 거부되었던 시장과 자원, 노동력으로의 접근을 가능하게 하였던 것으로 미국의 이익과 관련되어 있던 것이다. 그러나 미국은 미국의 이해를 식민지배에서 갓 벗어난 제3세계 국가들의 이해와 연계시켜서 그 지배에 대한 동의를 얻을 수 있었던 것이다. 유엔과 같은 국제기구도 이러한 이익의 연계를 증진시켰고 미국의 지도력이 성장하는 데 기여했다.

그람시-막스주의자는 국제기구 역시 현대 자본주의의 발전을 위한 수단으로 보는 관점을 드러낸다(Murphy, 1994). 국제기구는 자본주의와 국가를 연결하는 데 중요한 역할을 한다. 국제기구에 의한 글로벌 거버넌스는 각국이 국제사회의 급격한 산업 변화에 적응할 수 있도록 돕는 역할을 하고 국가와 시장 간의 관계를 조율한다. 국제기구는 국가들로 하여금 자본주의의 중요성과 합리성에 동의하게 만들고, 따라서 자본주의는 점점 더 발전하게 되는 것이다. 이렇게 막스주의자의 기본입장은 현대 국제기구가 자본주의 질서를 반영한다는 것인데, 그러나 그럼에도 막스주의자 역시, 국제기구가 자유주의적 이념을 자본주의 발전과 함께 발전시키는 데 중요한 역할을 한다는 점은 인정하고 있다.

국제기구의 탄생에 대한 막스주의, 현실주의 그리고 자유주의자의 설명은 국제기구의 본질에 대해 각각 다른 결론을 내리게 하지만 그렇다고 해서 완전히 다른 것은 아니다. 여러 막스주의자, 현실주의자와 자유주의자가 국제기구 형성을 위한 필수조건으로 패권을 꼽고 있다. 현실주의와 전통적 막스주의자는 패권을 군사적 · 정치적 · 경제적 지배로 생각한다. 자유주의 제도주의자와 그람시-막스주의자는 패권을 지배로 보지만 왜 다른 국가들이 그 지배에 동의하는지를 이해하고자 노력한다. 자유주의 제도주의자는 패권국이 공공재를 제공하고 부가 비용을 지불함으로써 그 지도력에 대한 동의를 얻어낸다고 주장하고, 그람시-막스주의자는 패권이 단순히 강압적인 것이 아니라, 이념적이라는 것을 강조한다.

따라서 국제기구의 본질은 이론적 접근에 따라 다양해질 수밖에 없다. 현실주의자는 국제기구를 단순히 그 회원국들의 모임으로 본다. 국제기구는 전체적으로 정부간 기구이고 강대국의 조정에 쉽게 좌우될 수 있다. 국제기구의 행위는 강대국의 이해관계와 세력균형으로 설명될 수 있다. 자유주의자에게 국제기구는 IGOs, NGOs, MNCs, 레짐 등이 될 수 있다. 상대적으로 독립적인 행위자로 국가가 집단행동의 문제점을 극복하도록 도와주고 국제적 경제성장을 도모한다.

막스주의는 국제기구를 공적이거나 사적인 기구로, 국가와 비국가 행위자들로 구성된 것으로 본다. 그들은 이러한 기구들을 자본주의 지배의 수단으로 보고 기조에 깔린 경제적 질서를 반영하고 정당화시킨다고 생각한다. 각각의 이론적 접근은 조금씩 다른 관점을 가지고 국제기구에 대한 서로 다른 이해와 설명을 제공한다.

막스주의와 국제기구의 역할

막스주의이론은 국제기구의 세 가지 역할을 제시한다(Pease, 2003). 첫째, 유엔과 같은 정부 간 국제기구, IGOs는 자본주의의 정치적 보충제이다. 자본주의 국가에 재정적으로 의존하고 또 자본주의 국가에 의해 통제되는 IGOs는 자본주의적 의제를 증진시킨다. 국가들 간에 서로 경쟁하고 대립하는 국제환경에서 자본주의자는 각종 제한으로부터 자유롭다. 안전보장이사회와 총회와 같은 유엔의 정치적 기구가 비효율적인 규칙과 절차적인 문제로 유능한 활동을 펼칠 수 없을 때 자본주의는 구속 없이 팽창한다. 자본주의자는 제품의 새로운 분출구와 값싼 노동력과 천연자원의 새로운 근원지를 자유롭게 추적할 수 있다. '초국가주의'가 명확하게 드러나는 분야는 경제적 영역뿐이다. 초국가주의는 국제기구가 국가에게 권위를 행사할 수 있다는 것을 의미한다.

유럽연합과 세계무역기구 같은 IGOs는 재화와 서비스의 국가 간의 경계를 넘어서 일어나는 자유로운 흐름을 방해하는 국가정책에 대해 더 높은 법적 권한을 행사할 수 있다. 국제적 그리고 초국가적 자본주의자의 이익은 국가경제와 그 이익이 연계되어 있는 국내 자본주의자와 노동자의 희생을 감수하면서 추구된다. 만약 정부가 후자의 이익을 보호하려 든다면 그 국가의 정책을 무효화하기 위한 법적 제재조치가 실행되게 된다.

IMF와 세계은행 같은 독립적인 경제기구는 제3세계에게 사유재산과 임금노동과 같은 자본주의적 특징들을 강요한다. 이들 제3세계 국가들의 입장에서 그것은 국가가 자본주의의 구조를 받아들이는 것이 아니라 시장이 받아들이는 것이 된다. 국가가 아닌 시장이 부와 자원, 가치를 분배하는 구조로 형성되도록, 그 같은 구조를 받아들이도록 강요받는 것이다. 국가가 아닌 시장이 부와 자원 그리고 가치를 분배하는 한, 생산수단을 소유한 소유자, 즉 자본가들은 언제나 임금을 받는 노동자들의 희생을 통해 이익을 얻게 된다. 세계체제론의 관점에서 중심부는 주변부의 희생을 통해 이익을 얻는다.

IMF와 세계은행이 발전과 안정을 위한 대출의 대가로 시장개혁을 요구하는 한, 주변국들은 잘해도 잘못된 개발을 하게 될 것이고, 최악의 경우에는 영영 개발을 하지 못하게 될 것이다. IMF와 세계은행의 대출과 발전 정책은 신고전주의 경제사고에 기반한다. 즉, 그들은 신자유주의적이거나 자본주의적 기구들이다. 비교우위에 따라 자유주의자는 분업과 특화를 경제성장의 열쇠로 본다.

그러나 주변국들에게 있어 비교우위는 천연자원과 값싼 노동력을 세계시장에 제공하는 것이고, 이것은 내구제와 비싼 가격의 제조품을 생산하는 것에서 오는 수익과 같을 수는 없는 것이다. 예컨대, 감자 칩을 생산하는 것은 컴퓨터 칩을 생산하는 것만큼 유리하거나 수익적이지 않다. 주변국들은 이처럼 열악한 무역수지에서 오는 만성적인 국제수지문제 때문에 그 부를 잃게 될 것이고 저개발 상태로 남아 있을 것이다.

둘째, 막스주의자가 보는 국제기구는 지배를 위한 수단이다. 국제기구는 중심국가들이 약소국들을 착취하고 통제하기 위해 사용하는 도구이다. 탈식민지화 과정은 주변국들이 주권국으로서의 모양새는 갖출 수 있는 토대를 마련했다. 그러나 새로이 형성된 국가들은 통치할 수 있는 권리를 가졌지만 그 수단은 갖추지 못했다. 주변국의 지배계급은 중심국가와 협력관계에 있고 그 이익은 중심국과 연결되어 있다. 지배계급은 정부를 통제하고 그 정부가 유엔에 대표로 나가게 되는 것이다. 따라서 많은 유엔 관료들은 주변국의 엘리트들이다. 이들은 대부분 지배계급 출신이고 자본주의적 가치를 신봉한다.

경제적으로 국제기구는 약소국들을 지배하는 데 직접적인 역할을 했다. 국제은행들은 제3세계 국가들을 부채의 덫으로 감아서 그들의 지속적인 착취를 가능하게 했다. IMF와 세계은행은 제3세계 국가들이 대출에 대해 지불 불능이 되지 않을 정도 선에서만 융자를 제공했다. 제3세계 국가들은 그에 대한 이자를 내기 위해 더 많은 돈을 빌려야 했다. 그 결과가 바로 현재 대부분의 제3세계 국가들이 겪고 있는 만성적 부채 위기로 나타났다. 막스주의자에 따르면 이 위기는 세계 자본주의의 불가피한 결과이다. 다자주의적이고 국제적인 은행들은 그 이점을 충분히 활용하여 이들 국가들이 자본주의적 원칙을 따르도록 만들었다.

막스주의자에게 MNCs는 착취를 위한 도구이고 저개발을 유지시키는 지배 수단으로서의 대표적인 국제기구이다. 효율적인 시장을 찾고자 하는 MNCs의 욕구는 그것이 느슨한 환경과 노동 기준을 가지고 있는 국가로 옮겨 가도록 했다는 것이다. 많은 MNCs가 비용을 절감할 수만 있다면 아동 근로자나 죄수들의 노동력을 착취할 가능성이 있다. 그리고 노동자 조합이 형성되지 않았거나, 그 밖의 다른 종류의 집단적 협상이 이루어지지 않을 만한 곳으로 인건비를 줄이기 위해 옮겨 다닐 것이다. 자유주의자가 MNCs가 직업을 창출하는 기구로 본 반면에 막스주의자는 MNCs를 직업에 대한 경쟁을 이용해 인건비를 낮추려 각국을 이동하는 기구로 보았다.

막스주의자에게 있어 MNCs는 또한 직접적 · 간접적으로 주권에 도전하는 기구다. MNCs는 엄청난 자산을 가진 집단이며 직접적으로 뇌물과 심지어 사적 군대를 동원하여 국가의 주권과 타협할 수 있다. 더욱이 대부분의 MNCs는 중심국에 그 본사를 두고 있으므로 중심국 시민으로서의 모든 권리와 특권을 갖고 있다. 따라서 그들은 그들의 이익이 위협당할 때는 본국 정부에게 부탁하여 그들이 투자하고자 하는 국가의 주권에 도전하고 압력을 행사할 수 있다.

막스주의자가 보는 국제기구의 세 번째 역할은 패권을 발전시키는 것이다. 전통적인 막스주의자는 패권을 단순한 지배의 형태로 보았다. 따라서 국제기구는 자본주의를 표방하고, 강화하며 강요한다. 그러나 강압적인 지배는 효과적인 통제의 수단이 아니고 적어도 장기적으로 볼 때는 더욱 그러하다. 효과적인 통제는 지배받는 사람들로부터의 동의에서 온다. 그람시-막스주의자는 국제기구를 자본주의를 판매하는 도구로 본다. 자본주의가 자결권, 인권, 민주주의 이념과 유엔의 지원을 받는 책임투자원칙주도기구(PRI Initiative: The United Nations-supported Principles for Responsible Investment Initiative)의 탄생은 2005년 초, 당시 유엔 사무총장이었던 코피 아난이 세계 투자기관들을 불러 모은 자리에서 시작되었다. 세계 12개국의 기관으로부터 추출된 20명의 투자자그룹은 시민사회, 국제 정부기구, 투자회사들의 전문가 70명의 지지를 받으며, 2006년 4월 뉴욕 증권거래소에 책임투자원칙주도기구를 설치하였다. 이 기구는 6가지 기본 투자원칙 아래에서 함께 일하는 투자자들의 국제적 네트워크이자 투자자들이 이끄는 연합체이다.

이 기구의 목표는 투자자들이 지속가능한 투자실행을 할 수 있도록 하는 것이며, 원칙에 서명한 사람들이 투자를 결정하는 데 있어서 이 원칙을 고려할 수 있도록 돕는 것이다. 기본원칙들을 수행하면서, 서명인들은 지속가능한 글로벌 재정 시스템 발전에 기여하기 위해 노력을 기울이고 있다. 또한 기본원칙들을 적용하는 것은 투자자들이 세계 투자시장의 넓은 범위의 목표를 잘 조정할 수 있도록 도울 수 있다. 6가지 원칙에서는 환경, 사회, 그리고 기업지배구조(ESG: Environmental, Social, and Corporate Governance)에 관한 이슈들을 중요하게 다룬다. ESG 문제를 투자결정과정에 포함시킬 것, 능동적인 기업의 주인으로서 ESG 문제들을 주인의식 규칙에 포함시킬 것, 투자기업 내에서 기본원칙들의 적용과 이행을 촉진시킬 것 등이 포함된다. 이 원칙에 서명함으로써 투자자들은 공공연하게 원칙들을 이행해야 한다. 이러한 실천을 통해 국제사회의 다양한 이익을 만족시켜 줄 수 있는 능력이 향상될 것이라고 전망한다. 한편 책임투자원칙주도기구는 유엔환경프로그램금융계획(UNEP-FI: United Nations Environmental Programme Finance Initiative)과 유엔글로벌콤팩트(UNGC: UN Global Compact)와 파트너 협약을 맺어 조직적으로 함께 논의하고 활동하고 있다.

출처: PRI Initiative 홈페이지 참조.

연관되어 있음을 보여줘 피지배자로부터 동의를 얻지만, 실제로는 이러한 이념들은 자본주의적 축적에 방해될 때는 희생되고 마는 것이다.

패권은 시장이 세계화되면서 초국가적 자본주의 계급의 발전과 연관된다(Cox, 1986; Gill, 1991). 유엔이나 WTO와 같은 정부 간 국제기구와 MNCs와 같은 국제 비정부기구는 초국가적 자본가계급의 계급의식을 증진시키고 국수주의자들이 받을 수 있는 전통적인 이익을 감소시킨다. 초국가적 자본주의자들은 생산의 세계화와 자본의 자유로운 이동을 주장한다. 생산의 세계화는 제품과 서비스의 자유로운 이동을 필요로 하고, 자본의 자유로운 이동은 한 국가에서 다른 국가로 자본을 움직일 수 있는 권리를 필요로 한다. 이러한 초국가적 목적을 이루는데 있어 중요한 장애는 초국가적 이익을 희생해서라도 경제적 발전을 이루고자 하는 국수주의적 목적을 추구하는 정부이다.

따라서 초국가적 이익은 제3세계 국가의 이익과 대립하게 되는데, 전통적 그람시주의 입장에서 보면 초국가적 자본은 그 이익이 종속적인 이익, 즉 국가이익과 연계되는 것으로 보인다. 다시 말하면, 제3세계 국가 정부나 중심세력의 경우, 초국가적 기구에 참여함으로써 분명히 초국가적 자본이 이익을 얻고 국내적 자본과 노동은 경쟁력을 잃는 결과를 낳을 것임에도 불구하고 초국가기구에 협력하도록 유도된다는 것이다. 그것이 국가의 이익이 되도록 그 필요성을 느끼게 함으로써 국가들로 하여금 초국가적 기구에 참여하도록 한다는 것이다. '새로운 세계 자유질서'라는 수식어는 초국가적 자본주의자들에 의해서 만들어진 말이다. 막스주의자에게 국제기구들은 이러한 질서의 일부분이다. 정치적으로 국제기구는 자본주의를 표방하고 강화하며 강요하는 것이다. 이들은 지배를 위한 암시적인 혹은 명백한 도구이고, 패권의 발전을 위한 중요한 기구인 것이다.

막스주의에 대한 비판

막스주의이론은 많은 비판을 받아 왔다. 첫째, 막스주의적 예상은 맞지 않았다. 막스의 예상과는 달리 자본주의는 붕괴되지 않았고 자본주의는 나름대로의 개혁도 이뤘다. 구 공산권 국가들은 자본주의적 생산방식을 받아들였고 세계경제는 탈냉전시기에 많은 발전을 이뤘다. 선진국에서 실질임금이 줄어든 반면에 제3세계에서는 직업이 창출되었고 근로자들이 보다 나은 임금을 받을 수 있게 되었다. 막스주의는 이에 대해 제3세계에서 이뤄진 임금인상과 직업창출은 큰 업적이 아니라고 주장한다. 그러나 자본주의가 범세계적 차원에서 삶의 질을 향상시켰다는 주장은 다른 문제로 본다 하더라도, 제3세계 시민들에게 있어 일자리가 주어지고 작지만 임금을 받는 것은 일자리도 아예 없고 임금도 받지 못하는 것보다는 나은 것임이 분명하다.

막스주의적 시각에 대한 두 번째 비판은 막스주의자가 정치적 행위를 설명하기 위해 경제적 요소에 너무 크게 의존하는 경향과 관련해서이다(Viotti and Kauppi,

1993). 전쟁과 국가의 외교정책이 경제적 고려에 의해서 결정된다는 것은 전쟁이 자본주의 이전에도 존재했다는 사실을 간과한 것이다. 외교정책은 사실상 지역전략적인 안보, 민족주의, 종교와 같은 다른 요소들에 의해서도 영향을 받는다. 막스주의자조차도 가자 지구gaza strip나 요르단강 서안 지구west bank와 같은 불모의 영토에서 왜 폭력적인 분쟁이 일어나고 있는지를 경제적 정의만으로는 설명하기 어려울 것이다.

세 번째 비판은 그 결정론에 있다. 그들은 종속적인 계급과 국가는 항상 착취될 것이라고 한다. 그리고 대부분은 지배계급의 패권 속으로 유도되기 때문에 그들이 착취되고 있다는 사실조차 깨닫지 못하고 있다는 것이다. 또 만약 그들이 착취되고 있다는 사실을 깨닫고 그 위치를 변화시키려 한다면 직접적인 압력이 행사될 것이라고 본다. 이처럼 막스주의자는 지나치게 일방적인 주장을 하는 오류를 범하고 있다. 자유주의자가 저개발과 빈곤을 개인과 국가의 잘못된 선택으로 인한 것으로 보는 것과 마찬가지로 막스주의자는 자본주의를 이러한 문제들의 원인으로 보았다. 자유주의자에게 시장은 해결책이지 문제는 아니었다. 막스주의자에게 자본주의는 문제이지 해결책은 아니다. 자유주의자가 개인만을 비난하는 오류를 범한 것처럼 막스주의자는 체제만을 비판하는 마찬가지의 오류를 범했다.

막스주의자는 국제관계에서 국제기구에 대한 다른 역할을 주장하고 글로벌 거버넌스에 대한 다른 관점을 제시한다. 국제기구는 자본주의와 함께 성장한 지배계급, 부르주아 계급의 도구이다. 이들은 자본주의적 생산 방식을 강요하고 강화하며 자본주의적 착취를 도모한다. 국제복지의 관점에서 자본주의는 소수에게는 큰 부를 안겨다 주었지만 대다수를 빈곤층으로 남게 했다. 그뿐만 아니라 막스주의자에게 있어 국제기구는 초국가적 자본주의자의 패권을 팽창시키기 위한 수단이다. 주주들에게만 책임을 지우는 초국가적 자본주의자는 정부의 시장규제와 자본이동의 자율화를 위해 노력한다. 이러한 상황은 대부분의 개인에게 계속적인 착취와 저임금 그리고 직업적 불안정을 불러일으킨다.

비판이론과 글로벌 거버넌스의 접근법

전통적 막스주의의 결정론적인 비관적 이론과는 달리 그람시의 영향을 받은 학자들은 새로운 형태의 비판이론critical theory을 발전시켰다. 이들은 그람시의 영향을 받아 패권이 강압적인 것이 아니라 피지배계급의 동의에서 나오는 이념적인 것이라는 주장을 수용하여, 패권형성에 피지배계급의 참여를 강조하는 실천적 측면을 강조했다. 이 비판이론은 현실주의와 자유주의의 전통적 접근법과 거리가 있으며, 정치질서에서의 시민사회 세력의 중요성을 특별히 강조한다는 점에서 구성주의와도 다른 입장을 취하고 있다. 또 국제기구의 변화를 위해 사회세력의 능동적 역할을 강조한다는 측면에서 전통적 막스이론의 접근법과도 차이가 보인다. 여기에서는 우선 비판이론의 접근법을 다른 이론의 접근법과 구별해 보고, 그 같은 차이점을 바탕으로 글로벌 거버넌스를 바라보는 비판이론의 접근법에 대해 살펴보겠다.

비판이론을 대표하는 학자인 콕스Robert Cox는 문제해결 접근법problem solving approach과 비판적 접근법critical approach의 차이에 대해 설명했다. 우선 문제해결 접근법은 현존하는 국제질서 혹은 권력관계를 이미 '주어진' 행동의 틀이라고 규정하는 반면, 비판적 접근법은 현존하는 질서가 '어떻게' 생겨나게 되었는지를 연구한다. 콕스는 현실주의와 자유주의의 전통적 접근법은 문제해결 접근법에 속한다고 설명했다. 콕스의 이론은 이렇다. 현실주의는 주권국가 간의 권력관계를 주어진 것으로 보고 있고, 자유주의는 자유시장과 자본주의의 이념이 변하지 않는 진리라고 봄으로써 현존하는 질서가 어떻게 생겨났고, 어떻게 변할 것이라는 것에 대해서는 관심을 갖지 않는다. 반면에 비판적 접근법은 현재 주어진 관계와 행동의 틀에 대한 근본적 의문을 품고 접근한다.

문제해결 접근법의 목적은 현재의 국제 관계와 제도가 근본적으로 주어진 것이라는 가정하에, 발생하는 문제점들 혹은 문제들의 근원을 효과적으로 처리함으로써 그 역할을 제대로 수행하도록 하는 반면, 비판적 접근법은 현존하는 세계질서의 근원에 의문을 던짐으로써 현재의 세계질서가 행동의 틀이나 문제해결의 해결책으로서 적절히 작용하는지를 '평가'하고 세계질서의 변화과정에 대해 논의하는 것을 목적으로 삼는다(Cox, 1986).

글로벌 거버넌스와 관련해서, 문제해결식 접근법은 현존하는 시스템의 안정성을 기본사실로 두고, 점진적인 변화incremental change를 통해 국제기구 혹은 지역기구들의 문제를 해결하고 기능을 증진시켜야 한다고 본다. 이와 같은 점진적 접근법은 자연과학적 접근법을 적용해, 이미 주어진 세계질서 안에서 소극적인 개혁 및 국부적인 치료를 연구의 목적으로 하기 때문에 질서의 변화를 설명하는 데는 한계를 지닌다. 반면 구조-비판적 접근법은 세계질서의 규범적normative 기반에 의문을 던지며, 그 구조가 어떻게 생겨나게 되었으며 이를 변화시키는 힘은 무엇인지를 알아보기 위해 구조의 변화에 주목한다. 따라서 구조-비판적 접근법이 점진적인 접근법보다 상대적으로 장기적인 시간적 틀을 토대로 이론을 발전시키고 있다(Cox, 1997).

비판적 접근법을 토대로 하는 이론가들은 글로벌 거버넌스를 설명하는 데 있어 사회세력의 성장에 따른 국제사회의 근본적 질서의 변화를 지적한다. 글로벌 거버넌스에서의 글로벌 시민사회의 역할을 강조하는 나이트Andy Knight는 국가중심의 접근법에 대비되는 접근법으로 '사람중심people-centered'의 접근법을 제시한다. 그리고 기존의 '통치' 개념의 거버넌스에 대비되는 개념으로 수평적 거버넌스라는 새로운 개념을 제시하며 이를 "자율적 조직을 도모하는 사람 간의 네트워크self-organizing interpersonal networks"로 정의한다(Knight, 1999a).

또한 그는 글로벌 거버넌스에 대해, 하나의 개별국가가 해결할 수 없는 "사회적 · 정치적 · 경제적 분야에서부터 군사안보 분야에 이르기까지 여러 분야에 걸친 초국가적 딜레마를 해결하기 위해 범세계적 · 지역적 · 지방적인 서로 다른 요소들을 조율하려는 노력"이라 규정하고, 국가 외의 다양한 사회세력의 목소리를 수용하고 조율할 수 있는 것이 바로 글로벌 거버넌스라고 주장한다(Knight, 1999b). 즉, 이들은 주권국가 간의 협력으로 이루어진 기존의 국제기구들은 이미 글로벌 거버넌스의 역할에 한계를 드러냈다고 보고, 따라서 시민사회로부터 새로운 이념창출을 통해 국제기구가 새롭게 구성되거나 현재의 국제기구가 새로운 이념을 수용할 수 있어야 한다는 것이다.

비판이론가는 정부, 기업, 시민사회의 세 가지 행위자가 존재한다고 할 때, 그 가운데에 시민사회 행위자의 기여도와 중요도를 높이 사고 글로벌 거버넌스의 개념에서 시민사회의 역할이 갈수록 강조되어 간다는 점을 지적한다. 이것은 변화하고 있는 주권에 대한 이해와 해석에서도 그 모습을 찾아볼 수 있다. 과거의 주권의 개념은 국가주권national sovereignty으로서 국제사회의 구성원인 국가에게 부여된 권리로 다른 국가로부터 간섭받지 않으며 국내적 문제에 대한 절대적 지배력과 권한을 갖는 권리로 인식돼 왔다. 그러나 세계화가 진행되면서 국가가 지니고 있던 고유한 권리인 주권은 서서히 민중주권popular sovereignty으로 이해되고 있다. 즉, 주권의 주체가 개개인의 사람에게 있고, 그들은 자신이 지닌 정치적 혹은 사회적 가치를 실현시키기 위한 바탕을 국내에서 찾는 것이 아니라 국제적으로 찾을 수 있게 되면서 국가 중심이 아닌 서로 다른 사회세력들이 중심이 되는 글로벌 거버넌스를 이룬다는 것이다(Williams, 1998). 비판이론에서 강조하는 것은 이러한 상호주관적인 의미의 변화, 즉 근본적 변화과정dynamics of processes of transformation이다.

비판이론가가 보는 글로벌 거버넌스는 더 이상 신현실주의에서 말하는 하나의 패권국가의 가치가 반영되고 그로부터 운영되는 것이 아니라, 다양한 세계관을 가진 서로 다른 사회세력들이 어느 정도의 공통적인 가치를 확보하여 서로 공존해 가는 것이다. 따라서 진정한 글로벌 거버넌스는 시민사회를 기반으로 한 상향식 글로벌 거버넌스이고 이를 위해서는 범세계적 차원에서 시민사회의 정치적 권위의 재구성이 필요하다고 본다. 그러므로 비판이론은 사회세력을 중심에 두고 글로벌 거버넌스를 이해하는 접근법이며 하향식top-down이 아닌 상향식bottom-up 접근법이라 말할 수 있다.

글로벌 거버넌스에 대한 두 가지 큰 줄기의 접근법을 보면 이렇다. 신현실주의와 신자유주의는 글로벌 거버넌스의 기본바탕을 국가에 두고, 국가들 사이의 상호작용으로 인해 협력 혹은 대립이 일어나는 것에 중점을 둔다. 즉, 국가들의 정책조정을 통한 협력을 거버넌스의 체계로 보고 있다는 점에서 하향식 접근법을 택한다.

반면, 비판이론은 사회세력들의 성장과 정체성의 변화로 인해 국가 중심이 아닌 시민사회 중심의 글로벌 거버넌스를 대상으로 삼고 있기 때문에 상향식 접근법을 택한 것이라고 볼 수 있다. 구성주의의 경우 정체성의 변화와 그로 인한 행동 패턴의 변화에 중심을 두기 때문에 비판적인 입장을 취하지만 국가 중심적 국제질서를 가정하기 때문에 하향식 접근법을 취하는 것으로 본다.

콕스Robert Cox는 비판이론에 근거해 글로벌 거버넌스의 구조적 변화와 국제정치 질서의 문제점을 설명한다. 국제정치 질서의 변화는 그 변화의 기저에 위치한 세력, 즉 사회세력social forces을 통해 일어날 수 있다고 지적한다. 그러한 변화는 과거의 기득권 세력이 주도하는, 현존하는 사회질서 안에서의 개혁이나 변화, 즉 하향식top-down approach 변화가 아니라 사회를 구성하는 다수의 세력들의 주도하에 이루어지는 개혁, 즉 상향식bottom-up approach 변화를 의미한다. 콕스는, 이때 사회구조가 사회를 구성하는 개개인들의 행위와 사고를 만들고 통제하며 사회구조와 행위자들의 상호관계를 통해 역사적 구조변화가 일어나게 된다고 말한다. 그러므로 한 사회구조나 질서의 역사적인 변화는 그 사회구성원들이 현존하는 질서에 저항하고 대안적 구조를 지지할 때 가능해지는 것이라고 주장한다. 그리고 사회구조는 어떤 물리적인 실체를 가진 것이 아니라 사회구성원들의 상호주관적인 인식을 통해 형성되는 것이므로 사회구조를 변화시킨다는 말은 사회구성원들이 현존하는 질서에 대한 상호주관적인 인식을 달리하게 된다는 의미가 된다(Cox, 1995).

상향식 접근의 기본은 국가단위를 최상위에 두고 접근하는 하향식 접근과 대비된다. 상향식 접근은 사회구성원의 상호주관적 의미인 '이념'이 변하고 이를 뒷받침하는 '물질적 능력'이 변화함에 따라 '제도', 나아가 세계질서가 변화하고 발전된다고 주장하는 비판이론에 그 이론적 근본을 두고 있다(Cox, 1996). 시민사회의 재구성, 초국가적 네트워크의 형성으로 새롭게 대두되는 상향식 접근법에 따르면 국제기구의 개혁은 국제기구가 다양한 사회적 요구를 수용하고 받아들여 새로운 역사적 구조를 만드는 데에 기여할 수 있도록 하는 것이며 이념과 물질적 능력의 변화에 따라 변화하는 제도와 그 맥을 같이할 수 있도록 하는 것이다.

이러한 상향식, 하향식 접근법을 적용하여 국제기구의 개혁을 논의하는 데에는 다음과 같은 세 가지 구체적인 논의가 있을 수 있다. 그 첫 번째는 전통적인 접근법, 즉 하향식 접근법이라 할 수 있는 개혁성향의 이론reformist mode of change으로서, 국제기구를 일종의 기기machinery로 보고 간단한 수리와 기능 확대를 통해 기구의 문제점을 개선해 나갈 수 있다고 믿는 입장이다. 이를 유엔의 경우에 적용시킨다면, 유엔의 현상유지status quo를 중요한 목적으로 삼고 효율성과 효과성에 큰 가치를 두는 것이다. 또한 유엔 내부에서 일어나는 변화와 문제를 내재된 원칙의 수정 없이 목적과 우선순위의 재배치를 통해 해결해 나가는 것이다.

이에 반해 가장 상향식 접근법에 가까운 '학습learning 접근법'은 국제기구의 궁극적인 원칙의 개정과 목적의 재검토를 통해 변화를 추구하려 한다. 즉, 유엔기구의 본질적인 수정이 가능하다고 보고 주어진 역사적인 구조가 요구하는 변화를 이끌어 내기 위해서 '인지적인 학습cognitive learning'이 중요하다고 강조한다. 하스Ernst Haas에 따르면 이때 학습은 기관의 궁극적인 목적이 새로이 정의되고 기관의 목적이 변화의 도전을 받을 때 일어나는 것이라 한다(Haas, 1991). 이념과 물질적 능력의 변화에 따라 제도적 변화가 초래되고 이러한 변화의 한가운데에서 기관 내의 의사결정자들의 인지적 구조가 변화의 인식, 즉 학습을 통해 함께 변화를 겪게 된다는 것이다.

그리고 비판이론가들 가운데 일부는 실질적 개혁을 위한 대안으로 새로운 절충적 접근법을 제안한다. 그것이 바로 개혁적 접근법과 학습을 통한 접근법 사이의 '적응'을 통한 접근법이다. 이는 하향식 접근법과 상향식 접근법의 중간에 위치하고 있다. 유엔을 예로 들 때, 이 기구에 대한 본질적인 수정이 가능하기는 하나 지배적인 원칙이 될 수는 없으며 변화는 점진적으로 일어나야 한다는 점을 강조한다(Knight, 2000). 기구내부의 질서를 재정비하는 하향식 접근법을 활용하면서도, 새로운 유엔의 개혁의제를 콕스의 역사적인 틀historical framework 안에서 이해하고 비판적인 관점에서 학습을 통한 유엔개혁을 이루려는 접근법이 바로 그것이다.

얘기를 다시 유엔으로 돌려보자. 이제까지 살펴본 국제기구에 대한 전통적 이론과 비판적 이론을 조합한 결과, 유엔의 개혁은 이 세 가지 접근법 가운데 하향식 접근법과 상향식 접근법을 적절히 조합한 '적응'을 통한 접근법이 현재로서는 가장 바람직한 대안일 것으로 보인다. 그렇다면 먼저 전통적인 접근법에서 벗어나기 위해 유엔은 고정된 기관이 아니라는 인식이 있어야 할 것이다. 그리고 유엔은 새로운 상호주관적인 사고의 등장으로 변화를 겪는 물질적 배경에 따라 새로운 형태로 변형되어야 할 것이고, 글로벌 거버넌스 구조에서의 유엔의 역할은 유일무이한 거대기관으로서의 역할이 아니라 수많은 국제기구들의 조합 중의 한 부분을 차지하는 기관이어야 할 것이다.

상향식 접근법을 수용하기 위해서 중앙집권적 시각을 버리고 하부기관들과 시민사회를 동등하게 존중하는 입장을 보여야 하는 것이다. 완전한 상향식 접근법을 택하지 않는 것은 국제기구의 유동성flexibility 확보를 주된 목적으로 두기 때문이다. 즉 향후 어떤 변화된 환경이 닥친다 할지라도 적절히 대처할 수 있는 유동성 확보를 위해 한쪽으로 치우친 절대적인 방향을 설정하기보다 유엔의 행정적 · 재정적인 구조가 글로벌 거버넌스 질서에 맞도록 재창조하는 정도까지만 전통적인 접근법을 통한 개혁을 이루고, 전체적인 개혁의 방향을 정하는 데에는 상향식 접근법을 채택하여 점진적인 개혁을 이루어 나가자는 것이다.

이러한 개혁을 거쳐 변모할 유엔은 국제사회에 존재하는 범지구적인 그리고 국내적인 갈등을 함께 나누고 해결해 나가기 위해서 활동하는 다양한 국가 간, 비국가 간 국제기구들의 '연결고리linking-pin' 역할을 하는 기관의 모습에 가까울 것이다. 즉 절대우위를 지닌 강력한 기관으로서가 아니라 어떻게 보면 '보조적 subsidiary' 기구로서의 탄생이다. 여기서 보조적 기관으로서의 중앙기구는 하위단계의 기관들이 즉각적으로 그리고 효과적으로 실행해 낼 수 없는 과제들만을 중앙기관이 맡아서 처리해 주는 것을 말한다. 다시 말해 가장 바람직하고 적절한 유엔의 글로벌 거버넌스 체제는 지역과 국가, 시민사회에 직접적인 힘을 실어주고 유엔은 보조적인 역할을 수행하는 분권화의 형태를 띨 때 완성된다고 볼 수 있다.

토론 주제

1. 막스주의이론에 따라 국제사회를 이해하였을 경우, 국제기구의 역할은 무엇이며 누가 국제기구에 영향을 미치는 주요 행위자인가?
2. 종속이론이 보다 많은 지지세력을 확보하지 못하고 역사의 뒤안길로 사라진 이유는 무엇이며 현재 국제사회에 여전히 종속이론이 사용될 수 있는가?
3. 세계체제론에 따른 현재 국제사회에서 중심부, 주변부, 반주변부는 어떤 국가들인가? 이러한 국가들은 계속해서 유지될 것인가? 아니면 향후 바뀔 수 있는 것인가?
4. 신현실주의, 신자유주의, 비판이론, 구성주의 중 현재의 국제기구를 가장 잘 설명하고 있는 이론을 고르고 그 이유를 설명하시오.
5. 글로벌 거버넌스 접근법을 사용하여 유엔의 개혁방안을 설명하시오.

chapter
04

국제기구의 역사

국제기구의 탄생은 대부분 20세기에 들어서면서부터 이루어졌으나, 국제기구라는 개념은 그보다 훨씬 오래 전부터 존재하였다. 오늘날 국제기구의 기반이 되는 사상과 개념은 이미 17세기 네덜란드 법학자 그로티우스(Hugo Grotius, 1583~1645)가 제시한 바 있다. 국제법의 아버지라고도 불리는 그로티우스는 현대 국제기구와 국제법의 기반이 되는 주요 원칙을 제공했고 이 원칙들은 현재 국제사회에서도 거의 그대로 적용되고 있다. 그로티우스는 중세 말기의 유럽 국가들이 종교적 권위에 대항하기 시작했을 때 국제법에 근거한 새로운 권위체를 만들 것을 주장하였다. 국제기구의 이론적 뿌리를 이룬다고 할 수 있는 이 같은 개념은 그로티언 전통이라고 불린다.

그로티언 전통은 모든 국제관계가 국가의 법, 그리고 그 근간이 되는 자연법의 질서를 따른다고 믿는다. 즉, 전쟁은 국가의 권리라는 그 이전의 개념을 부인한다. 이성론을 믿는 그로티언 전통은 국가도 기본적으로 이성적이기 때문에 서로 협력해 목적을 달성할 수 있다고 믿는 것이다. 이 같은 그로티언 전통은 국가 간의 계약이나 협력을 위한 합의를 이루는 데 필수적인 국제법과 국제기구 발전의 이론적 토대를 마련했다.

이러한 오랜 이론적 전통에도 불구하고 실제로 국제기구가 발달하기 시작한 것은 19세기부터이다. 국제기구라는 용어 역시 19세기에 들어와 사용된 것으로 알려진다(Potter, 1945). 국제기구의 오랜 이념적 전통에도 불구하고 19세기 이전까지 국제기구라는 협의체가, 혹은 그 개념이 직접적으로 도입되지 못한 이유는 무엇이었을까?

19세기 이전 사람들이 보다 이성적이지 못했기 때문인 것은 아닐 것이다. 당시까지는 각국이 아니면 각 지역이 분쟁을 해결하는 방법은 주로 전쟁이었고,

충돌을 통한 해결방법에 비해 피해를 줄이고 합의를 볼 수 있다는 데 각 이해 당사자들이 협력하기에는 주변환경이 미흡했다. 즉, 양자간 대화에서 다자간 대화의 장으로 나가기까지, 문명사회도 많은 시행착오를 겪어야 했다. 이 장에서는 국제기구라는 개념이 일반인들에게 전해지게 된 과정과 19세기 유럽의 근대 국제기구의 등장부터 유엔이 설립되기까지의 국제기구 발전의 역사를 알아보도록 하겠다.

제1차 세계대전 이전의 국제기구

19세기 초, 다자간 외교의 효율성에 대한 인식이 확산되면서 유럽 국가들은 1815년 유럽협조체제Concert of Europe를 도입했다. 이 체제에서는 주요 유럽 강대국 지도자들이 쌍무외교의 틀에서 벗어나 국제회의를 통한 다자간 외교로 문제를 해결하고 국가들의 행동을 조정하기 시작했다. 1815년과 1878년 사이 강대국들은 30회 이상 만나면서 벨기에와 그리스 같은 새로운 유럽 국가들의 독립을 합법적으로 승인했다. 즉 강대국의 의사협정에 따라 중소국가의 독립 여부가 가려진 것이다. 또 1878년 베를린 회의에서는 당시까지 식민지화되어 있지 않았던 아프리카 각 지역을 나누어 유럽 제국주의를 확장하였다. 이런 모임형식의 회의는 다자적 협의, 집단적 외교, 강대국의 특별한 위치 등 국제기구의 관행을 고착시키는 계기가 되었다.

산업혁명이 국제기구에 미친 영향력도 언급하지 않을 수 없다. 유럽 국가들 사이에서는 산업혁명으로 인해 퍼져 가는 상업과 통신, 기술적 발전으로 인해 과거에 없었던 새로운 분쟁이 시작되었다. 그러나 이 문제점들을 모두 전쟁으로 해결하는 것보다는 새로운 국제 심판관의 존재가 더 필요하다는 인식이 생겼다. 라인강을 규율 대상으로 하는 프랑스와 독일 간의 강위원회The River Commissions는 현대 사회 들어서의 최초의 국제기구라 할 수 있을 것이다. 프랑스와 독일 사이의 동맹으로 1815년 중앙라인강위원회가 창립되어 강 교통과 항해시설 유지를 위한 광범위한 규제법을 제정하였고 위원회 규칙 위반에 대한 불만을 듣고 판결을 내리게 되었다.

그 후 1865년과 1878년에는 각각 국제전신연합ITU: International Telegraphic Union

유엔마약범죄사무소(UNODC: United Nations Office on Drugs and Crime)는 불법약물과 국제범죄 분야에서 그것들에 대항하여 싸우는 국제기구이다. 1997년 유엔 마약통제 프로그램과 국제 범죄예방센터를 합병하여, 마약통제와 범죄예방사무소(Office for Drug Control and Crime Prevention)란 이름으로 처음 문을 열었다. 이후 2002년 현재의 이름인 유엔마약범죄사무소로 개명되었고, 유엔개발그룹에 속해 있다. 오스트리아 빈에 본사를 두고 있지만, 전 세계 모든 지역에서 사무소의 네트워크 망을 넓혀 가며 활동 중이다. 자발적인 기부로 운영되고 있으며, 90퍼센트가 각 국가의 정부들로부터 마련된 예산이다. 유엔마약범죄사무소의 주요 권한은 불법마약과 범죄, 테러리즘에 시달리는 회원국들을 돕는 것이다.

다음은 유엔마약범죄사무소 프로그램의 3가지 기본 원칙이다. 첫째, 회원국의 불법마약, 범죄 그리고 테러리즘에 대응하는 능력을 강화시키기 위해 현장을 기반으로 하여 기술적으로 협력한다. 둘째, 마약 및 범죄 문제에 대한 이해와 지식을 향상시키고, 정책수립을 위해 연구 분석한다. 셋째, 규범적 활동으로써 마약, 범죄 그리고 테러리즘과 관련된 국내법과 국제조약의 비준과 이행을 돕는다. 실제 활동으로는 'Do drugs control your life?'라는 국제 마약 캠페인을 벌여, 전 세계에 불법마약의 위험성을 알리고 경각심을 일깨워 주었으며, 2009년 유럽연합 집행위원회(European Commission)와 함께 소말리아 해적에 대한 국제 재판과 기소를 줄이기 위한 협력 프로그램을 실시한 바 있다.

출처: UNODC 홈페이지 참조.

과 만국우편조합UPU: Universal Postal Union이 설립되었으며, 이 두 기관이 정착되면서 유럽에서는 보다 세분화된 분야의 국가 간 문제를 다루는 국제 공공기관이 설립됐다. 마약, 농업, 건강, 무게, 척도, 철도, 특허, 저작권, 관세 등의 문제를 다루는 다양한 분야의 국제기구가 생겨났다. 그리고 이들은 국제관계의 확대로 인해 발생한 현실적 문제들이 국제기구들을 통한 국제적 협력을 통해 해결될 수 있다는 인식과 함께, 유럽 국가들 간의 상호의존적 관계가 확대됨에 따라 비정치적 문제를 해결하기 위한 자율적 협력의 필요성을 깨닫게 되었다.

1899년과 1907년에 네덜란드 헤이그에서는 두 차례에 걸쳐 법과 질서에 근거한 세계체제를 확립하려는 최초의 총체적 국제회의가 열렸다. 19세기 마지막 해에 열린 제1차 헤이그 회의에는 대부분 유럽 국가가 참석하였으며, 총 26개국이 참가했다. 그리고 국제분쟁의 평화적 해결을 위한 의정서Convention for the Pacific Settlement of International Disputes, 임시 국제심의위원회International Commissions of Inquiry, 상설 중재재판소Permanent Court of Arbitration를 설립하는 성과를 올렸다.

한편, 20세기 들어 열린 제2차 헤이그 회의 때는 그동안 보다 보편적인 발전을 거듭하고 국제중재에 대한 필요성이 부각되면서 남미 국가를 대거 포함한 44개 나라가 참가하였다. 제2차 헤이그 회의는 처음으로 약소국이나 비유럽 국가들을 참여시키는 등 절차적으로 매우 중요한 시도를 감행했다는 점에서 주목된다. 이 회의는 중남미 국가들과 중국, 일본 등에게 똑같은 투표권을 부여함으로써 보편성의 원칙과 법평등 원칙을 견고히 하는 등 19세기 유럽 각국이 마련한 국제 시스템을 범국제적으로 확대했다는 의미를 갖는다. 그러나 제2차 헤이그 회의가 과연 약소국과 비유럽 국가들의 권익을 인정한 사상 첫 국제회의였다는 데는 회의론이 만만치 않다.

한국은 제2차 헤이그 회의와 관련하여 뼈 아픈 과거를 갖고 있다. 1907년 6월 조선의 고종은 일본이 조선에서 지배 기반을 한 단계 확대시키는 안을 강제로 체결했음을 국제사회에 알리기 위해 헤이그에 밀사를 파견했다. 이준 등 세 명의 밀사를 파견해 일본의 강제 보호조약의 불법성을 국제사회에 알리고 국권을 회복하려 시도했다. 그러나 제2차 헤이그 회의의 강대국들의 목적은 식민지 분할에 있었고, 고종이 파견한 밀사들은 일본의 방해에 부딪혀 아무런 성과를 거두지 못했다. 당시 회의에 모인 강대국들은 극동의 조선에 대해서는 욕심이 없었으므로 따라서 관심도 나타내지 않았다. 이 사건은 오히려 고종이 퇴위하는 결과를 낳게 된다.

제2차 헤이그 회의는 오늘날 유엔과 같은 국제기구가 도입하고 있는 체제를 처음으로 제공한 것으로 평가되는데, 다자간 외교에서의 의장선출 및 위원회 조직과 호명투표roll call vote와 같은 기술적 방법들이 이 회의에서 처음 도입되었다. 헤이그 회의는 인류가 공통의 이익을 공유하고 있다는 점을 확인하는 계기가 되었고, 국제법을 정착시키는 데 크게 기여했다. 특히 식민지 경쟁을 벌이는 데 있어 강대국의 독점을 경계할 수 있는 계기를 마련했고 개별 국가의 주권평등 원칙이 받아들여지게 되었다. 공통의 문제를 다루기 위한 협조체제concert system가 뿌리를 내리게 되었다. 다자적 외교나 헤이그체제와 같은 법적인 방법, 기능적 공공국제조합과 같은 새로운 접근방법들이 채택되는 시발점이 되기도 했다.

제2차 헤이그 회의를 시작으로 국제사회는 비로소 다자간 외교의 중요성과 그 효과에 눈을 떴고 세계가 전쟁에 의존해 국가 간 분쟁을 해결하던 야만의 시대에서 다자간 외교를 통한 분쟁해결의 시대로 나아갈 가능성이 제기됐다. 그러나 아이러니하게도 당시 국제사회는 역사상 가장 파괴적이고 폭력적인 한 세기를 눈앞에 두고 있었다. 20세기는 역사상 가장 많은 유혈분쟁이 벌어진 세기이고, 헤이그체제만으로는 각국의 무력적 충동을 제어할 힘이 없었으며 얼마 뒤 일어난 제1차 세계대전은 헤이그 체제가 안고 있던 이상주의의 한계를 드러내게 되었다.

국제연맹의 설립

제1차 세계대전이 시작되자마자 유럽과 미국은 전후시대를 위한 계획을 짜기 시작했다. 베르사이유 평화협정에서 미국의 대통령이었던 윌슨Woodrow Wilson은 국제기구의 창설을 주창하며 국제연맹The League of Nations을 베르사이유 평화조약의 핵심으로 만들고자 하였다. 미국 이상주의의 결정체라 할 수 있는 윌슨 대통령의 평화 프로그램은 연합국의 이상주의에 다시 불을 붙였고 미국과 유럽은 평화와 안전, 민주주의의 새 국제사회를 약속하는 14가지 항목The Fourteen Points을 발표하였다.

이 같은 노력의 결실로 총회와 이사회가 설립되었고, 당시 총회에서는 60여 개국의 회원국가들이 보편성의 원칙에 따라 참여하였다. 4명의 상임이사와 4명의 임명이사로 구성된 이사회는 분쟁의 평화적인 해결과 정착, 제재사용의 권한 등을 갖게 되었다. 회원국들이 동의한 국제연맹 규약 총 26개조 가운데 절반 이상은 전쟁방지에 초점을 맞추고 있다. 전쟁을 막는 것이 가장 중요한 목적으로 인식됐다는 것을 증명한다. 그중 주요 두 가지 조약 중 하나는 각국의 영토를 존중하고 보존하며 정치적 독립성을 인정한다는 것에 각 국가가 동의한다는 것과 분쟁해결을 위해 각국은 서로 다른 방법을 사용할 수 있고, 분쟁을 해결하지 못할 경우 국제연맹이 제16조에 근거하여 강제적으로 해결을 도모할 수 있다는 것이다. 또 다른 주요 원칙은 한 국가에 의한 침입은 다른 모든 국가가 국제연맹으로서 경제적 제재와 필요시 군사력을 동원하여 대응한다는 집단안보collective security의 원칙이다.

국제연맹의 조직

국제연맹은 총회, 위원회 그리고 사무국이라는 세 개의 영구 부속기관으로 구성되었다. 또한 상설국제사법재판소Permanent Court of International Justice와 국제노동기구라는 두 개의 반자율적인 기관을 국제연맹 구조 밖에 두고 있다. 위원회와 총회가 상설국제사법재판소의 재판관들을 선출했다. 국제연맹은 나중에 설립되는 유엔에 비해서는 단순한 조직체계로 출발했다. 그러나 그 조직에 참여한 국제연맹 회원국가들의 약속은 국제연맹의 후신인 유엔의 원칙에 막대한 영향을 미쳤다. 연맹국들은 외부의 공격으로부터 모든 연맹국의 영토의 보전과 현존하는 정치적 독립을 존중하고 지킬 의무가 있었다. 연맹국은 모든 분쟁에 대해 일차적으로 중재나 조정에 나서기로 합의하였고 어떠한 경우에도 해결책이 제시된 후 3개월까지는 전쟁으로 문제를 해결하지 않는 데 동의했다. 만일 어떤 국가가 규정을 위반하고 전쟁으로 문제를 해결하려 한다면 동맹국들은 외교적 · 경제적 제재조치를 적용하고 그 전쟁을 전 세계를 상대로 한 전쟁으로 간주하기로 하였다. 연맹국들은 또 자국의 군대를 감독하고 사회, 경제, 식민지, 인류에 대한 그리고 다른 공통의 문제점에 대해서 협력하여 함께 해결해 나가는 데도 합의했다.

국제연맹의 특성

국제연맹체제는 연맹국들의 독립주권에 그 기초를 두고 있다. 따라서 연맹국의 동의가 없이는 어떤 의무도 연맹국에 부과할 수가 없었다. 국제연맹의 의사결정은 과거의 국가체제처럼 각국의 특별한 이익을 반영한 상호동의에 기초하여 이루어졌다. 기술적 · 사회적 · 경제적 인도주의에 관한 분야의 개선도 과거와 같이 보통의 조약과 국내의 법률에 권고하는 정도에 기초를 두고 있었다. 결론적으로 새로운 국제연맹체제는 연맹이 있기 전부터의 옛 전통과, 관습, 제도 그리고 의사결정체제가 지속된 것이었다. 그럼에도 불구하고 국제연맹은 정치적 성격을 띠는 영구적 국제기구를 설립하려는 첫 시도였다는 점에서 획기적이라 할 수 있다. 국제연맹은 국제법을 위반하는 국가를 제지하는 데 따르는 최초의 제도를 도입했다. 독립적인 경찰력으로 범법자에 대한 자동적인 조치를 취할 수 있는 국가의 정치체제와는 비교할 수 없지만 평화를 조성하는 책임을 국제화시키는 데 한 단계 나아갔다고 볼 수 있을 것이다.

국제연맹 규약의 서문에 명시돼 있는 것처럼 국제연맹의 주요한 두 기능은 국제 평화와 안전을 도모하고 국제협력을 증진시키는 것이었다. 이 두 가지 기능 가운데서는 물론 안전보장 기능이 더 중요한 의미를 띠었다. 그런데 문제는 국제연맹이 어떻게 평화를 달성할 수 있는 목적을 추구해야 하는지에 대해서는 이루어진 합의가 거의 없었다는 점이다. 국제연맹 주요국 가운데 각각이 입장을 달리하고 있었는데, 프랑스에게 있어 국제연맹의 가장 중요한 책임은 독일의 군사력 부활에 대항하여 평화조약의 규정과 규제를 어떻게 시행해야 하는가에 관한 것이었던 반면, 이와는 대조적으로 영국은 국제연맹을 분쟁의 평화로운 조정과 자국의 가장 중요한 관심을 보호하는 기구로 생각하였다. 사실상 각 회원들은 국제연맹이 자국의 이익을 대변하는 면에서 국제연맹의 평화유지 역할을 정의하려고 하였고 그래서 국제연맹이 평화를 위협받는 상황에 직면했을 때 각 회원국들이 한 목소리를 내지 못하고 불협화음을 내는 결과를 낳게 되었다.

국제연맹의 성공과 실패

국제연맹은 특히 영토분쟁을 해결하는 데 있어 여러 성공사례를 이끌어 내었다. 실레지아와 사르에서 국민투표가 실시될 수 있도록 개입하였고 독일과 폴란드의 국경선에 경계를 지었다. 리투아니아와 폴란드, 핀란드와 러시아, 불가리아와 그리스 간의 영토분쟁을 조정했으며 이탈리아, 그리스, 유고슬라비아의 침입에 대응하여 알바니아 영토를 보존하는 등 영토문제에 있어서는 성공사례를 많이 만들었다. 그러나 악재가 닥쳤다. 1929년 미국 경제공황과 더불어 경기침체가 시작됐고 이어 전 세계로 확산되었는데 이로 인해 국제연맹이 조심스레 만들어 놓은 국제협력의 통로가 막히게 되었다. 경기침체기에 등장한 경제 국수주의가 국제연맹의 이상주의와 충돌하게 된 것이다. 일본, 이탈리아 그리고 독일의 파시즘은 국제연맹과 그 회원국들에게 계속적인 정치적 · 군사적 도전과제들을 내놓았다.

독일이 재무장함에 따라 군비축소 노력은 수포로 돌아갔고 세계는 또다시 무기 경쟁을 목격해야 했다. 경제와 통화에 관한 국제회의들은 실패로 돌아갔으며 세계 경기침체는 더욱 심화되었다. 이로 인해 국제연맹은 불가피한 붕괴로 치달았다. 1935년에서 1939년 사이에 9개 회원국들은 정치적 이유 혹은 재정적 이유를 들며 국제연맹에서 탈퇴하기에 이르렀다. 1936년 총회에서는 안전보장 규정을 개정하는 등 개혁 움직임이 일었지만 이러한 개혁운동은 곧 실패로 돌아갔다. 대다수의 회원국들은 독일이 중앙 유럽을 합병해 가는 과정에서 터져 나온 비난의 목소리에 침묵했고, 1939년 9월 유럽에 전쟁이 터졌을 때 국제연맹은 행동하지 않았다. 결과적으로 국제연맹은 제2차 세계대전을 막지 못했을 뿐 아니라 아무런 해결책도 제시하지 못했다.

국제연맹이 맡은 첫 전쟁 억제에 대한 시험무대는 강대국에 의해 1931년에 시작되었다. 1931년 일본이 만주를 침범했을 때, 국제연맹의 이사회가 움직이지 못한 것은 근본적인 조직의 취약점을 드러낸 대표적인 사례라 할 수 있다. 일본은 중국이 철도를 파괴하였다고 주장하며 만주를 공격하였고 이에 중국은 국제연맹 규정 제11조를 들어 일본의 공격을 국제연맹에 고발했다. 이 문제와 관련해 국제연맹에서 행동을 취하기 전에 위원회에서 시도한 휴전 및 일본의 만주철수 요구를 일본이 거부했고, 중국은 사건수습에 미흡한 위원회에 강한 항의를 하며 분쟁을 총회로 이임할 것을 요구했다. 이에 총회는 일본의 공격을 유죄로 판정하였고 무력에 의해 불법적으로 설립된 새로운 정부나 국가를 인정하지 않는 미국의 스팀슨 독트린Stimson Doctrine을 채택하였다. 총회는 일본의 침략을 책망하며 일본을 국제연맹에서 탈퇴시켰다.

그러나 일본을 탈퇴시킴으로써 사건이 해결된 것은 아니다. 만주사건은 공개적 침략행위와 맞서 평화를 정착시키기 위해 마련된 국제연맹의 절차가 현실적이지 못하다는 점을 보여주었다. 그뿐만 아니라 국제연맹의 복잡한 조직과 번거로운 절차가 국가 간의 효과적 협력행위를 제한할 수 있다는 것을 증명하였고 이 교훈은 유럽에 내재한 잠재적 침략자들에게도 영향을 미쳤다. 더욱이 연맹 위원회의 지도력 부재와 국제관계에 큰 영향력이 있는 미국이 회원국이 아니라는 점 등은 성공적인 평화정착을 방해하는 요인으로 작용하게 되었다. 결국 일본의 만주침략이라는 첫 시험대에서 국제연맹은 무능력함과 결정력 결여를 인정할 수밖에 없었다.

이런 상황에서 1935년 이탈리아의 에티오피아 침범은 국제연맹의 정당성을 더욱 약화시켰다. 이탈리아는 에티오피아 군이 선제공격을 가했다는 주장을 펼치며 국제연맹에 외교적 공세를 퍼부었다. 이에 에티오피아는 국제연맹 규약 16

조에 의거하여 전쟁을 일으키기 전에 연맹국 모두의 동의를 얻어야 하는 규정을 지켜야 할 것을 다시 한번 이탈리아에 호소하는 등 군사적 대응이 아닌 국제연맹의 힘을 빌려 협상할 방법을 찾으려고 노력했다. 이에 54개국 연맹국 가운데 50개 나라가 이탈리아를 침략국으로 규정했고 이탈리아에 대한 경제 제재조치를 단행하기로 결정했다. 역사상 처음으로 이 해 11월 국제법 위반국에 대한 경제 제재조치가 시행되었으며 이는 짧은 기간 안에 이탈리아의 경제활동을 대폭 감소시키며 그 효과를 입증해 나갔다. 그러나 그럼에도 불구하고 이탈리아는 다음 해 5월 전쟁에서 승리하였다.

에티오피아 문제의 원인은 독일 히틀러의 권력과 균형을 이루기 위해 협력을 구축하려는 영국과 프랑스의 정치적인 목적에 있었다. 영국과 프랑스에게는 이탈리아의 무솔리니가 아프리카의 영토, 즉 에티오피아를 갖도록 허용하는 것을 독일의 힘을 견제하기 위해 필요한 대가이자 수단 정도로 여겼다. 미국 또한 이탈리아의 침공을 힐난하면서도 중립정책하에 무기운송의 경계선을 설정하는 것 외에는 제재조치 결정에 어떠한 협력도 하지 않았다. 회원국들은 제재조치를 가하는 원칙에는 동의하였으나 실제로 적용하는 데는 실패하였다. 이상적인 공동안전을 고려하는 것보다 세계경기의 침체로 인해 활기가 없어진 국내경기를 자극하기 위한 미끼가 더 매력적이었기 때문이다. 이와 같은 전쟁억제 노력이 실패로 돌아감과 함께, 결국 1939년 9월 독일 히틀러의 폴란드 침공으로 제2차 세계대전이 시작되었으며 이로 인해 공동의 안전을 위한 국제연맹의 실험은 끝이 났다.

제2차 세계대전이 발발함에 따라 국제연맹의 가장 궁극적인 목적인 국제 평화와 안보를 지키는 것은 실패하였다. 국제연맹이 제2차 세계대전을 막기에는 역부족이었음에도 불구하고 국제연맹은 국제기구의 발전과정에서 중요한 역할을 하였다. 국제연맹은 결국 실패로 돌아갔지만 국제기구의 중요성에 대한 확실한 합의를 이끌어 냈고 국제연맹의 여러 취약점들과 그에 따른 실패를 통한 교훈으로 유엔을 탄생시키게 되었다.

유엔의 설립

1941년 8월 14일 선포된 대서양헌장Atlantic Charter은 다음 해 1월 유엔선언의 근간이 되었다. 미국, 영국을 선두로 세계 26개국은 대서양헌장의 원칙을 인정하고, 국제연맹을 대신하기 위한 새롭고 보편적인 기구를 만들 것에 동의하게 된다. 유엔헌장은 1944년 8월과 10월 사이에 두 개의 회의에서 초안이 완성됐고, 이에 참여한 각국 대표들은 회원국 주권 동등의 원칙과 평화를 사랑하는 국가면 모두 회원국이 될 수 있다는 안에 동의하였다. 그에 따라 독일, 이탈리아, 일본 그리고 스페인은 회원국에서 제외되었다. 각국 대표들은 또 안보에 관한 사항은 안전보장이사회의 만장일치에 의해서 결정된다는 원칙에 동의하였다.

이렇게 제2차 세계대전의 폐허 속에서 출범한 유엔The United Nations은 국제기구가 주권국보다 상위의 위치를 차지한다는 원칙 안에서 새로운 세계질서를 수립하기 위한 노력을 벌였다. 유엔은 무질서로 치닫고 있는 과격하고 자기중심적인 국가들에 의해 파괴된 세계를 위한 유일한 해결책으로 인식되었다. 유엔은 평화를 지키기 위한 인류의 가장 큰 희망으로 불렸을 뿐 아니라 또한 사회적 · 경제적 발전을 위한 국가들 간 협력을 증진할 것도 약속했다.

국제연맹과 유엔 사이에는 제2차 세계대전이 놓여 있다. 그리고 제2차 세계대전을 중심으로 세계질서가 재편됐다는 점을 빠뜨릴 수 없을 것이다. 미국이 제2차 세계대전 후 초강대국으로 부상했고 국제사회의 가장 지도력 있는 국가로 추대되었다. 미국은 일본과 독일에 주둔해 있는 군사력과 사실상 전 세계에 걸쳐 있는 군사기지 등으로 패전국을 감시하는 역할과 더불어 세계의 사회 · 경제적 평형을 재건하는 두 가지 역할을 맡게 되었다. 미국은 적어도 유엔 출범 초기에는 유엔 체제 안의 기구들을 통해 외부 정책과 프로그램들을 합법화시키기 위해 노력함으로써 국제사회로부터 특별한 신용을 얻게 된다.

덤바튼 옥스 회담

1944년 9월에 미국과 구 소련 그리고 영국 대표단이 미 워싱턴 D.C.의 덤바튼 옥스에서 회동했고 같은 해 10월에는 미국, 영국, 중국 대표단이 같은 장소에서 회담을 열었다. 이 자리는 범세계적인 국제기구 총회를 위한 기초안을 만들자는 의도로 시도됐고 상당한 성과를 이끌어 냈다. 덤바튼 옥스 회담The Dumbarton Oaks Conference의 합의결과인 덤바튼 옥스 제안은 국제 평화와 안보를 유지하고 국제협력을 목적으로 모든 회원국 간의 평등한 주권 및 초기 국제기구 전통에 바탕을 두는 새로운 국제기구를 창설할 것을 주 내용으로 한다. 회담에서는 모든 나라가 평화애호 국가가 된다는 가정하에 이들 국가에 개방하여 회원 자격을 주며 안전보장이사회와 총회의 인가를 통해 가입하는 것이 합의되었다. 또한 다섯 개 주요 국가, 즉 강대국들을 영구회원으로 한 안전보장이사회, 모든 회원국으로 구성된 총회, 사무국, 재판소, 경제사회이사회 및 부설기관들을 추가할 것에 합의하였다. 아울러 이 회담에서는 안전보장이사회가 평화와 안보를 유지하는 데 있어 주요 문제에 관한 모든 결정권과 더불어 가장 중요한 책임을 부여하는 데 의견을 모았다.

얄타 회담

덤바튼 옥스 회담에서는 새로운 재판소 설립에 관한 결정 및 식민지에 관한 총체적인 문제처리 방법 등에 관한 문제 등이 논의되었다. 그리고 이 과정에서 합의를 이루지 못한 몇 가지 주요 안들은 1945년 2월, 러시아 크림반도에 위치한 얄타에서 있었던 미국과 영국 그리고 구 소련 간 회담에서 처리되었다. 덤바튼 옥스 회담에서 16개 구 소련 연방 공화국들이 각각의 회원국으로서 받아들여지도록 요구했던 구 소련은 얄타에서 우크라이나와 벨라루시에게 두 자리를 주는 선으로 축소된 안에 타협했다. 덤바튼 옥스에서 받아들여진 평화애호peace-loving라는 용어는 얄타에서 회원가입을 위한 요건으로 1945년 3월 공동의 적에 대항해 전쟁을 선포한 모든 나라에 회원국 자격을 주는 데에 쓰이게 되었다.

영토문제에 관한 합의가 이루어졌고 국제연맹의 명령하에 통치하는 신탁통치 체제가 설립되었으며, 국제연맹에 의한 위임 통치령을 포함하여 영토가 확립되었다. 신탁통치위원회는 신탁관리체제 감독을 위해 설립하기로 하였다. 결국 얄타에서의 세 강대국은 국제기구를 주제로 하여 1945년 4월 25일에 만나기로 한 유엔회담을 다섯 개의 강대국이 후원하기로 하는 데 동의하였으며 샌프란시스코가 회담장소로 선택되었다.

덤바튼 옥스 회담과 얄타 회담The Yalta Conference 모두 강대국들의 이권이 최대한 반영된 강대국들의 잔치였기에 약소국가들은 이에 반발했다. 약소국가들은 회원권의 보편성과 더불어 총회와 재판소의 위상이 강화될 것을 요구했고, 안전보장이사회에서도 남미 지역을 위한 대표성 등이 인정될 것을 요구했다. 그리고 새 국제기구와 조화를 이루어 활동할 중앙아메리카체제와 같은 지역기구에 의한 지역분쟁 해결 등을 요구하였다. 이들은 기구의 세력구조 자체에 있어 열강의 지배를 수동적으로 받아들일 수 없었다. 그뿐만 아니라 세계 연방국가를 생각해오던 이상주의자들은 덤바튼 옥스 제안이 강대국의 지배가 더욱 견고해졌다는 점과 법률과 정의에 대한 언급이 미미하다는 점에서 국제연맹의 규정보다 오히려 한걸음 후퇴한 것이라 생각했다.

그러나 전쟁이 끝나감에 따라 새로운 기구를 만드는 뼈대가 합의된 분야마저 파괴하는 위험을 초래할지도 모른다는 우려와 함께 여론의 완전한 합의를 이루기까지 더 이상 기다릴 수 없다는 초조함 역시 누구나 느끼고 있었고, 루즈벨트 미국 대통령은 얄타에서 돌아오는 길에 "이번에 우리는 평화유지 기구를 만들기 위해 전쟁이 끝나기를 기다리는 것과 같은 실수를 범하지 않을 것"이라 다짐했다. 따라서 각 수정제안들은 다음 샌프란시스코 회의에서 논의되는 선에서 여론이 무마되었고 약소국과 이상주의자들은 샌프란시스코 회의에 또 한번 기대를 거는 수밖에 없었다.

샌프란시스코 회의

샌프란시스코 회의는 덤바튼 옥스나 얄타 회담보다 훨씬 많은 46개국이 참가한 가운데 1945년 4월에 열렸다. 샌프란시스코 회의에서 비로소 유엔헌장이 완성되었고 이는 국제기구에 관한 광범위한 계획의 산물이었다. 아르헨티나, 덴마크, 벨라루시와 우크라이나의 4개국을 대표하는 대표단도 추가적으로 헌장의 초안을 짜는 데 참여토록 받아들여졌으며 폴란드를 포함한 50개국이 유엔의 원년 회원국이 되었다. 폴란드의 경우는 미국과 영국이 구 소련 치하의 임시정부를 인정하지 않았기 때문에 샌프란시스코 회담에는 참여할 수 없었다. 다만 원년 회원국으로서 헌장에 서명하는 것은 허용되었는데, 폴란드의 참여에 관한 이 같은 논의는 신생기구, 즉 유엔에 앞으로 닥쳐올 이념적인 갈등을 암시하는 것이었다.

그뿐만 아니라 샌프란시스코 회의 결과도 기존 회의의 결과와 크게 다르지 않았다. 다섯 열강은 거의 모든 의사결정에서 지도력과 주도권을 가졌다. 회담의 안건은 얄타 회담에서 수정되었던 것처럼 덤바튼 옥스 제안에 기초하고 있었다. 논의의 자유와 평등한 투표권 그리고 3분의 2 이상의 투표와 출석에 의한 실질적인 의사결정권이 보장되었다. 이러한 기본적인 규칙들은 이론적으로는 강대국들의 전횡을 저지하기 위한 약소국들의 노력의 산물이었지만, 사실상 강대국 위상의 어떠한 근본적인 변화에는 효과를 미치지 못했다. 중소세력들은 부차적으로 중요한 안건에 대해 양보를 얻어내기도 했고 덤바튼 옥스 제안에 중요한 수정을 가하기도 했지만 근본적인 틀에는 변화를 가져오지 못했다. 이렇게 1945년 6월, 51개국의 대표들이 완성된 헌장에 서명을 하고 대표단들은 준비위원회를 발족하면서 국제연맹의 활동을 이전하기 위한 준비가 시작되었다. 드디어 유엔이 출범하게 된 것이다.

주요 비정부기구의 생성과정

1945년 오랜 진통과 시행착오 끝에 국제연맹을 대신할 유엔이 출범했다. 그리고 그 이후 독자적인 국제기구들이 모양을 갖추기 시작했다. 유엔의 탄생 과정에는 미국과 구 소련 그리고 유럽 강대국들의 수많은 논의와 힘겨루기가 필연적으로 부과됐지만 오늘날 범세계적으로 활동하는 주요 국제기구들의 출범 과정은 그렇지 않다. 뜻을 같이하는 불과 몇 사람의 이념과 열정이 오늘날 국경을 넘나드는 국제기구로 발전한 사례가 대부분이다. 이들 국제기구들은 환경이나 인권, 의료지원, 교육, 반전운동 혹은 구호활동과 같은 세분화된 그들 국제기구상의 전문분야에 전념한다는 특징을 들 수 있는데 이것은 이들이 처음 발족될 당시의 배경과 관계가 깊고, 보다 깊숙이 들어가 보면 같은 구호활동을 펼치는 국제기구라 하더라도 식량지원이나 하수도 시설 관리 등 자신들만의 전문분야를 개척해 왔다는 것을 알 수 있다.

국제기구 활동이 시작되고 활성화된 것은 앞서 언급한 것과 같이 20세기 들어서 전쟁이나 혹은 유혈분쟁만이 국가 간의 그리고 지역 간의 분쟁을 해결하는 수단이 아니라는 인식이 일었을 때였다. 평화적인 방법과 활동을 통해서 다수에게 불이익이 되는 상황이 개선될 수 있다는 의식이 확산됐고 그럼으로써 NGOs가 기지개를 펴게 되었다. 그리고 20세기 특히 그 후반에 들어 더욱 활발해진 비정부 국제기구들의 활동에는 정보화와 세계화라는 20세기 후반의 지구상 가장 두드러진 특징이 크게 기여했다고 말할 수 있을 것이다.

보통 비정부 국제기구들은 반세계화 운동에 앞장서고 있는 것이 현실이고, 강대국 위주의 세계화 움직임은 국제기구의 이상에 반하는 것임에 틀림없다. 여기서 말하는 세계화와 정보화라는 것은 정보화 시대에 접어듦으로써 세계가 한 무대가 되었다는 것을 뜻한다. 나이지리아 여성이 불합리한 사형선고를 받았고 일본이 국제고래협약을 위반하고 고래를 밀렵한다는 것을 20세기 이전 사회에서 그 다음날 알 수 있었겠는가? 따라서 20세기에 약진한 각 국제기구들은 20세기적인 특성인 정보화와 세계화의 산물이라고 할 것이다. 이 부분과 관련해서는 각 언론매체들의 역할과 국제기구의 활동 역시 깊은 관계를 맺고 있다. 다음은 현대 사회 들어서 특히 그 활동이 두드러진 몇 개 국제기구의 생성과정이다. 국제기구의 태동은 유럽에서 시작됐고 역시 유럽을 중심으로 각종 운동이 전개되었다.

국제엠네스티

1977년 노벨평화상을 수상한 인권단체인 국제엠네스티Amnesty International는 지난 1961년 영국인 변호사 베네슨Peter Beneson에 의해 발족됐다(Amnesty International, 1994). 베네슨은 영국의 양심수 석방을 위해 노력하던 중 양심수 문제가 영국만이 아니라 전 세계에 걸친 문제라는 점을 깨닫게 되고, 이 위원회는 영구적으로 세계 모든 지역의 양심수 문제에 관심을 가질 것을 강령으로 택했다. 국제엠네스티는 영국 비정부기구로 출범했지만 2년 뒤 세계사무소를 설치하고 급성장하게 된다. 10년 뒤에는 세계 28개국에서 1천여 명의 자원봉사자들이 이 기구의 캠페인에 동참했고 1977년에는 세계 33개국에서 활동을 벌이게 되었다. 국제엠네스티는 양심수 석방 외에도 잊혀진 죄수들, 즉 무고하게 장기복역하고 있는 수감수들에 대한 석방운동과 고문철폐 등으로 활동영역을 넓혀 나갔고 1970년대 이후에는 사형폐지 운동을 주요 목표로 삼아 왔다(Power, 1981).

그린피스

대표적인 국제환경단체인 그린피스Greenpeace의 환경운동은 1971년 몇몇 지원자들이 알래스카 북부 암치카해에 작은 보트를 몰고 나가 그곳에서 미국 정부가 비밀리에 벌이던 핵실험을 목격하고 이를 세계에 알리면서 시작되었다.[1] 그 이후 환경파괴의 현장을 직접 목격하고 고발한다는 것은 그린피스의 전통이 되었다. 캐나다에서 출범한 그린피스는 현재 세계 41개국 지부와 280만 명의 지지세력을 두게 되었고, 그린피스의 캠페인은 지구온난화 방지, 원시림보존, 해양보존, 고래보호, 유전자조작 방지, 핵실험 반대 등에 초점을 맞춰 전개돼 왔다. 그린피스가 세계적으로 알려지게 된 배경에는 그린피스를 귀찮은 훼방세력 정도로 여긴 프랑스 정부의 그린피스 선박 폭파사건이 있었다.

1985년 8월, 그린피스 선박인 레인보우 워리어Rainbow Warrior호는 히로시마 원자폭탄 40주년을 기해, 프랑스령 기지인 폴리네시아의 모루노아환초 일대를

그림 4-1 그린피스의 첫 번째 캠페인을 벌였던 Bob Hunter와 Ben Metcalfe

출처 : 그린피스 홈페이지(http://www.greenpeace.org/international/en/multimedia/photos/bob-hunter-on-phyllis-cormack/)

1 그린피스 홈페이지 참조(www.greenpeace.org/international_en/aboutus).

시위 항해하기 위해 뉴질랜드 오클랜드에 정박해 있었으나 프랑스 정부에 의해 폭파되어 침몰했다. 이 사건으로 포르투갈 사진작가가 사망하였으며 사건의 배후에 프랑스 대외안전국의 공작이 있었음이 밝혀졌다. 프랑스 미테랑 정부를 최대의 위기로 몰고 간 이 사건은 오히려 그린피스의 위상을 높여 주는 계기가 되었다. 그린피스는 환경운동의 중립을 지키기 위해 정부 지원금을 받지 않는다는 원칙으로 개인이나 단체 기부금만으로 운영되고 있고 레인보우 워리어호 사건 이후에도 자체 선박을 이용해 세계 각국의 환경보호 실태를 감시하고 고발하는 캠페인을 벌이고 있다.

국경없는의사회

1999년 노벨 평화상을 수상한 국경없는의사회MSF: Med Sans Frontiers는 1971년, 적십자사Red Cross에 불만을 품은 프랑스 의사 10명이 설립하였다.[2] 이들은 의료 지원이 필요한 곳이라면 정치적 상황과 관계없이 지원을 받을 권리가 있다는 이상에 가치를 두고 기구를 설립해 고도의 독립성을 유지하는 데 많은 노력을 기울여 왔다. 현재까지 가장 폭넓은 일반인들의 지지를 확보하고 있는 전문인력들로 이뤄진 이 국제기구는 또 가장 여러 차례 추방된 국제기구로도 유명하다. 의료 활동 영역에서 더 나아가 파견된 국가의 정치적 상황에 관여하는 일이 잦았기 때문이다.

국경없는의사회 결성 초반기 주요 사업은 니카라과 지진과 레바논 내전, 아프가니스탄 전쟁 그리고 아르메니아 공화국 지진 등 자연재해와 전쟁으로 인한 부상자들을 치료하는 것이었다. 그리고 제3세계 가족계획이나 난민들의 전반적인 위생 상태 등을 돌보는 것으로 활동영역을 넓혀 나갔다. 프랑스 의사들로 시작된 국경없는의사회는 1990년대 후반까지도 참여인원의 4분의 1 가량이 프랑스 의사들인 것으로 나타났지만 각국 지원자들의 참여가 꾸준히 늘어나 2022년을 기준으로 약 72개국에서 활동하고 있고 거쳐간 환자 수만 해도 1억 명을 넘어서는 것으로 파악되고 있다.

---

2 국경없는의사회 홈페이지 참조(www.doctorswithoutborders.org).

옥스팜과 엄코르

북한 식량난이나 이라크 전후복구 등에 뛰어들었던 국제구호단체 옥스팜Oxfam은 기아해방을 위한 옥스포드 위원회Oxford Committee for Famine Relief의 준말이다.[3] 제2차 세계대전 중에 영국 지식인들에 의해 설립된 이 단체는 지난 1941년 그리스가 나치에 봉쇄당해 주민들이 기아위기에 처했을 당시 영국 지식인들이 구호활동에 나서면서 시작됐다. 1942년에 영국에서 본격적인 활동을 시작했고 현재 90여 개 국가의 지부가 연합한 옥스팜 인터내셔널Oxfam International이란 형태로 운영되고 있다. 옥스팜의 독특한 점은 지식인들의 기부문화 활성화와 벼룩시장을 통한 구호기금 마련운동을 시작해 성공적으로 활성화시켰다는 것이다. 옥스팜은 몇몇 지식인과 부유층이 시작한 구호활동이 각국 점조직으로 확산돼 전 세계적인 네트워크를 구성하게 된 대표적인 사례라고 하겠다. 옥스팜은 특히 기아 난민을 돕는다는 목적과 힘 있는 세력에 영향을 행사한다는 수단을 강조하는 국제기구로서 워싱턴에 로비 사무실을 두고 미국과 각국 정부에 영향력을 행사하기 위해 노력하고 있다.

감리교 구호연합 위원회United Methodist Committee on Relief, 즉 엄코르UMCOR는 미국 뉴욕에 본부를 둔 단체로서 과거의 선교활동이 구호사업으로 점진적 발전을 이룬 대표적인 국제 구호단체라 할 수 있다.[4] 1900년대 중반까지 제3세계에 진출한 대부분의 선진국 구호단체는 선교단이었다. 이들은 기독교를 전파한다는 목적으로 식량구호 활동이나 의료지원, 그리고 문맹퇴치 등의 교육에 참여했고 진출한 지역에 교회를 세웠다. 엄코르가 라이베리아 등지의 아프리카나 인도와 파키스탄 등 남아시아 활동에 뿌리를 두고 있는 것도 그 때문이다. 그러나 시대가 바뀌면서 엄코르도 그 선교임무를 순수한 구호활동으로 전환하기 시작해 현재는 기독교 전파와 관계없는 재난구호 기구로서 세계 곳곳의 재난구호 임무를 수행하는 데에만 전념하고 있다.

---

3 옥스팜 홈페이지 참조(www.oxfam.org/eng/about.htm).

4 엄코르 홈페이지 참조(www.umcor.org/).

국제기구와 국제협력

민주주의는 각국 정부가 도입한 이념이자 정치체제일 뿐만 아니라 국제기구 체제의 뿌리이기도 하다. 서구사회에 민주주의가 등장하면서 현대적인 국제기구가 대두할 수 있는 무대가 마련되었다. 국내정치에서 민주주의가 국민의 합의에 의한 대중적 의사결정과정을 의미하듯이 국제기구의 민주주의는 주권국의 합의를 통해 성취하는 국제적 행동의 과정이다. 대부분의 국제기구들은 특수하고 실용적인 목적을 성취하기 위해 탄생되었고 국가 간 갈등을 줄이기 위해 국가들로부터 합의를 이끌어 내는 제도화된 수단을 제공한다.

국제기구는 원칙과 기관 등을 제공하지만 유형의 산출물을 가져오기 위한 촉매제는 서로 협력하려는 국가들 간의 의지이다. 유엔 사무총장을 역임했던 하마슐트Dag Hammarskjold가 관찰하고 언급했듯이 유엔은 초국가적도 아니며 회원국 정부의 결정구조 밖에서 활동할 수도 없는, 어떤 한도 내의 정부 간 타협기구다. 따라서 국가 간 협력이 이루어질 때 국제기구는 그 기능을 발휘할 수 있다. 국제적 협력 없이는 국제기구는 단지 논쟁을 위한 장소가 될 뿐이며 유엔 같은 국제기구도 회원국들이 이용하는 만큼만 유용한 것이다.

반면에, 비정부 국제기구는 주권국가에 의해 만들어지는 것이 아니고, 뜻을 같이하는 몇몇의 개인에 의해서도 설립될 수 있다. 비정부 국제기구의 급속한 성장과 더불어 그 모습을 갖추고 있는 소위 세계시민사회의 출현과 그 중요성의 증가는 향후 국제정치와 국제기구의 모습이 크게 달라질 것이라는 것을 예고하고 있다. 21세기 글로벌 거버넌스는 주권국가 이외의 다른 행위자들의 참여를 도모하는 탈근대적 모습을 띨 수밖에 없는 것이다. 그러나 많은 비정부 국제기구들이 이처럼 주권국가체제의 틀에서 벗어나 설립되고 국제정치의 새로운 행위자로 등장하면서도, 그 목적을 이루기 위해서는 주권국가와의 협력을 절대적으로 필요로 한다. 그리고 그들은 국제적 협력을 이끌어 내기 위해 보다 바람직한 수단이 되려는 노력에 경주한다. 이것이 주권국가의 모임인 유엔이 탈근대시대에도 그 역할이 중요한 이유이다. 다음 장에서는 이렇게 탄생한 유엔의 조직과 역할에 대해 더 자세히 알아보도록 하겠다.

토론 주제

1. 약소국은 자신의 독립을 국제기구를 통해 이룰 수 있었다는 점에서 약소국의 지위를 보장한다고 볼 수 있다. 한편으로 이러한 약소국의 지위를 보장하는 과정조차 강대국의 의사에 의해 결정된다는 점에서 강대국의 지위를 고착시킬 뿐이라고 볼 수도 있다. 국제기구는 결론적으로 국제사회에서 약소국의 지위를 보장해 주는 수단인가 아니면 강대국과 약소국의 계급을 고착시키는 수단인가?
2. 국제기구 중에서 가장 보편적이고 세계적으로 가장 큰 영향을 미치고 있는 유엔은 유럽 중심의 체제에서 기원을 찾을 수 있다. 또한 유엔이 창립된 지 한참이 지난 현재, 국제 경제, 정치의 중심지, 즉 강대국이라고 불리는 나라들은 유럽뿐만이 아니라 아시아, 아메리카 대륙 등 다른 곳에서도 존재한다. 유엔을 대체할 새로운 국제기구가 나타나는 것이 가능한가?
3. 국제기구는 근본적으로 자유주의의 시각에서 볼 수 있는데, 최근 이미 국제기구에 현실주의와 자유주의의 시각이 공존하는 모습을 볼 수 있다. 과연 미래에는 한쪽 시각으로 편향된 국제기구가 존재할 수 있을까?
4. 현 국제질서에서는 정부간 기구의 역할이 크고 환경, 경제, 정치, 복지 및 의료 등 모든 분야를 다루고 있다. 정부간 기구의 역할을 뛰어넘는 비정부기구가 등장할 수 있을까? 만약 가능하다면 그 비정부기구는 국익이 아닌 인류의 이익을 위한 역할을 수행할 수 있을까?
5. 국제기구가 목적을 이루기 위한 행위가 어느 범위까지 정당하다고 볼 수 있는가? 덜 효율적인 결과를 가져오더라도 행위의 과정에서 정당성을 반드시 지켜야 하는가? 예를 들어, 그린피스Green Peace는 환경보호를 위한 국제기구이고 이름부터 Peace를 달고 있는 데에 반해 활동은 평화롭다기보다는 오히려 공격적이다. 이처럼 국제기구가 목적을 위해 할 수 있는 행위의 정당성은 어디까지 용인할 수 있을까?

chapter 05

국제사회와 유엔

유엔의 궁극적인 목적은 국제 평화와 안보 그리고 질서를 유지하는 것이다. 유엔헌장은 이 같은 목적을 배경으로 마련됐다. 유엔은 헌장을 만들면서 회원국들이 이를 지키고 의무를 이행할 것을 명시했고 헌장을 효과적으로 수행하기 위해 각 기관을 설치했다. 다시 말해 유엔이 창설과 함께 설정한 헌장에 의거해 각 기관이 생겼고, 헌장에 기반을 두고 임무를 수행했다. 국제사회의 분쟁에 대한 유권해석 역시 헌장에 기초해 이뤄진다. 국제뉴스를 보면 분쟁 당사자들이 헌장을 인용해 자신들의 입장을 옹호하는 경우가 눈에 띈다. 그러나 111조에 이르는 유엔헌장은 국제문제 전반에 대해 정확히 흑과 백을 가르지 못했다. 따라서 헌장에 따른 유엔조직과 진행돼 온 논의는 많은 시행착오를 겪어야 했고, 지금도 이와 같은 논란이 이어지고 있다.

유엔의 목적과 원칙

유엔이 가장 중요한 목적인 국제 평화와 안보를 이루기 위해 정한 두 가지 원칙은 다음과 같다. 첫째, 어떤 국가도 다른 국가의 영토나 정치적 독립을 위협하거나 무력을 사용해서는 안 된다. 둘째, 모든 국제분쟁은 평화적으로 해결해야 한다. 이 같은 원칙이 늘 완벽히 유지된 것은 아니다. 2006년 몬테네그로, 2011년 남수단의 가입으로 유엔의 회원국은 193개국으로 늘어났고 2023년 현재 193개국의 회원국을 유지하고 있다. 이는 전 세계 대부분의 국가가 유엔의 회원이 된 것을 의미한다. 따라서 분쟁 당사자들이 곧 회원국인 경우가 대부분이었다. 유엔은 회원국들 간의 다른 국가 침략을 막지도 또 모든 분쟁을 평화적으로 해결 유엔사찰위원회(UNMOVIC: The United Nations Monitoring, Verification and Inspection Commission)는 1999년 유엔안전보장이사회의 결의로 탄생하였다. 유엔사찰위원회는 이전에 있었던 유엔특별위원회(UNSCOM: The United Nations Special Commission, 유엔무기사찰단)를 대신하여 계속해서 이라크의 생화학무기 또는 150km 이상의 범위를 가진 미사일 같은 대량학살 무기를 폐기하기로 약속한 사항을 잘 준수하고 있는지 여부를 검증했다. 또한 안전보장이사회에 의해 금지된 무기들을 암암리에 다시 반입하여 사용하고 있는 것은 아닌지 감시하는 역할도 하였다.

유엔특별위원회와는 다르게 유엔사찰위원회는 유엔직원 소속이었고 위원장, 연락 담당자와 함께 네 가지 부서, 계획이행, 분석평가, 정보, 기술지원 부서를 두었다. 위원장은 안전보장이사회에 3개월마다 활동보고를 해야 했고, 다른 동료 기관들에게 보고서를 전달해야 했다. 즉, 1년에 적어도 4번은 다른 기관들과 만나 활동에 대해 논의하고 보고서를 검토하며 위원회 활동을 위해 노력했다. 미국의 침공이 있었던 2003년 3월 조사관들이 철수했음에도 불구하고, 유엔사찰위원회는 활동을 계속하였다. 마침내 2007년 6월 29일 안전보장이사회는 결의안 1762를 발표하였고 유엔사찰위원회의 활동은 마무리되었다.

출처: UNMOVIC 홈페이지 참조.

하지도 못했다. 그러나 지난 1990년 이라크의 쿠웨이트 침공에 유엔 회원국들이 공동 대응했던 것은 이라크가 쿠웨이트, 즉 다른 주권국가의 영토를 침공했기 때문이었고 이것은 집단안보를 시행한-한 사례로 기록됐다.

회원국들은 유엔의 주요 원칙에 따른다는 동의하에 가입이 허용되고 또 걸프전을 지지한 것과 같이 유엔의 주요 원칙에 동의하는 입장을 보였다. 유엔헌장은 국제분쟁을 일으킨 국가에 대한 각종 강제조치를 취할 수 있도록 하고 있고 회원국들은 이 경우에도 비교적 잘 협조해 왔다. 그리고 유엔은 회원국들뿐 아니라 비회원국가라도 이러한 원칙들을 따르도록 하는 집단적 의무를 부여했다. 유엔헌장은 또 회원국들이 헌장의 모든 의무를 성실히 수행할 것과 유엔이 필요한 각종 살림을 꾸려 나갈 수 있도록 분담금 납부를 회원국들의 주요 의무로 규정했다.

유엔의 원칙과 모순점

유엔 회원국들의 기본적인 법적 의무는 헌장 2조에 나타나 있다. 유엔헌장 2조는 이 기구가 모든 회원국들의 주권평등 원칙에 기초한다고 밝혔고, 주권의 동등성은 각국이 총회에서 하나의 투표권을 갖는 것으로 표현된다. 그러나 한편 안전보장이사회의 상임이사회 5개국에 주어진 거부권에서 알 수 있듯이 불평등 또한 유엔의 기본 틀 중 하나라 할 수 있다. 헌장 2조는 국내문제에 대해서는 다른 국가가 간섭하지 않는다는 원칙을 강조하고 있어 유엔이 한 국가의 내정에는 간섭하지 않겠다는 자세를 보여주고 있다.

그러나 이 부분에서 국제적 문제와 국내적 문제를 누가 구분하여 결정할 것인가 하는 문제가 남게 된다. 인권과 개발 그리고 환경오염과 같은 문제가 대두되면서 한 국가의 문제는 더 이상 그 나라에만 국한되지 않게 되었다. 냉전 이후 유엔의 평화유지 활동은 국가 간의 분쟁보다는 내전 등 한 국가 안의 분쟁이 더 많았다. 유엔을 창설한 지도자들은 한 국가에 대한 집단적 행동과 내정 불간섭 원칙에 따라 국가의 주권을 존중하는 것이 양립하기 어렵다는 것은 알고 있었지만, 세계화로 인한 새로운 문제들과 민족분규 등 함께 터져 나오는 딜레마를 예측하지 못했다.

인권을 보호하고 권장하는 행위에 대해서도 의견이 분분하다. 유엔헌장의 서문과 함께 헌장 1조는 인권의 평등과 자결을 존중한다는 원칙에 관한 것이어서 인권문제는 내정이 아닌 국제적 영역으로 취급되어 왔다. 이와 관련하여 중국은 아주 좋은 사례가 된다. 천안문 사태가 대표적인 예로, 중국은 인권문제와 관련해 미국을 비롯한 국제사회로부터 지속적인 비난을 받아 왔고 그때마다 중국이 내세운 것은 내정 불간섭 원칙이었다.

유엔헌장 51조에서는 무력적 선제공격에 대응한 국가의 자기방어 권리를 보장한다. 즉 국가는 어떤 행위를 취하기 전에 유엔의 허락을 기다릴 필요 없이 지역적 방어나 다른 종류의 전략을 쓸 수 있으며 단지 어떤 식으로 대응했는지 보고할 의무가 있다. 그러나 이러한 '자기방어 원칙'은 누가 먼저 침입과 공격을 시작했는지, 혹은 누가 피해자인지를 결정해야 하는 문제가 발생한다. 중동분쟁에서 이스라엘과 아랍권 국가 중 누가 먼저 무력을 사용했는가? 이스라엘의 방어망 구축이나 팔레스타인에 대한 공격은 자기방어 차원인가 하나의 침략행위인가?

이처럼 결정하기 어려운 문제가 대두되면서 유엔특별위원회가 구성돼 안전보장이사회가 침략행위를 규정하기 전에 침략행위에 대해 규정하도록 하고 있지만, 이 부분 역시 확실한 답을 내리기 힘든 상황이 이어지고 있다.

이 밖에도 유엔은 여러 가지 문제점을 안고 발전해 왔다. 193개 회원국들이 저마다의 이권을 주장하는 상황에서 문제점이 없을 수 있겠는가? 그 가운데서도 논쟁의 한가운데 있었던 주요 쟁점들을 살펴보면 회원국 자격에 관한 논쟁, 대표성 논란, 투표 원칙, 헌장개정문제 그리고 재정지원문제 등이다. 유엔의 각 조직을 설명하기에 앞서 그동안의 논란을 먼저 설명하는 것은 그것이 유엔 각 조직의 발전과 퇴행 과정을 이해하는 데 더욱 용이할 것이란 판단에서이다.

회원국 자격과 관련한 논란

보편적 회원국 자격이라는 모호한 설정은 항상 논란의 대상이 되어 왔다. 국제연맹이나 초창기 유엔이나 회원국 자격과 관련해서는 폐쇄적인 태도를 나타냈다. 제2차 세계대전 당시 연합군의 적국들은 유엔의 회원국에서 제외됐고 유엔은 회원국 자격을 부여하는 데에 대해서 국제연맹의 태도를 따랐다. 샌프란시스코 회의에 참석한 국가들 51개국에게 유엔 회원국 자격이 주어졌다. 유엔의 회원국이 되려면 안전보장이사회로부터 추천을 받고 총회에서 3분의 2 이상의 투표를 얻어야 한다. 유엔헌장 4조에 의하면 회원국 자격은 "평화를 사랑하고 유엔헌장의 의무들을 수행하는 국가들이면 모두에게 열려 있다."고 규정되어 있다.

1945년에서 1955년까지 유엔의 회원국 자격에 관한 문제는 냉전기간 동안 구 소련과 서방 간의 주요한 쟁점 사항이 되었다. 구 소련은 친서방적인 회원국 후보국들에게 회원국 자격을 부여하기를 꺼려했고, 서구 국가들은 역시 친소련 국가들에게 같은 태도를 보이면서 회원국 자격과 관련된 논란이 고착 상태에 빠져들었다. 구 소련은 친소련 국가들의 유엔 가입을 저지한 서구 국가들이 "집단적 거부권을 행사"한다고 비난했다. 서구 국가들은 불가리아, 헝가리, 루마니아 등에 대해 인권탄압을 이유로 회원국 자격을 부여하기를 거부했다. 이에 구 소련은 여러 가지 이유를 들어 아일랜드, 이탈리아, 포르투갈, 요르단 등의 회원국 자격 부여를 거부했다. 이 같이 유엔 창설로부터 약 10여 년간 냉전이 최고조에 달했던 기간 동안 유엔에서는 정치적인 힘의 논리에 의해 유엔헌장에 따른 회원국 자격 기준의 의미가 크게 손상되었다. 이 같은 회원국 심의 문제는 과정이나 절차의 문제가 아니라 정치적인 문제였기 때문에 이를 타개하기 위해서는 일괄적 타결 형식의 해결책이 타협안으로 나왔다.

1955년에 와서야 비로소 이 같은 고착 상태가 풀렸으며 일괄타결 결과, 16개 국가가 동시에 회원국 자격을 부여받았다. 1955년 이후 유엔의 회원국은 창설 당시의 두 배가 넘게 되었고, 그리고 회원국 수가 많아지게 되자 다수 회원국의 영향에 대한 우려가 생기기 시작했다. 신생 회원국의 대부분이 아프리카나 아시아의 작은 나라들이었다. 유엔총회에서는 국가의 크기나 영향력에 상관없이 그 나라가 동등한 투표권을 부여받는다는 동등성이 인정됐기 때문에 총회의 주요 의제가 개발과 반식민지화에 대한 쟁점들로 모아졌으며 선진국과 개발도상국 간의 문제들, 소위 지구상의 남북문제로 불리는 의제들이 새로운 조명을 받게 되었다. 이 같은 상황은 개발도상국들에게 더 많은 기회를 열어 주는 역할을 했지만 한편으로는 총회와 안전보장이사회가 대립하는 양상을 드러내게 되었고 강제권이 없는 총회의 결의안이 유명무실하다는 지적을 낳게 되었다.

대표성을 둘러싼 쟁점

헌장에서는 총회에 회원국의 대표인 수를 5명 이하로 제한하고 안전보장이사회와 경제사회이사회 그리고 신탁통치이사회의 회원국들에 각 한 명의 대표인을 허락하고 있다. 유엔에서의 회원국 대표성에 관한 관행들은 헌장의 세세한 조항들보다 관습과 필요에 더 큰 영향을 받아 왔다. 대표인들은 각자 정부에서 자격을 부여받은 사람들로서 유엔헌장에서 특별한 자격에 대해서는 따로 언급하지 않고 있다. 유엔헌장에서는 안전보장이사회의 회원국들은 "항상 유엔의 의석에 출석"하여 안전보장이사회의 기능이 이어지게 할 것을 의무화하고 있지만, 각 국가들이 유엔본부에 영구적인 사절단을 두는 필요성에 대해서는 명확히 밝히지 않고 있다. 그러나 모든 유엔 회원국들은 매년 정기총회 회의에 참석하고 있고, 모든 회원국들이 한 개 이상의 위원회에 속해 있으므로 거의 일 년 내내 유엔회의에 참여해야 한다고 할 것이다.

거의 모든 회원국들은 유엔에 영구적인 사절단을 유지하고 있다. 한국은 대한민국 유엔대표부라고 하여 유엔본부 맞은편에 사무실을 두고 있다. 이 사절단은 자국이라기보다 유엔에 속하였다는 점에서 다를 뿐 각국의 대사관과 유사한 성격을 갖고 있다. 그런데 이 사절단과 관련해서 몇 가지 논란이 일었다. 지난 1986년 미국은 구 소련 등 몇 개 국가들의 사절단들을 안보상의 문제를 들어 뉴욕의 유엔본부에서 275명에서 170명으로 줄이도록 통보한 적이 있다. 이는 유엔헌장에 근거한 조치가 아니었다. 미국은 또 유엔본부가 있는 뉴욕에 특정 개인이나 집단의 접근을 금지하기도 했다. 1987년 미 의회는 팔레스타인 해방기구, 즉 PLO: Palestine Liberation Organization의 유엔 옵서버 자격 뉴욕 사절단의 철수를 요구했다. 유엔총회에서는 143 대 1의 투표로 이 같은 행동을 비난했으며 회원국들은 국제사법재판소의 법적 권고를 요구하고 나섰다. 국제사법재판소에서는 만장일치로 PLO에 대한 이 같은 요구가 1947 유엔본부 협정의 위반이라는 판정을 내렸다. 1988년에는 미국이 PLO 지도자 아세르 아라파트에게 미국 비자 발급을 거부했고, 이에 총회는 아라파트를 초청하여 제네바에서 회의를 소집했다. 며칠 후 미국 대표단들은 아라파트 PLO 수반이 테러리즘과 이스라엘의 존재에 관한 그의 입장을 수정하는 것을 근거로 협상을 해야 했다.

1950년부터 시작해 유엔에서의 대표성을 둘러싼 가장 끈질기고도 극적인 문제는 중국문제였다. 1961년부터 1970년에 걸쳐 대만 정권이 아닌 중공 정권의 대표자격을 받아들이는 제안에 관한 문제가 쟁점이 되었다. 안전보장이사회에서 수시로 중국의 대표성 문제가 공론화된 바 있으며, 구 소련의 대표들은 대만 대표들에 대한 항의로 거의 7개월간을 안전보장이사회 회의에 참석하지 않았다. 중국은 유엔 창설 회원국인 동시에 안전보장이사회의 회원국이다.

중국을 둘러싼 이 같은 대표성의 문제는 법적인 문제가 아니라 정치적 경쟁이었다. 더욱이 제2차 세계대전 후의 협약에서도 대만을 중국의 일부로 인정하고 있다. 중공을 중국을 대표하도록 하고 대만을 새로운 회원국으로 받아들일 것인가 아니면 두 정권 모두 중국의 정통성을 계승하는 것으로 보아야 하는가에 관한 문제는 유엔이 겪었던 중요한 대표성 논란이었다. 이에 관한 결정은 26번째 총회에서 대만이 물러서는 것으로 최종 결정되었으며 대만은 유엔으로부터 참여를 거부당했다. 1982년에 있었던 이스라엘에 대한 아랍의 위협도 이와 유사했고 1992년 유엔총회는 안전보장이사회의 권고를 따라 구 유고슬라비아연방공화국의 대표단을 총회 회기에 참여하지 못하도록 저지하는 등 대표성을 둘러싼 크고 작은 문제들은 끊이지 않고 유엔을 정치적 대립의 장으로 몰아갔다.

투표 원칙

유엔의 전신인 국제연맹은 만장일치제도를 고수했지만, 유엔은 다수 회원국들의 의지 표현을 수용하기 위해 국가주권과 만장일치를 포기할 필요성과의 균형을 추구하며 다수결 원칙 혹은 3분의 2 가결 혹은 부결 원칙으로서 국제연맹에서의 만장일치제를 대신했다. 인구와 자원의 크기에 관계없이 한 국가는 하나의 투표권을 갖는다. 이것을 이론적으로 얘기하면 세계인구의 15% 미만을 대표하는 국가들이 모이면 3분의 2 투표를 모을 수 있다. 유엔헌장 18조에는 3분의 2 가결 혹은 부결 원칙은 중요한 문제, 즉 평화와 안보를 유지하기 위한 때나 안전보장이사회 비상임이사국의 선출 시 및 유엔의 새 회원국 자격을 부여할 때 등에 사용된다고 밝히고 있다.

안전보장이사회에서는 조건부 다수결에 의해 의사결정이 이루어지지만, 상임회원국들에게는 거부권을 행사함으로써 의제와 관련한 행동 자체를 저지시킬 수 있는 권한이 있다. 안전보장이사회의 투표 공식과 관련해서는 덤바튼 옥스에서 논의되었고 얄타에서 확정되었으며 샌프란시스코에서 중소 국가들의 반대에도 불구하고 기정사실로 인정되었다. 안전보장이사회의 상임이사국들은 찬성, 온건적 반대, 적극적인 반대라는 세 가지 중 하나를 자유롭게 선택할 수 있다. 상임이사국의 거부권 행사 권한은 강대국의 이익을 지키기 위해서 고안된 것이고, 또한 그런 목적을 수행해 왔다. 냉전기간 동안 미국과 구 소련은 거부권 행사를 빈번히 사용하면서 국가의 이익을 지켜 왔다. 거부권과 관련된 논란은 끊임없이 이어져 왔고 이 문제는 국제사회가 투명해지고 각국의 정치적 이해관계가 백일하에 드러나게 된 현 시점에서도 강대국들의 입장에 따라 자주 이용되고 있다.

한편, 경제사회이사회와 신탁통치이사회 그리고 각종 위원회들은 단순 다수결의 원칙을 채택하고 있다. 이들 기구들에서의 모든 의사결정은 총회의 검토를 받으며 집행권이 없기 때문에 전통적인 국가주권의 이론과 상치되지 않는다. 세계은행과 같은 전문기관에서는 재정적 기부에 따라 가중치를 두어 투표권을 주는 방식을 택하고 있다. 예를 들어, 미국은 국제통화기금IMF에서 17.43%의 투표권을 갖고 있다. 이런 금융기구를 제외하고, 한 국가당 한 투표권을 주는 규정을 수정하여 공헌도나 인구, 재정적 조치 등을 포함해 가중치를 두어 투표권을 주자는 제안들도 나오고 있다.

헌장 수정 논란

유엔헌장에서는 헌장의 수정을 제안하는 데는 두 가지 방법을, 비준에 대해서는 한 가지 공식을 제시하고 있다. 헌장의 수정은 총회에서 3분의 2의 동의로 제안될 수 있으며, 안전보장이사회의 모든 상임이사국을 포함하여 3분의 2의 회원국으로부터 비준을 받아야 효력을 발휘할 수 있다. 헌장 수정의 또 다른 방법으로는 총회와 안전보장이사회에 의해 언제든지 소집될 수 있는 총검토 회의의 3분 2 찬성 투표를 얻으면 제안될 수 있다.

아프리카와 아시아에서 신규 회원국들이 대거 유입되면서 회원국들은 안전보장이사회의 크기에 관해 구조조정을 촉구하게 되었다. 1963년 유엔총회는 경제사회이사국을 기존 18개국에서 27개국으로 늘리도록 하는 수정안을 채택하였으며 1973년에는 54개국으로 경제사회이사국 회원국 수가 늘어났다. 그러나 유엔의 근본적인 변화는 위와 같은 공식적 수정 방법보다는 비공식적인 방법을 통해 더 빈번히 일어났다. 헌장 조항은 관습과 관행에 의해 사장되기도 했다. 이를테면 유엔헌장 43조, 즉 국제 평화와 안보 유지의 목적으로 유엔의 모든 회원국들에 의해 안전보장이사회가 무장병력을 사용할 수 있도록 한 경우는, 강대국들 간의 의견이 분분해 한 번도 사용되지 못했다.

유엔의 재정문제

1946년 유엔이 활동하기 시작하면서 공평하고 적절하게 자본을 구하는 공식을 찾을 필요성이 인식되자 총회가 만든 기준에 따라 분담금을 담당하는 특별위원회가 예산의 규모를 부과하는 것을 준비하는 임무를 갖게 되었다. 위원회는 3년마다 부과액 규모를 재검토하며 부과액을 정하는 데 있어, 각 나라의 국민 총소득GNI, 외채 규모, 1인당 소득 등을 반영하여 평가한다. 그리고 최저 분담금은 0.001%이며 최빈국Least Developed Country의 분담금은 0.01% 미만으로 책정되어 있다. 또한, 최고 분담금은 22%로 정해져 있으며 현재 미국이 내고 있다.

예산을 책정하는 과정은 사무총장의 지도에 따라 사무국의 직원들에 의해 수행된다. 그러나 유엔의 재정 분담은 아마 가장 뜨거운 논란 사안이 아닐까 한다. 돈을 많이 내는 나라와 돈을 적게 내는 나라가 유엔총회에서는 똑같이 한 표씩을 행사한다는 점과 분담금을 많이 내고 있는 일본과 독일이 유엔안전보장이사회 상임이사국이 아니라는 불만이 끊이지 않고 있다. 유엔 분담금의 기본 틀은 가장 부유한 국가가 많이 부담하고 중소국가들이 경제 규모에 따라 작게 부담한다는 것이다. 분담금의 적은 부분만을 지불하는 대다수의 개발도상국가가 총회 의결과 관련해서는 많은 표를 행사한다는 것이 강대국들의 불만사항이다. 그러나 이와 관련해서 획기적인 방안이나 대안은 아직 제시되지 않았고 미 의회는 자주 유엔 분담금 지불을 유예하는 결정을 내림으로써 유엔에 대한 불만을 표시해 왔다.

1946년의 첫 부과액 규모에서 미국의 분담금은 무려 전체의 40%에 달했고 나머지 60%는 다른 50개의 회원국들이 지불했다. 빈곤국가들은 예산 분담금 책정을 더욱 엄격히 해 국가소득과 지불할 수 있는 능력에 기초하는 것을 선호하나 1인당 국민 소득액을 국가 지불능력의 잣대로 사용하는 것은 인구가 적은 데 비해 국민 총생산이 높은 국가들의 반대에 부딪혔다. 유엔은 이러한 분쟁이 이어짐에 따라 어떤 국가도 가장 많이 기부하는 국가보다 더 큰 1인당 소득액으로 나누어 계산될 수 없다는 규칙을 만들었다. 예산에 관한 많은 논쟁들이 돈에 대한 논쟁과 더불어 냉전의 적의와 선진국과 개발도상국 간 문제의 마찰로 이어졌다. 1946년 구 소련의 정기예산의 분담액은 6.34%에 불과했으나 미국이 추진한 활발한 캠페인으로 벨로루시와 우크라이나를 포함하여 구 소련의 분담액은 12.95%까지 늘어났다. 구 소련이 해체됨과 동시에 러시아의 경제붕괴로 러시아는 1992년에 9.41%에 달했던 분담금을 1998년에는 2.87%까지 축소하게 되었다.

1998년 세계에서 두 번째로 큰 경제대국이었던 일본은 1998년 17.98%를 부담함으로써 두 번째로 많은 분담금을 부담하게 되었고 독일이 9.63%로 그 뒤를 이었다. 프랑스는 6.49% 그리고 영국은 5.07%를 부담했다. 가장 뜨거웠던 논쟁은 미국의 25%인 분담금을 20%로 낮춰야 한다는 주장이었다. 다른 회원국들의 반응 중 특히 유럽연합 회원국들은 그러한 요구는 미국 정부가 모든 연체금을 지불한 후에나 고려하겠다는 반응을 나타내었다. 결국 미국의 요구는 어느 정도 반영이 되었고 최고 분담금은 22%로 결정이 되었다.

2023년 현재 미국은 유엔의 전체 정규 분담금(3,151,895,855달러)의 22%인 약 6억 9천3백만 달러를 부담하고 있으며 중국이 15.25%, 프랑스가 4.31%, 영국이 4.37%, 러시아가 1.86%를 부담하고 있다. 이들 안전보장이사회 국가를 제외하고 일본이 8.03%, 독일이 6.11%를 부담하고 있으며 한국은 2.57%를 부담하고 있다. 분담금에 대한 괄목할 만한 변화는 중국 분담금의 증가이다. 중국의 경제 규모가 급속히 성장함에 따라 분담금 역시 급속도로 증가하였으며, 현재 중국의 분담금은 미국에 이어 두 번째 규모를 보이고 있다.

예산 최고 한도액 논쟁과는 별도로, 유엔의 예산계획은 분담금을 지불하지 못하는 수많은 국가들에 의해 위기에 처하게 되었다. 과거에 25여 개의 정부들이 다양한 시기에 정치적인 이유를 들어 분담금을 지불하지 못한 적이 있었다. 특정한 상황에 처했을 때 유엔 회원국 가운데 일부는 유엔평화유지군의 사용을 반대하여 평화유지의 운영에 사용되는 분담금을 부담하는 것을 거절했다. 1997년 7월 중순경 회원국들은 평화유지에 대해 총 16억에서 23억 달러 정도 유엔에 빚을 지고 있었으며 유엔의 정기예산에는 6억 8천1백만 달러, 국제재판소에 8백7십만 달러의 빚을 지고 있었다. 이 중 미국의 부채는 14억 달러에 달했는데 여기서 1997년에 진 빚이 절반을 넘었다. 이것은 정기예산에서 빚진 4억 9천8백만 달러와 평화유지에서 떠안게 된 9억 2천만 달러의 부채를 포함한 것이다. 1998년에는 모든 유엔 회원국 185개국 중 78개국만이 자신들의 분담금을 전액 지불하는 상황을 보이기도 하였다.

이론적으로 의무적인 분담금을 계속해서 지불하지 않는 행위는 총회에서의 투표권 상실로 이어질 수 있다. 유엔헌장 제19조에 따르면 예산의 미불금이 앞으로 2년 동안의 총분담금과 같거나 초과할 경우 투표권을 잃는다고 규정하고 있다. 그러나 이 제재조치는 1964년과 1965년에 미국이 평화유지 분담금을 지불하지 못한 소련에게 그 벌칙을 적용하도록 총회를 설득하려고 하다가 실패하면서 그 효력을 잃게 되었다. 총회는 1964년의 전 회기 동안 이러한 문제에 맞서기보다는 공식적인 표결을 회피했다. 미국은 결국 어떠한 문제가 생겼을 때 미래에 의무적인 분담금을 거부할 수 있는 권리를 유지하기로 결정하였다.

결론적으로 유엔헌장 제19조는 어떤 국가의 투표권을 박탈하는 데 사용된 적이 한 번도 없었다. 1980년 중반부터 미국은 의회가 예산을 줄일 것을 결정한 것에서부터 할당된 기부금을 지급하지 않는 가장 큰 위반자가 되어 왔다. 1985년 미 의회는 1987 유엔 회계연도부터 미국의 기부금을 25%에서 20%로 삭감할 것을 요구하는 개정안을 채택하기도 하였다. 개정안에 따른 이러한 삭감은 다수인 제3세계 국가들에 의해 독단적으로 내려진 예산결정에 재정적으로 주요한 기여를 하는 국가들이 권력을 유지하도록 하려는 의도에 따른 것이었고 의회가 중심이 되어 미국 분담금의 추가적인 삭감 혹은 지불유예 결정이 이뤄졌다.

유엔의 재정적인 위기는 냉전의 종식과 함께 전 세계가 다양하고 복합적인 정치적 · 경제적 · 사회적 대변동을 책임져야 한다는 인식이 생기면서 더욱 심화됐다. 사실상 유엔은 회원국들의 적지 않은 격려와 함께 평화유지와 평화조성 임무를 확대해 나갔다. 결과적으로 유엔은 과도하게 확장되었고 또한 무거운 짐을 지게 되어 미국과 같은 중요한 회원국들에게 더 무거운 재정적 기여를 요구할 수밖에 없었다.

1996년까지 유엔 사무총장은 기구의 재정적인 위기를 의논하고 해결책을 제의하도록 총회의 특별회기를 소집해야만 했었다. 33억 달러에 달하는 지불불능과 미지급된 현금흐름에 직면하여 유엔 사무총장은 평화유지 임무의 규모를 줄일 뿐 아니라 많은 범위의 사회적 · 경제적 프로그램을 줄이는 것이 필요하다고 선언했다. 평화유지 운영을 위한 부과액이 재정적인 위기를 불러일으키는 중요한 문제였다. 부과액은 1995년의 30억에서 1997년에 13억으로 줄었고, 1998년에 유엔은 71개국에 걸쳐 군대와 장비 때문에 8억 달러 이상의 빚을 지고 있었다. 이는 1980년대 중반 1만 2천여 명의 직원을 갖고 있었던 유엔이 1990년 말에는 9천명으로 삭감하게 하는 직접적 원인이 되었다.

재정난에 허덕이는 유엔에게는 독립적인 자금원을 찾는 것이 가장 확실한 방법이라 할 수 있다. 이 같은 방법은 헌장의 개정이나 유엔구조에 근본적인 변화를 가져오겠지만 회원국들의 분담금으로부터 자유로운 소득을 생산하는 원리는 전례가 없던 것은 아니다. 매년 유엔은 우표판매, 선물가게, 투자수익, 그리고 가이드 투어 같은 본부의 사업에 관여함으로써 수백만 달러의 순이익을 올린다. 이러한 수익은 아직은 연간 정기예산의 작은 부분밖에 차지하지 못하지만 독립적인 소득원을 만들자는 제안들은 이러한 원칙의 확대로 여겨질 수 있다. 이에 여러 가지 제안이 나오고 있다. 또한 무기판매에 과세를 매기는 것, 국제적 항공여행에 세금을 부과하는 것, 세계은행과 국제통화기금으로부터 돈을 빌릴 때 유엔의 허가를 필수로 하는 것 그리고 유엔에 개인적으로 기부를 할 때 일반 세금을 감면해 주는 방법들이 유엔의 재정난 해결을 위한 방안으로 모색되고 있다.

유엔의 주요 조직

유엔은 무엇이고 어떻게 움직이는가? 유엔, 즉 국제연합이라는 것은 사실상 실체가 없다. 영토가 있는 것도 아니고 정부가 있는 것도 아니다. 유엔의 각 조직들이 회원들을 구성하고 불러모아 회의하고 결정하고 그리고 행동하는 것이다. 유엔에는 어떤 조직들이 있으며 각 조직들이 무엇을 담당하고 어떤 형식으로 정책을 결정하는지 살펴보겠다.

유엔의 주요 조직으로는 헌장이 규정한 대로 안전보장이사회, 총회, 경제사회이사회, 신탁통치이사회, 국제사법재판소, 사무국이 있다. 그리고 상설 보조기구로서 세분화된 분야별 활동을 펼치는 산하기관들이 유엔을 구성한다. 산하기관들로는 유엔개발계획UNDP: United Nations Development Program과 유엔아동기금UNICEF: United Nations Children's Fund 등이 대중에게 친숙한 기관이다.

유엔 산하기관들은 국제적으로 대처해야 할 중요한 사안이 생기면 새로 조직되기도 하는데 전 세계적인 에이즈 확산을 막기 위해 만들어진 유엔에이즈퇴치계획UNAIDS은 비교적 최근에 결성된 유엔 산하기관이라고 할 수 있다. 이들 외에도 유엔 산하기관들로는 유엔헌장을 연구하기 위해 만들어진 유엔훈련조사연구소UNITR: United Nations Institute for Training and Research와 학술적 연구 교류를 위해 결성된 유엔대학UNU: United Nations University 등과 같은 전문기관들도 있다.

또한, 기능적으로 더 전문적인 기구로 나아가면 국제노동기구ILO: International Labor Organization와 IMF, 즉 국제통화기금이 대표적이고 거기에 더해 만국우편연합UPU: Universal Postal Union에서 유엔인간주거위원회UNCHS: United Nations Centre for Human Settlements에 이르기까지 이름도 생소한 다양한 국제기구들이 유엔전문기구로서 활동하고 있다.

IGOs, 즉 정부간 기구와 유엔을 동떨어진 개체로 보는 시각이 있을 수 있다. 그러니까 유엔은 그야말로 만국이 연합한 조직이고 그 밖의 국제기구들은 각각 독립된 개체로서 활동하는 것으로 생각하기 쉬운데, 사실은 그렇지 않다. 유엔은 점조직인 여러 국제기구의 머리 부분이라고 보면 될 것이다. 이 책에서 유엔을 중점적으로 다루는 이유도 거기에 있다. 유엔 각 산하기관들이 그 활동에서 지역기구들과의 연계를 넓혀 가는 최근 현상을 보면 그림이 더욱 또렷해진다. 따라서 유엔의 실체는 전문기구와 산하기관 그리고 상설조직의 총집합이라고 말

그림 5-1 유엔의 조직도

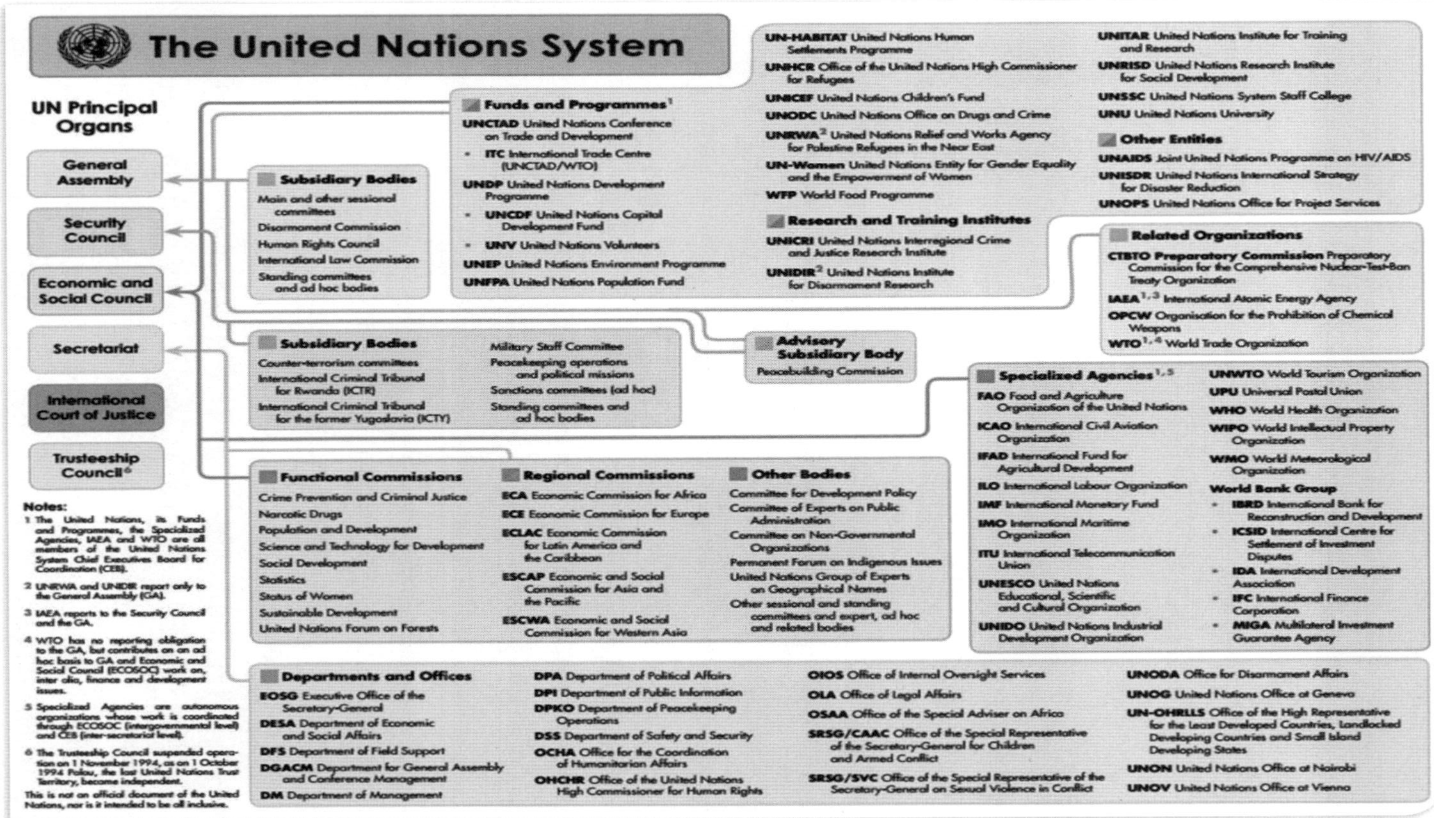

출처 : 유엔 홈페이지(www.un.org).

할 수 있다. 앞서 언급한 유엔에서의 수많은 논란과 그 모순점 그리고 강대국들의 전횡에도 불구하고 유엔은 주요 기관과 산하조직을 통제해 왔다. 그것은 각 점조직이 유엔과의 연계성에 연연하지 않고 본연의 임무를 다해 왔기 때문이라 할 수 있다. 다음 그림은 유엔의 조직도를 보여주고 있다. 유엔의 각 기관과 산하조직들이 어떻게 조직됐고 어떻게 움직이는지, 문제점은 무엇이고 어떤 대안들이 구체화되었는지 알아보도록 하겠다.

사무국

유엔 산하 각 기관의 운영에 대한 사무를 관장하는 곳이 유엔사무국이다. 앞서 유엔의 실체라는 것은 없다고 말한 바 있는데, 그래도 실체를 찾으라면 사무국이 아마도 가장 근접한 유엔의 실체일 것이다. 사무국은 다시 말해 유엔의 행정업무를 담당하는 곳이다. 유엔 본부는 뉴욕에 있으며, 제네바, 비엔나, 나이로비에 사무소가 있다. 이곳에는 2021년 기준 33,872명이 근무하고 있다. 유엔 시스템 전체에 속한 직원은 119,870명이다. 이들은 모두 회원국 국적을 가지며 국제사회를 대변한다. 사무국은 직원들이 국가적 이익을 추구하는 것을 금하지만, 그들의 국적을 포기하도록 하지는 않는다. 사무국은 그 역사가 유엔의 전신인 국제연맹 때부터라고 할 수 있다.

사무국 직원의 업무는 총회나 안전보장이사회의 정치적 논의와 별 관계가 없다. 사무국에서는 현장에서 말하는 사회발전과 생활수준의 향상을 위해 실질적으로 많은 경제적 · 사회적 프로그램을 실행하고 있다. 사무국은 이 밖에도 통계자료를 수집하고 문제를 분석하고 보고서를 작성하는 일, 또 회의를 준비하고 문서화 작업을 하고 연설문과 서류를 유엔의 6개 공식언어로 번역하는 작업 등 유엔이 돌아가는 데 필요한 기초적인 작업에 임한다.

유엔의 수장은 사무총장으로 유엔사무국의 총장이다. 사무총장은 최고의 행정관리이자 조직의 경영자로 사무국을 지휘하며 유엔의 예산을 준비하고 총회에 매년 보고서를 제출하며 다른 기관에서 요청한 보고서를 검토하는 책임을 지닌다. 사무총장의 임기는 5년이며, 총회의 3분의 2의 동의와 안전보장이사회의 추천에 의해서 재임할 수 있다. 과거 유엔의 활동을 보면 사무총장의 개인적 성향이 많은 영향을 미친 것을 볼 수 있다. 사무총장 선출방법을 조직화하려는 노력은 아직 그 성과를 보지 못했고, 지금까지 사무총장은 노르웨이와 스웨덴, 미얀마, 오스트리아, 페루, 이집트, 가나, 대한민국, 포르투갈 출신 인사들이 맡아왔다.

안전보장이사회 상임이사국에서는 사무총장이 나오지 않았다는 얘기가 된다. 그러나 상임이사국들은 사무총장 선출과 관련해 상당한 신경전을 펼쳤고 사무총장 선출은 정치적 입김의 정도를 겨루는 장이 돼 왔던 것을 부인할 수 없다. 역대 유엔 사무총장의 실적을 논하는 것은 그 사람의 성격과 당면한 과제 그리고 시대적 배경이 각기 다르므로 한마디로 평가하기 어렵다. 그러나 사무총장의 성향이 국제분쟁에 대한 유엔의 대응방식에 어떻게든 영향을 미쳤다는 점만은 분명하다. 〈표 5-1〉은 역대 사무총장들을 보여주고 있다.

표 5-1 유엔 역대 사무총장

기간	성명	국적
1대(1946.2.1.~1953.4.10.)	트리그베 할브단 리에 Trygve Halvdan Lie	노르웨이
2대(1953.4.10.~1961.9.8.)	다그 하마슐트 Dag Hammarskjold	스웨덴
3대(1961.11.3.~1971.12.31.)	우 탄트 U Thant	미얀마
4대(1972.1.1.~1981.12.31.)	쿠르트 발트하임 Kurt Waldheim	오스트리아
5대(1982.1.1.~1991.12.31.)	하비에르 페레스 데 케야르 Javier Perez de Cuellar	페루
6대(1992.1.1.~1996.12.31.)	부트로스 부트로스-갈리 Boutros Boutros-Ghali	이집트
7대(1997.1.1.~2006.12.31.)	코피 아난 Kofi Annan	가나
8대(2007.1.1.~2016.12.31.)	반기문	한국
9대(2017.1.1.~)	안토니우 구테흐스 António Manuel de Oliveira Guterres	포르투갈

총 회

총회는 모든 회원국들이 한 국가당 하나의 투표권을 갖고 동일하게 참여하는 토론의 장이다. 안전보장이사회와 달리 총회는 회원국 대다수인 약소국들이 일반적인 국제사회에서 행사할 수 없었던 결정에 영향을 미칠 수 있는 기관으로 표현되기도 한다. 또한 총회는 주요한 선출기능을 갖고 있어, 유엔의 회원국 자격 여부 결정, 안전보장이사회의 비상임이사국 선정, 국제사법재판소 판사 임명 및 안전보장이사회의 추천을 받아 사무총장을 임명한다.

총회는 유엔헌장 제10조가 허락하는 범위에서 어떤 문제든지 다룰 수 있는 권리를 가지고 있다. 헌장 10조가 허락하는 범위라는 것은 헌장 12조에 규정된 경우를 제외한 것을 말하는데 그것은 안전보장이사회가 분쟁이나 사태와 관련해 임무를 수행하고 있는 동안에는 안전보장이사회가 요청하지 않는 한 총회가 어떤 권고도 할 수 없다는 것을 말한다. 총회는 이를 바탕으로 안전보장이사회가 행동할 수 없을 때 평화와 안보 문제에 있어서도 이론적으로는 주도권을 잡을 수 있다.

총회 회의는 매년 가을 뉴욕본부에서 2주 동안 열리고 특별 총회는 특별한 문제와 관련하여 열리게 된다. 대부분의 총회 회의는 6개 기능위원회로 나뉘어 실시된다. 제1위원회는 군비통제와 군축을 포함한 정치 · 안전에 관한 사항, 제2위원회는 경제 · 재정에 관한 사항, 제3위원회는 사회 · 인도 · 문화적 사항, 제4위원회는 신탁통치에 관한 사항, 제5위원회는 행정 · 예산에 관한 사항, 제6위원회는 법률문제에 관한 사항을 다룬다. 특별한 문제를 연구하기 위한 위원회를 만들거나 의견을 제시하고 감시하기 위한 위원회, 군비축소위원회, 인권위원회 등은 사안에 따라 구성될 수 있다.

총회는 투표 평등 원칙을 기본으로 한다. 총회는 국제사회에서 벌어지는 일들 가운데 의제를 설정하고, 각자의 입장을 지지하거나 비판하고, 적절한 조치를 취하는 것을 결정한다. 어느 국가든지 의제를 제시할 수 있기 때문에 총회는 안전보장이사회와 달리 상대적으로 발언권이 없는 약소국과 개발도상국이 입장을 나타내는 장이 될 수 있었다. 제3세계가 비식민지화되면서 유엔총회의 회원국 구성분포도 달라졌고, 그와 함께 총회에서 건의되는 의제의 성격과 투표패턴도 변화하게 되었다. 1960년에 이르러 개발도상국들이 총회의 다수를 구성하게 되었고, 1963년에는 전체의 3분의 2를 차지하게 되었다. 총회의 의제는 1950년대 냉전과 비식민지 문제가 대부분이었지만, 1960년대에는 대부분의 회원국이 관심이 집중되었던 선진국과 개발도상국 간의 균형과 경제발전 문제로 바뀌게 되었다.

유엔 회원국이 1945년 51개국에서 2023년 현재 193개국으로 늘어남에 따라 총회의 기능도 더욱 활발해졌다. 동시에 회원국들은 정치적 위상을 높이고 지지를 확보하기 위해서 지역적 투표 블록을 형성하기 시작했다. 초기에는 구 소련과 동유럽이 가장 강력한 투표 블록이었다. 이들은 통과된 결의문의 무려 4분의 3에 함께 반대하면서 가장 강력한 연합 블록을 형성했었다. 1980년대엔 쿠바와 아프가니스탄, 베트남 그리고 시리아와 같이 급진적인 국가들도 이 블록에 참여했다.

그러나 냉전종식 이후 동유럽 국가들은 소위 구미 선진그룹의 편에 서게 되었다. 다만, 미국과 유럽의 선진국들은 개발도상국이나 약소국들처럼 단결된 적은 없었다. 개발도상국들의 단결은 1960년대 들어 싱가포르, 말레이시아, 한국과 같은 신흥공업국의 부상과 그에 따른 다양한 국가이익으로 인해 분열양상을 보이기도 했지만 대체적으로 회원국들이 선진국보다는 단결된 양상을 보였다. 총회 회원국들이 항상 지역적 블록에 의해서 투표를 한 것은 물론 아니다. 총회의 중요한 현실적 문제에 따라서 투표가 달라지기도 했다. 일반적으로 냉전과 관련된 문제는 동-서로, 경제 불평등 및 개발, 식민지화와 비식민지화에 관련된 문제는 세계가 남-북으로 갈리는 경향이 있었다.

냉전종식 이후에는 개발과 국제안보 그리고 환경을 포함하는 '인간안보' 문제를 다루는 글로벌 의제에 따라서 총회 투표가 구분되게 된다. 과거에는 식민지화에만 연관되었던 자결권이 광범위하게 해석되어 신식민지화, 선진국들의 지배, 개발권, 핵실험, 핵무기 소유국의 군비축소와 같은 문제까지 적용되었다. 그뿐만 아니라 정치적 권리와 유엔의 개입 또한 중요한 문제로 떠오르고 있다. 특정 국가에서의 인권문제를 지적하는 결의문과 자유민주주의 투표를 실행하는 국가들에 대한 유엔의 보조 같은 문제들에 대해서 회원국들은 저마다 그 의견을 달리한다.

이스라엘과 팔레스타인을 겨냥하는 중동문제 관련 결의문은 미국과 이스라엘이 극소수를 구성하고 그에 대응해서 다수가 형성되는 형태를 가진다. 그러나 문제는 이처럼 약소국들이 의견을 개진할 수 있는 곳임에도 유엔총회의 입지는 냉전종식 이후 유엔에서 점차 줄어들었고 유엔의 주요 활동 무대는 다시 안전보장이사회로 넘어가게 되었다는 것이다. 유엔안전보장이사회 상임이사국 회원인 강대국들은 냉전이 종식된 이후 그렇게 많은 투표 블록, 약소국 지지세력을 거느릴 필요가 없어졌고, 따라서 행동권 없이 유명무실한 총회 결의안보다는 안전보장이사회의 결의안을 보다 유리하게 이끌어 내는 데 무게를 두게 되었다.

총회는 그동안 많은 논란을 낳았고 그중 가장 대표적인 것은, 총회의 의견이 실행될 수 있느냐 하는 것이다. 총회에서 통과된 결의문은 초기 5년 동안에 매년 117개에 불과했지만, 1990년대에는 평균 343개로 증가했다. 그러나 수적으로는 늘었다고 해도 매년 되풀이되는 형식적인 결의문에 불과했다. 간단히 말해 약소국들의 입장이 반영되기는 했으나 총회의 결의문은 별 효과가 없었다는 것이다.

예를 들어, 남북 간 대립, 즉 선진국과 개발도상국 간 대립이 최고조에 달했던 1970년대에 제안된 신국제경제질서를 실행하기 위한 결의문은 선진국들의 강한 반대에도 불구하고 통과되었지만, 계획을 실행하는 그들의 협조가 없이는 불가능한 것이었다. 총회는 다양한 의제와 부속기관들의 감시와 조정을 담당하는 유엔의 중심기관이지만 안전보장이사회와는 달리 회원국들에게 단지 토의와 건의만을 할 수 있는 태생적 한계를 안고 있다. 유엔안전보장이사회에서 부결된 내용의 결의안이 총회에서 압도적으로 통과되는 사례가 있다. 2003년 이스라엘이 아라파트 팔레스타인 수반을 축출할 의사를 밝히자 이에 반대하는 결의문이 안전보장이사회와 총회에서 투표에 부쳐졌다. 안전보장이사회 표결에서는 미국의 거부권 행사로 부결됐고 총회에서는 압도적인 찬성으로 채택됐다. 그러나 그것이 총회 결의안의 한계였다. 이스라엘의 정책에 반대하는 것을 표시했을 뿐 안전보장이사회의 결의안 채택과는 달리 총회에서는 아무런 물리적 행동도 취할 수 없었다.

안전보장이사회

헌장 24조는 유엔 회원국들이 국제 평화와 안전 유지를 위한 일차적 책임을 안전보장이사회에 부여하며 안전보장이사회가 그 책임하에 회원국을 대신해 활동하는 데 동의한다고 규정했다. 따라서 안전보장이사회는 유엔의 모든 회원을 대표해서 행동할 수 있는 권한을 지닌다. 이러한 역할의 수행은 헌장의 제6장과 제7장에 나와 있다. 6장에서는 분쟁의 평화적 해결과 분쟁조사를 위한 여러 방법을 제공하고 있고, 무력을 사용하지 않고 문제를 해결할 수 있도록 관련 국가를 통제할 것을 명시했다. 7장에서는 안전보장이사회가 침략자로 구분하고 유엔의 모든 회원국들이 경제제재와 같은 제재조치를 취하도록 하거나 공동대응함으로써 군사력을 제공할 수 있는 권한이 명시되어 있다.

1990년 이전의 안전보장이사회는 7장의 제재조치를 두 번 사용했고, 냉전기간 동안에 발생한 문제에 대해서는 6장에 따라 평화적인 방법에 의존했다. 예를 들어 1992년 이전의 모든 유엔평화유지군은 6장에 의해서 움직였다. 따라서 냉전 이후 시대의 큰 변화 중 하나는 안전보장이사회가 7장에 의거하여 경제적 제재와 군사적 강제를 위해 사용하는 경우가 증가한 것이다.

안전보장이사회는 국제 평화와 안보에 대한 위협에 빠르고 효과적으로 대처하기 위해 의도적으로 소규모로 편성됐다. 또한 유엔기구 중에서 유일하게 상임이사국과 비상임이사국으로 나뉘어져 있다. 상임이사국인 미국, 영국, 프랑스, 러시아와 중국엔 거부권이 부여돼 있기 때문에 안전보장이사회 결정에는 이들의 입장이 절대적인 영향을 미친다. 비상임이사국들은 원래 6개국이었고, 1965년에 10개국으로 증가했다. 비상임이사국의 임기는 2년 동안이고 그동안 이사회의 업무에 참여한다. 어떤 결의안이 통과되기 위해서는 적어도 비상임이사국 4개국이 찬성표를 던져야 한다. 현재로서는 어떤 나라도 연속 두 번 비상임이사국으로서 활동할 수 없다. 1940년대 지역적 배분을 고려한 비공식적 합의에 이어, 1965년 총회에서 5개의 비상임이사국 위치를 아시아와 아프리카에 2개씩, 남미와 서유럽, 동유럽에는 한 개의 자리를 주는 결정을 내렸다.

상임이사국 선정은 1945년 당시의 군사력 실태와 제2차 세계대전의 승자를 그대로 보여준다. 선정 배경은 유엔이 빠르게 어떠한 침략에도 대처할 수 있도록 하기 위해서였다. 거부권이라는 것은 당시 구 소련이 그러한 권한 없이는 참여하기를 꺼려했기 때문에 생긴 것이었다. 또한 그것은 유엔이 가장 강한 회원에 무력적으로 대항할 수 없다는 다른 회원국들의 현실적인 인식에서 비롯된 것이기도 하다. 그러나 오늘날 크게 달라진 국제정세와 상임이사국들보다 더 많은 재정적 지원을 하고 있는 다른 나라가 있다는 현실을 맞아 상임이사국의 지역적 구성과 경제적 대표성에 대한 정당성과 효과성의 문제가 제기되고 있다.

유엔 창설자들은 안전보장이사회를 유엔의 중심축으로 삼고 가장 중요한 안보의 역할과 사무총장 선출, 국제재판소 제소, 새 회원국의 총회 가입허가와 같은 주요 임무를 맡겼다. 그러나 안전보장이사회는 강대국들의 전횡으로부터 자유로울 수 없었다. 유엔 초기인 1940년대 당시 안전보장이사회는 약 130여 차례의 회의를 열었다. 그러나 냉전에 들어서면서 안전보장이사회를 이루는 강대국들은 같이 자리하는 것조차 꺼렸고 1959년에는 단지 다섯 번의 회의가 열렸다.

구 소련은 냉전 동안 평화와 안보 문제에 대한 집단적 행동을 막기 위해 거부권을 자주 구사했다. 1980년대 후반, 냉전이 서서히 종식되면서부터 안전보장이사회의 활동, 권력, 권위가 되살아나기 시작했다. 특히 공식적인 회의보다 두 배 많은 비공식적 · 사적인 토의를 하기 시작했고, 공식적인 투표보다는 만장일치에 의해서 결정을 내리는 양상을 보였다. 이후 상임이사국은 그들 자체적으로 비공식적인 토의를 했고, 이러한 관행은 걸프전과 그 밖의 다른 위기상황에 대해 보다 긴밀한 협력을 도모하게 했다. 상임이사국들의 협력은 안전보장이사회의 냉전 종식 이후 활동에 긍정적인 영향을 미쳤지만 약소국들로부터 끊임없는 비판을 불러일으켰다.

안전보장이사회는 1987년 이후부터 각종 군사분쟁에 대해 재빠른 조치를 취했고 헌장 제7장에 따른 결정을 내리며 평화유지군을 이전에 비해 보다 적극적으로 활용했다. 또한 르완다와 구 유고연방의 인종청소에 책임이 있는 자들을 전범으로 심판하도록 하는 이례 없는 조치를 취하기도 했다. 이러한 변화는 냉전의 종식과 상임이사국들 사이에 새로이 형성된 단결을 보여주는 것이다. 하지만 안전보장이사회의 증가된 역할로 인해 다른 회원국들의 안전보장이사회 개혁에 대한 목소리가 높아졌다. 회원국들은 안전보장이사회가 1945년의 세계가 아닌 21세기의 세계를 반영하기 위해서는 개혁이 필요하다고 주장한다.

유엔안전보장이사회 확대 개편은 유엔개혁의 핵심과제이자 최대의 쟁점이다. 안전보장이사회 확대 개편은 지난 1997년 제51차 총회를 시작으로 매년 개진되어 왔지만, 상임이사국 수를 개발도상국을 포함해 5개국을 더 늘리자는 제안과 지역적으로 균형 있는 배분이 필요하다는 구체적인 제안에도 불구하고 아직 표류하는 상태다. 일본과 독일은 자국이 유엔에 지불하는 막대한 분담금을 담보로 상임이사국 진출을 계속 시도했다. 또 안전보장이사회 상임 · 비상임 이사국 확대와 관련해서는 개편되어야 한다는 데 유엔 집행부와 회원국들의 의견이 일치하면서도 각국의 입장차이로 결정에 난항을 겪고 있다. 한국의 경우는 지난 52차 총회에서, 어떤 경우에도 거부권을 확대하는 데는 반대한다는 입장을 밝힌 바 있다.

경제사회이사회

경제사회이사회ECOSOC: United Nations Economic and Social Council는 모두 54개 이사국으로 구성돼 있고 유엔의 경제사회 프로그램과 부수적 기관들, 기능위원회, 지역위원회와 특별기관을 조정한다. 유엔헌장에는 경제사회이사회의 역할과 기능이 간략하고 일반적으로 다뤄져 있지만, 이 기관은 유엔체제에서 가장 광범위한 영역에서 활동하고 가장 많은 지출이 이루어지는 곳이다. 경제사회이사회 회원국 대표들은 1년에 한 번씩 만나고 회의는 뉴욕과 제네바에서 번갈아 열린다. 경제사회이사회의 결정은 단순 다수결에 따라 이루어지고 거부권은 없다.

이사국은 총회에서 지역안배 원칙에 따라 선출되고 임기는 3년으로 총 54개국의 이사국 중 1/3인 18개국이 매년 재선되며 나머지 2/3는 총회에서 2/3 이상의 다수결로 선출된다. 유엔헌장은 경제사회이사회가 국제 경제 · 사회 문제와 관련하여 조사하고 보고서를 작성하며, 협약을 마련하고, 회의를 소집하고, 특히 조정 역할을 맡을 것을 제시했다. 경제사회이사회 기능위원회가 매년 보고하는 사회발전, 인권, 마약, 여성 그리고 과학과 기술 관련 통계자료는 각국 정부와 연구기관들이 세계 각 분야별 실태를 비교 분석할 수 있는 자료로써 활용되고 있다.

그러나 사회가 다양해지면서 경제와 사회 문제 전반을 한 기관이 다루는 데는 무리가 따랐다. 또 여러 가지 활동이 경제사회이사회의 권한 밖에서 이루어졌기 때문에, 이것을 조정하는 임무를 수행하는 데도 무리가 따랐다는 지적이다. 즉 경제사회이사회는 주어진 광범위한 영역에서의 임무를 효과적으로 통제하지 못하게 됐다는 것이다.

경제사회이사회 회원국은 헌장의 개정에 따라 점차 늘어났다. 초창기 18개국이었던 것이 1965년에는 27개국으로, 1973년에는 54개국으로 늘었다. 지역적 블록을 고려해 지역적 대표성이 있다. 여러 개 지역위원회와 상임위원회가 UNDP, UNICEF와 같은 부속기관들과 함께 모두 경제사회이사회의 영역 안에 있다는 것도 특징이라 하겠고, 이 기관은 경제사회이사회의 협의대상 지위를 통해 유엔과 각 NGOs와의 관계에 있어서의 공식적인 창구 역할을 한다.

경제사회이사회는 이사국 수나 회의 규모에 비해 너무 많은 산하기관을 거느리고 있고 또 의제가 광범위하다는 비판을 받아 왔다. 경제사회이사회 부속기구만 9개 기능위원회에 5개 지역경제위원회, 그 밖에도 3개의 상임위원회와 14개의 특별기관이 있다. 유엔의 경제사회 활동이 경제사회이사회가 모두 다룰 수 없을 만큼 확장됨에 따라, 1960년대 중반부터 이사회를 개혁하자는 주장이 이어져 왔지만 이 역시 안전보장이사회 개혁 주장과 마찬가지로 실제로 이루어지지는 못했다. 현재 논의되고 있는 사항은 경제사회이사회의 활동영역을 1990년부터 생긴 지속가능한 개발, 인구, 인권, 여성에 관한 활동에 중점을 두자는 것이다. 역할과 기능을 보다 국지적이고 현실적으로 바꾸자는 주장이 상당한 지지를 얻고 있다.

신탁통치이사회

반세기 전에 태어난 유엔과 유엔헌장을 토대로 구성된 주요 기관들은 변화하는 세계와 함께 그 위상도 변화를 겪었다. 신탁통치이사회는 유엔의 전신인 국제연맹이 위탁 통치해 온 영토의 행정적 관리를 감시하기 위해 만들어졌으나 지금은 유명무실해졌고 유엔헌장을 개정하는 것을 막기 위해서만 존속되고 있다. 탈냉전 이후 안전보장이사회가 막강한 힘을 발휘하게 된 것과 상반된다고 하겠다. 그러나 신탁통치이사회에 맡겨진 임무 자체가 그러했다. 유엔이 신탁통치이사회에 통치를 위탁한 11개의 영토는 과거 독일 식민지였던 아프리카 일부 지역과 태평양의 섬 등이다. 이들 지역은 독립성이 결여되었다고 판단되어 연맹의 감시하에 강대국의 지휘 아래 놓였거나 제2차 세계대전 이후 독립한, 대부분 아프리카에 있는 과거 독일 식민지와 제2차 세계대전 때 미국이 일본으로부터 해방시킨 태평양의 섬들도 포함된다.

유엔헌장 제75조와 76조 등은 신탁통치제도의 기본적 목적을 헌장 제1조에 규정된 목적과 같이 국제 평화와 안전을 증진하고 신탁통치지역 주민의 정치적 · 경제적 · 사회적 그리고 교육적 발전을 도모하도록 했고, 그 감시 역할을 신탁통치이사회에 맡겼다. 동티모르나 피지섬 등에서 볼 수 있었던 것과 같은 무정부

상태에서의 혼란을 방지하고 주권국가가 아닌 지역주민들이 인권을 보장받을 수 있도록 만든 장치인 것이다.

신탁통치이사회의 감시 역할은 이 영토 국민들의 위치와 상태에 대해 보고하고 매년 보고서를 작성하고 주기적으로 그 지역을 방문하는 것이었다. 그리고 그 임무는 이제 끝났다. 이사회는 태평양 섬들이 1993년 11월 미국과의 자유로운 연결관계를 위해 투표하는 것을 마지막으로 위탁체제를 마감했다. 따라서 신탁통치이사회의 성공은 자체의 종말과 함께했다. 지난 1994년 5월 제1706차 회의를 끝으로 더 이상 연례회의는 열리지 않았다. 신탁통치이사회와 관련해서는 최근 새로운 기능에 대한 논의가 있는데, 해양 · 해저 · 우주 등 지구공동자산에 영향을 미치는 환경을 감시하는 책임을 신탁통치이사회에게 맡기는 것과 국가적 기능을 하지 못하는 국가를 돕는 것, 소수민족과 원주민을 위한 포럼으로 신탁통치이사회를 변형시키는 것 등이다. 그러나 아직 구체적인 실현 가능성이 오고 가는 단계는 아니다.

국제사법재판소

국제사법재판소ICJ: International Court of Justice는 유엔의 사법기구다. 유엔헌장의 원칙이 지켜지는지 감시하고 국제조약과 국제법에 관해 해석하고 제안하며 권고하는 기관이다. 그 기능은 1946년에 해산된 국제연맹의 상설 국제재판소 PCIJ: Permanent Court of International Justice와 거의 같다. 국제사법재판소의 입장은 다소 미묘하다. 국제사법재판소는 분쟁을 처리함에 있어서 분쟁과 관련된 당사국 모두가 사건을 재판에 회부하도록 동의해야 하는 비강제적 관할권만을 갖고 있을 뿐 아니라 결정을 실행할 부서도 없으며 당사자를 재판장으로 강제연행할 경찰력도 없다. 다만 재판소에서 다루는 분쟁 당사국 일방이 승복하지 않을 경우 상대국이 이를 안전보장이사회에 제소할 수 있다.

국제사법재판소 판사들은 총회와 안전보장이사회가 자국에서 사법부 최고의 위치에 적합한 능력을 지니고 국제법에 정통한 15명을 9년 임기로 뽑는다. 국제사법재판소의 위상이나 활동내역은 시대별로 다른 양상을 보였다. 매년 평균 세 번의 재판을 실시한 것으로 나타나 있는데, 냉전기간 동안에는 강대국들이 다른 방법을 통해 분쟁을 해결하고자 했기 때문에 활동이 주춤했다. 또 1970년대에는 개발도상국들이 국제사법재판소의 사법권을 거부했었기 때문에 재판소 사용횟수가 급격하게 감소했다. 그러다 1990년부터 냉전종식과 함께 여러 가지 새로운 국제협약이 생기게 되었고 각국은 국제사법재판소가 분쟁을 해결해 줄 것을 원했기 때문에 업무가 많아졌다. 국제사법재판소의 판정은 영토분쟁, 영해와 대륙붕 경계획정, 어업관할권 분쟁 등의 문제를 해결하는 데 힘을 발휘했다. 또한 핵무기 실험, 인질문제, 집단수용소문제, 무력 사용, 외국자산 착취와 같은 문제의 불법 또는 합법화에 대해서도 판정을 내려 왔다.

국제사법재판소는 유엔 산하기관인 국제노동기구, 즉 ILO의 사법부와 해양법재판소 등과 같은 다른 국제재판소와 보완적 관계를 갖고 있다. 예를 들면 유엔보상위원회가 쿠웨이트를 침입한 이라크를 고소했을 때 이 사건을 다뤘고 전범재판소는 구 유고연방과 르완다에서의 대량살상 혐의를 재판하기 시작했다. 국제사법재판소는 유럽사법재판소와 미주인권재판소와 같은 여러 지역적 사법기관을 두고 있기도 하다. 한편, 이 기관은 1998년부터 영구적 국제범죄재판소 창설을 위한 움직임을 시작했다. 이는 국제관할권과 국제법을 개인과 테러리스트, 범죄그룹과 같은 비국가 단위까지 포함하는 방향으로 발전한 것이다. 국제적 통치체제가 국제법과 국제기구의 발전에 따라 점점 넓어져 가면서 국제사법기관은 성장을 거듭했고 위상도 높아졌다.

국제사법재판소가 필요한 이유, 혹은 존재해야 할 필요성은 점점 커져 왔다. 그것은 한 개 이상의 국가가 분쟁에 휘말렸을 경우가 그만큼 많아졌다는 뜻이 된다. 1988년 스코틀랜드 상공을 비행 중이던 미국 팬암항공사 여객기를 폭파시킨 혐의를 받은 리비아인 용의자 두 명에 대한 재판이 국제사법재판소에서 열리기로 결정된 것이 대표적인 사례다. 당시 사건 피해 당사국인 미국과 영국은 자국에서 재판을 진행할 것을 요구했고 리비아는 리비아나 제3국에서 재판을 열 것을 요청했다. 이를 놓고 유엔안전보장이사회는 국제사법재판소가 재판을 주재할 것을 결정한 바 있다.

한편, 지난 1999년 러시아는 NATO의 코소보 공습이 국제법을 위반했는지의 여부를 국제사법재판소에 의뢰했고 구 유고연방은 NATO가 국제법을 위반했다며 미국과 영국, 프랑스 등 NATO 10개 회원국을 제소했다. 이 사건과 관련해 재판소는 유고연방의 청원을 기각한 바 있다. 국제사법재판소가 과연 공명정대하고 국제적 분쟁을 판결함에 있어서 각국의 이권개입은 없는지에 대한 질문은 있어 왔다. 유엔안전보장이사회의 경우는 회원국들이 각국의 이익과 이해관계를 회원 자격과 연계해 행사하는 데 주저하지 않는 자세를 보여 왔다. 국제사법재판소의 경우 안전보장이사회와는 성격을 달리하고 있다. 한국은 1999년 12월 국제분쟁의 평화적 해결을 위한 협약에 가입해 국제사법재판소 진출의 교두보를 마련했다.

유엔 상설 보조기구

2023년 현재 전 세계에서는 시리아 등에서 발생한 내전과 우크라이나 전쟁 등으로 2천만 명 가량의 난민이 발생하였고, 수많은 사상자와 부상자가 발생하였다. 2022년 세계의 부유한 10% 인구는 전 세계 52% 수입을 차지하고 있으나, 가난한 전 세계 50% 인구는 8.5%의 수입을 차지한 것으로 나타나 있다.[1]

이와 같은 불평등에 관계된 수치를 파악하고 개선하려고 노력하는 유엔 산하기구 중 대표적인 것이 바로 UNDP이다. 유엔은 6개 주요 기관뿐 아니라 각 산하기구의 활동을 통해 전 세계를 하나로 묶어 통제하고 발전시키려는 노력을 펼치고 있고 각 기구는 외부 현실의 변화에 따라 그리고 다른 기구와의 상호작용을 통해 변화해 왔다. 지난 반세기 동안 유엔은 위에서 열거한 여섯 개 기관에서 진화해 왔고, 따라서 유엔의 조직을 설명하려면 다양한 관련 기구들을 포함한 유엔의 체제를 논의해야 할 것이다.

유엔헌장 57조와 63조는 정부 간 협정에 의해 설치된 경제 · 사회 · 문화 · 교육 그리고 보건 분야와 관련 분야에 있어서 기본적 문서가 정한 대로 광범위한 국제적 책임을 지는 각종 전문기구는 유엔과의 제휴관계를 갖게 된다고 명시했다. 예를 들어 건강분야에서는 세계보건기구WHO: World Health Organization, 식량분야에서는 식량농업기구FAO, 과학 · 교육 · 문화와 관련하여서는 유엔교육과학문화기구UNESCO: United Nations Educational, Scientific and Cultural Organization, 경제발전과 복지를 위해서는 IMF와 세계은행 등이 상설됐고 유엔과 연계해 활동하고 있다. 또 특정한 사건이 일어났을 때 갑자기 자주 오르내리는 기구도 있다. 유엔난민기구UNHCR: United Nations High Commissioner for Refugees가 대표적이다.

이들 기관은 현재 17개에 달하며 유엔의 상설 보조기구, 혹은 전문기구로 알

1 World Inequality Report 홈페이지 참조(https://wir2022.wid.world/executive-summary/).

출처 : UNSCN 홈페이지(http://www.unscn.org/en/nutrition_ncd/nutrition_ncds_global_developments.php).

려져 있다. 이들은 그 자체로서 독립적인 기관이고 동시에 지역적이기보다는 국제적인 의무를 지고 있다. 또 유엔이라는 총체적 집합체와는 별개의 헌장과 회원, 예산과 사무국을 가지고 있다. 각 기구들의 대표는 유엔의 사무총장과 같은 외교적 지위를 가진다. 이들 전문기구는 유엔의 경제사회이사회와 별개의 합의를 통해 총회의 허가를 받아 유엔과 공식적인 관계를 가진다. 하지만, 이들은 대체로 유엔의 통제에서 자유롭다. 특히 IMF와 세계은행의 경우는 회원의 신분도 유엔과 다른 것으로 간주한다. 1995년에 설립된 WTO는 유엔체제와는 공식적인 관계가 없다.

1960년대부터 유엔총회와 안전보장이사회, 경제사회이사회는 모두 자체의 권한으로 별개의 부속기관을 만들고 있으며 정부간 기구가 정부간 기구를 만드는 현상이 두드러졌다. 예를 들어, 1964년 개발도상국들은 유엔총회에서 다수의 힘을 발휘하여 유엔무역개발회의UNCTAD: United Nations Conference on Trade and Development를 조직했고, 새로이 부상하는 나라와 개발도상국에 밀접하게 연관된 무역과 개발 문제를 논의해 오고 있다.

토론 주제

1. 안전보장이사회의 상임이사국의 거부권을 포함하여 각종 유엔의 정책 실현에 있어 강대국과 약소국의 불평등이 나타나는데, 이러한 모순점이 과연 국제사회에서 유엔의 향방을 정하는 것에 대하여 필수적인 것이라고 보는가?
2. 유엔의 내정 불간섭 원칙은 유엔의 집단안보를 실현하는 것과 양립할 수 없다는 점에서 모순된다고 볼 수 있는데, 과연 두 가지의 원칙이 충돌하는 상황에서, 국제평화를 유지하기 위해 유엔은 어떤 원칙을 더 우선하여야 한다고 생각하는가?
3. 유엔 내의 분담금을 상대적으로 더 많이 내지만 다른 약소국과 동등한 위치에 있는 국가의 입장에서 본다면, 이러한 유엔의 정책이 자본주의 사회에서 평등에 관하여 역차별을 가져온다고 볼 수 있지 않을까?
4. 유엔의 정책결정 실현에 있어서 거부권 혹은 힘의 논리를 적용하는 것은 상대적인 평등으로써 정당하다고 할 수 있지 않을까?
5. 세계화가 점점 더 빠른 속도로 이루어짐에 따라서 이제 한 나라 안의 문제는 더 이상 그 나라만의 문제점이 아닌 경우가 많아지고 있다. 이에 따라 유엔의 역할은 어떻게 변해야 할 것인가? 유엔은 진정한 세계정부로서 그 역할을 수행해야 할 것인가?
6. 국제분쟁의 해결을 위해 유엔이 채택하고 있는 집단안보의 기능이 역설적으로 국지적 분쟁에서 국제적 분쟁으로 분쟁의 범위를 확대시키는 역할을 할 가능성은 없는가?
7. 안전보장이사회의 결의안과 달리 강제력이 없는 유엔총회의 결의안은 대부분 권고 수준에 그치며 그에 따라 허울만 좋을 뿐 실효성이 없는 것으로 평가받기도 한다. 유엔총회의 결의안에 강제력이 있어야 하는가?

chapter
06

국제평화와 국제기구

인류사에서 전쟁이 중단된 적은 없다. 전쟁이 벌어지는 것과 동시에 전쟁을 없애거나 줄이려는 노력도 이어져 왔지만 전쟁을 막을 수 있는 완전한 방법은 현재로서는 없다고 봐야 할 것이다. 국가 혹은 사람들이 전쟁을 벌이는 이유는 여러 가지다. 영토와 자원을 확보하기 위해 또는 이념과 민족주의 그리고 종교문제 등으로 인해 전쟁은 끊임없이 이어지고 있다. 전쟁이야말로 외교적 목적을 실현할 수 있는 가장 확실한 방법이기 때문이다. 이 같은 전쟁을 막거나 적어도 분쟁을 줄이기 위해 국제기구가 할 수 있는 역할이 있을까? 역할이 있다면 이제까지 얼마나 성공적으로 이행해 왔을까?

현실주의자의 전쟁에 대한 생각은 이렇다. 세력균형이야말로 전쟁을 막기 위한 가장 좋은 방법이라는 것이다. 현실주의자에게 있어서는 상위의 권위가 부재한 무정부적 국제관계에서 세력균형만이 안보의 유일한 방법이다. 그러나 역사를 보면 세력균형 정책은 많은 문제점을 안고 있고 또 쉽게 붕괴된다는 약점이 있다. 세력균형이 무너지면 전쟁 또한 쉽게 일어나게 된다. 현실주의자와는 반대로 자유주의자는 국제기구의 역할을 강조한다. 자유주의자 역시 국제기구가 완전한 평화를 이루는 데는 무리가 있다는 점을 인정하지만, 이들은 적어도 국제기구의 존재가 국제평화에 긍정적으로 기여한다고 믿는다. 국제기구나 국가 간 협력이 전쟁의 근원을 미리 감지하고 전쟁의 조건들을 관리하는 수단을 제공하고 그럼으로써 전쟁을 미연에 방지하는 역할을 할 수 있다는 것이다.

과연 국제기구인 유엔은 현실주의자의 주장과 같이 전쟁을 막기에는 미흡한 존재일까? 아니면 자유주의자의 주장과 같이 전쟁을 막고 국제평화를 유지하는 데 기여하는 것일까? 유엔은 광범위한 유엔헌장과 여러 해에 걸친 실질적인 경험으로 국제 평화와 안보 유지를 위한 다양한 해법을 제시했다. 이 장에서는 유엔이 그동안 안보를 증진하고 국제평화를 유지하기 위해 담당한 역할들을 살펴보겠다. 유엔이 국제 평화와 안보를 유지하기 위해 설정한 취지들을 유엔헌장을 통해 알아보고 이제까지 취해 온 다양한 접근방식과 시행착오, 그리고 군사비용과 군사력을 줄이기 위해 펼친 최근의 노력들을 사례를 통해 살펴보도록 하겠다.

유엔헌장에서의 평화와 안보

유엔을 창설한 각국 지도자들조차도 유엔이 전쟁을 영원히 종식시킬 수 있는 기구가 될 수 있으리라 기대하지는 않았다. 다만, 유엔이 국제 평화와 안보를 유지하기 위해 가장 가능성 있는 기구이고 세계평화에 기여하리라는 데는 의견을 같이했다. 국제 평화와 안보는 유엔 창설의 가장 중요한 목적이었고 이는 유엔헌장에 명백히 수록돼 있다. 유엔헌장 제1장 2조에는 모든 회원국들이 평화적인 방법으로 분쟁을 해결하고 무력을 통한 위협과 무력사용을 자제할 것을, 그리고 유엔의 행동에 협조할 것을 명시하고 있다. 무력사용을 예외적으로 인정하는 경우는 헌장 51조에 나와 있는 바와 같이 자기방어 또는 집단적 자기방어의 경우이다. 유엔 창설자들은 전쟁이 외교문제를 해결하기 위한 합법적인 수단이 되는 것을 막아야 한다는 원칙을 정했고 전쟁을 불법으로 규정함으로써 국제 평화와 안보가 효과적으로 보장될 수 있다고 생각했다.

유엔헌장에서 또 한 가지 중요한 것은 제1장 2조에 나와 있는 국가주권과 영토에 기반을 둔 국가 원칙이다. 국가만이 유엔의 회원이 될 수 있고 모든 국가는 동등한 주권을 갖고 있다. 따라서 유엔이 특정 국가의 국내문제에 개입할 권한은 없다는 것이다. 이 장에 대한 예외조항은 헌장 7장의 강제조치 조항에 나타나 있는데, 헌장 제7장에서는 국제평화를 해치거나 침략행위를 하는 국가에 대해서는 안전보장이사회United Nations Security Council의 결의에 따라 강제조치를 취할 수 있도록 명시하고 있다. 강제조치라 함은 군사적 개입을 포함한 경제, 외교, 그리고 재정적 제재를 일컫는다. 그런데 이 부분이 문제점을 안고 있다. 군사적 · 경제적 그리고 외교와 재정적 강제조치를 실질적으로 적용하는 데 있어 국내문제와 국제적인 문제와의 명확한 구분이 어려운 경우가 많고 따라서 이 부분은 분쟁상황에서 해석의 차이에 따라 결과가 다르게 나타날 수 있는 한계를 안고 출발했다고 봐야 할 것이다.

국가의 주권을 존중하면서 동시에 국제 평화와 안보를 확보한다는 것은 어떻게 보면 서로 다른 방향으로 뛰는 두 마리 토끼를 잡으려는 것과도 같을 것이다. 국가를 대표하는 정부는 국내적으로 주권을 갖고 있는 한편 국제적으로는 분쟁을 평화적으로 해결하는 데 동의해야 한다. 그러나 국제평화가 반드시 모든 국가의 이득에 부합하는 것은 아니다. 외교적 목적을 달성하는 데 폭력이 가장 효과적인 방법이라는 것을 강대국들은 알고 있다. 역사적으로 폭력은 언제나 결정적인 변화의 수단이었고 국제분쟁의 최종적인 해결책이었다.

이 부분을 고심한 유엔이 내놓은 획기적인 해결책이 유엔안전보장이사회를 결성하는 것이었다. 유엔은 국제 평화와 안보를 확보하기 위해 유엔 위의 유엔, 즉 한 단계 높은 권위체를 만들었다. 그리고 유엔헌장 제5장 24조는 안전보장이사회에게 전쟁을 방지하고 전쟁에 대응할 책임을 부여했다. 안전보장이사회는 국제 평화와 안보 유지에 우선적 책임을 지도록 되어 있다. 한편, 안전보장이사회 상임이사국들은 더 많은 책임을 부여받음과 동시에 더 많은 권리를 얻게 되었고 이 부분은 끊임없는 논란의 대상이 되어 왔다.

유엔헌장 제5장에 따르면 상임이사 5개국인 미국, 영국, 프랑스, 소련, 중국에겐 절대적인 거부권, 즉 비토 파워가 있다. 이 거부권은 상임이사국들이 다른 국가보다 더 많은 주권을 행사할 수 있음을 뜻한다. 이는 모든 국가가 동등한 권리를 갖는다는 유엔헌장 제1장 2조의 주권평등 원칙에 위배된다. 그뿐만 아니라 이 거부권이라는 것은 상임이사국 중 단 하나라도 반대할 경우 유엔이 아무런 행동도 취할 수 없다는 것을 뜻한다. 실제로 거부권은 안전보장이사회의 결정과정에서 여러 차례 행사되었고 의견통일에 걸림돌로 작용돼 온 바 있다. 그러나 이 같은 문제점에도 불구하고 안전보장이사회 상임이사국 제도의 필요성이 강조됨에 따라 중도폐지되지 않고 현재까지 유지되어 오고 있다. 이 제도는 "강대국이 반대하는 경우 유엔이 행동을 취하지 못하게 함으로써 국지적 분쟁이 전 세계적으로 번지는 것을 막는 효과를 지닌다."(Riggs and Plano, 1994: 57)는 긍정적인 평가를 받기도 했다.

유엔안전보장이사회에게 주어진 또 다른 권한은 침략자를 구별하고 어떠한 강제적 수단을 사용할지 결정하는 것이다. 유엔헌장 제7장은 안전보장이사회가 분쟁해결을 도모하는 방법에 대해 명시하고 있다. 특히 제7장 43조는 안전보장이사회의 결정에 따라 회원국들이 군사력을 제공할 것을 명시하고 있다. 또 유엔 헌장 제8장은 지역분쟁의 평화적 해결을 위한 지역기구들의 권리와 책임을 인정함과 동시에 그러나 지역기구들이 무력을 사용하기 위해서는 반드시 유엔 안전보장이사회의 허가를 받아야 한다고 규정했다. 이것은 무력을 사용하는 데 있어서 유엔이 우선적 기구임을 보장하는 것과 함께 유엔안전보장이사회의 역할을 강조한 부분이다. 예를 들어 지난 1994년, 유엔안전보장이사회는 북대서양조약기구NATO: North Atlantic Treaty Organization가 구 유고연방에게 일련의 행동을 취할 수 있도록 허락하였다. 이 같은 권한을 바탕으로 유엔은 안전보장이사회의 주도 아래 독특한 집단안보체제를 구축할 수 있었다.

집단안보

집단안보collective security라는 개념은 미국의 윌슨 대통령이 제1차 세계대전 이후 국제연맹에 제안했던 것이다. 당시 윌슨 미국 대통령은 과거 유럽 국가들의 세력균형 정책이 전쟁의 원인이었다고 보고 평화를 위한 좋은 정책으로 판단하지 않았다. 그리고 그에 대한 대안으로 집단안보라는 개념을 제안했다. 국제연맹이 집단안보 구축에 실패했음에도 불구하고 이 개념은 국제연맹 이후 유엔까지 계속 이어졌고 지금도 유엔의 안보유지에 중요한 원칙이다. 집단안보의 원칙은 침략자가 있을 때 하나의 국가가 다른 국가들과 함께 국제연맹이나 유엔과 같은 국제기구를 통해 집단으로 그 침략자에 대항하여 보다 큰 군사력을 일으켜 대항한다는 것이다. 국가들은 개별의 국가이익에 부합하여 움직이는 것이 아니라 국제사회에서 인식되고 있는 공통의 이익을 바탕으로 하여 침략이 있는 곳이면 언제 어디서나 반격을 할 수 있게 된다. 집단안보는 자국이 침입을 당했을 때 상대방 국가가 도움을 줄 것이라는 상호 간의 믿음을 바탕으로 한다. 집단안보의 목적은 침략자가 자신의 침략이 다른 국가들의 집단적 대응을 불러일으킬 수 있다는 생각에 무력적 침략을 미리 삼가도록 하는 데 있다.

유엔헌장을 만든 세계지도자들은 강대국들이 서로 화합할 것이라고 가정하고 그 같은 가정을 헌장의 근간으로 삼았다. 실제로 안전보장이사회의 효과적인 운영은 5개 강대국의 동의를 필요로 한다. 그들이 거부권을 행사할 수 있다는 사실은 그 5개 강대국에 대항해서는 집단안보가 발휘될 수 없음을 의미한다. 따라서 처음부터 유엔은 제한된 집단적 안보만을 창출할 수 있는 기구인 것이다. 더욱이 냉전이라는 새로운 국제정치 현실에 직면하여 유엔의 집단안보는 매우 비효과적인 제도가 되어버렸다. 제2차 세계대전 이후의 냉전기간 동안에는 안전보장이사회 구성원들 사이의 합의란 거의 불가능한 것이었고, 실제로 단지 두 번의 경우, 1950년 한국 전쟁과 1990년 이라크가 쿠웨이트를 침공했을 때에만 집단안보의 행동이 취해졌다.

첫째, 한국 전쟁의 경우, 유엔이 북한의 남침에 대해 군사력을 동원할 수 있었던 것은 그 당시 소련이 중국의 대표권 문제에 대한 불만의 표시로 잠시 회의에 참석하고 있지 않았기 때문에 가능했다. 그러나 소련이 다시 돌아와서 거부권을 행사했을 때 유엔은 냉전상황에서 헌장 7장의 적용에 한계를 보였다. 유엔총회에서의 '평화를 위한 단합 결의안Uniting for Peace Resolution'은 소련의 거부권 행사에도 불구하고 유엔이 군사적 행동을 계속하는 것을 가능하게 했다. 그러나 총회는 안전보장이사회와는 달리 군사행동을 권고만 할 수 있는 기관으로서 집단안보의 적용에는 문제가 있었다. 한국 전쟁에는 약 15개의 국가들이 3년간의 전쟁에 군사력을 지원했으나 대부분 미국의 막강한 군사력과 강한 의지에 의해 가능했다. 미국 장군이 유엔의 총지휘관이었고, 대부분의 명령은 미국에 의해 주도되었다.

둘째, 1990년 여름 걸프전의 경우, 이라크의 쿠웨이트 점령은 유엔안전보장이사회가 그러한 침략에 대항하여 효과적으로 대항할 수 있는 방법을 모색한 이례적인 활동이었다. 걸프전과 한국 전쟁의 차이는 구 소련의 고르바초프 서기관이 미국과 협력했다는 점에 있다. 구 소련을 포함한 5개의 상임이사국의 합의는 구 소련의 이라크와의 오래된 동맹관계에도 불구하고 12개의 결의안을 불과 4개월에 걸쳐 통과시키고 유엔헌장 제7장을 활용할 길을 열었다. 이들 중에 1990년 11월에 통과된 결의안 제678호가 가장 중요한데, 회원국들이 쿠웨이트의 점령을 되돌리기 위해 "모든 필요한 수단"을 사용할 수 있도록 하였다. 이라크군의 즉각적이고 무조건적인 철수를 요구했고, 인도적 목적을 위한 물량을 제외하고는 이라크와의 모든 무역을 금지시키는 경제적 제재조치도 취해졌다.

이처럼 결의안 678호에 따라 실행된 군사적 행동은 때로 완벽한 집단적 안보

행동으로 묘사되지만 사실은 그런 것만은 아니다. 유엔의 다국적 연합은 미국에 의해 주도되었다. 쿠웨이트 활동에서 어떤 경우에도 미국은 유엔 사무총장이나 유엔군사참모위원회를 통해 유엔에 보고할 의무를 지니지 않았다. 또한 유엔 깃발이나 상징이 다국적 연합군대에서는 보이지 않았었다. 단지 1991년 2월 말 전쟁이 끝났던 당시 이라크와 쿠웨이트 사이의 군사금지 구역을 감시하고자 생긴 군사력이 없는 유엔평화유지군인 유엔이라크-쿠웨이트감시단UNIKOM: United Nations Iraq-Kuwait Observer Mission이 있었을 뿐이다.

걸프전에서 미국이 주도한 군사행동은 탈냉전시대 유엔의 평화와 안보 유지를 위한 대표적인 행동으로 꼽히기는 했지만 많은 비판을 받았다. 대부분의 유엔 회원국들은 걸프전에 대해 발언권을 가질 수 없었는데, 그 이유는 걸프전이 유엔이 아닌 미국에 의해서 주도되었기 때문이다. 심지어 일본이나 독일 같이 유엔에 많은 분담금을 내고 있는 나라들도 안전보장이사회의 상임이사국이 아니기 때문에 결정에 참여할 수 없었다. 이런 사실은 이들 두 나라가 상임이사국에 포함되고자 하는 관심을 더욱 자극했다. 개발도상국들은 군사적 행동을 지지하면서도 자율적인 미국 주도의 행동을 염려하였다. 따라서 걸프전쟁은 탈냉전시기의 하나의 중요한 문제점을 부각시켰다. 미국인들에게는 걸프전이 일반적으로 유엔을 위한 긍정적인 전례로 남았을지 모르지만, 다른 국가들에게는 구 소련이라는 상대가 사라진 상태에서 미국의 패권주의가 팽창하는 데 대한 두려움이 커졌다.

제2차 세계대전 이후 대부분의 많은 분쟁과 평화에 대한 위협에 대응으로서 집단안보는 본래의 뜻과는 달리 좋은 대안이 되지는 못했다. 특히 유엔은 냉전 동안에 대부분의 분쟁을 제대로 다룰 수 없었고, 두 개의 강대국과 직접적으로 연관된 상황에서는 더욱 그러했다. 따라서 유엔은 지역적 분쟁을 다루는 데에서만 평화와 안보 수호의 역할을 할 수 있었다.

평화유지 활동

평화유지 활동Peacekeeping Operation은 1940년대 후반 카쉬미르와 팔레스타인에서 정전을 감시하는 그룹을 파견하기 위해 처음 만들어졌는데, 공식적으로는 당시 캐나다 외무장관 피어슨의 제안으로 채택됐다. 수에즈 위기의 최고조 시점에서 영국, 프랑스, 이스라엘이 정치적 해결을 도모하는 동안 이집트에서 군사를 철수시키는 것을 보장하는 방법이 제안된 것이다. 평화유지 활동은 유엔 회원국들이 냉전시기에도 유엔으로 하여금 국제안보를 확립하고 수호하는 역할을 수행하도록 한 중요한 수단이었다.

평화유지 활동은 유엔의 창설자들로부터 계획된 것은 아니다. 하마슐트 전 유엔 사무총장은 평화유지는 헌장 6.5장에 들어 있다고 표현했다(Goldstein, 1996). 6장에 들어 있는 분쟁해결을 위한 유엔의 역할과 7장에 포함된 집단안보 역할의 중간에 놓인 활동이라는 뜻이다. 평화유지 활동을 정확히 정의 내리는 것은 어려운 일이다. 평화유지 활동은 특정한 상황들에서 모두 다르게 적용되고, 변화하면서 발전해 왔기 때문이다(Weiss, Forsythe, and Coate, 1994). 평화유지는 다양한 상황에서 다양한 형태를 취하였다. 평화유지에 대해서는 유엔헌장에는 없지만, 역사적 경험을 통해 정의 내리기 힘든 관습·원칙과 관례를 형성해 왔다. 1973년 유엔긴급군UNEF: United Nations Emergency Forces의 설립에서 총괄적으로 정리되어 그 후의 모든 활동에 대한 기본적인 지침을 제공했다. 따라서 유엔은 평화유지 활동을 "군사력을 동원하지만 강제력이 없이 분쟁지역에서 국제 평화와 안보를 지키고 회복하는 것을 도모하기 위해 유엔에 의해 실시되는 활동"으로 정의한다.

평화유지군이 실제로 이행하는 임무는 다양하다. 처음 파병되면 정전과 군사철수, 선거, 인권, 그리고 무기 상황 등을 감시하고 군대를 해산시키고 완충지역을 세우는 파병 초기의 임무가 주어진다. 그리고 법과 질서를 지키고 치안을 도모할 현지 경찰력을 재편하고 훈련시키고 평화를 회복하는 임무를 띠게 되고, 인도적 구호물자를 전달하고 각종 인권상황을 감시하는 임무가 주어진다. 구호물자에 대한 공급로를 열고, 공급품을 지키고, 난민을 보호하며 안전지대를 만드는 등 다양한 활동을 하게 되는 것이다. 이 과정에서 가장 중요한 조건은 분쟁당사자들이 이 같은 평화유지 활동에 동의하고 일시적인 정전 약속을 지키는 것이다.

평화유지군은 군사력을 마지막 수단으로 여기고 자기 방어를 위해서만 사용하는 것이 원칙이다. 즉, 평화유지군이 직접 내전에 참여하지는 않는다는 뜻이다. 이 같은 선례는 1961년 안전보장이사회가 콩고 내전을 막고 타국 용병들을 없애기 위해 유엔콩고평화유지단ONUC: United Nations Operation in the Congo이 군사력을 사용할 수 있도록 허락했을 때 여러 가지 시행착오를 겪은 뒤 결정됐다. 그러나 이것은 끊임없는 논란의 대상이 되고 있다. 군사력을 사용한다는 것은 그것이 제한된 것이라 할지라도, 정치적이고 법적인 논란의 대상이 된다. 얼마 정도를 제한된 군사력이라고 할 수 있을까? 그러한 군사들이 실질적으로 방어의 수단으로만 쓰이는 것인가? 어느 시점에서 군사력을 사용해야 하고, 또 사용하지 말아야 할 것인가? 이러한 의문들은 1990년대 소말리아와 보스니아 그리고 르완다 내전에 참여한 평화유지군이 공격받고, 납치 및 고문을 당했던 당시 크게 제기되었고 그 후 줄곧 논란의 대상이 돼 왔다.

평화유지군은 상주하는 유엔 군사력이 아니고 임시방편적인 군사 단위이다. 냉전기간 동안 이들은 전적으로 안전보장이사회의 비상임이사국들 그러니까 중립적인 중소국가 병력들로 이뤄졌는데, 그 이유는 강대국들이 지역전에 참여하는 것을 막고, 탈식민지화로 인해 일어난 문제들의 경우에는 이전의 식민지 지배 강대국들이 다시 돌아오는 것을 막기 위함이었다. 평화유지군의 규모는 매우 다양한데, 그 부여된 권한과 활동에 따라 달라진다. 작은 경우는 1백 명도 채 안 되고, 큰 경우는 1만 명 이상의 경우도 있다. 1960년대 초반 콩고에서의 활동과 1990년대 초반 캄보디아와 유고슬라비아의 평화유지 활동은 1만 명 이상의 군사력을 필요로 했다. 군사력을 지원한 국가들은 캐나다, 인도, 스웨덴, 노르웨이, 피지, 브라질, 아르헨티나부터 방글라데시, 세네갈, 토고, 네팔까지 다양하다. 그러나 냉전이 끝난 이후 특히 필요성이 더욱 크게 부각된 평화유지 활동을 지원하기 위해 미국을 포함한 주요 강대국들이 평화유지 활동을 위해 군사력을 지원하기 시작했다.

집단안보에 비해 평화유지 활동이 갖는 장점은 매우 많다. 평화유지는 전통적으로 분쟁 당사자들의 동의가 있어야 하기 때문에 적어도 당사자들은 명목상으로 유엔 군사들과 협력할 것에 동의한다. 또한 군사들이 회원국들에 의해 자발적으로 제공되는 것이기 때문에, 회원국들은 비교적 적은 수의 군사를 지원할 수 있게 된다. 또 평화유지 활동을 하기 위해서 침략자가 누구인지 가릴 필요가 없기 때문에 분쟁에 관여된 어떠한 당사자들도 비난받지 않아 대부분의 분쟁 당사자들이 평화유지 활동에 동의하는 것이 쉬워졌다. 하마슐트 유엔 사무총장은 유엔의 평화유지 활동을 국지적 분쟁이 냉전시기에 강대국 간의 더 큰 분쟁으로 유엔팔레스타인난민기구(UNRWA: The United Nations Relief and Works Agency for Palestine Refugees in the Near East)는 1949년에 창설된 국제기구로서, 약 5백만 명의 팔레스타인 난민을 원조, 보호하기 위해 세워졌다. 요르단, 레바논, 시리아, 그리고 가자 지구(Gaza Strip)에 있는 팔레스타인 난민들에게 교육, 보건, 사회복지 서비스 등의 도움을 주고 있다. 이 중에서도 가자 지구는 이집트와 이스라엘에 접해 있는 팔레스타인 자치정부의 통치 지역으로, 예로부터 통상과 군사상의 요지였으며 이집트, 이스라엘, 팔레스타인 사이에서 일어난 전쟁의 주요 지역이었다. 1994년부터는 오슬로 협정(Oslo Accords)에 따라 가자 지구의 통치권이 단계적으로 팔레스타인 자치기구에 양도되었다. 그러나 2006년 하마스(Hamas)가 유혈 내전을 시작하면서 이스라엘과의 전쟁이 계속되고 있다. 2014년 7월 이스라엘군의 폭격으로 가자 지구의 팔레스타인 난민들은 또 다시 고통을 겪었다. 무자비한 폭격으로 부상당하거나 사망한 사람들 중 어린아이들도 상당수 포함되어 이스라엘을 향한 국제사회의 비난의 목소리가 컸으며 이 사태에 대해 유엔팔레스타인난민기구의 가자 지구 책임자인 터너(Robert Turner)는 그동안 가자 지구에서 지원활동을 계속 해 왔던 만큼 전쟁기간에도 팔레스타인 난민들을 위한 지원을 계속해서 이어갈 것이라고 발표했다. 가자 지구에 대한 정당하고 지속력 있는 해결방안이 나올 때까지 유엔팔레스타인난민기구의 팔레스타인을 향한 도움은 계속될 것이다.

출처: UNRWA 홈페이지 참조.

번지는 것을 막는 데 큰 역할을 한다고 보았다. 이 개념은 그래서 소위 '예방외교preventive diplomacy' 라고 일컬어진다(Ziring, Riggs, and Plano, 2000: 172).

유엔평화유지군은 1948년부터 71개의 임무를 수행하였으며, 2023년 현재 12개의 임무를 수행하고 있으며, 86,863명이 평화유지군으로 활동하고 있다. 이들이 사용하고 있는 예산은 63억 달러에 달한다. 사용되는 군사비만을 고려하였을 때 이들의 영향력은 미비하다고 할 수 있으나 분쟁지역에서의 활동을 고려하면 지역의 평화를 유지하는 데 도움이 된다고 할 수 있다.

평화유지 활동은 세계정세와 분쟁상황에 따라 많은 변화를 겪었고, 제1세대, 2세대, 3세대로 구분된다. 각각의 세대는 그 시대와 특정한 상황이 요구하는 특별한 목적을 이루기 위해 필요한 몇 가지의 관행과 관례가 있다.

냉전과 제1세대 평화유지

제1세대 평화유지 활동은 냉전기간 동안 이루어졌다. 냉전기간 동안에 평화유지 활동은 미국과 소련의 이해관계가 직접적으로 관여되어 있지 않을 때 중동지역, 아프리카와 아시아의 탈식민지화 과정에서 생겨나는 분쟁을 해결하기 위해 주로 사용됐다. 이때 참가한 병력은 비무장이거나, 가볍게 무장하였고 군대들이 철수하는 것이나 완충지역을 제공하기 위해 대립하는 분쟁 당사자들 사이에 위치했다. 그러는 동안, 정치적 해결을 위한 협의가 진행되었다. 제1세대 평화유지는 공평성과 중립성을 분쟁의 해결을 원하는 당사자들에게 제공하였고, 미국과 소련이 직접적으로 관여하지 않을 것을 보장했다.

1956년 이집트가 수에즈 운하를 국영화한 후 이스라엘의 선적을 금지했을 때 영국, 프랑스와 이스라엘이 이에 반발해 일어났던 수에즈 위기는 제1세대 평화유지 활동의 대표적인 사례라 볼 수 있다. 유엔총회는 '평화를 위한 단합 결의안 Uniting for Peace Resolution' 아래 유엔긴급군UNEF: United Nations Emergency Force을 조직해 위기를 완화시켰다. 유엔평화유지군은 군사들을 해체시키고 영국, 프랑스, 이스라엘 군대의 철수를 감시하며 시나이 반도의 일부분과 티란 해협, 가자 해협을 정찰했다. 이 평화유지군은 이집트의 요구에 의해서 1967년 6일 전쟁 Six-day War 바로 직전에 철수하였다.

1973년 욤 키퍼 전쟁Yom Kippur War 이후에 유엔긴급군 IIUNEF II이 이스라엘과 이집트 사이의 완충지역을 감시하면서 두 전투부대가 해체하는 것을 도모하고 정전을 감시하기 위해 세워졌다. 또 다른 두 개의 활동이 1970년대에 중동지역에서 있었는데, 골란 고원에서의 유엔휴전감시군UNDOF: United Nations Disengagement Observer Force은 2015년 12월 31일까지 활동이 연장되었으며 유엔레바논잠정군UNIFIL: United Nations Interim Force in Lebanon은 2016년 8월 31일까지 활동 연장이 결정되었다. UNEF II는 캠프 데이비드 협약Camp David Accord 이후 1979년에 활동을 마쳤다.

유엔평화유지군은 아프리카 콩고민주공화국이 1960년에 독립한 이후 그곳에 배치되기도 했다. ONUC는 처음에는 신생된 독립정부가 법과 질서를 설립하는데 도움을 주고, 폭력사태가 일어났을 때 당시까지도 영향력을 행사하던 벨기에 군사의 철수를 확인하기 위함이었다. 그러나 이때 광물자원이 풍부한 카탕카 지역이 분리되었고, ONUC의 임무는 콩고민주공화국의 영토를 회복하고 전면적인 내전을 피하기 위해서 확대되었다.

이 활동은 1964년에 끝났지만 많은 논쟁을 일으켰다. ONUC의 임무 확대는 콩고 주민들과 아프리카 국가들, 구 소련으로 하여금 유엔의 공평성에 대한 의심을 불러일으켰다. 또한 이러한 임무는 다수의 군대를 필요로 했고, 이에 따라 늘어나는 회원국들의 재정적 의무에 대한 논쟁이 일어났다. 또 다른 사례는 유엔키프로스평화유지군UNFICYP: United Nations Force in Cyprus인데, 이것은 1964년 그리스 지역군과 튀르키예 키프로스군 사이의 정전을 감시하기 위해 세워졌다. 유엔평화유지군의 활동은 1974년에 튀르키예가 침입했을 때도 계속되었고, 지속적으로 두 지역 사이의 완충지역을 현재까지 감시하고 있으며 그 활동은 2023년 현재까지도 계속되고 있다. 유엔평화유지군의 주둔과 여러 가지 다양한 외교적 시도에도 불구하고 키프로스 분쟁은 장기적인 해결의 성과를 이루지는 못했다.

제1세대 냉전시기의 평화유지 활동에 대한 성과를 평가하는 것은 쉬운 일이 아니다. 몇몇의 경우에 있어서는 분쟁을 중단시킬 수 있었지만, 영구적인 해결을 이루지는 못하였다. UNEF I은 아랍국들과 이스라엘이 11년 동안의 전쟁을 삼가도록 했고, UNEF II는 이스라엘과 이집트가 캠프 데이비드Camp David에서 평화협약을 논의하는 것을 가능케 한 중요한 원인이었다. UNDOF는 적어도 골란 고원에서의 평화만큼은 가능케 만들었다. ONUC는 카탕카 지역의 분리를 막아내어 콩고민주공화국 내 질서를 조금씩 잡아갈 수 있었다. 유엔평화유지군은 키프로스에서 그리스와 튀르키예의 분쟁을 막을 수 있었지만 튀르키예의 1974년 침입을 저지하는 데는 실패하였으며 영구적으로 분쟁을 해결할 수 있는 방안을 마련하지는 못했다. 따라서 냉전기간 동안의 유엔의 평화유지 활동에 대한 평가는 다양하다. 성공의 정의를 분쟁의 평화적 해결로 주장하는 사람들에게는 UNEF II만이 성공적이라고 할 수 있을 것이다. 만약 군사적 대립을 중단하게 하고 적어도 얼마 동안 다시 군사적으로 대립하지 않게 한 것을 성공이라고 의미한다면 UNIFIL을 제외한 모든 평화유지 활동을 성공적이라고 할 수 있을 것이다.

냉전시기 강대국 간의 갈등으로 국제사회는 베트남 분쟁과 같은 중요한 평화와 안보에 관한 많은 문제들에 대해 논의하지 못했고, 따라서 이 같은 문제들이 유엔에서 의제로 상정되지 못했다. 유엔은 본질적으로 "냉전 주위를 발끝으로 살금살금 걸어 다녀야만 했다"(Weiss and Campbell, 1990: 577). 그럼에도 불구하

표 6-1 냉전기간 동안의 대표적인 제1세대 유엔 평화유지 활동

활동	이름	지역	기간	동원된 군사력
UNEF I	유엔긴급군 I	수에즈 운하, 시나이 반도 (Sinai Peninsula)	1956년 11월 ~1967년 6월	3,378 병력
ONUC	유엔콩고평화유지단	콩고민주공화국	1960년 6월 ~1964년 6월	19,828 병력
UNFICYP	유엔키프로스 평화유지군	키프로스	1964년 3월 ~2016년 1월	6,411 군사감시단
UNEF II	유엔긴급군 II	수에즈 운하, 시나이 반도 (Sinai Peninsula)	1973년 10월 ~1979년 7월	6,976 병력
UNDOF	유엔휴전감시군 (UN Disengagement Observer Force)	시리아 골란 고원 (Syrian Golan heights)	1974년 6월 ~2015년 12월	1,450 군사감시단
UNIFIL	유엔레바논잠정군 (UN Interim Force in Lebanon)	레바논 남부	1978년 3월 ~현재	10,000 군사감시단

출처 : United Nations, *The Blue Helmets: A Review of the United Nations Peacekeeping*, 3rd ed., New York: UN Department of Public Information, 1996, pp.689-776, 필자의 업데이트.

고, 평화유지 활동은 강대국이 지역적 분쟁에 관여하는 것을 제한하였고, 신생국들 사이에 영토분쟁, 중동지역의 분쟁이 주는 평화와 안보의 위협에 대처할 수 있는 중요한 수단이 되었다. 이 시기 평화유지 활동은 1980년대 후반과 탈냉전의 시기에 더욱 가치가 있게 된 평화유지 활동의 관행과 관습을 발전시켰다.

과도기적 기간(1985~89)과 제2세대 평화유지 활동

1980년대 후반 유엔이 세계 평화와 안전에 대한 위협에 대처하기 위해 벌인 노력의 가장 특징적인 점은 안전보장이사회의 5개 상임이사국들 사이의 협력이다. 유엔이 탄생한 이후 45년 동안 한 번도 그러한 협력과 합의가 이뤄진 적이 없었다. 그러나 이 시기에는 안전보장이사회가 합의점을 찾았고 이를 비상임이사국들은 묵인함으로써 유엔 평화유지 활동이 성공적으로 수행될 수 있었다.

이 시기 가장 중요한 변화의 요인은 구 소련 고르바초프 서기관에 의해 시작된

구 소련 외교정책의 대대적인 변화이다. 1987년 고르바초프는 유엔의 군사감시단과 평화유지군이 세계 평화와 안보를 증진시킨다는 호의적인 글을 출간한 바 있다. 이것은 유엔의 평화유지에 대한 소련의 오래된 회의적 태도를 반전시키는 것이었고, 미 레이건 행정부가 그동안 갖고 있던 유엔에 대한 적개심과 회의를 감소시키는 주요 원인이 되었다. 또한 그 당시 조용하지만 지속적이고 효과적으로 진행된 케야르 유엔 사무총장의 외교술도 구 소련과 미국이 유엔의 역할을 바라보는 관점을 바꾸는 데 중요한 역할을 했다. 이러한 요소들은 유엔이 아프가니스탄에서의 소련군 주둔, 이란-이라크 전쟁, 나미비아의 오랜 교전과 중앙아메리카의 분쟁 등을 종식시키는 데 일익을 담당하였다. 이러한 지역적 분쟁의 성공적 해결은 유엔 평화유지의 가능성에 대한 관심을 불러일으켰다.

제2세대 평화유지는 복잡한 평화협의의 수행과 연결되고 경찰을 포함한 민간 수행원과 군병력을 모두 포함한다. 한편, 분쟁 당사자들의 합의가 여전히 필요한 시점이었음에도 이것은 항상 얻어지는 것이 아니었다. 이 시기 평화유지 활동은 의견의 불일치를 해결하고 논쟁의 중심으로 들어가 영구적인 해결책을 제공하려는 데 초점이 맞춰졌다. 결과적으로 제2세대 평화유지 활동은 분쟁 당사자들을 합의 테이블로 불러들이는 평화조성과 개발원조, 군비축소 방안 실행, 선거조직, 인권보장 등과 같은 평화구축 활동을 포함하게 되었다.

제2세대 평화유지의 대표적 사례는 앙골라와 나미비아에서의 활동이다. 1988년 8월은 쿠바와 남아프리카공화국 군대가 앙골라에서 철수함으로써 과거 독일의 식민지이자 제1차 세계대전 이후 남아프리카에 의해 운영되었던 주변국 나미비아의 독립을 용이하게 하는 합의가 있었다. 1970년 말 5개의 주요한 서방 강대국들은 남아프리카와 나미비아 독립그룹인 서남아프리카인민기구SWAPO: South West Africa People's Organization가 나미비아의 독립을 위한 조건을 만들도록 설득하는 데 성공했다. 남아프리카는 구 소련이 지지하는 쿠바 군대가 안전을 위협하고 있다고 주장하면서 초기에는 안전보장이사회의 계획에 반대했다. 마침내 1988년에 쿠바와 앙골라는 쿠바 군대가 나미비아의 독립을 포함한 지역적 평화 해결의 한 부분으로 철수하는 것에 동의했다. 유엔은 나미비아에서 주요한 평화유지 활동을 실시하는 동시에 앙골라에서도 소규모로 활동할 수 있게 되었다.

1989년 4월 배치된 유엔나미비아과도정부UNTAG: United Nations Transition Assistance Group in Namibia는 이 시점까지 이루어진 유엔의 활동 중에 가장 야심

표 6-2 1985~89년의 과도기적 기간의 제2세대 유엔 평화유지 활동

활동	이름	지역	기간	동원된 인원
UNGOMAP	유엔 아프가니스탄 파키스탄 중재파견대 (UN Good Offices Mission in Afghanistan and Pakistan)	아프가니스탄, 파키스탄	1988년 5월 ~1990년 3월	50 군사감시단
UNIMOG	이란-이라크 유엔 군사감시단 (UN Iran-Iraq Military Observer Group)	이란, 이라크	1988년 8월 ~1991년 2월	399 군사감시단
UNAVEM I	유엔 앙골라 검증단 I (First UN Angola verification Mission)	앙골라	1989년 1월 ~1991년 6월	7,000 군사감시단
UNTAG	유엔나미비아과도정부 (UN Transition Assistance Group in Namibia)	나미비아, 앙골라	1989년 4월 ~1990년 3월	7,000 군사감시단
ONUCA	유엔중미감시단 (UN Observer Group in Central America)	코스타리카, 엘살바도르, 과테말라, 온두라스, 니카라과	1989년 11월 ~1992년 7월	1,098 군사감시단

출처 : United Nations, *The Blue Helmets: A Review of the United Nations Peacekeeping*, 3rd ed., New York: UN Department of Public Information, 1996, pp.691-776.

찬 것이었다. 이들은 남아프리카와 SWAPO의 군대 사이의 정전 감시, 남아프리카 군대의 나미비아 철수와 SWAPO의 군사력 억제, 민병대 활동 감시, 차별적이고 제한적인 법률의 폐지, 정치범 투옥과 추방된 사람들의 귀국 그리고 민주적인 선거를 위한 환경조성 등 다양한 임무를 포함하고 있었다. 109개 나라에서 지원된 민간과 군사력을 바탕으로 UNTAG는 나미비아가 전쟁으로부터 정전, 그 이후에는 완전한 독립으로 나아가는 과정을 조정하는 데 매우 중요한 역할을 했다.

1980년대 후반의 과도기적 기간 동안은 두 개의 초강대국의 유엔에 대한 태도의 변화와 강대국이 군대철수를 확인하고 선거와 인권침해를 감시하는 것을 포함하는 유엔 평화유지의 가능성에 대한 변화된 시각이 두드러진 특징으로 나타

난다. 이러한 발전들과 제2세대 평화유지 활동의 발견은 오랜 기간의 지역적 분쟁을 종식시키는 것을 가능하게 하였다. 노벨위원회는 1988년 노벨 평화상을 유엔평화유지군에게 수여했는데 그들의 "실제적인 평화협상을 가능케 한 결정적인 공헌"을 인정했기 때문이었다.

탈냉전시대와 제3세대 평화유지

1989년 11월 베를린 장벽이 붕괴된 사건은 세계정치사에서 새로운 시대를 알리는 서막이었다. 그러나 그 후 찾아온 탈냉전시대가 평화로웠던 것은 아니다. 지역적 · 민족적 분쟁은 훨씬 늘어났다. 한편 유엔은 과도기적 기간 동안 평화유지 활동에서 성공한 경험을 쌓았고 또 이라크의 쿠웨이트 침공에 맞서 적극적으로 활동한 점은 탈냉전시기의 각종 분쟁에 더 적극적으로 개입하는 동기가 되었다. 이 시기 국제사회는 탈냉전이라고 하는 새로운 환경이 유엔에게 국제 평화와 안보에 대한 새로운 접근법을 시험할 수 있는 기회를 줄 것이라고 믿었다.

1991년 걸프전 종전 이후 유엔은 무려 17개의 새로운 평화유지 활동을 시작했다. 앙골라, 엘살바도르, 사하라 남부, 캄보디아, 르완다, 유고슬라비아, 소말리아, 모잠비크, 아이티, 라이베리아, 그루지아 등등 유엔이 개입할 만한 지역 분쟁은 무궁무진했다. 한편 이러한 탈냉전시기 동안의 지역적 분쟁에 대한 개입은 전통적인 평화유지 임무와는 다른 대처방안을 필요로 했다. 대부분의 분쟁은 국가 간의 것이라기보다는 국내분쟁이었고 무기력한 정부나 분파 간 혹은 민족 간 분쟁 그리고 내전에서 생겨났다. 제3세대 평화유지 활동은 그 임무가 민간요원과 군사활동을 포함하는 복잡한 양상을 띠게 되었다.

이 시기 평화유지 활동의 두드러진 특징은 다음과 같다. 첫째, 비정부기구, 즉 NGOs의 활동이 커졌다. 군대가 감시적 역할을 하고 있는 동안, 다른 인력은 인권 NGOs 단체들과 같이 선거를 준비하고, 경찰력을 조직하며 구호물자를 전달하는 등 다른 평화구축 활동에 참여하게 되었다. 둘째, 분쟁 당사자들의 합의 없이 평화유지 활동을 하는 경우가 늘어났다. 특히, 난민과 민간인들이 각종 공격과 대량학살의 위협에 처했을 때는 인도적 개입의 목적으로 분쟁 당사자들의 합의 없이 활동하게 되었다. 셋째, 미국 · 영국 · 프랑스와 같은 군사 강대국의 참여가 늘어났다. 인도적 개입으로 군사력 사용이 커지면서 평화유지군에 대한

표 6-3 탈냉전기간 동안의 대표적인 제3세대 유엔 평화유지 활동

활동	이름	지역	기간	동원된 인원
UNAMIC	캄보디아파견 유엔선발대 (UN Advance Missions in Cambodia)	캄보디아	1991년 10월 ~1992년 3월	380 병력과 민간요원
UNPROFOR	유엔보호군 (UN Protected Force)	구 유고연방-크로아티아, 보스니아-헤르체고비나, 마케도니아	1992년 3월 ~1993년 12월	30,500 병력과 민간요원
UNTAC	유엔캄보디아 과도행정기구 (UN Transitional Authority in Cambodia)	캄보디아	1992년 3월 ~1995년 12월	15,900 병력, 3,600 경찰, 2,400 민간행정요원
UNOSOM I, II	유엔소말리아 평화유지단 (UN Operation in Somalia)	소말리아	1992년 8월 ~1995년 3월	28,000 병력, 2,800 민간요원
UNMIH	유엔아이티파견단 (UN Mission in Haiti)	아이티	1993년 10월 ~1996년 3월	2,548 병력, 5,000 추가됨

출처 : United Nations, *The Blue Helmets: A Review of the United Nations peacekeeping*, 3rd ed., New York: UN Department of Public Information, 1996, pp.689-776.

위협수위가 높아졌고, 이것은 강대국의 광범위한 조달능력과 인력, 중장비와 심지어 공군력까지 동원한 참여를 요구하게 되었다. 마지막으로 이처럼 확장된 평화유지 활동은 비용 증가와 군사력 강화를 동반하게 되었다. 그러나 이처럼 막강한 군사력이 동원되어야 하는 평화유지 활동은 애초의 취지와 유엔헌장 제7장에 명시된 강제적 행동 사이의 구분을 모호하게 만들어 논란의 대상이 되었다.

탈냉전기간 동안 이뤄진 네 차례의 유엔 평화유지 활동은 유엔에게 중요한 시험무대였다. 캄보디아, 소말리아, 르완다, 구 유고연방에서의 활동이 그것이다. 이들 4개 임무에 모두 상당한 인적·물적 자원이 동원됐던 만큼, 긍정적인 평가와 동시에 평화유지 활동의 앞으로의 효율성에 대한 회의론이 제기되기도 했다.

캄보디아

1991년 10월 유엔의 강력한 의지에 따라 캄보디아 분쟁의 포괄적인 정치적 해결안이 프랑스 파리에서 통과되었다. 킬링필드를 경험한 캄보디아는 당시 베트남이 지원하는 훈 센 정부와 캄보디아 대학살을 자행한 크메르 루즈 집단, 그리고 시하누크 왕자를 지지하는 세력의 갈등으로 분쟁해결의 실마리를 찾지 못하고 있었다. 미국과 구 소련이 협력해 마련한 파리 협약은 이 시점에서 캄보디아 분쟁 당사자들 간의 정전협약과 군대해산, 난민귀환과 선거조직을 실시하도록 조치했다. 이 협약은 유엔이 캄보디아의 20년 내전을 종식시키며 2년 동안 재건 과정을 전담하도록 하는 전례 없는 임무를 부여했다.

캄보디아 협약에 따른 유엔의 개입은 다단계적 양상을 띠었다. 먼저 소규모 집단인 캄보디아파견유엔선발대UNAMIC: United Nations Advance Mission in Cambodia를 보내 캄보디아 분쟁 당사자들이 정전에 합의하도록 협상을 유도했고, 이후 1992년 3월에는 군사 · 경찰 · 민간요원을 포함하는 유엔캄보디아과도행정기구 UNTAC: United Nations Transitional Authority in Cambodia를 파견했다. UNTAC군은 정전과 무장해제 그리고 군사해제를 감시하는 것과 관련된 다양한 임무를 띠었고 민간요원들은 18개월간의 과도기간에 나라를 운영하는 책임을 맡았다. 민간요원의 역할은 캄보디아 외교 문제, 방위, 재정, 안보, 정부 행정구조의 직접적 조정까지 포함했고, 이것은 보통 선거가 실시되기 전에 중립적인 정치적 환경을 조성하기 위해서였다. 이 시기에 유엔 파견단은 경찰력 통제와 인권탄압 저지뿐만 아니라 난민들이 태국 수용소에서 돌아오는 것을 돕고 통치기반을 캄보디아인에게 되돌려 주기 위한 1993년 선거를 조직하였으며 기본적인 사회간접시설과 공공시설 재건의 역할도 담당하였다. 2만 2천 명에 이르는 군과 민간요원이 UNTAC에 동원되었고, 당시 유엔 사무총장 부트로스 갈리는 이번 작업은 유엔이 실행한 어떠한 활동보다도 큰 것이었다고 자평하였다.

현상만을 놓고 보면 캄보디아 활동은 유엔 평화유지 활동의 큰 성과로 여겨질 수 있다. UNTAC의 주둔은 대대적인 내전을 종식시키는 데 공헌했고, 캄보디아 대부분의 지역에 평화를 불러왔다. 정치구조는 야당에게도 기회가 열릴 수 있도록 변화하였으며, 37만 명의 난민이 돌아와 캄보디아에 정착하였다. 그리고 자유롭고 공정한 선거가 국제적 감시 아래 실시되었다. 그러나 이러한 성과와 동시에 UNTAC는 그 임무의 두 가지 영역에서 실패하였다. 그것은 완전한 정전을 이루지 못했다는 점과 효과적으로 군대를 해제시키지 못한 것이다. 특히 폴 포트의 지도 아래 2백만 명을 학살한 크메르 루즈 집단은 평화유지군이 개입한 이후에도 상당한 군사력을 갖고 있었다. 경찰력을 통제하고 안정적인 정치제도를 설립하는 데도 평화유지군의 활동은 한계가 있었다. 따라서 캄보디아 사례는 당사자들이 그들의 분쟁을 평화적으로 해결하려고 동의하지 않았을 때 평화유지 임무가 불완전할 수밖에 없다는 것을 증명하게 되었다. 그 후에도 계속된 캄보디아의 불안정과 유혈충돌 그리고 계파 간 분열은 캄보디아에서 펼쳐진 장기간의 유엔 평화구축 활동에 대해 회의를 부르는 결과를 낳았다.

소말리아

소말리아에서는 1990년에 급부상한 소말리아의회연합USC: United Somali Congress 등 3개 반군단체 연합에 의해 정치적 불안이 시작됐다. 이어 반군세력인 USC에 반발하는 소말리아국민운동SNM: Somali National Movement이 등장하면서 민정이 완전히 붕괴되기에 이르렀고, 흉작이 겹쳐 수십만 주민들이 기아에 허덕이게 되었다. 이 상황에서 소말리아 군사 지도자들에게는 반군을 구성했던 용병들에게 지불할 돈과 식량을 통제하는 것이 중요한 정치적 자원이었다. 따라서 주민들은 더욱 굶주리게 되었다.

그러나 국제사회는 이같이 급박한 상황과 관련해 그다지 발 빠르게 대응하지 않았다. 유엔안전보장이사회는 과거 전통적인 평화유지 활동의 사례와 같이 우선 소말리아 군사 지도자들이 인도적 지원에 동의하는 것이 필요하다고 생각했다. 500명의 소규모 파키스탄인 병력이 유엔소말리아평화유지단 I UNOSOM I: United Nations Operation in Somalia I으로서 배치됐지만 소말리아에 당면한 문제를 해결하기에 이것은 터무니없이 부족한 규모였다. 이것은 유엔이 소말리아 사태 초기에 얼마나 안일하게 대응했는지를 보여준다.

1992년 11월, 소말리아에서 하루 1천여 명이 죽어가고 5세 이하 어린이의 4분의 3이 이미 사망했거나 곧 사망할 상태에 이르렀다는 보고가 있었다. 이 보고서는 국제사회에 소말리아의 상황이 평화유지 활동이 통제 불가능한 상태라고 보고하고, 안전보장이사회가 더 강력한 조치를 취할 것을 촉구했다. 이어 1992년

12월 3일 결의안 제794호에 따라 안전보장이사회는 미국 주도의 합동감시단 UNITAF: United Task Force을 통한 군사적 · 인도적 개입을 시도했다. 그러나 미 행정부의 상황이 문제를 보다 복잡하게 만들었다. 당시 유엔 사무총장은 UNITAF가 각 분파 간 무장해제에 전념하고 정전을 달성하도록 하는 임무를 부여했지만 미국이 문제였다. 당시 미국은 부시 대통령이 퇴임하고 클린턴 신임 대통령이 취임하는 상황이었다. 두 사람 모두 소말리아에서 미군의 임무가 확대되기를 원치 않았고, 워싱턴과 뉴욕의 유엔 관리들은 이로 인해 상당한 분열을 겪어야 했다. 미국이 주도하는 평화유지 활동은 미국의 국내정치의 틀에서 벗어나기 어려웠다. 따라서 소말리아에 주둔한 다국적군의 입지도 불안정해졌다.

UNITAF는 소말리아 주민들에 대한 식량보급 등의 인도적 목적을 성공적으로 수행하였다. 그러나 소말리아 사태는 간단치 않았다. 이는 UNITAF가 UNOSOM II로 대체되었던 1993년에 문제점이 드러났다. 유엔소말리아평화유지단 II UNOSOM II는 전통적인 평화유지군보다 무장을 강화했지만 미국은 UNITAF 때에 비해 소규모의 군사와 장비를 지원했다. 당시 UNITAF에 파견된 미군이 2만 6천 명이었던 데 반해 UNOSOM II에는 미군이 불과 5천 명에 그쳤다.

한국의 상록수 부대를 포함하여 세계 33개국으로부터 2만 명의 군사와 8천 명의 조달요원이 파견됐지만 미국의 개입수위는 낮아져 있었다. 평화유지군은 소말리아 아이디드 장군이 이끄는 반군세력에 그대로 위험이 노출되었고 1993년 6월에는 파키스탄 군인 23명이 아이디드 군사에 의해 살해되기에 이르렀다. 이렇게 되자 유엔은 당초 목적이었던 중립적인 평화유지 활동에서 벗어나 과거의 평화유지 활동이 가장 꺼렸던 부분인 적극적인 전투에 돌입하게 되었다. 이는 유엔으로서는 최악의 상황이었다.

4개월 뒤인 1993년 10월엔 미군 18명이 소말리아 아이디드 반군에 의해 살해됐다. 미국 국내여론을 놓고 볼 때 수천 명 소말리아 주민이 사망했다는 것보다 미군 18명의 사망이 훨씬 큰 뉴스였다. 당연히 소말리아 내 미군 주둔에 대한 비판이 일었고 이것은 다른 나라까지 확산됐다. 클린턴 당시 미 대통령은 미군이 1994년 3월까지 소말리아에서 철수한다고 발표하기에 이르렀다. 소말리아 사태는 다른 지역에까지 영향을 미쳤고 미국은 아이티와 보스니아에서의 평화유지 활동 또한 신중히 고려하겠다고 발표했다. 실제로 며칠 후 미국 내 시위대가 제2의 희생이 일어날 것을 경고하자 미 클린턴 행정부는 미군의 아이티 참전을 취소하고 아이티에서는 유엔을 보조해 민주주의 정부로 전환하는 과정에만 참여하기로 결정했다.

UNOSOM의 불확실한 임무는 많은 논란을 낳았다. UNOSOM은 탈냉전 초기 유엔의 평화유지 활동에 대한 기대감이 큰 상황에서 출발했지만 활동은 기대에 미치지 못했다. 일단 미국부터가 주춤한 움직임을 보였다. 미군은 활동이 짧게 끝나기를 원했고 미군의 생명이 위협당하는 것을 두려워했기 때문에 소말리아 지역군은 미군을 비롯한 다른 유엔군의 생명을 위협함으로써 유리한 위치에 다가섰다. 1994년 3월 미군이 군대를 철수시킨 이후에는 다른 국가들이 철군하는 것은 시간문제였다. 소말리아에서의 유엔 활동은 1995년 3월 마침내 끝났는데, 기근을 종식시키는 데는 성공했지만 소말리아인들이 새로이 국민정부를 세우거나 내전을 막는 것을 돕지는 못했다.

르완다

유엔이 소말리아 사태로 고민하고 있을 때 같은 아프리카 대륙의 르완다에서는 대규모의 비인도적 재난이 일어났다. 1994년 4월 후투족인 르완다 대통령 하비아리마나가 원인불명의 비행기 사고로 사망하자, 르완다 군대와 경찰에 몸 담고 있는 후투족 극단주의자들은 소수인 투치족과 온건파 후투족을 살상하기 시작했다. 약 100일 동안 그 당시 르완다 총인구 7백3십만 명(84%가 후투족, 15%가 투치족이며 1%가 트와족) 중에 80만 명에 가까운 르완다인들(대부분이 투치족이며 후투족이 10% 정도로 추정됨)이 살해됐다.[1] 르완다 집단학살이 끝나고 투치족이 이끄는 르완다애국전선RPF: Rwandese Patriotic Front이 수도 키갈리를 점령했을 때, 약 2백만 명의 르완다인들(대부분이 후투족)이 보복을 피해 피난하였는데, 이 수치는 20세기에서 가장 빠르고 규모가 큰 이동으로 기록됐다. 외신들이 이 같은 학살사건을 보도하면서 미국과 유럽 그리고 아프리카 각국과 유엔이 어떤 조치를 취할 것을 요구했으나 이때 유엔은 무능했다. 당시 유엔은 강대국이 나서서 이끌어야만 행동에 돌입하겠다는 냉담함을 보였다.

후투족과 투치족 분쟁의 원인은 처음에는 독일, 이후에 벨기에 식민지 지도자

---

1 희생자의 수는 집계기관에 따라 차이를 보이는데 50만 명에서 110만 명까지 다양하게 집계되고 있다. RPF에 따르면 1,071,000명이라고 알려져 있다.

들이 소수계인 투치족을 일방적으로 편애했던 식민지 시대로 거슬러 올라간다. 벨기에 식민 통치자들은 소수인 투치족이 신체구조나 외모에서 백인과 더 흡사하다는 표면적 이유를 내세우며 다수족인 후투족을 배격하고 소수족인 투치족에게 더 많은 편의를 제공했다. 르완다는 이 같은 뿌리 깊은 갈등을 안은 채 1960년대 초 독립했고, 결국 대규모 종족 분규가 일어났다. 르완다에서는 후투족이 이끄는 정부와 이웃나라 우간다에 기반을 둔 RPF 사이의 유혈충돌이 끊이지 않았다.

유엔안전보장이사회는 이 같은 일련의 르완다 사태를 막기 위해 1993년 10월 유엔르완다지원단UNAMIR: United Nations Assistance Mission in Rwanda을 설립했다. 그러나 후투족과 투치족 모두 UNAMIR의 공평성에 대해 의구심을 가졌고, 계속되는 반란은 UNAMIR의 임무를 불가능하게 했다. 한편, 유엔 역시 그들이 개입한다 하더라도 그 성공 여부가 불투명한 르완다 분쟁에 대해서는 소극적인 태도를 취하였다. 1994년 4월 르완다에서 발생한 대대적인 살상 행위에 대한 초기 보고서에도 불구하고 유엔안전보장이사회는 UNAMIR의 병력을 2,539명에서 270명으로 줄이도록 표결하였다. 그로부터 한 달여가 지난 후에야 유엔은 5천5백 명의 군사를 파견하게 되지만 극소수 국가들만이 군대파견에 참여했고 유엔의 소극적인 늑장대응으로 백만 명에 가까운 학살이라는 인류의 비극이 벌어지게 된다.

대량학살이 시작된 지 10주 후 RPF가 르완다 대부분을 장악하고 후투족 2백만 명이 난민행렬에 올랐을 때 마침내 유엔이 움직이기 시작했다. 유엔안전보장이사회는 헌장 제7장을 인용해 회원국들이 일시적으로 르완다에서 다국적 활동을 할 수 있도록 했고 UNAMIR를 재구성하였다. 그러나 미국의 대응은 더 늦고 더 소극적이었다. 외신들이 르완다 사태를 방관하는 미국의 태도에 맹공을 퍼부은 후에야 르완다 난민을 원조할 전세 항공기를 보냈다.

UNAMIR는 뒤늦게 르완다 동남쪽에 민간인들의 신변을 확보하기 위해 인도적 보호구역을 설립했다. 유엔평화유지군은 소말리아에서 한 것처럼 구호물자와 구호단원들을 보호하는 업무를 시작했고 도로와 다리, 발전소와 그 밖의 내전 동안 파괴된 사회 간접시설을 복구하기 시작했다. 그리고 1996년 4월에 임무가 종결됐는데, 이것은 르완다에 평화가 왔거나 인도적 구호활동이 완성됐기 때문이 아니라, 투치족이 이끄는 새로운 정부가 유엔의 철수를 요구했기 때문이었다.

르완다는 소말리아와 함께 민족과 분파 간 분쟁 그리고 비인도적 재난이라는 탈냉전시대의 문제들을 상징적으로 보여주는 사례가 되었다. 그러나 이들은 근본적으로 다른 분쟁의 원인을 가지고 있었다. 소말리아는 '실패한 국가'였고, 지금도 그러하다. 즉 몇몇 분파들이 정권을 잡으려고 했었지만, 누구도 나머지 세력을 장악할 만큼 강하지 못했다. 반면에 르완다의 대학살은 후투 극단주의자들에 의해 계획된 것이었으며, 이는 안전보장이사회가 1995년 르완다 국제전범재판소International Criminal Tribunal for Rwanda를 설치해 학살 주모자들을 처벌하도록 하는 계기가 되었다. 소말리아와 르완다 분쟁의 한 가지 공통점이라면, 유엔을 비롯한 국제사회가 좀 더 빨리 보다 적극적으로 대처했다면 희생을 줄일 수 있었을 것이라는 점이다.

2014년에는 르완다 대학살이 20년이 지난 시점에서, 1994년 4월 안보리 의장을 맡았던 키팅Colin Keating 대사가 르완다 대학살 20주년 추모행사에서 대학살을 막지 못한 것에 대한 사과를 하였다. 키팅 대사는 사과 성명과 함께 당시 강대국들이 학살을 방조하였으며 거부권을 지닌 안전보장이사회 상임이사국이 반대하였으며 특히 미국과 프랑스가 학살을 막기 위한 개입에 반대하였다고 말했다.

소말리아와 르완다 모두 제3세대 평화유지 활동의 대표적인 사례이다. 즉, 인도적 차원의 구호물자 보호와 정전유도, 국가재건을 돕기 위한 군사적 활동이었다. 그리고 둘 다 분쟁 당사자들의 합의 없이 시작되었다. 유엔의 소말리아 임무가 실패한 원인은 자국의 이익을 위한 것이 아니면 자국 군사의 희생을 감수하려 하지 않는 각 회원국들의 전략과 맞물려 있었고, 이것은 평화유지 활동에 대한 국제사회의 기대감을 무너뜨렸다. 1994년 유엔 평화유지에 대한 미국의 정책 변화 또한 르완다 사태에서 유엔이 미온적인 대응을 하게 된 중요한 원인이었다. 그리고 이러한 원인들은 유엔이 구 유고연방과 보스니아 분쟁을 다루는 데 영향을 미쳤다.

구 유고연방과 보스니아

구 유고연방은 민족적, 종교적 그리고 정치적 분쟁의 씨앗이 반세기 동안 묻혀 있던 곳이었다. 냉전기간 동안 잠잠했던 분쟁은 냉전종식 후 다시 시작되었다. 1990년 유고슬라비아 공산당이 붕괴된 후 유고슬라비아가 분열되었고, 분쟁은 이때부터 시작됐다. 그리고 그 분쟁의 정도는 내전의 위협으로부터 떨어져 있다고 생각했던 유럽인들을 놀라게 했다. 5년이 넘는 기간 동안 안전보장이사회는 회의 숫자를 갱신해 가며 과연 개입을 할 것인지, 무슨 목적을 가지고 할 것인지, 어떠한 수단을 이용할 것인지에 대해 논의했다. 그러나 유엔 평화유지군이 막상 발칸 지역에 파견되었을 때는 대대적이고 계획적인 인권침해와 강한 군사적 압력, 정전에 대한 분쟁 당사자들의 무관심을 목격해야 했다. 유고슬라비아는 유엔의 문제를 한꺼번에 보여주는 예시였다.

유고슬라비아 내전은 세르비아계 지도자 슬로보단 밀로셰비치가 슬로베니아, 크로아티아, 보스니아-헤르체고비나에서 일어나는 강력한 독립운동에 맞서 국가의 통일성을 지키고자 한 노력에 의해 일어났다. 슬로베니아와 크로아티아는 1991년 6월 독립을 선언하였고, 1992년에는 보스니아-헤르체고비나 그리고 마케도니아가 독립을 선언했다. 슬로베니아의 경우 민족 간 인구구성이 거의 동일해서 독립은 비교적 평화롭게 진행되었지만, 크로아티아와 보스니아-헤르체고비나는 사정이 달랐다. 세르비아인들이 두 지역에 고루 분포돼 있었고 이들은 어느 쪽으로든 새로운 국가에 편입하려 하지 않았다. 보스니아는 크로아티아보다도 더 이질적이었는데, 이슬람교도들인 무슬림, 크로아티아인, 세르비아인들이 도시와 지방에 섞여 있었다. 그리고 각 민족 지도자들은 언론매체를 통해 상황을 왜곡하고 더 나아가 역사를 왜곡하면서 민족 간의 뿌리 깊은 적대감을 조장했다. 한편 군대와 민병대가 세를 불리면서 민족적으로 '완전한' 단체를 만들려는 시도를 벌였다. 그 결과로서 20만 명 이상이 사망하고 수백만 난민이 발생했으며 다른 집단수용과 강탈, 성폭행과 고문이 만연한 내전이 발생했다.

1991년 유엔은 대체적으로 분쟁 당사자들 사이의 정전협상을 위해 유럽인들의 노력에 그 결정을 맡겼다. 이것은 헌장 제8장과 일치하는 행동인데, 여기에는 지역적 분쟁은 유엔에 넘겨지기 전에 지역기구에 의해 해결하도록 한다고 되어 있다. 유럽인들은 그들의 역할이 무엇인지, 제재를 가해야 하는지, 만약 무력을 사용한다면 어느 정도의 군사가 파견되어야 하는지, 새롭게 독립을 선언한 국가들을 외교적으로 인정해야 하는지에 관해 합의하지 못했다. 유럽인들은 분쟁을 억제하려고 노력했지만 싸움이 더욱 악화되면서 많은 정전협약이 급속히 무너져 갔다.

1991년 9월 유엔안전보장이사회는 전 미국 국무장관 밴스Cyrus Vance를 유엔 특사로 유고슬라비아에 보내 협상을 도모하도록 했다. 밴스 전 미 국무장관이 올린 성과는 유고슬라비아 분쟁의 모든 당사자들로부터 유엔 평화유지 활동에 대한 동의를 구한 것이다. 그에 따라, 안전보장이사회는 유엔유고슬라비아보호군UNPROFOR: United Nations Protection Force for Yugoslavia을 1992년 2월에 정식으로 승인했다. UNPROFOR는 초기에는 크로아티아에서 세르비아계가 많은 지역에 배치되었고 1만 4천 명의 군사와 민간요원들이 정전과 군대해산, 인권보호 그리고 난민에 대한 구호활동을 위해 크로아티아의 유엔 보호구역 세 곳에 배치되었다.

그러나 그동안 보스니아-헤르체고비나에서 유혈분쟁이 일어났다. 보스니아계 세르비아인들은 유고슬라비아 잔류파의 협력을 얻어 무슬림들을 습격했고, 사라예보를 포격하고 공항을 폐쇄하는 등의 행동으로 수십만 명의 사람들을 몰아냈다. 1992년 6월 국제적 개입에 대한 압력이 높아지면서 안전보장이사회는 평화유지군을 사라예보에 파견해 공항을 재개항하고 UNHCR이 인도적 구호활동을 할 수 있도록 했다. 그러나 UNPROFOR가 무슬림에 대한 세르비아군의 인종청소를 막을 수는 없었고, 그런 임무를 부여받았던 것도 아니었다.

1991년과 1992년, 보스니아 사태가 점차 악화되면서 안전보장이사회는 결의안 제770호에서 헌장 제7장을 인용하여 회원국들이 국내적으로나 지역적 기구를 통한 "가능한 모든 수단을 이용하여" 인도적 구호활동을 펴도록 했다. 또한 유엔이 '안전지역safe areas'을 보스니아의 6개 도시에 설치하도록 했다. 그리고 헌장 제7장이 다시 인용돼 보스니아에 비행금지 구역을 정하고 도시 중앙에서 중장비 무기를 철수시키도록 했으며, 세르비아와 몬테네그로에 경제적 재제를 가했고, 유엔 보호구역을 공격하는 보스니아계 세르비아 군대에 대한 공습을 허가했다. 그러나 UNPROFOR는 제한된 경우에만 무력을 사용할 수 있었기 때문에 이러한 조치의 실행은 미국과 유럽 동맹국 같은 개별국가의 지원을 필요로 했다. 이로 인해 NATO가 사태해결을 주도하게 된 것이다. NATO는 종국에는 보스니아계 세르비아인에 대한 공습을 실시하기 위해 그 지역에 배치되었다. 이것은 사상 처음으로 유엔 평화유지군과 지역적 군사동맹 사이의 협력관계가 생겨난 사례이기도 하고, 유엔이 평화유지 활동의 주도권을 다른 지역동맹에 넘겨준 대표적인 사례이기도 하다.

NATO의 공습과 유엔의 경제제재, 그리고 정전을 이끌어 내려는 모든 노력에도 불구하고 보스니아 내전은 계속 이어졌다. 분쟁의 당사자들 모두 구호활동을 방해하였고, UNPROFOR와 다른 국제적 구호요원들을 공격하였다. 유엔 보호구역은 피난처를 찾는 민간인들에게만 안전했을 뿐 평화유지군과 구호요원들은 인질로 잡히는 수난을 겪었다. 더 강한 조치에 대한 압력으로 인해 안전보장이사회는 연일 계속해서 회의를 했고, 결의문을 통과시켜서 UNPROFOR의 임무를 점차적으로 늘려 갔다. 마침내 1993년 구 유고연방에 대한 국제형법재판소가 세워졌다. 그러나 쏟아지는 결의문들은 확대된 임무를 완수할 수 있는 더 많은 인력, 병력, 재정과 군사력을 지원하지 못했다. 다시 말해, 유엔 회원국들은 보스니아계 세르비아인과 세르비아 지지자들에 대항하여 광범위한 압력을 가할 정치적 의지가 없었다. 그들은 각각의 국가이익이 직접적으로 연관되어 있지 않고 결과가 불투명한 상황에서 그러한 강제조치가 불가피하게 초래할 수 있는 사상의 위협을 감수하려 하지 않았던 것이다.

보스니아와 크로아티아에서의 유엔의 평화유지 역할은 1995년 유엔 중재 데이톤 평화조약으로 종결되었다. UNPROFOR는 해체되었고, NATO가 지원하는 평화이행단IFOR: Implementation Force이 그 임무를 대체하게 된다. IFOR의 6만 명 군사 중에는 미군이 2만 명이었다. IFOR는 적어도 이론상으로는 싸움이 다시 일어나는 것을 방지하기 위해 좀 더 자유롭게 무력을 사용할 수 있었다. NATO는 유엔 평화유지군이 과거에 하려 했던 일들, 즉 군대해산과 철군을 감시하고 인권을 보호하는 일을 계속하게 되었다. 이 시점에서 많은 다른 기구들도 유엔과 관련된 활동에 참여했는데, 유럽안전보장협력기구OSCE: Organization for Security and Cooperation in Europe와 여러 인권단체들이 그 예이다.

3세대에 걸친 평화유지 활동은 총체적으로 평화와 안보에 대한 위협에 대처하는 방식을 확장시켰지만, 유엔의 정당성 또한 상당한 손실을 입었다. 앞서 여러 차례 언급한 바대로, 분쟁이 일어난 곳에서 정전을 이끌어 내고 인도적 지원활동을 벌이는 일은 인력과 군사를 지원한 국가들에게 상당한 인적 · 경제적 손실을 입히는 등 많은 문제점이 드러나게 되었다. 또 개입시기에 대한 끊임없는 논란이 일었다. 각각의 위기상황에서 유엔이 좀 더 빨리 대처했더라면 질서를 지키고 인권을 보호하며 생명을 더 많이 구할 수 있었을 것이나, 유엔은 그렇지 못했다. 안전보장이사회는 헌장 제7장 강제조치 조항을 반복해 인용했지만, 회원국들은 필요한 억제력 혹은 강제력을 확보할 수 있는 충분한 군사력을 제공하지 못했다는 비판을 면하기 어렵다.

유엔헌장 제7장의 강제조치 적용에 대해서도 논란이 많다. 이 강제조치는 직접적인 군사개입뿐만 아니라 경제, 군사, 외교 그리고 재정적인 제재를 포함한다. 냉전기간 동안에는 7장의 규정은 단 두 번만 사용되었다. 남 로데시아가 1965년 일방적으로 영국으로부터의 독립을 선언한 후 백인 소수정권에 대한 경제적 제재와, 1997년 남아프리카공화국에 가한 무기통상 금지조치가 그것이다. 냉전종식 이후 안전보장이사회는 좀 더 많은 경우에 헌장 7장을 인용하여 국제적 평화와 안보를 위협한다고 판단되는 상황에 개입하도록 허가했다. 그 강제조치는 1990년 이라크에 대한 경제 제재조치, 1991년 구 유고연방에 대한 통상정지, 1992년 리비아에 대한 비행무기통상 금지, 1994년 르완다에 대한 무기 통상 금지조치를 포함한다. 군사적 강제조치는 다음과 같은 목적을 이루기 위한 선택사항이다.

- 침략행위를 막기 위해(한국과 이라크의 경우, 이것은 집단안보와 가장 가깝다)
- 무력으로 전복된 합법적인 정부를 회생시키기 위해(미국이 안전보장이사회에서 권한을 받아 1994년 아이티에서 활약한 것)
- 대량학살과 인권탄압으로부터 일반국민을 보호하기 위해(1991년 이라크 북부의 쿠르드족의 경우)
- 경제제재와 무기통상 금지를 집행하기 위해(NATO와 서유럽연합WEU이 유엔을 대신해서 보스니아와 코소보에서 각각 세르비아와 구 유고연방에 대항하여 활동했을 때)
- 분쟁지역에서 비행금지구역과 안전지역을 실행하기 위해(이라크, 보스니아, 르완다의 경우)

제3세대 평화유지 활동은 이 같은 강제조치를 자주 발동하였는데, 때로는 안전보장이사회로부터 분명하게 위임을 받아서였고, 때로는 실제로 일어나는 상황에 대한 임의적인 대처로 실행하였다. 임의적인 대처는 구호물자와 구호단원을 보호하기 위해서라든가 안전지역을 제공하기 위한 경우에 해당된다. 앞에서 설명한 보스니아와 르완다, 소말리아의 경우에는 강제조치가 적용되었다. 그러나 유엔은 헌장 제7장을 인용해서 내린 결정을 수행하는 자원과 의지를 확보할 수 없다는 약점을 드러냈다.

아프가니스탄

미국은 2001년 9월 11일 9·11 사태를 계기로 그 배후로 지목된 오사마 빈라덴과 탈레반 정권을 응징하기 위하여 연합국과 항구적 자유 작전Operation Enduring Freedom을 시작하였고, 빠른 속도로 탈레반 정권축출에 성공한 후 광범위한 COINcounterinsurgency 전략, 즉 대對반란 전쟁으로 작전의 방향을 바꾸었다. COIN은 기존의 군사적 대립에 치중한 전략에서 나아가 사회적 · 정치적 안정을 최종목표로 하는 대대적인 전략의 변화를 의미하는데 이는 최초 탈레반 정권을 몰아내는 것보다 더욱 많은 노력과 시간을 요하는 작업이었다. COIN 전략의 성공은 안보security, 법규나 인권을 비롯한 통치governance 그리고 경제 · 사회적 개발development의 세 가지 요건의 충족 여부에 달려 있었다. 아프가니스탄의 경우는 특히나 지도적 · 물질적 그리고 인적 자원이 부족하였기에 자생적인 정치 · 사회적 회복은 불가능했고 유엔을 비롯한 국제사회의 도움이 절실히 필요한 실정이었다.

아프가니스탄의 재건을 위해 국제사회에서는 2002년 아프가니스탄 협정을 맺어 'Lead Nation' 모델을 이용해 국제공조를 펼쳤다. Lead Nation 모델이란 미국, 독일, 이탈리아, 영국, 그리고 일본이 각각 군대, 경찰, 사법, 마약수사, 무장, 동원해제 및 재건을 맡아 아프가니스탄의 안보 관련 행정에 도움을 주는 모델로 아프가니스탄 정부GIRoA: The Government of the Islamic Republic of Afghanistan의 홀로서기를 위한 도움닫기에 해당했다. 본 협약은 2006년도에 완료되어 마침내 GIRoA는 국제사회와 아프간의 미래에 있어 동일한 비전을 유지할 것을 약속하며 그를 위한 국제사회로부터의 자원과 지지의 제공을 전제로 모든 권리를 회수하였다. 본 협약의 효율적인 이행을 위해 GIRoA 대표와 유엔 사무총장 특별대리인UNSRSG: United Nations Special Representative of the Secretary-General이 공동의 장을 맡은 합동 협조단과 검토 위원회JCMB: Joint Coordination and Monitoring Board를 설립하였다. UNSRSG는 유엔의 아프가니스탄 원조 임무UNAMA: United

유엔평화구축위원회(PBC: United Nations Peacebuilding Commission)는 2005년 12월 20일 설립된 정부 간 자문기구로, 분쟁이 있는 나라에 평화를 구축하기 위한 도움을 주는 평화를 위한 핵심기구이다. 유엔평화구축위원회의 역할은 육·공군 원수 등 병력을 지원한 나라와 관련된 모든 요소들을 한자리에 모아 평화구축과 회복을 위한 전략을 제안하고 논의하는 것이다. 또한 분쟁으로 인해 훼손된 건물을 복구하고 지속가능한 개발을 위해 힘쓰며, 전쟁 이후 평화회복을 위한 최선의 방법을 위해 유엔과 유엔 밖의 공동체들이 협력할 수 있도록 돕는 역할도 한다. 유엔평화구축위원회는 평화구축지원사무소(PBSO: Peacebuilding Support Office)의 도움으로 분쟁방지, 평화유지, 인도주의적 원조, 인권회복 등과 관련된 유엔의 경험과 역량을 지원받기도 한다.

유엔평화구축위원회는 조직위원회(Organizational Committee), 분쟁국가별 회의(Country-Specific Configurations), 평화구축지원실(Working Group on Lessons Learned)로 구성된다. 조직위원회는 안보리 상임이사국 포함 총 31개국으로 이루어져 있고, 회원국들은 평화구축위원회의 어젠다 개발과 활동범위, 개발전략 등을 함께 논의한다. 조직위원회의 임기는 2년이며 연임이 가능하다. 분쟁국가별 회의는 조직위원회 위원국을 포함하여 분쟁 당사국, 재건과정에 참여하는 역내국가, 관련되는 지역기구, 재건과정에 참여하는 재정 및 병력 기여국, 현지의 국제연합 고위 대표, 분쟁지역의 국제금융기구 등이 참여하고, 개별 나라의 특정한 이슈에 중점을 맞춰 미국 뉴욕에서 열리는 회의에 화상으로 함께 참여하도록 하여 문제 해결을 돕는다. 평화구축지원실은 사무국으로서 위원회의 활동을 지원하고, 이전에 있었던 분쟁 이후의 경험에서 정수를 뽑아 개발방안을 제안하고 이행한다.

출처: 유엔평화구축위원회 홈페이지 참조.

Nations Assistance Mission in Afghanistan를 주도적으로 이끌었다(CRS Report, 2009).

UNAMA는 아프가니스탄 협약에 적시되어 있는 바와 동일하게 UNSRSG의 주도적인 역할을 확인하며 유엔은 군사적 역할보다는 민간인 지원에 중점을 둔다는 것을 명확하게 하였다. 하지만 이러한 노력에도 불구하고 여전히 유엔은 그 역할을 수행하기에 부족한 물적·인적 자원으로 허덕이고 있다. 그에 더해 조금 더 미묘한 문제는 UNAMA를 수행하는 데 있어서 유엔의 임무가 서로 다른 가치 사이에서 충돌을 한다는 것이다. UNAMA는 국제공조를 통해 국제사회의 목소리가 GIRoA에 전달이 되도록 하는 것을 임무로 하지만 그와 동시에 UNSRSG는 인권옹호를 위해 국제적 군사활동으로부터 GIRoA의 독립성을 어느 정도 유지할 필요도 있었다.

미국은 아프가니스탄에서 2021년 8월 31일 완전 철수하였다. 미군이 철수하기도 전 아프가니스탄 정부군은 탈레반에 의해 완전히 와해되었고, 탈레반은 아프가니스탄 전쟁에서 결국 승자가 되었다. 9·11 사태를 계기로 시작된 전쟁은 20년 만에 사실상 미국의 완전한 패배로 끝이 났다.

평화유지와 제재조치에 관한 유엔의 문제점

그동안 유엔이 펼친 평화유지 활동과 각종 제재조치에서 나타난 문제점들은 앞으로 등장할 수 있는 각종 사안과 관련해 많은 질문을 던지게 된다. 여기서 문제점 세 가지를 지적하면 다음과 같다.

첫째, 분쟁 당사국의 동의와 관련된 문제이다. 제1세대 평화유지 활동은 당사자들의 동의를 필수조건으로 한다는 원칙을 내세웠다. 그러나 제2세대, 제3세대 평화유지 활동에서는 당사국들의 정치적 · 법적 필요성에 의해 평화유지 활동에 협조하지 않는 양상을 보였다. 따라서 유엔은 이라크의 크루드족 탄압이나 보스니아 난민들, 그리고 소말리아와 르완다에서 고통을 겪은 사람들에 대한 인도적 개입이라는 정당성으로 개입했다. 당사국들의 동의의 요구조건에 대한 엄격한 고수는 만약 유엔이 민족갈등, 무너진 국가, 광범위한 인류적 재난과 관련된 분쟁에서 어떠한 역할이라도 하려 한다면 계속적으로 문제가 될 것이다. 그러나 모든 당사자들의 동의, 특히 다양한 무장 분파들의 동의를 얻지 못하는 것은 유엔의 공평성을 위태롭게 하고 유엔이 강대국, 특히 미국에 의해 움직이게 하여 종국엔 유엔의 참여 자체를 방해할 수 있다. 따라서 분쟁국이나 분쟁 당사자들의 동의문제는 앞으로 유엔이 해결해야 할 중요한 사안이 될 것이다.

둘째, 무력사용과 관련한 문제이다. 평화유지 활동의 작전 집행영장은 유엔이 임명한 지휘관이 다양하게 구성된 군대에게 실행할 수 있는 명령으로 바꾸는 '합법적 행위를 위한 허가서authorizations for lawful action'를 발행한다. 전통적으로 제1세대 평화유지군은 자기방어를 위해서만 무력을 사용하도록 되어 있었다. 이러한 제한은 분쟁 당사자 모두가 정전을 준수할 것에 동의한 키프로스 같은 경우에만 가능한 것이었다. 그러나 제2, 3세대 평화유지군들이 지역 군사세력을 무력화시켜야 하거나 인도적 구호물자를 전장으로 운반하는 과정에서 또 무력저항에 맞서 일반시민들을 보호해야 할 때는 임무를 완수하기 위해 무력을 사용하는 것에 관한 더 명확한 작전 집행영장을 필요로 했다. 대부분의 경우 그러한 집행영장은 나오지 않았다. 언제, 어떠한 상황에서 목적을 달성하기 위해 치명적인 무력을 사용할 수 있는지에 관한 '정확한 교전 법칙precise rules of engagement'이 있어야만 한다. 더 나아가, 충분한 군사력과 역경의 상황에서도 그들이 임무를 수행할 수 있도록 하는 회원국들의 정치적인 지지를 필요로 한다.

유엔 평화유지군이 내전과 같은 경우에 무력을 사용했을 때는 소말리아와 보스니아 그리고 1960년대 콩고 사태 때와 같이 유엔의 공정성에 대한 의구심이 야기될 수 있다. 평화유지와 제재조치를 명확하게 구분하기는 어렵다. 그러나 수천 명 민간인의 목숨이 위태로울 때 무력을 사용하지 못하는 것 또한 유엔의 신용과 도덕적 권위를 훼손시킬 수 있다.

셋째, 회원국들의 지원에 관한 문제이다. 유엔에서 회원국들로부터 필요한 재정, 병력 지원을 획득하는 것은 지속적인 문제였다. 군사감시단은 유엔의 일반예산으로 운영되지만, 광범위한 평화유지 활동은 특별 평화유지 분담금에서 지원된다. 그러나 회원국들이 분담금 지불을 지체하는 경우가 많았고 심지어 미국의 경우는 분담금 유예를 빌미로 유엔을 위협하기도 했다. 평화유지 활동이 늘어남에 따라 재정적 부담이 커지는 것은 당연한 일이다. 1987년 평화유지 활동 비용은 2억 3천3백만 달러였다. 1991년에 이것은 4억 2천1백만 달러로 두 배 늘어났고, 1994년에는 38억 달러로 최고조를 이루었다. 1998년에 다시 11억 달러로 줄어들었지만 1998년 유엔의 평화유지 활동 연체금액은 18억 달러에 달했다. 2022년을 기준으로 평화유지 활동 비용은 약 65.8억 달러이다.

평화유지군을 모집하는 것도 중요한 문제 가운데 하나다. 평화유지군은 보통 중소국가에서 파견되곤 했고, 특히 비동맹국과 중립국가들이 지원했다. 평화유지 활동군에 대한 수요가 늘어나면서 주요 강대국들이 군사를 파견했지만 역시 자국과 관계 있을 때만 군사를 파견하는 사례가 대부분이었다. 미국은 아이티에 개입하고 프랑스는 르완다에 개입한 것 등이 그 예가 되겠다. 그러나 강대국의 국익과 국제적 이익이 반드시 일치하지 않기 때문에 이 부분은 위험성을 내포하고 있다. 소말리아, 르완다, 아이티에서와 같이 '하도급 계약 관행', 즉 다국적 평화유지군을 조직하는 임무는 많은 어려운 문제들을 일으켰다. 특히, 강대국들은 군사를 파견해도 그들 군대를 유엔의 지휘 아래 놓으려 하지 않았고 이는 군사활동에 관한 유엔의 감독권을 약화시켰다.

이 문제와 관련해서는 특히 미국을 지적하지 않을 수 없다. 미국이 광범위한 분쟁에 효과적인 다국적 개입을 이끌 수 있는 정치적 · 경제적 군사력을 지닌 유일한 국가이기 때문이다. 유엔 평화유지 활동의 역사를 보면 미국은 전통적인 평화유지 활동을 지지하면서 병력과 물품을 대부분의 작전에 제공했다. 탈냉전 초기부터 1993년 10월 소말리아의 사태 전까지 미국은 국제 평화유지와 관련해 상대적으로 커진 유엔의 역할을 지지했다. 그러나 소말리아 사태 이후 미국은 미군을 유엔 평화유지에 지원하기를 꺼리기 시작했고 캐나다와 노르웨이, 덴마크, 일본 등도 미국과 비슷한 태도를 나타냈다.

1994년 미 클린턴 행정부는 미국이 지원할 수 있는 활동의 경우에 대해 매우 제한적인 관점을 받아들였다. 1994년 5월, 이 행정부는 미국의 참여를 위한 6가지의 조건을 명시했다. 국제분쟁상황이 미국이 참여함으로써 미국의 국익에 도움이 되는 경우, 군사지원이 미군의 방어상태를 손상시키지 않을 경우, 평화유지 임무의 성공적인 완수와 다른 국가들을 설득하기 위해서 미국의 참여를 필요로 할 경우, 명령과 통제의 관계가 허용될 경우, 미국의 참여의 종착점이 확실히 확인될 경우, 그리고 의회를 포함한 국내의 지원이 있을 경우 등이다(Mingst and Karns, 2000). 이러한 엄격한 조건들은 미국이 유엔 활동에 참여하는 것을 피하기 위해 언제든지 쉽게 인용될 수 있었다.

미국이 유엔에 대한 재정적 의무를 다하지 않는 것도 미국의 지원에 있어서의 문제를 보여준다. 따라서 평화유지 활동 참여에 대한 엄격한 조건을 내세우고, 계속해서 재정적 지불유예를 쌓아가면서, 미래에 있을 분쟁에 세계제일의 강대국이 줄 수 있는 정치적 · 재정적 도움에 대한 의심을 불러일으키게 한다.

군비조절과 군비축소

유엔헌장 제26조는 안전보장이사회가 세계적인 군비축소를 이루는 데 따른 책임을 지고 있다고 규정하고 있다. 그러나 헌장이 그렇다는 것이지 당초 범세계적 군비축소와 군비조절과 관련해 유엔이 획기적인 역할을 하리라는 기대는 없었다. 놀랍게도 이 부분은 중소국가들이 총회에서 주도해 군비조절과 군비축소에 관한 다양한 토론의 장을 열었는데, 군축협약 제1위원회와 군축협의회 등이 여기에 포함된다. 여기서는 대량 살상무기 확산 금지조치와 지뢰퇴치의 문제에 대한 유엔의 태도를 살펴보겠다.

핵무기 보유 확산 제한

핵무기 개발에 관해 유엔은 몇 가지 제안을 했다. 냉전상황으로 인해 대부분 효과적으로 실행될 수 없었던 반면, 다른 몇 개는 성공적이었다. 예를 들어 1953년 미국은 원자력의 평화적 사용에 대한 정보를 알리고, 핵분열성 물질의 전환을 막도록 하는 안전 시스템을 제공하는 국제기관을 창설하자고 제안했다. 국제원자력기구IAEA: International Atomic Energy Agency가 1957년 유엔 특별기구로 창설되었다. 이 기관은 유엔이 핵확산금지조약을 위한 협상에 관여하기 시작하고부터 활발한 활동에 나섰다. 1961년 유엔총회에서 스웨덴과 아일랜드에 의해 제안된 핵확산금지를 위한 협상은 7년을 끌어 1968년에야 끝나게 되었고 그 결과 핵확산금지조약NPT: Nuclear Nonproliferation Treaty이 1970년부터 실시되기에 이르렀다.

NPT의 요지는 비핵무기를 선언하고 무기를 개발하지 않는 국가들은 그에 대한 보답으로 평화적인 핵기술을 전수받을 수 있다는 것이다. 이는 북한에 대한 경수로 지원이 대표적인 수혜사례라고 할 수 있다. 또한 핵무기를 소지하고 있다고 선언한 국가들은 미래의 어느 시점에 가서는 무기를 포기할 것을 약속하는 것을 골자로 하고 있다. 즉, NPT는 두 개의 계급 시스템을 동시에 가동하고 있다. 핵무기 소지를 선언한 국가들, 당시의 미국과 구 소련, 영국과 프랑스 그리고 중국이 한 계급을 구성하고 나머지 국가들이 다른 계급을 이루는 형식이다. 대부분의 나라들이 이 같은 계급형식을 받아들이기는 했지만, 이 시스템은 1974년에 평화적인 핵실험을 실시하고 1998년 5번에 걸친 핵무기 실험을 실시한 인도와 같은 몇몇 국가에게는 항상 거슬리는 것이었다.

NPT는 또한 협약에 가입한 비핵국가들의 핵개발 상황을 감독하는 시스템도 갖추고 있다. 무기사찰이 그것이다. 무기사찰은 여러 해 동안 비교적 순탄하게 실행됐고 신뢰성을 쌓았지만 1990년대 초반 이라크와 북한의 핵무기 보유 가능성이 빚어지면서, 그리고 이들이 IAEA와 맺은 안전조약과 NPT 의무를 완벽히 이행하지 못한 점 등은 전체적인 시스템의 신뢰성을 재검토하게 하는 원인이 되었다. 재정적 지원문제는 여기서도 불거진다. IAEA는 충분한 재정적 지원을 받지 못했기 때문에 산적한 모든 의무를 다할 수 없었다. 그뿐만 아니라 IAEA는 NPT에 가입하지 않은 국가들을 통제할 수 없었다. 예컨대 인도와 파키스탄 그리고 이스라엘 등인데, 이 가운데 이스라엘은 핵무기를 소지하고 있다고 선언하지는 않았지만 이스라엘이 핵무기 보유국가라는 것은 국제사회에서 비밀이 아니다. 이 같은 결점을 이용해 여러 나라들이 NPT 탈퇴라는 협박용 카드를 이용하기도 했다. NPT는 핵확산금지를 위한 전반적인 틀을 세웠지만 완전하지는 못했고, 그러한 이례적인 부분들 때문에 국제사회가 핵위험 국가들에게 어떻게 대처해야 할 것인지를 묻는 숙제를 남겼다. 또한, 2015년 4월 27일부터 5월 22일까지 뉴욕에서 열린 NPT 재검토회의Review Conference에서 2010년 이후의 조약들을 검토하였으나 최종문서의 합의에는 도달하지 못하였다.

1996년에 유엔 군축위원회가 열렸다. 여기서 포괄적 핵실험금지조약CTBT: Comprehensive Test Ban Treaty이 체결되었는데, 이 협정은 두 가지 중요성을 가지고 있다. 그것은 핵무기 보유국과 그 밖의 협약에 가입한 다른 나라들이 새로운 무기를 개발하지 못하도록 규정했다는 점과 핵확산에 반대하는 강력한 국제적인 규범을 다시 한번 확인시켰다는 중요성이다. 이러한 의미에서 포괄적 CTBT는 조약준수의 기술적인 확인과 4개의 다른 정보형태를 사용하는 국제 감시 네트워크를 통해 NPT의 영향력을 보강하는 효과가 있었다. 포괄적 CTBT는 협정에 참여한 당사국들이 협약을 준수하지 못할 경우 그 책임을 스스로 선언하게 하는 약정을 담고 있다. 대부분의 국가가 CTBT에 따르고 있으나 인도, 파키스탄, 북한만이 이를 어기고 있다.

생화학무기 금지

생화학무기CBW: Chemical and Biological Weapons문제는 지난 1969년부터 유엔 총회의 주기적인 의제가 되어 왔다. 생화학무기가 여러 나라에 존재하고 있다는 것과 미국의 베트남전 당시 고엽제 사용과 더불어 이라크가 이란-이라크 전쟁에서 불법 생화학무기를 사용했다는 사실과 같은 사례들이 드러났고. 실제로 여러 나라들이 생화학무기를 보유하고 있다는 것이 증명됐다. 따라서 이 같은 대량 살상용 생화학무기를 금지하자는 의견이 제기되었다. 냉전기간 동안에는 강대국들의 상호적인 의심이 생화학무기에 대한 심각한 논의를 불가능하게 했다. 그러나 유엔이 이 문제를 끈기 있게 제기한 결과, 1975년 군축위원회에서 논의된 생물무기협상이 실행되는 단계에 이르게 되었다. 이 협상은 문제점을 안고 출발했다. 조약에 동의한 1백여 개 국가들이 현존하는 무기고를 파괴할 것과 연구목적의 원료들을 제한할 것에 동의했지만, 조약에는 사찰에 관한 조항이 없었다. 그리고 이라크, 이란, 리비아, 이집트, 시리아, 러시아와 같은 몇몇의 국가들은 여전히 생화학무기를 소지하고 있는 것으로 의심받고 있다. 그러나 이 생화학무기문제는 2003년 미국이 이라크를 공격하는 데 필요한 중요한 빌미를 제공하기도 했다. 이라크가 천연두균을 보유하고 있다는 주장을 미 부시 행정부가 전개했고 이것이 미 국민들을 공포에 몰아넣었던 것이다.

1990년에 냉전이 끝나면서, 미국과 러시아는 화학무기를 줄이는 데 동의하게 된다. 이 같은 군축협약은 국제사회가 오랫동안 기다려 온 화학무기금지조약 CWC: Chemical Weapons Convention을 완성할 수 있는 길을 열었다. 1993년 화학무기협약이 이뤄지면서 화학무기에 대한 생산, 획득, 저장, 보유 혹은 사용이 금지되었다. 긴 협상 끝에 167개국에 의해 서명된 CWC는 기존 생화학무기 협약과는 달리 협약에 서명하지 않은 북한과 이라크, 시리아, 이집트 그리고 이스라엘 등에 대한 제재위협도 가능하도록 명시했다. 이것은 1997년 4월 29일, 87개국 비준과 함께 실행되었다. 이후 매 5년마다 CWC 평가를 위한 컨퍼런스가 개최되었으며 어떠한 분야에 변화가 필요한지를 검토하고 있다.

생화학무기협약과 NPT의 중요한 차이점은 모든 조약 당사국들이 대량살상용 무기들의 소유, 개발, 사용에 대한 완전한 금지를 받아들였다는 것이다. 다시 말해, 생화학무기협약에는 2개의 계급 시스템이 없다. 생화학무기협약의 경우에서는 영국의 지원이 중요한 역할을 했고 NPT의 경우에는 프랑스와 중국의 역할이 컸다. 이러한 주요 강대국들이 적극적으로 참여함으로써 협상이 타결될 수 있었다.

지뢰 금지

핵무기가 냉전의 상징이었던 것처럼, 살상을 위한 지뢰는 탈냉전시대의 상징이 되었다. 지뢰는 1990년대에 앙골라, 아프가니스탄, 캄보디아 그리고 보스니아 전에서 비정규군에 의해 많이 사용되었다. 식별하기 어려운 무기인 지뢰는 지뢰밭에 들어간 많은 민간인들에게 해를 입혔다. 지뢰는 전근대적인 무기처럼 보이지만 현재 전 세계적으로 1억 개의 지뢰가 여전히 남아 있는 것으로 보고되고 있다. 한편 지뢰와 관련해서는 다른 무기통제문제와는 달리 NGOs들의 활동이 두드러졌는데, 이것은 이전까지 찾아보기 힘든 운동이었다.

지뢰 금지의 경우 핵이나 생화학 무기를 금지하는 경우와 상당히 다른 길을 따랐다. NGOs 네트워크를 이용한 몇몇의 개인들이 국가들로 하여금 지뢰금지를 받아들이게 하였고, 유엔으로 하여금 지뢰 해제 활동을 하도록 했다는 점이 두드러진다.

국제지뢰금지운동ICBL: International Campaign to Ban Landmines이 시작된 것은 1992년이다. 세계 45개국 1천여 NGOs를 연결하는 이 캠페인은 인터넷의 도움을 크게 받았다. 이 운동의 목적은 살상을 위한 지뢰의 사용 · 생산 · 저장 · 판매 · 운반 혹은 수출을 금지하는 것, 그리고 지뢰조약을 완성하고 실행하며 감시하는 것과 지뢰를 해제시키기 위한 자원을 확보하고 지뢰 피해자를 위한 원조를 제공하는 것이었다.

이 같은 지뢰퇴치 운동에는 사망한 영국의 다이애너 왕세자비의 역할이 컸다. 이 운동은 독자적인 활동을 구축했고, 복잡한 유엔 군비축소 위원회를 피하기 위해 유엔총회를 상대로 공보활동을 조직했다. 영국의 다이애너 왕세자비가 사망하면서 세를 더해 간 지뢰퇴치 운동은 같은 해 협상되었던 대인지뢰금지협약의 발판을 마련하였고 100개국 이상의 나라로부터 서명을 받아내기에 이르렀다. 그러나 100여 개 나라가 서명했다고 해서 문제가 풀린 것은 아니었다. 서명을 거부한 미국과 중국 같은 나라들은 지뢰가 여전히 필요하다고 생각했고, 미국은 지뢰가 한반도에서는 국가방어를 위해 필수적이라고 주장했다. 그러한 과정을 겪으며 지뢰퇴치 운동은 40개 이상의 나라가 조약에 비준하면서 1999년 5월 1일에 국제법으로 자리 잡는 길을 열어 주었다. 국제지뢰금지운동의 성공으로 지뢰퇴치 운동을 주도한 윌리암스Jody Williams는 1997년에 노벨 평화상을 수상하기도 했다.

대인지뢰금지협약이 다른 유엔협약과 구분되는 것은 앞서도 언급했지만 이 협약이 NGOs, 그중에서도 특히 국제적십자연맹이 적극 개입했다는 것이다. 국제적십자는 문제의 범위를 측정하고 실행을 위한 재정적 · 기술적 자원을 제공하는 데 있어서의 역할에 적극적이었고 NGOs 감시단은 유엔 사무총장을 통해서 관련된 국가 정부관료나 비정부기관이 참여할 수 있는 국가모임에 보고할 수 있는 권리를 얻었다. 지뢰를 금지하고 해제하는 문제는 그 문제가 국제의제가 되도록 한 NGOs의 역할과 NGOs와 유엔이 조약을 실행하기 위해 행한 역할 때문에 무기감축의 연대기에서 독특한 모습을 보인다. 전 세계 많은 국가들이 참여하고 있지만 미국은 지지를 표명하였을 뿐 가입을 하지는 않았다. 미국은 대인지뢰금지협약의 모든 조항을 존중한다고 선언하였으나 한반도에서의 대인지뢰 사용을 여전히 고수하고 있는 입장이다.

평화와 안보에 대한 미래의 도전

유엔을 비롯한 국제기구가 국제 평화와 안보에 어떤 기여를 했는가 하는 질문에 대한 대답은 여전히 모호하다. 현실주의자들이 주장하는 바와 같이 안보는 세력균형 원칙에 달려 있는 것이고 국제기구의 역할은 무의미하다는 것은 지나치게 가혹한 평가인지 모른다. 하지만 자유주의자들이 희망하듯이 국제분쟁과 전쟁을 종식시키기에 국제기구는 그 한계를 드러냈다. 유엔은 국제 평화와 안보를 가장 중요한 목적으로 삼고 탄생한 범세계적 국제기구이다. 그런 유엔의 국제 평화와 안보에 대한 역할은 평가가 엇갈린다.

유엔은 안전보장이사회를 고안해 국제연맹의 취약점을 보안하고, 집단안보와 세력균형의 적절한 조화를 통해 변형된 집단안보체제를 구축하려 했다. 그러나 예기치 않은 냉전의 등장은 안보리의 효율적인 운영을 방해했고, 유엔헌장을 창출한 세계 지도자들의 의도와는 달리 집단안보는 달성하기 어려웠다. 유엔의 딜레마는 계속됐다. 주권국가의 주권을 보장한다는 원칙과 국제 평화를 위해 또는 보편적 인도주의적인 활동을 위해 국내적 개입을 해야 한다는 고민에 시달려야 했다. 회원국들의 재원조달 부족으로 허덕인 것은 말할 것도 없다. 그럼에도 불구하고, 평화유지 활동이라는 새로운 고안은 국제 평화에 커다란 기여를 하였다.

유엔이 지구상의 모든 분쟁에 대해 대응할 수 있는가? 그렇지 않다면, 유엔은 언제, 어떻게 개입할 것인가? 탈냉전 초기의 유엔의 적극적인 활동에 대한 낙천주의가 사라진 현재의 상황에서 이것은 반드시 결정을 해야만 하는 문제이다. 얼크하트Sir Brian Urquhart는 지배적인 정서를 다음과 같이 요약하고 있다. “탈냉전 후 잠시 동안의 밀월 후에 유엔은 또 다시 중요한 문제들에 대해 그 결정을 실행할 수 없게 되었고, 이번에는 냉전이 만들어 낸 장애물 때문이라는 변명도 없다”(Lewis, 1993: 9). 그러나 국제 평화와 안보를 위해 유엔이 한 것이 그것밖에 없을까? 그렇지는 않다. 유엔은 여러 가지 주요 성공사례도 훈장처럼 가지고 있다. 나미비아나 캄보디아, 그리고 모잠비크의 경우가 바로 그것이다. 따라서 유엔에게 남은 과제는 그 성공과 실패로부터 훌륭한 교훈을 이끌어 내는 것이다.

유엔은 원하든 원하지 않든 국제 평화와 안보에 대한 다양한 위협에 계속해서 대응해야 할 임무를 띠고 있다. 이러한 임무를 완수하는 것은, 첫째 예방외교에 중점을 둬야 할 것이고, 둘째 그 필요성이 증가하는 평화유지군을 지원할 수 있는 조직의 능력을 강화시켜야 할 것이다. 셋째 유엔은 평화조정과 평화구축을 위한 정치적 지원을 확실히 이끌어 내야 할 것이다. 마지막으로 유엔은 탈냉전 시대의 딜레마를 조정함으로써 각각의 회원국들이 갖고 있는 유엔에 대한 영향력의 그늘에서 벗어나려는 노력이 필요할 것이다.

토론 주제

1. 어떤 국가가 개별 국가의 이익에 부합하지 않는 국제사회가 인식하는 공동의 이익인 침략자 반격에 나설 수 있을까?
2. 국제사회에서 모두가 평화롭게 번영하는 것이 안보리 상임이사국의 기득권 유지에 유리한가? 아니면 전쟁이 때때로 일어나 각국들이 분쟁을 통해 자국의 국력을 소모하는 게 그들의 기득권 유지에 유리한가?
3. 안보리가 빠르고 실행력 있는 조치를 하지 않을 경우, 총회가 그러한 조치를 신속하게 취할 수 있는 방안에는 어떠한 것들이 있을까?
4. 유엔 회원국들이 평화유지 활동을 하기 위해서는 집단안보와는 달리 침략자가 누구인지 규정할 필요가 없기 때문에 분쟁에 개입하는 데 더욱 편해졌다. 하지만 이러한 몰가치적 개입이 국제사회에서 침략과 분쟁에 대한 정의 실종으로 이어지게 되지 않을까?

5. 분쟁 당사자의 정전 약속이 없다면 평화유지군 파병이 어려울 수도 있고 인도적 개입이라는 측면은 또한 악용될 측면이 있는데 이 둘 간의 조화를 어떻게 이루어나가야 할까?

chapter
07

국제경제와 국제기구

제2차 세계대전 이후 미국과 유럽 주요 강대국들이 실감한 최대의 문제점은 전쟁으로 초토화된 경제였다. 이와 함께, 세계경제가 함께 발전해야 한다는 의식도 커졌다. 이때부터 미국과 영국은 자유로운 무역 환경을 조성하고 국제 통화와 금융을 안정시키는 한편 국제자본의 이동과 투자를 원활히 할 수 있도록 조정할 국제경제기구를 구상했다. 그 설립의 필요성이 대두되면서 각국은 가능성을 논의하기 시작했다. 그와 함께 설립된 국제 무역과 금융 관련 국제기구는 국제무역금융질서의 변화에 따라 다양한 기능과 역할을 수행해 왔고, 국제경제 부문에서의 국제적인 협력과 중재 그리고 글로벌 거버넌스의 핵심적 행위주체의 역할을 해 왔다.

특히 브레튼 우즈 체제Bretten Woods System의 결과인 관세 및 무역에 관한 일반협정GATT: General Agreement on Tariffs and Trade(이후 세계무역기구WTO: World Trade Organization로 발전됨), 국제통화기금IMF: International Monetary Fund, 국제부흥개발은행IBRD: International Bank for Reconstruction and Development의 활동은 새로운 국제무역질서를 확립하는 데 중요한 역할을 맡았다. 각국이 각각의 이익을 위해 국가 간 무역과 금융 거래를 할 때 얼마나 많은 분쟁이 오고 갈 것인지는 예측하기 어렵지 않다. 이들 국제 무역과 금융 기구들은 그 같은 분쟁을 해결하고 국제 무역과 금융 행위가 질서를 유지할 수 있도록 조정하는 데 주력했다. 그러나 이들 기구가 주도한 무역과 금융에 의해 발생되는 많은 논란은 1990년대 이후 워싱턴과 시애틀 그리고 프라하에서 발생한 대규모 반세계화 시위처럼 국가 간이나 이익집단 간의 갈등을 일으키고 있는 원인이 되기도 했다.

무역은 두 사회가 상품과 서비스를 교환하는 기본적인 거래행위이다. 무역에 참여하는 각국은 비교우위 상품을 생산하는 데 주력하게 되어 생산량을 증대시킬 뿐만 아니라 교역조건을 향상시키고 그로부터 경제적 이익을 얻을 수 있다. 국제협력에 있어서 국제무역은 가장 오래되고 논쟁의 여지가 많은 특징을 가지고 있으며 국제정치경제의 중요한 부분이기도 하다. 즉, 국제무역은 한편으로 소비재 상품과 서비스의 질 향상 및 다양성을 증가시키고, 기술보급 촉진, 고용창출, 그리고 능률을 조장하는 상호이익을 가져다주지만 또 다른 한편으로는 국가산업을 파괴할 수 있으며, 실업률을 높이거나, 국가의 정체성과 문화에 위협을 줄 수 있다. 그러므로 국제무역은 지속적으로 두 사회 간에 협력과 갈등을 동시에 불러일으키는 힘이라고 볼 수 있다.

범세계적으로 무역은 크게 증가하고 있으나 국제수지 불균형과 대외채무는 모든 국가에 해결해야 할 문제로 남아 있다. 막대한 제3세계의 부채는 무역에 무거운 짐이 될 뿐만 아니라 개발을 방해하고 채무국과 채권국 양쪽 모두에게 문제를 제공한다. 보호주의는 무역관계에서 미해결문제로 남아 있고 각국의 통화와 환율 개입 관련 의혹도 계속되고 있다. 이렇게 발생되는 분쟁의 본질적인 문제와 경제적 쟁점은 그 해결의 한계를 불러 왔고, 이를 해결하기 위해 국제협력을 통한 조정이 강조돼 왔다. 유엔체제의 구조 안에서 각국은 국제협력의 제도적 구조를 설립하기 위해 노력해 온 것이다.

브레튼 우즈 체제

1930년대의 대공황과 제2차 세계대전 후 세계경제와 국제무역이 깊은 침체에 빠지자 세계 여러 나라가 고관세, 수입제한, 외화관리 등의 보호무역장벽을 경쟁적으로 채택했다. 미국은 전쟁에 의해 황폐화되고 저개발된 나라들 사이에서 자유주의적 세계경제 질서의 재확립을 보장하기 위해 국제적 통화와 투자 그리고 무역문제와 관련한 제도적 정책방안을 찾고 있었다. 1944년 미국 뉴햄프셔의 한 지역에서 이름을 딴 '브레튼 우즈 회의Bretton Woods Conference'에서 미국과 영국은 국가이익과 국제경제 안정의 필요성의 균형을 맞추기 위해 브레튼 우즈 체제Bretton Woods System를 확립하게 된다.

브레튼 우즈 회의의 결과로 국제적인 제도가 성립되었고 특별한 형태의 국제통화체제가 형성되었다. 브레튼 우즈 체제는 미국이 주장한 보다 급진적인 자유주의에 대한 절충안으로서 국가가 합법적인 경제이익, 완전고용, 저인플레이션, 그리고 안정적인 경제성장을 원칙으로 하는 자유주의적 경제원칙을 수용하도록 했다(Ruggie, 1982). 그러기 위해 국가는 국내경제 규제를 유지해야 하며 다양한 종류의 다자간 정책 협상과 협력에 반드시 참여하여야 한다는 원칙이 합의됐고 브레튼 우즈 체제는 경제개발, 통화안정, 그리고 무역이라는 세 가지 갈래로 구분되게 되었다. 경제개발은 IBRD가, 통화안정은 IMF가, 무역은 연속적 협상의 결과인 GATT라는 무역협정이 그 역할을 맡게 됐다.

1946년 유엔의 경제사회이사회ECOSOC: United Nations Economic and Social Council가 전후 무역질서 회복을 위해 회의를 개최했다. GATT는 국제무역을 관장하는 국제무역기구ITO: International Trade Organization가 도입될 때까지 역할을 수행할 잠정적인 협정이었다. 1945년 말 미국이 발표한 '세계무역 및 고용 확대에 관한 제안'을 기초로 유엔 산하에 국제무역기구를 설립하는 방안이 추진되었다. 그리고 1948년 쿠바의 아바나에서 유엔무역고용회의United Nations Conference on Trade and Employment가 개최됐다. 여기서 ITO에 대한 헌장이 채택되었다.

ITO 헌장은 관세, 무역제한, 보조금, 고용, 경제개발 등 국제무역의 분야에 대해 각국 정부가 정책을 수립할 때 기준이 되는 원칙을 규정하는 것이었다. 그런데 이때 미국 의회가 미국 노동자와 국내산업을 보호하지 못하고 국내정책의 자주권을 침해할 우려가 있다는 이유로 비준하지 않아 결국 발효되지 못했다(Pease, 2003). 이처럼 미국은 국제 무역과 금융에 있어 자유주의를 강조했지만 자국 보호주의를 양보할 태세를 취하지는 않았다.

따라서 ITO 조약은 1950년 트루먼 당시 미국 대통령에 의해 철회되었고 국제무역의 틀을 위해 ITO 헌장 중 무역정책에 관한 중요한 조항만 기초로 하여, 1947년에 체결된 GATT가 국제무역을 담당하는 역할을 이어가게 되었다. GATT는 냉전기간 동안 국제무역의 기본 틀을 제공하였다. 선진국을 중심으로 운영돼 일명 '리치맨 클럽The rich man's club'으로 불린 GATT는 소규모 제한적인 회원제 기구로 시작했으며 WTO 출범 전까지 '보편주의'를 표방해 왔다.

따라서 GATT를 중심으로 한 기존 국제무역질서가 개발도상국의 경제발전을 보장하기에 미흡하다는 주장이 제기되게 되었고, 이에 따라 1964년 유엔총회 산하의 상설기관으로 유엔무역개발회의UNCTAD: United Nations Conference on Trade and Development가 설립되었다. UNCTAD는 개발도상국의 무역문제 해결에 중점을 둔 성격의 포럼을 개최함으로써 GATT의 업무를 보조하는 역할을 맡았다. UNCTAD가 탄생하기까지에는 1962년 발표된 '프레비쉬 보고서Prebisch Report'가 결정적인 역할을 했다. 이 보고서는 개발도상국의 공산품 수출에 대한 선진국의 특혜관세 조치를 촉구하고 개발도상국의 1차상품 수출에 의한 소득증대의 강조와 선진국과 개발도상국 간 경제적 격차가 국제무역의 질서에서도 유래한다고 주장했다. 이 같은 주장을 토대로 발족된 UNCTAD는 WTO의 체제 아래 지속적으로 그 기능을 발휘하고 있다.

1930년대 대공황기를 거치면서 각국마다 중상주의적 보호주의 정책을 발동했다. 그러나 이 같은 정책은 무역거래를 크게 위축시켰을 뿐만 아니라 결제수단을 제한했고 극심한 인플레와 통화가치 불안을 초래했다. 통화정책 분야와 관련하여 IMF는 국제적 통화 및 금융의 안정과 외국환 안정을 위해 중요한 공헌을 했다. IMF는 외환 위기를 해결하는 데 결정적인 역할을 했으며 회원 국가들의 환율제도 및 환율정책을 감시하고 국제수지와 관련된 전반적인 경제정책을 감독한다. IMF가 단기적인 국제수지 불균형을 해결하기 위한 지원을 담당하고 있는 반면 전쟁복구를 위한 자금지원과 개발도상국에 대한 경제개발을 위해 설립된 국제부흥개발은행은 생산기금 조성과 관련된 국제적 자본이동과 투자를 위해 장기자금을 지원한다.

관세 및 무역에 관한 일반협정

GATT의 기본목적과 규정

GATT는 제2차 세계대전 이후 세계무역을 규율하는 국제무역 규범으로서 세계무역의 성장과 경제발전에 기여했을 뿐 아니라 실질적인 국제기구로서 광범위한 역할을 수행했다. 사실상 GATT의 행정적인 기능은 ITO에 의해 수행될 것을 전제로 하고 있었으므로 국제기구로서의 역할이 기대됐던 것은 아니다. 그러나 ITO 설립계획이 무산됨으로써 GATT는 다자간의 무역협정을 넘어서 실질적인 국제기구로서의 기능과 역할을 맡게 되었다. GATT의 기본목적은 각국 국민의 생활수준 향상, 완전고용 달성, 세계자원의 완전이용, 상품의 생산과 교역의 확대 등을 협정 전문에 명시하고 있다. GATT의 기본원칙으로는 무차별의 원칙non-discrimination, 투명성의 원칙transparency, 호혜주의 원칙reciprocity을 들 수 있다.

무차별의 원칙은 최혜국 대우MFN: Most-Favored-Nation treatment와 내국민 대우national treatment를 포함한다. 최혜국 대우는 어느 국가가 무역장벽을 낮추거나 시장을 개방할 때, 부유국인가 빈국인가 또는 약소국인가 강대국인가에 관계없이 항상 모든 교역 상대국으로부터 수입되는 동일한 상품이나 서비스에 대해 같은 대우를 한다는 것을 의미한다. 최혜국 대우 원칙을 규정하는 이유는 차별적 관세부과와 같은 차별적 대우가 공정한 시장경쟁을 왜곡시키기 때문이다. 최혜국 대우 원칙은 대부분의 국가체결 조약에 규정되어 있고 조약상에 명시적으로 규정함으로써 법적 구속력을 가질 수 있다.

내국민 대우 원칙은 국내거래에서의 무차별대우 요구를 말하는데 내국세, 부과금, 법규, 기타 수량 제한이 국내상품을 보호하기 위하여 사용되어서는 안 된다고 규정하고 있다. 내국민 대우 원칙은 차별을 없애기 위한 제도로서 일단 관세를 납부하고 반입절차를 마친 수입상품에 대해서는 국내상품과 동등한 권리나 특권을 부여할 것을 요구하는 것이다. 내국민 대우 원칙은 정책적으로 국내상품의 사용을 장려하려는 보호주의를 막고 국내상품과 수입상품의 동등한 경쟁을 목적으로 한다. 하지만 무차별 원칙에 대해서는 특혜관세, 개발도상국에 대한 특별조치, 지역경제 통합 등의 예외를 인정하고 있다.

투명성의 원칙은 자국산업을 보호하기 위한 수량제한이 관세보다 더 차별적으로 사용될 가능성을 배제하기 위해 수량제한을 철폐하고 관세를 사용해야 한다는 원칙을 말한다. 투명성의 원칙이 요구되는 이유는 수량제한은 각 정부의 행정당국에 의해서 결정되는 경우가 있는데 수량제한이 관세보다 실질적으로 더 직접적으로 또는 차별적으로 이용될 수 있기 때문이다. 현재 선진국들은 수량규제를 거의 폐지한 상태지만 개발도상국들은 외환관리나 국제수지 보호의 이유로 유지하고 있는 형편이다.

호혜주의 원칙은 무역장벽을 완화하기 위한 모든 협상을 호혜적인 입장에서 추진함으로써 회원국 간의 권리와 의무의 균형을 유지하고 협상으로 얻어진 혜택을 극대화하려는 원칙이다. 즉, 한 가맹국이 관세를 인하한다면 다른 상대국도 인하하여야 한다는 원칙을 말하는데 무역장벽을 완화하기 위한 협상을 상호적이고 호혜적인 입장에 의해 유지하도록 노력하고 추진함으로써 혜택을 얻자는 것이다. 불공정 무역행위를 규제하기 위하여 반덤핑 규정과 상계관세 규정을 두기도 했다.

GATT는 수입의 증가로 인한 국내산업의 손해를 구제하기 위한 긴급수입제한조항safeguard clauses을 포함하고 있다. GATT 협정문 제19조에 따라 회원국은 국내산업에 심각한 피해를 줄 우려가 있다면 긴급수입제한조항을 이용할 수 있다. 하지만 이는 GATT의 자유무역 원칙을 저해할 우려가 있다는 주장을 여러 차례 불러일으켰고 그로 인해 많은 무역마찰을 야기했다.

GATT체제와 다자간 협상

1947년 GATT 성립 이후 연속적인 다자간 협상이 진행되었는데 제네바에서 열린 제1차 협상(1947.4.~1947.10.)부터 제5차 협상인 딜론 라운드(1961.5.~1962.7.)까지 20여 개국의 선진국과 소수의 개발도상국이 참가하여 관세인하를 중심으로 한 협상을 진행했고, 제6차 협상 케네디 라운드(1962~1967)에 이르러서는 관세인하와 비관세 장벽이 협상대상에 포함되었으며 개발도상국도 본격적으로 협상에 참석하여 회원국이 46개국으로 확대되었다. 케네디 라운드에서는 모든 체약국가의 관세율을 일률적인 퍼센티지로 인하하는 리니어 방식linear cut이 제의되기도 했다. 관세율 체계의 조화를 이루기 위해 높은 관세율에는 큰 폭의 인하율을, 낮은 관세율에는 낮은 폭의 인하율을 적용하는 방법 등이 제의되기도 했지만 채택되지는 않았다. 또한 비관세 조치를 규율하는 규칙이 중요한 문제로 거론되었다.

제7차 도쿄 라운드(1973~1979)의 성과로는 관세인하와 비관세 조치를 들 수 있다. 이는 선진국 주요 공산품 수출품의 90%에 무차별적인 관세인하를 말하는데 공산품의 관세인하에 따른 총무역량은 3천억 달러에 이르렀다. 무역의 비관세 장벽 완화를 목적으로 한 비관세 조치는 정부조달과 관세평가, 수입허가, 기술장벽, 반덤핑 그리고 보조와 상계관세 등 6개 분야에서 다자간 무역협상협약을 체결했다. 그러나 도쿄 라운드에서는 1970년대 오일 파동의 영향으로 불경기가 시작되어 다자간의 협상임에도 불구하고 섬유무역 규제를 위한 다자간 섬유협정MFA: Multi-Fiber Arrangement을 체결하여 비관세 장벽을 높였다.

보호무역주의를 저지하고 세계무역질서 재확립 및 무역확대를 추진하기 위해 개최된 제8차 협상인 우루과이 라운드(1986~1993)에서는 12개 분야가 논의됐다. 서비스교역, 지적재산권, 농산물, 보조금 및 상계관세, 섬유제품, 표준화, 긴급수입제한, 반덤핑, 개발도상국통합, 시장개방, 분쟁해결, 그리고 WTO 설립협정문 등이 그것이다. 그리고 1994년 모로코의 마라케쉬에서 개최된 각료회담에서 우루과이 라운드 협상결과인 우루과이 라운드 최종 의정서를 채택함으로써 1947년 이후 47년간 국제무역의 실질적인 기구로서 역할과 기능을 했던 GATT가 막을 내리고 세계무역 질서는 WTO 체제로 이행하게 되었다.

GATT의 문제점

GATT 창설 이후 세계무역은 비약적으로 확대되었고 GATT의 역할은 다양해졌지만 GATT는 하나의 잠정적 협정에 불과했기 때문에 문제가 발생하기 시작했다. GATT는 분쟁해결을 위한 사법 기능이나 경찰 기능도 없었고 GATT의 성과 여부가 회원국들의 의지에 달려 있었기 때문에 각국의 이해관계가 복잡하고 미묘한 성격을 띠기 시작했다. 비관세 장벽 사용의 증가와 함께 농업과 서비스 분야 개방의 어려움은 GATT 회원국들이 WTO를 형성하도록 하는 자극제가 되었다. GATT는 몇 가지 이유에서 세계무역의 장벽을 해결하는 데는 부적절하다는 지적을 받았다.

첫째, GATT는 기본적으로 잠정적인 국제협약이었다. ITO 출범이 실패한 이후 협상 당사자들은 관련 논쟁을 안정시키기 위한 임시변통적인 특별 분쟁처리 절차를 개발해야 하도록 압력을 받았다. 이러한 과정들은 분쟁절차를 혼란스럽고 복잡하며 모순되게 만들었다. 둘째, GATT의 사법권은 제한적이었다. 법적으로 제조품이나 산업재화에 따르는 관세나 쿼터만이 GATT의 범위에 해당된다. 그러나 생산의 세계화로 인해 그에 따른 무역 자유화와 비관세 장벽의 제거가 위기를 증가시켰다. 셋째, GATT는 하나의 기구로서의 법적 지위에 문제가 있었다. GATT는 현대 무역의 다변적 이슈를 효율적으로 다룰 수 있도록 보다 공평하고 보다 권위적이어야 했다. 그러나 회의를 위한 회의만을 거듭한다는 비난이 이어지면서 '회의 및 회의의 일반협정General Agreement of Talk and Talk'으로 불릴 만큼 권위가 추락했고 체계적으로도 문제해결을 위한 절차나 방법을 찾지 못했다(Pease, 2003).

국제무역기구

WTO 협정의 기본원칙 및 규정

1993년 12월 우루과이 라운드 협상이 타결되었고 1995년 1월 1일 WTO는 우루과이 라운드의 협상의 결과로 그동안 세계무역 질서를 유지하고 발전시켜 온 GATT 체제를 대신해 공식적으로 운영에 들어갔다. 스위스 제네바에 본부를 둔 WTO는 2023년 현재 164개(유럽연합, 홍콩, 마카오, 대만 포함)의 회원국으로 구성되어 있다. WTO는 회원국의 생활수준 향상과 완전고용 달성, 실질소득과 유효수요의 양적 확대를 1차적인 목표로 설정했다. 그리고 지속가능한 개발과 부합되는 방법으로 세계자원을 효율적으로 이용하고 회원국 간의 경제수준에 상응하는 환경보전 노력과 보호수단을 허용한다고 강령에 정했다.

또한 WTO는 상호호혜의 바탕 위에서 관세와 기타 무역장벽의 실질적인 삭감과 함께 국제무역상의 차별대우를 폐지한다는 목표를 내세웠고 마지막으로 다자간 무역체제 구축과 그 기본원칙을 보존한다고 선언했다. 이처럼 WTO 협정은 GATT의 협정을 통합하면서 직무분야는 농업, 서비스, 그리고 지적재산권에 이르기까지 광범위하게 확대되었다. WTO의 기본원칙으로는 GATT의 기본원칙을 전량 수용한 가운데, 수량제한의 일반적 폐지원칙, 그리고 관세에 의한 보호조치가 덧붙여졌다. WTO 협정하에서 국가들은 일반적으로 교역 상대국들을 차별할 수 없다. 특정 국가의 상품에 대해 낮은 관세를 부과하는 등의 특혜를 부여한다면, 다른 모든 WTO 회원국에게도 그와 동등하게 대우해야 하는 것이다.

그러나 GATT 체제와 마찬가지로 WTO 체제 아래의 최혜국 대우 원칙에도 몇 가지 예외가 허용되고 있다. 예를 들어, 특정 지역 내에 있는 국가들은 자유무역협정을 체결하여 그 지역 밖에서 수입되는 상품에는 최혜국 대우 원칙을 적용하지 않을 수도 있다. 또한 불공정하게 교역되고 있다고 판단되는 특정 국가로부터 수입상품에 대해서 무역장벽을 높일 수도 있으며 서비스 분야에서도 제한된 상황에서의 차별이 허용된다. 다만 GATT 체제와는 달리 WTO 협정문에서는 그와 같은 예외를 엄격한 조건하에서만 허용하고 있다는 점이 눈에 띈다. 국외의 것을 국내의 것과 동일하게 취급한다는 내국민 대우 원칙도 역시 협정마다 약간씩의 차이는 있지만 GATT 제3조, GATS 제17조, TRIP 제3조에서 차입된 3대

WTO 협정에 각각 규정되어 있다. 내국민 대우는 상품, 서비스 혹은 지적재산권 항목이 국내시장에 진입했을 경우에만 부여된다. 따라서, 수입품에 대해 관세를 부과하는 것이 비록 국내생산품에 대해 동등한 조세가 적용되지 않더라도 WTO의 내국민 대우 원칙에 위배되는 것은 아니다.

다자간 교역체제는 다른 방식을 통해서도 예측 가능성과 안정성을 제고시키기 위해 노력한다. 즉, 수입물량에 대해 상한선을 설정하는 쿼터나 기타 배타적 조치의 사용을 억제시키는 것인데 쿼터의 관리는 보다 많은 행정적 절차와 불공정한 운용에 대한 비난을 야기시킨다. 그러므로 각국의 무역규범을 가능한 한 명확하고 투명하게 하기 위한 노력이 병행되고 있다. 다수의 WTO 협정들은 각국 정부로 하여금 그들의 정책과 관행을 국내에서 공개적으로 발표하거나 WTO에 통보하도록 요구하고 있다. '무역정책검토제도'를 통해 각국의 무역정책을 정기적으로 검토하는 것은 국내적으로나 다자차원에서 투명성을 더욱 장려하는 수단이 되고 있다.

WTO는 무역질서에 문제가 되는 회원국의 무역정책을 재조사할 수 있는 권한이 있으며 잘못된 행동을 하는 회원국에 대해 제재를 가할 수 있다. WTO는 비관세 장벽에 관한 무역논쟁 해결에 대한 권한을 갖지만 회원국들의 목적이나 전체적인 효과가 보호무역인지 아닌지를 결정하기 위해서 법규나 회원국들의 관세법에 관한 재조사를 허락하는 것이기 때문에 WTO의 공권력 행사는 논쟁이 되기도 한다. 회원국들은 자국의 무역정책과 규율에 익숙하기 때문에 WTO의 공권력 행사는 갈등을 겪기도 한다. WTO는 회원국의 이익과 자유무역의 중요성을 조화롭게 시도함으로써 두 가지의 이익이 나타나게 하거나 둘 가운데 어느 하나가 다른 한 가지 이익을 지배하지 않도록 했다.

WTO는 새로운 세계무역질서 구축을 위해 그동안 GATT 체제가 지녀 왔던 한계를 극복하고 보다 자유롭고 공정한 무역질서를 확립했다는 평가를 받았고, 처음 5년 동안 회원국들에 대해 금융과 통신 서비스에 대한 개방화 협정을 성공적으로 이끌어 내었다. 1997년 68개국은 기본적인 전자통신에 관한 '다양한 분야의 자유화 기준wide-ranging liberalization measures'에 동의했으며 2015년에는 총 108개국이 텔레커뮤니케이션 서비스에 동참했다. 금융서비스 분야의 개방은 1997년 시작하였으며 이에 따라 은행, 보험, 증권 그리고 금융정보 분야는 95% 수준까지 자유무역에 개방되었다. 2000년에는 새로운 협상이 시작되어 2005년에는 수정된 제안서가 제출되었다.

WTO의 구성과 의사결정

WTO의 기능과 역할은 전문과 함께 16개 조항으로 구성되어 있는 본문, 그리고 17개의 다자간 무역협정MTA: Multilateral Trade Agreement으로 구성되어 있는 부속서Annex, 그리고 4개의 복수국 간 무역협정PTA: Plurilateral Trade Agreement으로 구성되어 있는 부속서를 포함한다. 부속서 1A에서부터 부속서 3까지는 모든 WTO 회원국들이 협정규칙을 준수해야 하는 의무적 부속서로서 실질적인 규정을 포함하고 있으며 법적 효과를 가지게 된다. 본문은 WTO의 설립과 기능, 구조, 의사결정, 그리고 가입이나 탈퇴에 관한 규정을, 다자간 무역협정은 1994년까지 수정되어 온 'GATT 94'를 비롯한 서비스협정GATS: General Agreement on Trade in Services, 지적재산권TRIPs: Trade-Related Intellectual Properties, 분쟁해결 관련 양해DSU: Dispute Settlement Understanding, 그리고 무역정책검토제도TPRM: Trade Policy Review Mechanism 등을 포함한다. 복수국 간 무역협정은 민간 항공기 교역, 정부조달, 국제낙농, 그리고 쇠고기 협정 등 4개 협정을 포함한다.

WTO의 의사결정은 일반적으로 합의consensus에 의해 이루어진다. 이는 세계은행 또는 IMF와 같이 기부금의 양에 의해 의사결정이 주어지는 다른 국제기구와 구별된다. WTO 체제는 다자간의 전체 이익을 위해 수용되기도 하지만 실제로 회원국들은 자국의 이익을 먼저 고려한다. 그렇기 때문에 WTO는 의사결정 방식으로서 투표가 아닌 합의제를 유지하고 있다. WTO는 각각의 의견이 합의에 이를 수 있도록 노력하는데, 합의가 불가능할 때는 1국 1표 원칙하에 과반수 표결, 즉 투표를 통해 3분의 2나 4분의 3의 다수결에 의해 결정하는 방법을 채택하고 있다.

WTO 협정은 투표와 관련하여 네 가지 특별사항을 규정하고 있다. 첫째, 다자간 무역협정문의 해석에 대한 결정은 WTO 회원국의 4분의 3 이상의 찬성으로 채택될 수 있다. 둘째, 각료회의는 다자간 협정에 입각하여 특정 회원국에 부과된 의무를 회원국 4분의 3 이상의 찬성으로 철회할 수 있다. 셋째, 다자협정은 관련 규정의 성격에 따라 모든 회원국 혹은 3분의 2 이상의 찬성으로 규정을 개정할 수 있다. 그러나 개정된 규정은 이 규정을 승인한 WTO 회원국에게만 적용된다. 마지막으로 새로운 회원국 가입에 관한 결정은 각료회의 또는 일반이사회의 3분의 2 다수결로 승인된다.

WTO의 조직

WTO의 조직은 네 가지 단계로 이루어져 있다. 첫 번째 단계인 각료회의Ministerial Conference는 모든 회원국들의 대표로 구성이 되며 최소 2년에 1회씩 반드시 회의를 개최하고 기구의 장기적인 전략계획에 책임을 져야 한다. 모든 주요 결정은 각료 또는 실무자들을 통한 전체 회원국들에 의해 이루어진다. WTO는 이사회Board of Directors에 권한이 위임되어 있지 않으며, 관료제도bureaucracy가 개별 회원국 정책에 영향을 미치지 않는다. WTO 규정이 회원국 정책에 규율disciplines을 가하게 될 때는 WTO 회원국 간의 협상의 결과가 도출된 경우이다. WTO 규정은 회원국들이 협상한 합의절차에 따라 회원국들에 의해 집행된다. 이것은 때로 무역제재trade sanction 위협을 포함한다. 그러나 이러한 제재는 WTO가 아닌 회원국들이 가하는 것이다. 이 같은 점이 일국의 신용을 기구 자체가 회수해 버릴 수 있는 다른 기구들과 크게 다른 점이다.

각료회의 아래 두 번째 단계인 일반이사회가 있다. 일반이사회는 무역분쟁해결기구와 무역정책검토기구로 구성되어 있고 WTO의 일상업무 운영이 여기서 이루어진다. 이 기구들은 분쟁해결 절차와 회원국의 무역정책을 분석하는 것을 감독하고 있다. 각 기구는 각료회의에 그들의 활동을 보고한다. 일반이사회는 각료회의를 대표해서 WTO의 모든 업무를 담당하고 있다. 또한, 회원국 간의 분쟁을 해결하기 위해서는 무역분쟁해결기구로, 회원국의 무역정책을 분석하기 위해서는 무역정책검토기구로 사안들이 받아들여진다.

세 번째 단계 조직은 서로 다른 무역분야를 감독하는 이사회로 구성되어 있다. 상품무역이사회The Goods Council, 서비스무역이사회The Service Council, 무역관련 지적재산권이사회The Trade-Related Aspects of Intellectual Property Council를 포함한다. 세 이사회는 그 명칭에서 알 수 있듯이 WTO 협정에 나오는 각각의 무역분야 업무를 담당하고 있다. 이들 이사회는 모든 WTO 회원국으로 구성되고 또한 부속기구도 두고 있다. 상기 기구 외에 6개의 다른 기구가 각각 활동을 일반이사회에 보고하는데, 이 6개의 기구들의 분야는 이사회보다 규모가 작기 때문에 위원회committee라 부른다. 각 위원회도 모든 WTO 회원국들로 구성된다. 각 위원회는 무역과 개발, 환경, 지역무역협정, WTO 운영과 같은 사안을 다루고 있다. 이 중 무역협상위원회Trade Negotiation Committee는 2002년에 설립되어 도하 개발계획을 담당하였다.

네 번째 단계 조직은 특정 분야를 다루는 세부적인 조직으로 나뉜다. 상품무역이사회에는 농업, 시장접근, 보조금, 반덤핑조치와 같은 특정 분야를 다루는 11개 위원회를 두고 있으며 각각의 위원회도 모든 WTO 회원국으로 구성된다. 또한, 섬유감시기구Textile Monitoring Body, 각국 정부가 기존 또는 새로운 정책 및 조치를 WTO에 통고하는 통보notifications 및 국영무역기업state trading enterprises 등을 다루는 실무협의단working group도 그들의 활동을 상품무역이사회에 보고한다. 일반이사회와 동급인 무역분쟁해결기구DSP: Dispute Settlement Procedures도 그 산하에 2개의 부속기구, 분쟁에 대해 판결하는 분쟁해결패널과 상소를 다루는 상소기구Appellate Body를 두고 있다. 분쟁을 해결할 수 있는 수단 없이, 규범에 기초한 체제는 그 규범을 집행할 수 없기 때문에 WTO의 분쟁해결절차는 법의 규칙을 강조하고, 더욱 안정적이고 예측가능한 교역체제를 제공해 준다. WTO 체제는 분쟁을 해결하기 위한 시한을 정하는 등 명확하게 정의된 규범에 근거하고 있는데 일차적 판정은 패널에 의해서 이루어지며, WTO의 모든 회원국들에 의해 승인 또는 거부된다. 분쟁해결절차의 목적은 판정을 내리는 데 그치는 것이 아니라 분쟁해결절차의 최우선적인 목적은 가능한 한 협의를 통해 분쟁을 해결하는 데 있다.

WTO 전 사무총장을 지낸 루지에로Renato Ruggiero는 다자간 무역체제의 중심축으로서 세계경제 안정을 위해 WTO가 공헌한 다양한 측면을 논할 때, 분쟁해결제도를 언급하지 않고서는 완전한 평가가 이루어질 수 없다고 말했다. 그는 또한 WTO 체제가 GATT 체제보다 더욱 강력하고, 의사결정이 한결 빨라지고 더 신뢰할 수 있는 기구가 되었다고 단언했다. 이는 분쟁해결절차를 이용하는 다양한 국가들이 분쟁사례가 있는 경우 최종판정에 이르기 전에 협의과정에서 분쟁사안을 해결하려고 하기 때문이다. WTO 분쟁해결절차는 분쟁의 해결을 촉진하고 조정하기 위한 수단으로서 운영되고 있으며 일방적 조치를 취할 수 있는 여지를 감소시킴으로써 약소국들에게 공정한 무역을 보장해 주는 중요한 수단이 되고 있다는 것이다.

그림 **7-1** WTO 조직도

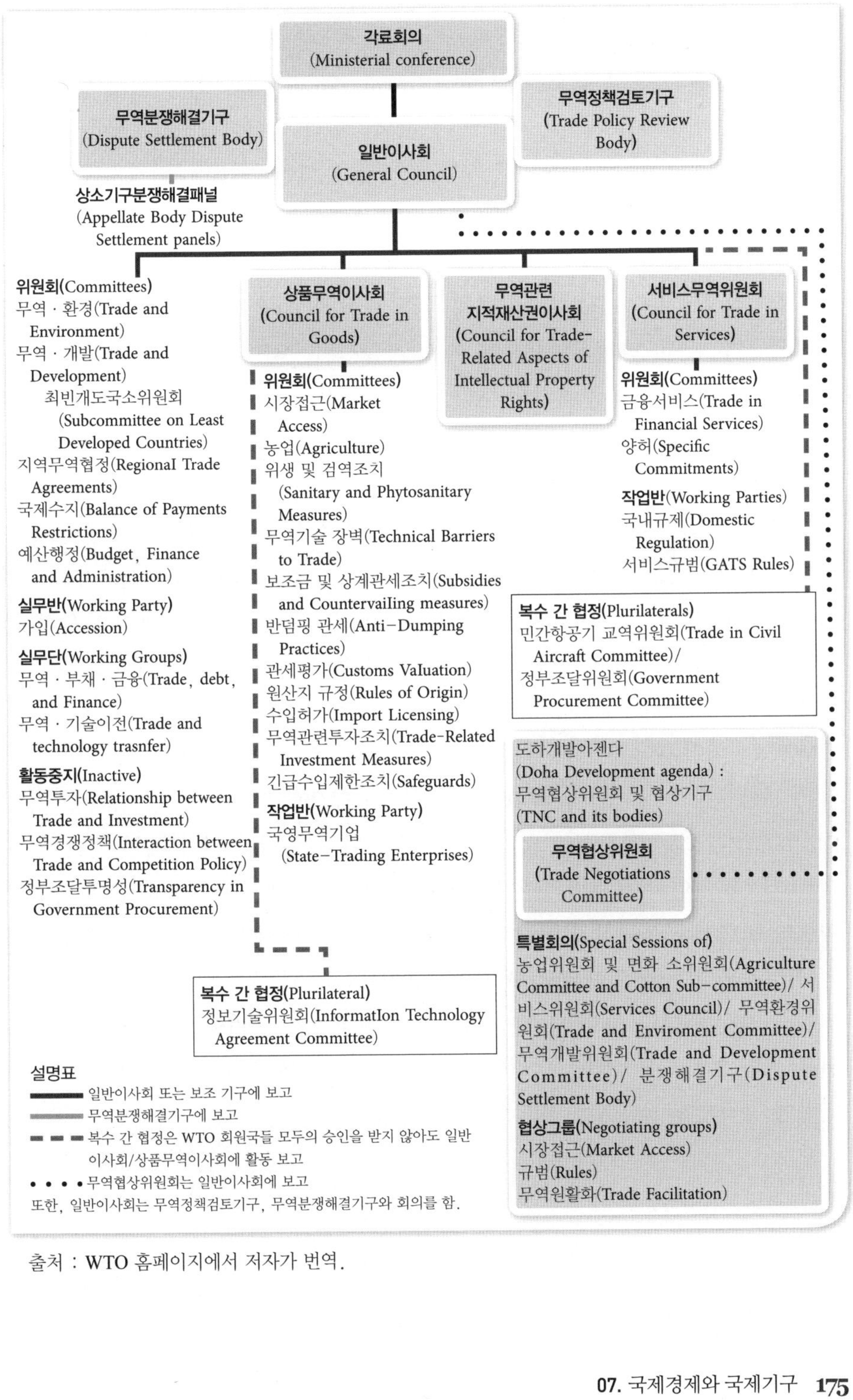

출처 : WTO 홈페이지에서 저자가 번역.

WTO는 비교적 적은 규모의 사무국에 의해 운영된다. 2023년 현재 WTO의 사무총장Director-General은 최초의 아프리카 출신으로 2021년에 임명된 전 나이지리아 재무장관인 응고지 오콘조이웨알라Ngozi Okonjo-Iweala이다. 사무국의 몇몇 부서는 특별위원회를 지원하거나 여타 특별임무를 담당한다. 사무국은 무역전문가들과 경제학자들로 구성되고, 경제학자들은 회원국들의 무역정책을 검토하는 한편 전문적 지식, 행정 그리고 기술지원 부분을 일반이사회에 보고한다.

사무국의 임무는 몇 갈래로 나뉜다. 먼저 협상과 협정의 이행을 위해 이사회, 위원회, 실무단 등 WTO 부속기구에 대한 행정 및 기술지원이 있다. 그리고 개발도상국가, 특히 세계최빈국들에 대한 기술지원, WTO 경제학자와 통계학자들에 의한 무역현황과 무역정책 분석, WTO 규정과 판례의 해석 및 무역분쟁해결에 있어서 법률전문가를 통한 지원을 하고 있다. 마지막으로 신규회원국을 위한 가입협상 업무 및 가입을 고려하는 국가와 상담하는 업무 등이다. 사무국은 '전문패널'을 임명하여 해결되지 않는 분쟁과 항소절차를 판결할 수 있다. 사무국의 기능은 중립적인 분석에 의한 다자간 무역협정을 비국유화하는 것이며 중립적 권한은 무역으로부터 정치를 없애는 것이다. 즉, 국제무역에 있어서의 정치적 입장이나 정치적 입김을 배제하자는 것이 WTO 사무국이 지향하는 중립적 자세라고 할 수 있을 것이다.

WTO는 자유무역을 위한 개방화를 성공적으로 이루었지만 앞으로 풀어야 할 많은 과제들을 안고 있다. WTO의 미래에는 앞으로도 어려운 점이 많을 것이다. 무역자유화는 전통적인 국가특권의 포기와 연관되어 있기 때문이다. 많은 정부 지도자들이 자유무역의 원칙을 위해 노력해 왔다. 그러나 WTO의 다양한 역할과 노력에도 불구하고 아직까지 국가 이해관계와 국가 경쟁자들이 자유무역의 확장을 위협하고 있다. WTO 예산은 2003년을 기준으로 미화 8천9백50만 달러를 거쳐서 해마다 늘어 왔으며 2015년은 미화 2억 3백68만 달러였으며 2022년은 미화 2억 1천1백63만 달러였다. WTO 회원국은 전체 무역에서 자국의 무역량에 따라 분담금을 납부하게 된다.

WTO의 글로벌 거버넌스 역할

현재 거의 모든 세계무역이 WTO의 규율에 따라 이루어지고 있으므로 WTO는 사실상 세계무역질서를 통치하는 국제기구이다. 무역분쟁 발생 시 조정자로서 그리고 거버넌스 행위의 주체자로서 WTO는 이전에 GATT가 다루어 왔던 문제보다 한결 복잡하고 더 빨리 변화하는 세계무역환경에 대처하기 위하여 끊임없이 새로운 쟁점을 제기하고 이를 다자간 협상을 통하여 해결해야만 한다. 하지만 미국을 포함한 강대국의 국가이익이나 자본의 이해가 구조적으로 반영된 점을 완전히 극복하지 못했고 또 글로벌 거버넌스의 기본목적과도 상충하는 점이 있기 때문에 WTO는 NGOs와 시민단체들로부터 비판을 받고 있다.

1980년대 들면서부터 시장을 억압하고 있는 국가의 영향력을 축소시켜 개인의 자유와 경제적 행위자의 활동무대로서 시장의 자율을 회복시킨다는 신자유주의적 개혁이 본격화되었다. 미국과 영국을 중심으로 전개된 신자유주의는 국가의 시장에 대한 지배력을 축소하면서 시장 중심의 개혁을 추진했다. 신자유주의의 확산과 더불어 가속도를 얻은 세계화로 인해 민족국가는 경제주권을 잃을 위기에 처하게 되었다. 따라서 신자유주의는 국가를 포함한 비국가적 행위자들이 세계경제에 참여하여 제도설립과 그 안에서 각 국가의 정책조정을 통해 협력을 추구하여야 한다고 말한다. WTO 체제를 기점으로 자본과 상품의 자유로운 교류를 간섭하는 국가의 개입은 정당하지 못한 것으로 비판받기 시작했다.

하지만 이러한 신자유주의적 개혁은 노동자와 농민, 환경운동 그리고 여성운동가들을 포함한 반세계화 운동가들에 의해 자본주의적 세계화라는 비판을 면치 못하고 있다. 신자유주의적 개혁에 반대하는 운동가들은 WTO, IMF, 세계은행, 경제협력개발기구OECD: Organization for Economic Cooperation and Development와 같은 국제기구와 그리고 북미자유협정NAFTA: American Free Trade Agreement, 다자간 투자협정MAI: Multilateral Agreement on Investment, GATS와 같은 자유무역조약에 대해 반대운동을 벌이고 있다. 기구와 조약뿐 아니라 이러한 정책, 조약, 기구 등에 찬성하고 있는 정부에 대해서도 마찬가지이다.

반세계화 운동가들의 입장은 다음과 같다. WTO가 세계화의 주체가 되어 초기 공산품 위주의 자유무역을 위한 관세협약에서 농업, 서비스, 투자 등 전면적 자유화와 개방을 위한 세계경제체제 구축을 위한 의사결정의 기구로 변신했다는 것이다. 따라서 WTO가 유엔보다 더 막강한 권한을 보유하고 있다는 주장이다. 다시 말해 글로벌 거버넌스의 기본이념에서 벗어나 패권국의 이해관계가 그대로 WTO의 의사결정에 영향을 미친다는 것이다. 예를 들면 미국이 IT 관련 첨단산업 및 서비스 분야에 갖는 우월적 지위는 국제 레짐을 통해 자유무역의 영역을 공산품뿐만 아니라 지적재산권에까지 확대시켰고 그럼으로써 패권을 유지하고 강화하는 데 유리한 입지를 선점했다. 그리고 농산물 개방에 대한 압력 역시 미국을 포함한 다른 선진국들의 국가 이해관계가 WTO 의사결정에 반영되고 있다고 볼 수 있다는 것이다.

이렇게 되자 신자유주의의 세계화에 반대하여 반세계화 운동을 다양하게 벌이고 있는 운동가들은 주요 국제 기구나 회의에 맞서기 시작했다. 이를 논리적으로 설득하려는 비판적 세력들은 WTO가 무역뿐만 아니라 투자나 경제 정책 등 통상에서 발생할 수 있는 윤리적 쟁점들을 반영할 수 있는가에 대한 문제를 제시했다. 급기야 1999년에는 반세계화 운동가들의 대규모 시위로 WTO 각료회의가 열린 시애틀에서 비상사태까지 선포되기에 이르렀다. 시애틀에서 열린 제3차 WTO 각료회의는 본격적으로 반세계화 운동을 알리는 계기가 되었다. 이때 세계에서 몰려든 시민단체의 대규모 시위로 개막식이 일정대로 열리지 못했고, 도심이 각국 시위대에 점거돼 일상업무가 마비되기에 이르렀다. 농업, 비농산물, 개발 그리고 서비스의 규범과 같은 다른 의제를 다룬 2003년 멕시코 칸쿤에서 열린 제5차 WTO 각료회의에서도 농산물 개방에 반대하는 전 세계 농민을 비롯한 수많은 반세계화 운동가들이 모여들어 신자유주의체제하의 WTO에 반대하는 시위를 벌였다. 이러한 회의는 2013년 9차 회의에서 무역원활화, 농업부문, 최빈국 우대의 합의에 성공한 발리 패키지의 성공을 이루었으며 10차 회의는 2015년 12월 케냐 나이로비에서 개최되었다.

신자유주의적 개혁에 반대하는 반세계화 운동의 위협도 WTO 체제를 위태롭게 하고 있다. 그러나 WTO가 여전히 사라지지 않은 신보호주의에 의해 도전받고 있다는 것도 사실이다. 서비스, 농산물, 섬유 등의 무역이 WTO 규율 안에 들어왔지만 아직도 각국에서 높은 무역장벽 아래 보호받고 있으며 몇몇 선진국에서는 높은 국내 실업률을 저임금국가로부터의 수입 탓으로 돌리는 경향이 있다.

미국은 2003년 공화당계 섬유업계 재벌단체들의 청원서를 받아들여 갑작스럽게 중국산 섬유제품에 대한 새로운 수입억제 조치를 발표한 바 있다. 개발도상국에서도 선진국과 같이 높은 수준의 노동조건과 환경조건을 요구하는 규율을 WTO에 도입하도록 노력하는 등 아직도 여러 국가에서 보호주의의 수단으로 반덤핑 조치나 상계관세를 남용하고 있기도 하다. 그뿐만 아니라 각국의 이익만을 앞세워 2003년 제5차 WTO 각료회의가 결렬되기도 했다.

2013년에 타결된 발리 패키지는 20년만에 처음으로 합의에 성공한 회의이기도 하다. 또 지역주의의 확산도 WTO 체제에 도전하고 있다. 자유무역지역FTA: Free Trade Area이나 관세동맹과 같은 지역적 특혜무역 또는 무역협정이 WTO를 보완하는지 저해하는지는 확실하지 않지만 지역무역협정은 역외국가를 차별함으로써 발생하는 어느 정도의 무역전환효과를 피할 수 없게 되므로 무차별 원칙에 위배된다. 예를 들어, 중국 주도의 역내 포괄적 경제 동반자 협정이 2015년 진행되었으며 미국이 주도한 환태평양 경제 동반자 협정Trans-Pacific Partnership은 2015년 타결이 되기도 하였다. 그동안 여러 가지 이슈가 공식적 · 비공식적으로 논의되면서 서비스분야와 관련하여 어느 정도 합의를 보기도 했고 무역, 노동 이슈에 대해서는 개발도상국의 반발로 공식화되지 않고 있기도 하다.

2000년 8월에 유엔 연구팀은 WTO의 이 같은 의혹과 관련해 조사를 실시한 결과, WTO가 선진국의 국가이익만을 반영하고 있어 개발도상국에게는 '악몽'이나 다름없으며 유엔의 정밀한 조사를 받아야만 한다고 보고했다(Pease, 2003). 이는 WTO의 장래와 합법성과 관련된 문제를 제기한다. WTO에서는 회원국들 사이에서 이슈가 제기되기도 하는데 2000년 10월 일본과 여러 중소국가들은 WTO의 분쟁해결 체제를 바꾸어야 한다고 주장했다. 다시 말해, 현재의 분쟁해결기구는 모든 회원국이 아닌 미국이나 EU에 맞게 만들어진 것이라는 것이다.

2017년부터 2021년까지 미국의 대통령이었던 트럼프는 그동안 미국이 만들어왔던 WTO를 포함한 기존의 국제 질서에 대한 반감을 가지고 있었으며, 이를 공개적으로 자주 표시하였다. 트럼프 대통령은 WTO에 대한 기존의 비난과는 정반대로, WTO가 미국의 이익을 해치고 있으며 미국 경제를 망치는 주범이라고 주장하였다. 또한, 미국에게 개발도상국 지위를 부여하지 않는다면 탈퇴할 것이라며 임기 내내 협박하기도 하였다. 그리고 WTO 협정 위반을 개의치 않으면서 중국과 무역 전쟁을 벌이기도 하였다.

트럼프 재임 기간 동안 WTO는 미국 정부로부터 계속적으로 공격을 받았었다. 미국의 탈퇴가 실제로 일어나지 않았지만, WTO가 주장하였던 자유 무역의 가치는 크게 손상받았다. WTO가 주장한 무역자유화의 과정이 궁극적으로 모두에게 이익을 가져다줄 것이라 기대하였지만, 미국이 그 가치와 기대를 부정하였던 것이다. 또한, 예전부터 자유 무역을 반대하였던 세력들은 트럼프 대통령과 다른 이유로 계속하여 자유 무역이 공평한 분배를 해친다고 주장하고 있는 바이다.

국제통화기금

국제통화제도의 설립과 IMF의 출범

국제통화제도는 국제결제를 해결하기 위한 규칙, 관습, 수단, 도구 및 조직을 말한다(Salvatore, 2001). 바람직한 국제통화제도는 국제무역 및 투자의 흐름을 극대화시켜 무역으로부터 이익을 얻고 이를 공평하게 분배하는 제도이다. 대공황기였던 1930년대의 경제민족주의economic nationalism 기간 동안 허약해진 세계의 통화 시스템은 제2차 세계대전 이후 완전치 못한 모습으로 출현했다.

제2차 세계대전 이후의 국제통화 금융질서는 미국과 영국에 의해 논의되었는데 두 국가 간의 이해관계가 크게 대립했다. 영국의 파운드화가 그동안 누려 온 전통적 국제통화로서의 기능과 지위를 유지하려던 영국과 세계 최대의 채권국으로 생산과 무역에 절대적 우위를 갖게 된 미국은 서로 세계경제의 패권적 지위를 확보하려 하였다. 1943년 4월 영국 정부가 발표한 케인즈 안Keynes Plan과 같은 해 7월 미국 정부가 발표한 화이트 안White Plan은 국제통화의 창출방식, 국제기구의 재원 출현방식, 국제수지 불균형의 조정책임 소재 등에서 두 나라 사이에 이견이 있다는 것을 드러냈다. 그러나 두 안 모두 자유무역을 주장하고 무역수지 불균형을 위한 외환공급과 조치, 안정된 환율정책 등의 공통의 목적을 가지고 있었고 성격 또한 진보적이고 자유주의적이었다.

케인즈 안은 금이나 어떤 특정 국가의 화폐가 국제통화의 중심이 되는 체제는 불안정하다고 주장하면서, 한 나라의 중앙은행이 국내에서 통화를 창출하듯이 '방코르Bancor' 라는 계산단위를 사용함과 동시에 신용창조credit creation 기능이 부여되는 세계중앙은행의 기능과 역할을 할 수 있는 청산동맹Clearing Union의 창설을 주장했다. 또 국제통화는 신용화폐 형태로 새롭게 만들어져야 하며, 국제기구가 회원국에 금융지원을 하는 데 필요로 하는 재원 역시 회원국의 직접 출자가 아니라 신용창출 형태로 새롭게 공급되어야 한다고 강조했다. 그리고 국제수지 불균형을 조정하는 비용은 적자국뿐만 아니라 흑자국 역시 동등한 비중으로 공동 부담하여야 한다는 것 등을 골자로 하고 있다. 즉 케인즈 안은 경제력이 쇠락하고 국제수지 적자가 예상되는 영국의 입장을 반영한 것이다. 반면 화이트 안은 금과 고정된 비율로 금과 교환될 수 있는 유일한 통화인 미국의 달러화가 국제통화의 중심이 되어야 하며, 각 회원국의 경제력과 약간의 정치적 요소를 고려하여 비율로 배분된 할당액quota을 회원국들이 출자해야 한다고 주장했다. 국제수지의 구조적 불균형이나 외환시장 불안정 조정책임은 국제수지 적자국이 긴축정책을 통해 부담해야 한다고 제시하였다.

이 가운데 IMF는 압도적인 경제력을 가진 미국의 입장을 반영하고 환율의 변경에 대해 제한규정을 둔 고정환율제도를 지향하는 화이트 안을 모체로 창설되었다. 이는 미국의 패권을 확인하고 전파하는 역할을 하게 되었다고 말할 수 있다. 보다 질서 있는 국제적 결제수단을 활성화하기 위해 1944년 브레튼 우즈 회의에 모인 각국 대표들은 국제적 통화 및 금융의 안정을 위해 국제통화기금을 위한 협의조약Articles of Agreement을 작성했다. 국제통화 시스템에서 중요한 역할을 하고 있는 IMF는 중앙은행들의 중앙은행이다. 중앙은행들이 각 나라의 테두리 안에서 유리한 금융상황을 만들기 위한 것이듯, IMF는 국가 사이에 안정적이고 민감하게 반응하는 국제적 금융관계를 조정하기 위해 생겨났다.

국제통화제도의 기능과 변천

브레튼 우즈 통화 체제는 자유주의 사상에 근거한다. 자유주의 사상 아래 국가는 자치권을 가지고 있고 아울러 국가의 통화와 국고수입을 고려한다. IMF의 승인과 함께 국가는 장기 국제수지의 어려움을 해결하기 위해 국가의 통화환율을 조정하는 것을 허용한다. 또한 국가는 단기 국제수지 결손액을 해결하기 위해 IMF로부터 돈을 빌릴 수 있다. IMF는 유럽과 일본의 재건기간 동안 국제통화체제를 안정시키기 위해 큰 역할을 한 바 있다. IMF는 국제적 통화교환, 국제수지, 그리고 국가회계가 조화를 이루며 기능한다(Goldstein, 1996: 363). 안정적인 통화질서를 유지하기 위해서는 유동성, 조정, 그리고 신인도의 구성요소가 필요하다(Gilpin, 1987). 즉, 국제통화제도의 본질적 기능은 국제유동성의 공급과 국제수지 불균형이 해소되는 국제수지 조정, 그리고 그 조정과정이 적절하게 적용되고 있고 국제준비자산이 절대적으로나 상대적으로 그 가치를 유지할 수 있다는 신인도를 말한다.

브레튼 우즈 체제 아래 IMF는 미국달러를 주요 통화로 결정한다는 전제하에 안정적 통화 질서를 제공하였는데, 미국달러를 금의 고정된 가치로 결정하였다. 국제거래상 금의 무게를 나타내는 단위인 1온스, 즉 28.35그램당 35달러의 고정가격으로 금을 교환하였으므로 달러는 금과 마찬가지로 사용되었다. 이로써 미국은 자국의 적자를 대부분 달러로 결제하였고 흑자국은 가장 확실한 국제통화였던 달러를 수취하려고 했다. 미국의 달러가 계속하여 유출되지 않는다면 다른 국가들은 국제지불수단으로서 필요한 달러를 확보해야 하는 어려움이 발생한다. 세계교역량이 증가함에 따라 국제지불에 사용할 수 있는 외화자산으로서 금이나 달러나 파운드와 같이 교환가능한 통화는 부족하게 될 수밖에 없었다.

국제수지 불균형을 해결하기 위한 과정을 의미하는 '조정'은 각국에서 적정준비자산을 공급하여 국내경제를 위축시키거나 세계 전체에 인플레이션 압박을 가하지 않고 국제수지 적자를 조정하는 것을 말한다. 브레튼 우즈 체제가 붕괴되었던 이유 가운데 하나가 유동성 부족이었다면 다른 하나는 국제수지 곤란성의 문제였다.

브레튼 우즈 체제 아래 일반적인 환율의 안정성과 몇 가지 신축성을 결합한 조정가능한 페그Peg 제도의 성격을 가지고 있었기 때문에 국제수지 불균형을 해결하기 위한 조정은 지연되고 문제점을 불러일으켰다. IMF는 국제유동성의 공급과 국제수지 조정을 금환본위제Gold Exchange System, 고정환율제Fixed Exchange Rate System 및 기금인출제Fund Drawing를 통해 해결하고자 했다(김완순 · 한복연, 1997).

1945년에서 1949년 사이 미국은 국제수지 흑자를 경험했다. 하지만 1950년대 이후로 유럽의 경기가 회복되면서 미국의 국제수지 적자 규모가 증가했다. 적자 폭이 큰 미국의 국제수지가 이어지면서 상대적으로 독일, 프랑스, 일본 같은 다른 선진국의 경제력이 증가된 반면, 상대적으로 미국의 경제력이 약화되었다.

미국의 국제수지 적자가 확대된 이유는 유럽에 대한 직접투자의 결과로 인한 자본유출의 막대한 증가와 미국의 베트남 전쟁 기간 동안 과도한 화폐창출로 인한 높은 인플레이션이라고 볼 수 있다. 미국의 경제력을 바탕으로 출범하였던 브레튼 우즈 체제는 1960년대 이후 지속적으로 혼란을 거듭했다. 1971년 8월 닉슨 대통령은 미국이 달러의 금에 대한 태환을 정지하도록 함으로써 금 교환 창구Gold Window가 폐쇄되었고 브레튼 우즈 체제는 붕괴되었다.

브레튼 우즈 체제 붕괴의 직접적인 원인이 미국의 국제수지 적자에 의한 것이라면 근본적인 원인은 유동성, 조정, 신인도의 연관성이라고 할 수 있다(Salvatore, 2001). 유동성이 필요할 때 이용할 수 있는 국제준비International Reserve는 공적 보유금, 외환, IMF 회원국의 리저브 포지션 및 특별 인출금 등을 포함한다. 브레튼 우즈 체제에서는 부적절한 유동성으로 세계무역의 확대를 저해하고 범세계적인 인플레이션을 초래했는데 대부분의 유동자금이 미국의 국제수지 적자로 인한 외환에 의해 공급되었다. 브레튼 우즈 체제는 적절한 조정기구가 없었다. 미국은 달러를 평가절하할 수 없었기 때문에 국제수지 적자를 조정할 수 없었다. 또한, 신인도 역시 문제가 되었는데, 신인도는 국고의 불안정을 막기 위해 국제준비자산이 지속적으로 가치가 있다고 믿는 일반적이고 주관적인 신념이다. 국제수지 적자가 오래될수록 그리고 의도하지 않은 달러가 외국에 축적될수록 달러에 대한 신인도는 손상되었다.

브레튼 우즈 체제 붕괴 이후 국제통화로서의 금의 기능이 완전히 정지되면서, 각국의 환율체계는 고정환율제도에서 변동환율제도로 이동했다. 불안정한 국제통화금융질서를 해결하기 위해 회원국들은 출자금으로 마련된 재원 외에 새로운 재원인 특별인출권SDR: Special Drawing Rights을 도입하게 되었다. SDR은 금과의 교환이 인정되지 않고 또 그 창출의 전제조건으로 별도의 준비금reserve을 적립하지 않는다는 점에서 완전히 새로운 개념의 국제신용화폐이다. 하지만 SDR을 대량창출하는 것은 국제유동성을 과잉상태로 만들어 인플레이션 압력을 가중시킨다는 우려가 제기되어 IMF의 새로운 재원조달 방안으로서 크게 기여하기는 어려웠다. 현재 IMF는 IBRD나 아시아개발은행ADB: Asian Development Bank과 같은 다른 국제기구나 각국 중앙은행으로부터의 차관도입에 의해 필요한 재원을 보충하고 있는 실정이다.

IMF의 구조와 운영

IMF는 세계은행의 구조와 비슷하며 유엔체제 아래에 있는 16개의 특별 사무국 중 하나이다. 이사들을 관리하는 임원회와 이사회의 구조를 가지고 있다. 투표권은 각 회원국의 할당량에 의해 정해진다. 전문적인 관료체제에 의해 운영되며 신중한 융자 원칙에 따라 융자신청을 세밀하게 조사한다. 브레튼 우즈의 통화 기둥이 붕괴됨에 따라 IMF는 개발도상국 개발에 크게 관여하기 시작했으며 소련과 구 소련연방공화국인 동유럽의 중앙 통제경제에서 시장경제로의 변화에 관여하기 시작했다. 이들 나라의 통화는 대단히 불안정하였으므로 IMF와 세계은행은 그 나라들의 장기적 개발과 경제안정을 도모하고 즉각적인 안정을 제공하기 위해 디자인된 종합적인 정책계획을 만든다는 공동의 임무를 띠었고, 특히 IMF는 지불불능 정부에 융자를 해 주는 '최후의 수단' 이 되었다.

2023년 현재 190개국이 회원으로 있는 IMF는 최고의사결정기구인 총회The Board of Governor, 통상업무를 수행하는 상무이사회Executive Board, 관리이사Managing Director 그리고 일반업무를 하는 집행부와 실무기구들이 있다. 각 회원국이 임명한 위원Governor과 대리위원Alternative Governor으로 구성되어 있다. 총회는 IMF의 각 회원이 일반정책을 수정하기 위해 일 년에 한 번씩 만나는 자리이다. 총회와 함께 국제통화제도의 관리와 감독을 맡고 있는 국제통화금융위원회IMFC: International Monetary and Finance Committee와 개발도상국의 개발을 위한 재원이전의 검토를 담당하는 IMF-세계은행 공동개발위원회Joint IMF-World Bank Development Committee가 있다. 상무이사회는 미국, 일본, 독일, 프랑스, 영국이 지명한 5명의 지명이사Appointed Director와 함께 총 24명으로 구성되어 있다.

위원회의 투표는 IMF에 그 국가가 통화기부한 정도에 따라 결정된다. 한 나라의 통화기부 능력인 할당량의 크기에 따라 자국의 투표권과 기금으로부터의 차입능력이 결정된다. 따라서 부유국에게 보다 많은 권한이 부여되는 것이다. 집행부의 회원들은 회원의 국가를 대표하는 국가에 투표할 수 있다. 협의조약을 진행시키기 위해 IMF가 가지는 주된 목적은 국제통화 협력 활성화, 국제무역의 활성화, 외국환 안정의 촉진, 지불 다자간 체제 설립의 조장과 지원을 가능하게 함으로써 회원에게 확신을 부여하고 회원국들의 국제수지 불균형의 단계 약화 및 불균형의 기간을 단축하는 것이다.

IMF는 단기적 국제경제수지 불균형을 시정하기 위해 기금을 빌려주는 금융지원제도로 외환위기를 겪는 나라의 통화가치를 유지하는 것을 지원할 수 있다. 만약 불규칙한 수요가 오랜 기간 동안 발생하면 국가의 지급상황은 '근본적인 불균형fundamental disequilibrium' 상태가 된다. 이러한 경우 국가는 IMF의 허가 여부에 따라 그 나라의 환율을 국내통화의 실제가치로 국제시장에 반영할 수 있다. IMF는 단순히 자금을 조달해 주는 역할을 한다기보다는 국제통상을 원활하게 해 주는 역할을 한다. 현재 IMF는 환율정책을 다스리거나 지불에 대한 규제를 관리하지만 무엇보다도 자유로운 통화교환을 추진한다. 또한 IMF는 중요한 통화문제를 해결하기 위한 장이기도 하다. IMF는 두 가지 이유로 환시세 안정을 추구하는데, 하나는 통화가치에 영향을 주기 위해서이고 다른 하나는 위기에 처한 회원국들이 외국환을 IMF로부터 차입하여 만성적으로 심각한 금융결핍을 극복하기 위해서이다.

다자간 협정인 IMF의 기초적 개념은 아주 간단하다. 모든 회원국은 국제수지의 단기 불균형을 극복하기 위해 사용할 수 있는 일반은행의 통화보유고를 기부한다. 즉, IMF에 가입하면 각국은 세계무역량 및 자국의 경제적 중요도에 따라 할당량quota을 부여받는다. 할당량은 회원국과 국제무역 및 상대적인 경제적 중요도의 변화를 고려하여 5년마다 개정되는데 2023년 현재 미국은 17.43%로 가장 많은 할당량이 부과되었다. 프랑스와 영국에 각각 4.23% 그리고 독일은 5.59%, 일본은 6.47%가 할당되어 있다. 한국은 2003년 0.77% 수준이었으나 2023년 현재는 1.8%를 가지고 있다. IMF에 가입하면 각국은 할당량의 25%를 IMF에 달러로 기부하고 나머지는 자국의 통화로 기부한다. IMF 초창기에는 각 회원국들은 신용지분credit tranche이라는 달러, 파운드, 프랑, 엔 그리고 마르크화 등에 의한 할당량의 25%만 출자하고 나머지는 그 나라의 통화로 기부했었다. 그러나 1970년대 중반 이전에 가입한 회원국은 25%를 실질통화보다 금지분gold tranche이라고 불리는 금으로 기부하는 등 이 제도 역시 변화를 겪었다.

회원국의 출자금은 국가의 수입, 금 보유고, 그리고 출자할 수 있는 능력과 관련된 다른 요소들에 의한 할당량에 의해 조성된 자금으로 단기신용을 제공하고 있다. 회원국은 IMF로부터 할당액의 125%를 차입할 수 있다. 할당액의 25%는 회원국이 원할 때 언제든지 자유롭게 인출할 수 있지만 할당액의 100%에 해당하는 나머지 한도는 IMF와의 협의를 거쳐 일정한 조건IMF Conditionality의 이행을 약속해야만 차입할 수 있다. 각 회원국은 IMF로부터 신용지분과 똑같은 가치 총액의 외국환을 살 수 있는 권리를 가지나 IMF는 추가적인 차입에 대해서 적자를 없애고 적절한 조치를 취하기 위해 높은 이자율을 부과하고 감독을 강화하는 등 까다로운 조건을 부과한다. 상환은 3~5년 사이에 이뤄지도록 되어 있다.

IMF는 1952년 대기성차관협정Stand-By Credit Arrangements이라는 새로운 자금 지원방식을 도입했다. 이 협정은 회원국이 경제안정화 프로그램과 구조조정 프로그램을 이행할 것을 IMF와 약속한 비공개 협정인데, 회원국은 자금지원을 받는 경우 자금을 동시에 전액 인출하는 것이 아니라 12개월이나 18개월 동안 분기별로 협정된 조건을 이행하였는가를 평가받은 후 그 결과에 따라 자금을 부분적으로 인출할 수 있다.[1] 따라서 대기성차관협정 방식으로 자금지원을 받는 회원국은 반드시 IMF의 사실상 조건을 이행하여야 한다. 대기성차관협정의 경우 IMF로부터 자금지원에 소요되는 기간은 약 2개월 정도인데 멕시코 외환위기를 계기로 그 기간을 2~3주로 단축시킬 수 있는 긴급차입제도Emergency Financing Mechanism가 도입되었다. 긴급차입제도는 대기성차관협정 방식과 함께 동시에 추진된다.

IMF의 지원 조건에 대한 논쟁

IMF는 세계가 다시 1930년대의 금융 무정부 상태로 되돌아가지 않기 위해 노력하는 것을 목표로 하고 있다. 그리고 제2차 세계대전 이후 보다 나은 금융질서를 세우는 데 공헌했다고 평가되기도 하지만, IMF로부터 구제를 받는 회원국들은 그 조건으로 인해 고통을 받는 경우가 많이 있었다. IMF는 금융질서 안정을 가져오기보다는 강대국의 이익을 위해 활동하면서 객관적인 중립성을 가지지 못하였다는 비판을 받기도 한다.

IMF의 여러 기능 가운데 가장 큰 논란을 빚는 부분은 국제금융에서 최후의 수단 역할을 한다는 것이다. 즉, IMF는 국제금융 시스템 전체에 공황과 혼란이 생기지 않도록 하기 위해 채무국이 부채로 인해 치명적인 위기에 처해 있을 때 융자를 제공한다. 그러나 IMF의 지원은 '조건적' 이다. IMF에 도움을 요청하는 국

---

1 IMF 홈페이지 참조(http://www.imf.org/external/np/exr/facts/howlend.htm).

가는 반드시 높은 이자, 국가지출 삭감, 정부보조금 삭감과 같은 엄격한 정책을 받아들여야 한다. 이러한 정책들은 국고안정의 회복을 위해서는 꽤 효과적이지만 한 나라의 생활수준을 저하시킬 수 있고 여러 가지 사회혼란을 야기시킬 수 있다는 점에서 비판의 대상이 된다.

예를 들어 IMF는 1980년대 중반, 금융위기가 시작된 멕시코에 구제금융을 실시한 바 있다. 주로 대외채무 상환 불능과 페소화의 대외가치 폭락이 원인이 되었는데 멕시코가 보다 안정적인 경제기반을 다질 수 있도록 지원한 IMF의 역할은 비교적 성공적이었다. 멕시코는 IMF 차관 후 통화와 재정 긴축정책으로 경제안정을 회복할 수 있었지만 1995년 시장개방 정책으로 인해 경상수지 적자가 계속되고 국내의 정치적 · 사회적 불안으로 다시 경제위기를 맞았다. IMF의 구제금융으로 멕시코는 1997년 다시 경제안정을 되찾았으나 이는 1980년대 IMF의 구제금융이 목적달성을 하지 못했다고도 볼 수 있다.

전통적인 자유주의 시각에서 볼 때, 자유시장은 저개발의 해결책이고 정부간섭과 보호무역주의는 저개발을 유발하거나 악화시키기 때문에 시장개혁은 중요한 것이다. IMF는 이러한 시장개혁이 이루어지지 않는 한 위기에 처한 회원국을 지원해 줄 수 없다는 입장이다. 그러나 구조조정 융자와 그에 따른 부대조건들은 논쟁의 여지가 많다. 왜냐하면 경제를 운영하는 정부의 역할을 크게 감소시키기 때문이다. 또 IMF는 채무국의 사회적 상황과 IMF의 요구에 따르는 정치적 결과를 고려하지 않는다는 비난을 받고 있다. WTO와 마찬가지로 IMF 역시 반세계화 운동가들로부터 비판받아 왔는데 그들은 IMF가 환율관리 시스템에서 금융위기관리 시스템으로 확장하고 있으며 구제금융을 통해 구조조정, 민영화, 시장개방 등 신자유주의 정책을 강요하고 있다고 주장한다. 반세계화 운동가들은 2000년 10월 체코의 프라하에서 열린 IMF 연차총회 당시 신자유주의식 세계화에 반대하며 게릴라식 시위를 하기도 했다.

IMF의 금융위기 조치 사례연구

IMF가 출범 이후 세계 각국의 통화와 부채 위기, 그리고 동아시아 지역의 금융위기에 대처하는 과정에서 그 공과에 대한 논란이 분분하다. IMF가 지역적 경제위기가 전 세계적으로 확산되는 것을 막았다는 긍정적 평가와 함께 반세계화

운동가들이 주장하는 대로 IMF가 결과적으로 신자유주의식 세계화에 앞장섰다는 부정적 평가가 그것이다.

IMF가 다뤘던 문제를 시기별로 나누면 다음과 같다. 첫째, 통화위기는 주로 서구의 선진국 및 주요 무역국가들과 관련되었고 1970년대 초반기는 이러한 양상이 많았다. 둘째, 부채의 위기는 1980년대 발생했던 저개발국의 부채문제와 관련이 있다. 이러한 위기는 1960년대부터 시작하여 1970년대 초반 저개발국들이 경제성장의 이유로 외국자본을 빌리면서 시작되었다. 1970년대 오일파동과 1980년 초반의 불경기와 함께 저개발국의 경제성장은 둔화되었으며 부채는 늘어가기 시작했다.

이 문제는 IMF에 의해 부채경감의 방법으로 대응되었다. 그 결과로 멕시코를 포함한 많은 나라들이 부채를 줄여 나갔고 1990년대 모든 부채문제는 관리 가능한 상태로 나타났다. 세 번째 위기는 1997년 가을 급속한 경제성장을 거두어 왔던 한국, 인도네시아, 말레이시아, 태국 등 동아시아 지역 국가들의 금융위기이다. 이들 국가들은 자국의 통화가치 하락을 겪게 되었으며 경제기구들은 실질적으로 기능을 상실했다. IMF가 동아시아 국가들의 금융위기를 해결하는 방식은 아직도 논란의 대상이 되고 있다. 동아시아의 금융위기에 대한 IMF의 조치방식을 살펴보자.

1970년부터 시작된 동아시아의 많은 국가들의 고도의 경제성장은 1990년 초반까지 수십 년 동안 다른 국가들의 주목을 받아 왔다. 동아시아의 경제성장 원인은 거시경제 안정화, 높은 저축률과 투자율, 경제개방, 그리고 인적 자원 구성을 포함한 다양한 정책 등이 성공적으로 이루어졌기 때문이라고 볼 수 있다. 서방 선진자본주의 국가들이 1980년대에 이미 극심한 저성장과 고실업에 빠져 있을 시기와 비슷한 기간 동안 산업화 과정을 거쳐 온 중남미 각국이 외채위기를 축으로 하여 지속적인 경제불안과 정치불안을 되풀이하고 있을 때에도 한국을 포함한 동아시아 국가들은 이른바 '신흥공업국NICs: Newly Industrialized Countries'이라는 이름하에 고성장을 구가함으로써 선·후진국을 막론하고 부러움의 대상이 되었다. 적어도 외양상으로는 양적 · 질적으로 아시아경제가 탄탄하게 성장하고 있는 것으로 비쳐졌다. 이들 국가들은 세계경제 성장의 중심이 되어 아시아 태평양 시대가 도래하였다고 격찬받아 왔다.

1997년 하반기 태국에서 시작된 동남아시아 경제위기가 한국을 거쳐 일본과 유엔 지속가능 증권거래소 이니셔티브(SSE: Sustainable Stock Exchange Initiative)는 네트워크상에서 복수의 컴퓨터를 연계시켜 투자자, 관리자, 그리고 기업들 사이에서 투명하게 서로 협력하고 정보를 교환할 수 있도록 연구한다. 또한 환경, 사회, 그리고 기업지배구조(ESG: environmental, social and corporate governance)와 관련된 문제들과 지속가능한 투자를 촉진시키기 위해 힘쓰고 있다. 2008년 말 아비바(Aviva) 투자회사의 최고경영자가 지속가능한 개발을 위한 기업활동을 증진시키기 위해 세계증권거래소의 책무 리스트를 만들 것을 요청했다. 이 요청에 의해 유엔글로벌콤팩트(UNGC), 유엔무역개발회의(UNCTAD), 유엔책임투자원칙주도기구(PRI), 그리고 유엔환경프로그램금융계획(UNEP-FI)이 협력하여 지속가능증권거래소 이니셔티브를 만들었다. 이는 이해 당사자들에게 증권거래에 대한 컴퓨터 시스템 체계를 알리고, 상호협력을 향상시킬 수 있는 최적의 방안을 연구하고 있다. 또한 세계포럼을 개최하고, 이해 당사자들에게 이익을 가져다줄 수 있는 새로운 작업방식을 계속해서 창조해 나가고 있다.

출처: 유엔 지속가능 증권거래소 이니셔티브 홈페이지 참조.

중국에 타격을 주면서 중남미에 비해 아시아를 격찬해 온 세계은행과 IMF조차 아시아의 기적은 더 이상 현실이 아니라며 종전과는 다른 평가를 내리기에 이르렀다. 태국 바트화의 평가절하로 시작하여 동아시아 시장에서는 자산가치와 회사가치가 급락했고 금융부실과 급격한 경제의 몰락이 뒤따랐다. 따라서 이 지역 주식시장은 급속하게 위축되기 시작했다. 동아시아 금융시장에서 세계금융자본이 빠져 나가고 일부 국가는 외환 보유고가 바닥을 드러내어 IMF의 긴급 구제금융을 받지 않을 수 없게 된 것이다.

경제학자들은 태국을 시작으로 인도네시아, 말레이시아, 한국으로 이어진 아시아 위기의 이유를 자본흐름의 교란으로 보고 있다(Ziring, Riggs, and Plano, 2000). 이들 네 나라는 냉전 이후 거대한 양의 외국자본이 단기로 흘러들어 왔으며 이러한 현상은 일본이나 유럽의 약한 경제성장에 의해 더욱 촉진되었고 경제활동을 다양하게 하기 위한 국제 투자자들에 의해 만들어진 것이다. 1980년대 후반부터 외자유입을 원활히 하여 높은 경제성장을 이루기 위해 이들 국가는 외환 및 자본자유화를 급속히 추진하였다. 이는 원활한 외자유입을 통해 높은 경제성장을 뒷받침한 측면이 있으나, 무분별한 외자도입은 마침내 국내자본의 과잉공급을 불러일으켜 기업 및 금융기관의 비효율적인 투자의 확대를 부추기는 결과를 초래하였다. 각국이 정부 주도의 성장방식을 택한 결과 자본의 흐름이 시장논리를 무시하게 돼 기업들의 과잉, 중복 투자를 막지 못한 것이 거품경제의 큰 원인이 되었다. 태국, 인도네시아, 말레이시아의 경우에는 엔화 약세와 중국산 저가품과의 가격경쟁에 따라 만성적으로 경상수지의 적자가 누적되었다.

이러한 단기투자는 국내의 재정기관에 의해 적절히 관리될 수 없었다. 은행의 부동산과 자기자본에 의한 투자는 악성 인플레이션의 원인이었다. 인도네시아의 경우 개인기업들이 단기부채의 주요 부채자가 되었고 한국에서는 은행과 외국 자회사들이 주요 채무자가 되었다. 차용자의 지불능력이 문제가 되자 투자자들은 그들의 단기 재정지원을 회수하기 시작했으며 환율은 급격히 하락하고 주가와 부동산 가격도 떨어졌다. 이러한 문제들은 국가의 틀 내에서 해결할 수 없었고 오래지 않아 결국 세계적인 문제로 떠오르게 되었다. 인도네시아와 태국의 수출성장은 둔화됐으며 예금부족액은 커졌다. 그리고 환율의 압력에 따라 통화안정은 무시되었으며 환율은 변동환율제로 전환되었다. 비록 회계정책이 아시아 위기의 원인이 아니었을지라도 공적 자원 사용의 책임문제가 제기되어 정부 관계자들은 과잉 경제의 신호를 읽는 데 실패하였다는 비난을 면하기 어려웠다. 사실상 아시아 위기는 경제문제, 특히 금융분야의 위기에서 촉발된 것이라는 주장을 불러일으켰다.

1997년 아시아 금융위기가 닥치자 IMF는 1980년대와 1995년 멕시코 페소 위기의 경험을 바탕으로 이 사태를 해결하려고 하였다. IMF는 1995년 멕시코의 경우와 유사한 아시아 위기는 약한 은행구조와 여러 나라에 걸친 '핫머니'로부터 발생되었으며 문제는 생산성이나 경쟁이 뒤떨어진 데 있는 것이 아니라 지나치게 공격적이고 규칙적이지 못한 금융분야에 원인이 있었다고 다른 회원국들에게 보고한 바 있다. IMF는 동아시아 국가들에게 구제금융을 대가로 여러 가지 개정을 요구했다.

첫째, IMF는 위기에 처한 모든 나라에게 통화 평가절하를 강요했다. 가장 심한 타격을 받은 인도네시아의 통화 평가절하는 75~80% 수준이었다. IMF는 금융관리의 투명성을 강요했으며 적절하지 못한 투자결정의 원인이 되는 정부, 기업, 은행 사이의 유착을 제거하고자 하였다. IMF는 불안정한 금융기관에게는 구조조정과 관리체계의 변화와 함께 자본구성의 재편을, 지불 불가능한 모든 금융기관의 정리를 요구하였다. 둘째, IMF는 무역독점과 같은 무역제한을 없애는 필요성을 강조하면서 이들 국가에게 경제개방과 무역독점 규제를 요구하였다. 또한 자본을 정부가 관리하여 외국은행들이 융자를 제공함에 있어 발생할 수 있는 근본적인 부담을 줄이도록 종용했다. 농산물의 국내무역은 정부의 규제를 폐지해야 하며 외국기업에 배타적인 제한적 마케팅 방식을 버려야만 했다. 구제금융을 제공받은 해당 국가들에게 보다 많은 외국인의 접근을 위해 정책 자유화를 요구했지만 각 국가들에게는 이행하기 어려운 일이었다. 마지막으로 IMF는 특혜나 부패가 만연한 금융기관이나 기업을 허용하는 정부의 관리들의 오류를 지적하고 개혁을 촉구했다.

IMF는 어려움에 처했던 회원국들을 구제했다고 스스로 평가한다. 문제를 해결하기 위해 IMF가 나서지 않았다면 금융위기에 처한 각국의 상황은 더욱 나빠졌을 것이라고 주장한다. 그러나 비판적 견해도 만만치 않다. IMF는 구제금융을 제공받은 나라의 경제안정을 약화시킨다는 비판을 받고 있다. IMF의 자금을 조달받은 국가들이 자국의 정치적 · 사회적 · 경제적 요인을 생각하지 않은 서구식 구조조정 프로그램을 강요당함으로써 해당 국가의 경제구조에 심각한 영향을 미치게 되었다는 주장이다. 빈부의 격차는 더욱 심해지고 시회복지는 퇴보하며 심할 경우 정부의 정책에 반대하는 폭동마저 발생했다. 해당 국가의 특성을 고려하지 않은 구조조정 프로그램은 기업의 부도를 증가시키고 금융기관의 부실을 가져오므로 결국은 그 나라의 대외 신인도를 하락시키는 결과를 가져올 수 있다는 것이다.

IMF가 논쟁의 대상이 되고 있는 또 다른 이유는 IMF가 과연 누구의 이익을 위해 외환위기에 빠진 국가들의 구제금융을 도왔느냐는 것이다. 겉으로 보기엔 파산 직전에 있는 나라들을 파산으로부터 해방시켜 주는 역할을 하고 있는 것 같이 보이나 실질적으로 그 국가들은 부채를 모두 상환해야만 하기 때문에 결과적으로 외환위기에 빠진 국가들을 돕는다고 보기는 힘들다는 비판을 받고 있다. IMF는 개인기업의 채무를 국가의 채무로 전환시켜 선진국의 투자자들이 투자에 실패를 했다 하더라도 그에 따르는 피해를 보지 않게 함으로써 파산위기에 빠진 국가들을 돕는 것이 아니라 결국은 선진국의 투자자를 대변하고 있다는 증거이다. 또한 한 국가가 IMF의 체제 아래 있다면 IMF의 원래 목적인 그 국가를 구해 주는 것이 아니라 오히려 외국 투자자들의 투자회수로 인해 그 국가는 더 심한 상황으로 전락한다는 것이다. IMF는 해당 국가의 요청이 있을 때, 즉 최악의 환태평양 경제 동반자 협정(TPP: Trans-Pacific Partnership)은 2006년 뉴질랜드, 칠레, 브루나이, 싱가포르 4개국이 체결한 전략적 경제협정으로 시작되었으며 뒤이어 미국, 칠레, 캐나다, 멕시코, 일본, 베트남 등의 국가가 참여하면서 보다 확장된 지역협정으로 발전하였다. TPP는 현 WTO 체제에서 더 나아가 거의 모든 상품과 서비스에 대한 자유무역을 지향하는 포괄적이고 높은 수준의 자유무역을 목표로 하고 있다. 만일 이런 목표가 성공적으로 완수된다면 TPP는 잠재적으로 무역과 투자에 대한 모든 관세, 비관세 장벽을 허물고 APEC 회원국 간의 향후 무역협정에 있어서 하나의 기준 역할을 할 수 있으며 나아가서는 역외 국가들에게까지 영향을 미칠 가능성을 내포하고 있다.

TPP 협상 중 미국은 탈퇴하였으며, 결국 TPP는 일본 등 아시아태평양 11개국이 추진하여 포괄적 · 점진적 환태평양경제동반자협정(Comprehensive and Progressive Agreement for Trans-Pacific Partnership)으로 2018년 12월 30일에 발효되었다. CPTPP는 다양한 분야의 제품에 대한 역내 관세를 전면 철폐하는 것을 원칙으로 내세웠다.

출처: 뉴질랜드 외교부 홈페이지 참조.

경우에만 개입하기 때문에 외환위기로 가는 국가를 바라만 보고 있을 수밖에 없는 구조적인 맹점도 있다.

IMF는 미국의 패권을 대변하는 기구로서 미국식 자본주의와 신자유주의를 전파하는 역할을 하고 있다고 비판받고 있다. 1970년대 중반 이래의 고인플레, 저성장, 고실업이 복합적으로 더해진 스태그플레이션의 구조화, 만성화에 의한 자본축적의 위기상황에 대응한 자본의 전략으로서 대두된 신자유주의는 국경을 포함하여 자본축적에 제약을 가하는 모든 규제에 대한 탈규제, 민영화, 시장 · 경쟁원리의 강조 등을 내용으로 하고 있는데, 이러한 미국과 선진국 주도의 신자유주의 전략은 결과적으로 자본주의 세계의 모순을 더욱 심화시키는 것이며 결국 위기에 처한 국가들의 위기를 해소하는 데 미국의 이해가 반영된 미국식 자본주의나 신자유주의가 얼마나 도움이 되었는지에 대해 의문을 제기하기도 한다. 미국은 IMF를 통해 동아시아의 무역 및 자본시장의 개방을 이끌었다. IMF에 비판을 제기하는 자들은 IMF가 위기에 처한 국가들에게 요구하는 구조조정 프로그램은 최고 경쟁력을 가진 미국이나 다른 선진국들의 기업들이 활동하기에 적합한 경제체제로 바꾸고 자신들이 원하는 방향으로 나아가는 도구로 사용되고 있다고 주장한다.

경제 국제기구의 미래

WTO와 IMF를 비롯한 무역과 금융 관련 국제기구는 제2차 세계대전 이후로 글로벌 거버넌스의 핵심적 주체로서 역할을 해 왔으며 앞으로도 변화하는 세계경제에 대응하고 국제무역금융질서를 확립하기 위해 많은 노력과 임무를 수행할 것이다. 냉전 이후 국제무역 체제에서 가장 큰 발전으로 평가되고 있는 WTO는 자유로운 무역환경 조성을 위해 보호무역주의와 무역장벽에 대응하며 관세를 제거하거나 인하하는 데 글로벌 거버넌스의 행위자로서 이해되어 왔다. 합의에 의한 의사결정과정과 분쟁해결방식은 좋은 예라고 볼 수 있다. 국제적 통화 및 금융의 안정을 위한 IMF의 노력 역시 국제협력의 일익을 위해 역할하고 있으며 전체적인 국제수지 불균형을 조정 · 지원하고 있다. 최근에는 개발도상국의 외환위기 관리와 구조조정, 그리고 선진국과의 채무조정 교섭 등 IMF는 세계경제정책 전반을 감독하는 글로벌 거버넌스의 주체자로서 그 역할을 수행한다.

그러나 WTO는 그동안의 성공적인 역할에도 불구하고 거대한 자유무역 확대로 인한 이익과 가치가 전략적인 무역정책에 의해 모든 회원국에게 공평하게 분배되고 있지 않다는 비판을 받고 있다. IMF 역시 융자조건이 채무국의 정치적 · 사회적 상황을 고려하지 않은 상태에서 IMF 원칙을 요구하는 것은 그 나라의 경제기반을 오히려 약화시킬 수 있다는 비판을 받고 있다. 이러한 비판은 신자유주의 제도에 반대하는 NGOs와 시민세력에 의해 갈등의 원인이 되어 대규모 시위를 발생시키기도 한다. 반세계화 운동가들은 WTO와 IMF가 선진국의 국가이익에 영향을 받고 있다고 주장한다. 이는 글로벌 거버넌스의 기본이념과는 다르게 국제기구에 패권국의 이해가 반영될 수밖에 없는 한계를 보여주고 있기도 하다. 특히 국제 무역과 금융을 다루는 WTO와 IMF의 경우 패권국의 이해가 가장 직접적으로 반영되는 사례를 보여줌으로써 가장 신랄한 공격의 대상이 되고 있다. 국제 무역과 금융을 다루는 이들 국제기구들이 진정한 글로벌 거버넌스의 주체가 될 수 있을 것인가? 특히 무역상의 문제나 금융 부분을 다루는 WTO와 IMF 등이 분담금 할당량이 큰 강대국들의 이익에 반하는 진정한 중립적인 정책을 실현할 수 있을까? 앞으로 이들에게 남겨진 큰 과제라 할 것이다.

토론 주제

1. 빈곤국가의 경우에도 WTO의 가입으로 인하여 이익을 얻을 수 있을 것인가? 만약에 악영향을 끼친다면 그 이유는 무엇인가?
2. WTO와 TPP의 차이는 무엇인가? 미국은 기존 WTO 체제에 대해 불만족하는 것인가?
3. WTO의 의사결정방법은 미국, 일본, EU와 같은 선진국과 패권국 중심이라고 생각하는가? 만약 그렇다면, 어떻게 개선할 수 있을까?
4. 독일 주도하에 이루어지는 EU는 IMF의 의견에 동의하여 그리스에 대한 채무탕감을 해야 할까 아니면 IMF 없이 그리스의 부채를 감당해야 할까?
5. IMF가 구조조정을 조건으로 실시하던 구조개혁이 실제로는 오히려 역효과를 일으켰다는 리포트가 나오면서 IMF의 국가개입에 대한 정당성의 문제가 불거졌다. IMF는 구조개혁에 대한 수정이 필요한가? 필요하다면 어떠한 수정이 필요한가?

쉬어 가는 장

가로

2. 1890년에서 1910년 사이 프랑스에서 유행한 건축, 공예, 회화 따위 예술의 새로운 양식으로 미국과 남미 등 국제적으로 유행한 양식이다. 식물적 모티브에 의한 곡선의 장식 가치를 강조한 독창적인 작품이 많으며, 20세기 건축이나 디자인에 많은 영향을 미쳤다. 모던스타일, 유겐트 스틸, 스틸레 리베르티 등 국가에 따라 다양한 이름으로 불렸다.

3. 문학 · 미술 등 다른 분야와는 직접적인 관련을 가지지 않고 음의 순수한 예술성만을 목표로 작곡된 음악인 절대음악의 대립관념으로 곡의 내용을 설명 · 암시하는 표제(標題)로써 구체적 또는 추상적인 대상을 묘사하려는 음악

4. 중국 춘추(春秋) 시대 제환공(齊桓公)의 신하. 관중(管仲)과의 각별한 우정으로 이름이 높아 관포지교라는 말이 쓰여지기도 한다.

5. 전설에 나오는 신령스러운 새로 죽은 뒤 다시 태어나는 것을 끊임없이 되풀이한다고 하여 '불사조(不死鳥)'라고도 불린다. 초기에는 몰약을 바른 아비 새의 유해를 신전으로 날라 장례를 치르는 영묘한 새로 그려지기도 했으나 점차 부활의 이미지가 강해지면서 세상에 단 하나만 존재하는 불멸의 새로 묘사되었다.

6. 물질이 전리(電離)하여 이온과 전자가 같은 밀도로 공간 중에 존재하는 상태로 된 것으로 고체, 액체, 기체에 이은 물질의 제4의 형태라 일컬어지고 있다.

8. 오스트리아의 신경과 의사, 정신분석의 창시자. 히스테리 환자를 관찰하고 최면술을 행하

며, 인간의 마음에는 무의식이 존재한다고 하였다. 꿈 · 착각 · 해학과 같은 정상 심리에도 연구를 확대하여 심층심리학을 확립하였다.

10. 아이들이 특별한 이유 없이 자신도 모르게 얼굴이나 목, 어깨, 몸통 등의 신체 일부분을 아주 빠르게 반복적으로 움직이거나 이상한 소리를 내는 것을 말한다.

12. 주가가 일정한 폭에서만 등락을 거듭할 때 쓰는 표현으로 주가가 상한선과 하한선을 뚫지 못하고 일정한 가격선 사이에서만 오르고 내리기를 반복할 때 일정한 틀 안에 주가가 갇혀 있는 양태가 상자(box) 같다 하여 붙여진 이름이다.

세로

1. 무대에서 상연할 목적이 아니라 독서용으로 쓰인 드라마를 말한다. 연극성보다 문학성에 더 중점을 둔 것으로, 18~19세기에 걸쳐 유럽에서 유행하였다. 일종의 변칙적 희곡으로, 극단적인 경우 희곡 대화체를 빌린 소설이라고 하는 편이 더 적절하다. 괴테의 《파우스트》 제2부가 이에 속한다.

2. 고려 · 조선 연간에 궁중의식에서 연주된 전통음악. 좁은 뜻으로는 문묘제례악(文廟祭禮樂)만을 가리키고, 넓은 뜻으로는 궁중 밖의 민속악(民俗樂)에 대하여 궁중 안의 의식에 쓰던 당악 · 향악 · 아악 등을 총칭하는 말로 쓰이기도 한다. '정아(正雅)한 음악'이란 뜻에서 나온 말로, 중국 주(周)나라 때부터 궁중의 제사음악으로 발전하여 변개(變改)를 거듭하다가 1105년 송나라의 대성부(大晟府)에서 《대성아악》으로 편곡 반포함으로써 제도적으로 확립되었다.

4. 1960년에 일어난 문화운동이면서 정치 · 경제 · 사회의 모든 영역과 관련되는 한 시대의 이념. 이 운동은 미국과 프랑스를 중심으로 학생운동 · 여성운동 · 흑인민권운동 · 제3세계운동 등의 사회운동과 전위예술, 그리고 해체(Deconstruction) 혹은 후기구조주의 사상으로 시작되었으며, 1970년대 중반 점검과 반성을 거쳐 오늘날에 이른다.

5. 1937년 러시아의 생화학자 토킨에 의하여 명명되었다. 식물이 병원균 · 해충 · 곰팡이에 저항하려고 내뿜거나 분비하는 물질로, 삼림욕을 통해 이것을 마시면 스트레스가 해소되고 장과 심폐기능이 강화되며 살균작용도 이루어진다.

6. 가열 · 가압 또는 이 두 가지에 의해서 성형(成型)이 가능한 재료, 또는 이런 재료를 사용한 수지제품(樹脂製品)으로, 1868년 미국 하이엇이 상아로 된 당구공의 대용품으로 발명한 셀룰로이드가 최초인데, 열가소성과 열경화성으로 크게 구분된다.

7. 천(千)의 옛말

9. 그리스신화에 나오는 다이달로스와 미노스의 여종 나우크라테의 아들

11. 프랑스의 소설가 빅토르 위고의 장편소설 《레미제라블》의 주인공.

(용어설명 참조 : 두산백과, 한국고전용어사전, 전자용어사전, 서울대학교병원 의학정보)

※ 정답은 414쪽에 있음

2 PART

chapter
09

지역주의와 국제기구

20세기 후반부터 정부 간 지역기구는 빠르게 성장했다. 1945년 이후 생겨난 지역기구들의 수는 같은 기간에 생긴 범세계적 성격의 기구들의 5배 정도가 된다. 지역기구는 지역 간 통합을 기본 목표로 생겨났다. 북미에서는 미국, 멕시코, 캐나다의 북미자유무역지대NAFTA: North American Free Trade Agreement가 1994년 창설돼 3국 간의 무역 의존도가 크게 늘어났다. 이와 비슷한 것으로 남미공동시장MERCOSUR: Mercado Común del Sur(Southern Common Market)을 포함한 다양한 경제 블록이 형성되었으며, 이외에도 전 세계적으로 지역 간의 통합이 이뤄지고 있다. 물론, 모든 지역기구들이 큰 영향력을 발휘하는 것은 아니나 이들 중 몇몇은 국제문제를 다루는 데 있어서 중대한 역할을 하고 있는 것이 사실이다. 이 장에서는 지역주의와 지역기구의 실체를 살피고 주요 지역기구들이 국제사회에 공헌한 바는 무엇이며 부족한 점은 무엇인지 등을 다루도록 하겠다.

지역주의의 개념

지역주의는 시장통합의 개념이 포함되어 있는 경제분야의 지역주의에서부터 정치적 의제를 다루는 지역주의 등 다양한 분야들을 아우르고 있다. 또한 통합 및 제도화의 유형에 따라 지역기구에 상당한 권한을 양도한 초국가적 연합체에서부터 강제성을 띠지 않는 지역 협의체에 이르기까지 여러 가지 형태가 존재한다. 유럽연합EU: European Union은 경제적 공동체에서부터 시작되어 현재는 정치적·군사적 통합체로까지 발전한 사례이다. EU로 통합되기까지 유럽의 국가들이 창설하였던 유럽경제부흥기구OEEC: Organization for European Economic Cooperation와 유럽경제공동체EEC: European Economic Community 등은 구속력이 없는 협의체적 성격을 가진 기구들이었다. 경제협력 분야에 대해 유럽인들은 1950년에 EU에 있어서의 실질적 출발점이라 간주되는 유럽석탄철강공동체ECSC: European Coal and Steel Community를 만들었는데, 이것은 유럽통합에 있어서의 최초의 '초국가적 협력기구'라는 점에 그 의의가 있다.

지역기구란 지리적 근접도에 따라 회원국이 제한되는 기구를 의미한다. 하지만 어떤 기준에 따라 지역의 경계를 나누는지에 대해 공통된 정의가 없고, 많은 지역기구들은 다른 지역의 국가를 포함하는 경우도 많다. 예를 들어, 미국은 여러 지역에서 지역기구들에 속해 있으며, 이러한 기구들은 미국을 각기 북대서양, 미 대륙, 태평양 연안국 등으로 정의한다. 이들 중 어떤 기구도 자연적인 지질학적 지역에 대한 확실한 정의를 내리고 있지는 않다. 또한 지중해 연안국인 그리스와 튀르키예를 북대서양조약기구NATO: North Atlantic Treaty Organization의 일원으로 받아들인 것은 지역적인 경계에 대한 통일성에 의구심을 자아낸다. 유럽안보협력기구OSCE: Organization for Security and Cooperation in Europe의 경우, 구 소련의 이슬람권 국가들과 더불어 러시아와 미국 모두를 받아들이고 이란, 아프가니스탄, 그리고 인도로 경계선을 확장시켜 결국 지구 전체를 에워싸는 셈이 되었다. 지금은 없어져 버린 동남아시아조약기구SEATO: Southeast Asia Treaty Organization는 동남아 국가들의 안보를 목표로 하면서도, 실제로는 전체 구성국의 대다수를 차지했던 비아시아 국가들이 주도했던 바 있다.

이 장에서 언급되는 지역기구라는 용어는 정부 간의 형식적인 동의하에 형식적인 구조를 갖춘, 지리적 · 사회적 · 문화적 · 경제적 혹은 정치적인 연계를 바탕으로 묶여진 지역적 기구를 말한다. 단 두 개의 국가 사이에서도 이러한 정의를 충족하는 합의가 존재할 수 있지만, 주로 세 개 이상의 회원국을 가지고 있는 기구들을 의미한다. 지역기구란 전 세계적인 범주에서 보편성을 추구하기보다는 지역 내 특정한 국가들의 범주에만 적용되도록 고안된 것이다(Bennett and Oliver, 2002).

지역주의에 대한 찬반론

20세기에 들어서 보편주의universalism를 주장하는 진영과 지역주의regionalism를 주장하는 진영 간에 논쟁이 있어 왔다. 지역주의는 보편주의에 상대되는 개념으로서, 지역주의자들은 지역 특유의 연대감과 공통의 이익을 목적으로 일체감을 형성할 수 있기 때문에 국제기구의 실효성을 지탱할 수 있는 것이 바로 지역주의라고 주장한다. 그러나 양쪽 모두 국제체제가 국가단위가 주를 이루는 현 체제에서 보다 큰 정치적 단위로 개선되어야 한다는 점에 대해서는 동일한 입장을 보였다. 또한 양쪽 모두 전 세계의 안정과 질서라는 목표에는 합의를 했으며, 이러한 목표를 이루는 데 있어 국가 중심의 현 체제가 부적절하다는 점에 대해 역시 동의를 했다.

그러나 현 체제의 부족함을 보완하고 전 세계의 질서와 안정을 추구함에 있어, 그 선택이 보편주의냐 아니면 지역주의냐를 선택함에 있어 둘의 차이는 분명히 존재한다. 이들 사이의 조정은 어려운 듯 보이지만, 사실상 둘 간의 조정은 가능하다. 그 선택이란 반드시 지역주의나 보편주의 중 한 가지로 귀결되지 않고 양자 간의 경쟁을 상호보충하는 관계에 있다고 할 것이다. 지역기구들과 보편기구들 간의 관계란 서로 적대적일 수도 있고, 조화를 이룰 수도 있다. 예컨대, EU는 경제 및 사회분야에 있어서 EU라는 지역통합 기구를 통해 보편주의와 지역주의의 상호보완성을 보여주고 있다. 지역주의와 보편주의 간의 적대심은 서로 다른 두 종류의 기구들의 권한과 기능이 서로 양립할 수 없을 때에만 생겨난다. 분쟁 시에 만일 보편적인 약정이 지역적인 약정보다 우선하고, 지역기구들이 이를 받아들이거나 혹은 이에 긍정적으로 응하기만 한다면, 둘 간의 양립 가능한 관계가 성립되는 것이다.

한국은 그동안 지역주의를 따르기보다는 세계무역기구WTO: World Trade Organization를 중심으로 전 세계적 차원의 무역자유화를 추진하는 입장을 취해 왔다. 그러나 최근 지역주의에 편승하지 않던 일본도 동아시아 자유무역지대를 출범해야 한다는 의견을 제시한 사례와 더불어 점차 변화해 가는 국제경제 환경을 인식하게 되면서, 한국의 지역주의에 대한 입장 역시 지역주의를 적극적으로 검토하는 단계에 들어서고 있다. 현재의 지역주의는 경제적 측면에서의 지역통합과 밀접한 관계가 있다.

지역통합이론

지역통합에 대한 이론은 1940년대부터 시작되어 지금까지도 거센 논쟁이 일고 있다. 1940년대와 50년대 초반의 기능주의적 통합이론, 1950년대와 60년대의 신기능주의적 지역통합이론, 1970년대의 상호의존이론, 이 세 가지는 국가와 세계정치의 이해에 관한 현실주의적 경향을 거부했다. 이들은 국제제도가 국가 간 협력을 도울 수 있다고 보았으며, 현실주의와 비교할 때 초기의 자유주의적 제도주의는 국제협력에 대한 더욱 희망적인 진단과 국가가 이를 성취하도록 돕는 제도의 능력에 대한 낙관적인 평가를 제공했다.

제1세대 또는 제1의 물결이라고 불리는 1950~60년대의 지역주의는 기능주의/신기능주의이론을 중심으로 전개되어 발전하였던 지역통합 연구를 의미한다. 기능주의 접근은 기능적 필요에 따른 경제통합을 주장했다. 다시 말해, 국가 간 상호의존의 증가가 결국에는 지역통합으로 발전할 것으로 예측하였다. 나아가, 기능주의이론은 경제적 영역에서의 상호의존이 심화되면 정치적 통합으로 발전한다고 가정하였다. 그러나 제1의 물결이 예측하였던 유럽의 경험이 보여주듯, 통합은 후퇴하거나 좌절되었고 70년대 이후 연구는 그 동력을 상실하였다.

최근 지역주의적 흐름이 다시 등장하자, 기능주의이론은 제도주의와 결합하여 과거에는 없었던 새로운 측면을 보강했다. 신제도주의는 제도가 통합에 미치는 영향을 강조한다. 신제도주의는 제도의 형성으로 국가 간의 거래비용이 줄고 투명성이 확대되며 서로의 행위에 대한 검증 가능성이 높아져 불확실성이 줄어들기 때문에 지역협력이나 지역주의가 제도화된다고 주장한다(Katzenstein, 1997; Grieco, 1997). 기능주의와 현실주의는 지역주의의 지역별 편차를 결정짓는 요인에 대해 서로 다른 주장을 폈다. 현실주의는 세력배분이 변함에 따라 동맹관계가 쉽게 변하고, 국가들은 끊임없이 상대적 이득을 획득하려고 노력할 것이라고 상정하기 때문에 국가가 지역제도에 참여하는 것도 철저한 국가이익의 계산에서 발생하는 것으로 본다. 반면에, 기능주의는 지역별 편차를 주로 경제적 상호의존도의 심화 정도에 따라 달라진다고 주장한다. 따라서 유럽 지역주의의 제도화가 아시아의 제도화보다 앞선 이유를 유럽 지역의 경제적 교류가 아시아에서보다 활성화되었기 때문으로 보고 있다.

지역통합이 국제적으로 관심을 불러일으킨 것은 오래전부터의 일이지만, 1990년대 들어 지역통합 또는 지역주의에 관한 논쟁은 새롭게 부각되기 시작하였다. 1990년 초, 우루과이 라운드Uruguay Round가 지지부진한 상태를 거듭하면서 불투명한 전망이 내비쳐졌던 반면, 유럽은 EU를 통한 지역통합 강화에 박차를 가하는 시기였다. 활발한 지역주의의 확산은 지역통합에 배타적 위치에 있었던 국가들에게는 지역주의에 대해 새로운 시각을 갖고 주목하는 계기가 되었다. 지역주의가 무역장벽을 강화시킬지 모른다는 우려가 제기되어 왔으나 현재 WTO와 같은 국제기구들은 역내 무역자유화 자체와 지역무역협정의 체결이 세계교역자유화에 기여한다는 점을 들어, 지역주의가 다자주의 체제에 긍정적인 역할을 수행하고 있는 것으로 평가하고 있다.

그동안 지역무역협정에 적극 참여해 온 유럽과 북미지역 국가들 역시 지역주의가 다자주의에 기여한다고 주장해 왔다. 미국은 1997년 미 무역대표부 보고서를 통해 지역무역협정이 세계교역자유화에 기여할 수 있다는 점을 지적하고, 미국의 국익확보를 위해 주요 교역국과 자유무역지대FTA: Free Trade Area를 적극 추진해야 함을 명시하고 있다(USTR, 1997).

또한 지역주의에 배타적 입장을 견지하던 일본도 최근 지역통합체제의 다자주의에 대한 기여를 인정하고 있다. 1999년도 통상백서는 EU, NAFTA 등이 다자체제를 포함한 세계경제 발전에 기여하고 있다고 밝혔고, 2000년도 백서에서도 WTO 체제를 강화하되 지역무역협정을 조화롭게 발전시켜 나가는 것이 중요하다는 입장을 제시하고 있다. 그리고 일본은 2015년에는 미국과 함께 환태평양경제 동반자 협정을 주도하는 등 지역주의에 적극적인 모습을 보이기도 했다.

하지만 이들의 지역주의에 대한 긍정적 주장에도 불구하고, 무역 측면에서 볼 때 지역통합이 다자체제를 저해할 수 있는 가능성이 없는 것은 아니다. 일반적으로 지역협정 내 자유화가 세계교역자유화에 기여하더라도, 지역무역협정 내 수출업자들은 특혜적 조치를 계속 향유하려는 유인을 가지게 되기 때문이다. 즉, 지역무역협정 체결로부터 파생되는 무역창출효과 또는 무역전환효과로 말미암아 수출업자들이 새로운 수출기회를 얻게 되면서 배타적인 지역무역협정을 옹호하는 세력으로 등장하게 될 가능성이 크다. 크루그만Paul Krugman과 바그와티Jagdish Bhagwati 등은 지역무역협정이 다자주의를 지향하는 보완 역할을 하기보다는 오히려 지역주의를 공고화하고 다자주의를 방해하는 걸림돌이 될 가능성이 크다고 주장하기도 한다.

아직은 지역주의가 다자체제에 기여하는가에 대해 일치된 입장을 찾아보기 어렵다. 그것은 지역무역협정과 다자체제의 관계가 상기 두 가지 중 어느 하나에 속한다고 단정하기는 어렵기 때문이다. 특히 규범분야의 경우, 다자체제와 지역무역협정이 상호배타적이거나 보완적인 관계로 작용할 수도 있으며, 또는 양자가 조화를 이룰 수도 있다. 즉, 현재 WTO에서 채택하고 있는 통상규범을 수용하고 있다면, 지역무역협정은 다자체제와 보완되고 더 나아가서 조화되는 관계로 볼 수 있다. 그러나 지역무역협정이 WTO 체제 밖의 규범을 채택했을 때, 이를 배타적이라고 단정하기에는 무리가 따른다. 왜냐하면 제도적 측면에서 지역무역협정과 다자체제가 대립관계에 있는 분야도 있기 때문이다. 예를 들면 지역무역협정이 채택하는 특혜원산지규정은 WTO의 비특혜원산지규정과 상당부분 상충된다. 또한 이러한 대립관계가 발생할 경우, 다자체제가 양 제도를 상호이익이 되는 방향으로 규율할 수 있는 효과적인 수단을 확보하고 있지 않은 것으로 판단된다(정인교, 2001).

유엔헌장에서의 지역주의

유엔헌장이 제정되었을 당시엔 지역주의를 선호하는 진영이 그 입김이 강했을 뿐 아니라, 보편적인 틀 속에서 지역기구를 조정할 것을 요구할 만큼 다양성을 추구했었다. 전 영국 총리 처칠Winston Churchill은 처음에 세계질서에 접근하는 방식에 있어 보편주의적인 것보다는 지역주의적인 것을 선호했으며, 중남미 국가들은 국제 평화와 안보와 복지를 증진함에 있어 지역적인 기구가 얼마나 중요한가를 인식해 줄 것을 촉구하는 압력 블럭pressure bloc을 형성하였다.

그러나 샌프란시스코 회의에서 유엔의 경제 · 사회분야에서의 지역기구들을 위한 특별한 준비를 제공할 수 있도록 해달라는 제안은 거절되었다. 따라서, 헌장에 속한 모든 지역협약들에 관한 조항들은 국제 평화와 안보의 유지라는 지역기구로서의 역할에 제한된다. 하지만 그것이 끝은 아니었다. 유엔헌장이 국제평화와 안보 유지라는 제한을 가한 것과 관계없이 현실적으로 지역기구들은 경제 · 사회분야에서 광범위하게 활용되었고, 이는 유엔헌장의 어떤 조항도 그러한 기구들의 설립을 막을 수는 없었던 데다 각국의 이해관계가 맞아떨어져 지역기구들의 활용성이 널리 인식됐기 때문이었다.

지역기구에 관한 유엔의 주요 규정은 유엔헌장 제8장 제52조에서 54조까지 단 3개의 조에 명시돼 있을 뿐이다. 제8장의 가장 중요한 원칙은 다음과 같다. 1) 지역기구들은 그들의 활동이 유엔의 원칙과 목적에 부합하는 한도 내에서 지역적인 조치가 적합하다고 여겨지는 국제 평화나 안보와 같은 문제들을 다루기 위한 목적으로 존재할 수 있다. 2) 안보리는 국가들이 지방의 분쟁들을 해결함에 있어, 안보리에 보고하기 이전에 지역기구들을 통해 해결할 것을 권장한다. 3) 안보리는 그러한 지방의 분쟁들을 해결하는 기구들을 활용할 수 있다. 4) 제2차 세계대전의 결과 생겨난 적국에 대한 조치를 제외하고, 지역기구를 통한 모든 무력조치는 안보리의 동의를 거쳐야 한다. 5) 지역기구들은 평화와 안보를 유지하기 위해 수행하거나, 혹은 계획하고 있는 모든 활동을 안보리에 완전히 보고해야만 한다. 이러한 원칙들은 유엔과 지역기구들 간의 관할권 분쟁을 대비, 보편주의가 지역주의에 우선한다는 원칙을 명백히 하고 있다. 그러나 '지방의 분쟁'이나 '무력조치' 또한 '완전히 보고해야 한다' 같은 구절들에 대한 해석과, 또한 안보문제가 지역기구들에 의해 고려되고 있을 때 안보리의 결정이 우위를 차지할 것인가에 대한 간헐적 논쟁들을 통해, 보편주의자들의 주장의 우월성이 상당부분 손상된 점도 부인할 수 없다.

미국은 유엔헌장의 보편성 원칙에 많은 손상을 입혔다. 미주기구OAS: Organization of American States는 냉전기간 동안에 유엔의 권한을 상당히 약화시키는 역할을 했다. 또한 냉전종식 이후에는 유럽, 아프리카, 그리고 서남아시아의 지역적인 불안정과 폭력사태 등과 함께 NATO를 비롯한 다른 지역기구들이 유엔헌장과 충돌을 빚었다. 미국은 OAS나 NATO 등 미국이 주도하고 있는 지역기구 내에서의 우월적인 지위를 이용해 여러 곳의 분쟁을 해결하는 데 있어 지역적인 경로를 통할 것을 선호해 왔다. 1960년 미국에 의해 행해진 공격에 대한 쿠바의 고발과 1963년 도미니카 공화국에 대한 아이티의 불만이 OAS의 우위를 존중한다는 이유로 유엔 안보리로부터 결정이 유예되었다. 안보리에 상고할 수 있는 분쟁에 관련된 모든 집단의 권리가 거부되었던 것은 아니지만, 정치적 압력이나 편의에 의해 종종 이러한 분쟁들은 지역적인 차원에 머무르게 되었다.

유엔헌장 제53조는 안보리 승인 없이 지역기구가 '무력조치'를 행하는 것을 금지하고 있다. 헌장의 제41조와 42조는 이러한 무력조치가 군사적인 수단은 물론 비군사적인 수단 역시 포함하고 있음을 분명히 하고 있다. 그러나 무력조치라는 용어의 의미는 실제로는 지역기구에 의해 행해진 비군사적 제재들을 배제하는 보다 협소한 의미로 적용이 되고 있다.

1960년 OAS의 조치를 통해 부과된 도미니카공화국에 대한 경제규제는 안보리의 승인을 받아야 했는데, 제53조의 군사적인 조치에 대한 승인만을 요구한다는 근거하에 승인받지 않고 시행되었다. '무력조치'라는 구절의 의미는 1965년 도미니카공화국 위기 때보다 더 협소하게 사용되었다. 당시 미 해군과 OAS의 군사파견단은 제53조에 속하는 무력조치를 행하기 위함이 아닌 '평화 수호군' 역할이었다는 자신들의 주장을 정당화할 수 있었다. 이와 마찬가지로, 지역기구들이 '수행하거나 혹은 계획하고 있는' 모든 활동에 대해 안보리에 완전히 보고를 해야 한다는 제54조의 규정은 관행을 통해 그 의미가 서서히 상실되었다(Bennett and Oliver, 2002: 241).

오히려 헌장에 대한 해석과 지역기구에 적용되는 국가들의 관행은 헌장 제8장보다는 제7장 51조에 근거하여 발전되었다. 헌장 제51조는 국가가 무력공격에 대한 개인적인 자기방어는 물론 집단적인 조치 역시 취할 수 있는 권리를 명시하고 있다. 51조에는 지역기구에 대한 어떠한 특정한 말도 명시되어 있지 않다. 그러나 집단적인 자기방어에 대한 언급은 이러한 목적으로 지역기구들을 사용하거나 창출할 수 있다는 가능성을 열어준다. 헌장 51조가 자기방어에 대한 안보리의 최고권위를 강조하고 있음에도 불구하고, 이것은 보편주의의 규제로부터 벗어나 전 지구적 통합체의 구획화와 분열화에 기여하는 동맹체제를 부활시키는데 이용되었다.

강대국들은 집단적인 자기방어라는 항목을 군사보안 동맹의 창설을 정당화하는 구실로 이용하였다. 안보리가 갖고 있는 자기방어의 기능은 강대국이 개입되어 자신의 방어수단에 대한 정보를 안보리에 제공할 것을 거부하거나 혹은 안보리의 조치를 막을 수 있는 거부권이 가능할 때에는 제대로 수행되지 않는 것이 사실이다. 이 같은 현실은 냉전의 종식 이후 더욱 확연하게 드러나게 되었다. 냉전의 종식과 바르샤바 조약기구의 와해로 초강대국의 양극체제가 무너졌다. 그러나 안보를 위협하는 새로운 가능성들로 인해 냉전시대의 군사동맹들과 안보제도 등이 계속 유지되고 있고, 이러한 지역기구들은 강대국에 의해 그 목적이 재검토되고 유지될 가능성이 높다.

지역기구의 분류

지역기구들은 그 특성이나 기능이 미치는 영역, 혹은 그 안에 속한 회원이나 그들이 추구하는 궁극적인 통합의 정도 등에 따라 여러 가지로 분류될 수 있다. 여기서는 여러 가지의 지역기구들을 '다목적' 기구, '안보' 기구, '기능적' 기구와 유엔지역위원회UN Regional Commissions로 나누고 몇 가지 사례를 다루도록 하겠다(Bennett and Oliver, 2002: 245). 다목적 기구들이란 광범위한 목표와 활동범위를 가지고 있는 것들을 말하며, 이는 보통 경제적이나 사회적이라 분류되는 문제들로부터 정치 · 군사적 문제들에 이르기까지 모두 포함한다.

안보분야의 기구들은 그들의 군사 · 정치적 성향에 따라 외부의 적에 대한 안보 보장을 제공하며, 동시에 지역의 안정을 위협할 수 있는 정치 · 사회 · 경제 · 인도주의적 문제들에 개입하기도 한다. 한편 기능적 기구들이란 안보적 요인들과 거의 무관하게 경제 · 사회 · 정치적 연합을 촉진하는 것들을 말한다. 지역위원회는 보편적인 시스템과 지역적인 시스템 간의 연계를 만들어 주고, 또한 유엔의 한 부분으로서 만들어진 지역기관들을 통해 특정 지역 내에서 보다 보편적인 목표들을 달성해 내는 것을 촉진하려고 노력한다.

전 세계에 걸쳐 있는 여러 지역기구를 네 가지로 구분하는 것은 다소 임의적이고도 주관적인 성격을 띤다. 또한 지역기구들이 추구하는 다양한 활동들의 범주에 따라 달리 결정될 수도 있다. 다음의 〈표 9-1〉은 네 가지로 분류된 체계 내에서 중요한 역할을 하는 지역기구들을 정리한 것이다.

안보기구는 외부 행위자에 대해 군사력, 정치력을 사용하여 안보를 제공하는 기구를 말한다. 이 범주에 있는 모든 기구들은 제2차 세계대전 후 구 소련에 의해 주도된 공산주의 국가들과 미국에 의해 주도된 소위 자유주의 국가들 사이에서 발전된 냉전의 산물이었다. 그러한 기구들을 양성화시킨 것은 국가 간의 우호적이고 협력적인 관계가 아닌 불신과 적대심이었다. 이런 형태의 군사동맹의 회원국들은 이러한 협정이 유엔헌장과 동등하다고 주장한다. 협정의 조항들은 구체적으로 유엔헌장 제51조에 있는 개인과 집단의 자기방어에 대한 권리를 언

표 9-1 주요 정부 간 지역기구(Major Intergovernmental Regional Organizations)

기구명	약칭	설립연도	회원국
다목적 기구(Multipurpose Organizations)			
미주기구	OAS	1948	35
안데스 그룹	–	1969	5
중미기구	ODECA 또는 OCAS	1952	5
아랍국가연맹	LAS	1945	22
페르시아만안협력회의(걸프협력회의)	GCC	1981	6
이슬람제국회의기구	OIC	1969	52
아프리카통일기구	OAU	1963	52
동남아시아국가연합	ASEAN	1967	10
남아시아지역협력연합	SAARC	1985	7
유럽회의	–	1949	40
북유럽회의	NC	1952	8
유럽안보협력기구	OSCE	1975	55
독립국가연합	CIS	1991	12
아시아유럽정상회의	ASEM	1996	25
안보 기구 : 동맹체제(Alliance Systems)			
북대서양조약기구	NATO	1949	19
서유럽연합	WEU	1954	10
앤저스(오스트레일리아, 뉴질랜드, 미국 3국의 공동방위체)	ANZUS	1952	3
기능적 기구(Functional Organizations)			
미주개발은행	IDB	1959	46
중미공동시장	CACM	1961	5
카리브개발은행	CDB	1970	26(1998)
카리콤(카리브공동체)	CARICOM	1973	14
라틴아메리카통합연합	LAIA	1981	11
남미공동시장	MERCOSUR	1991	4+1
아프리카개발은행	AFDB	1964	77(1998)
서(부)아프리카(제국)경제공동체	ECOWAS	1975	16
남부아프리카개발공동체	SADC	1992	12
콜롬보계획	–	1950	24
아시아개발은행	ADB	1966	56(1998)
남태평양포럼	SPF	1971	15+6

아시아태평양경제협력체	APEC	1989	19
석유수출국기구	OPEC	1960	12
유럽부흥개발은행	EBRD	1990	57
유럽연합	EU	1958	15
유럽자유무역연합	EFTA	1960	4
경제협력개발기구	OECD	1961	26
유엔지역위원회(United Nations Regional Commissions)			
유럽경제위원회	ECE	1947	55
아시아태평양경제사회위원회	ESCAP	1947	51+9(1998)
라틴아메리카카리브해경제위원회	ECLAC	1948	41+7(1998)
아프리카경제위원회	ECA	1958	53(1998)
서아시아경제사회위원회	ESCWA	1974	13(1998)

출처 : Bennett, LeRoy. A. and Oliver, James K., *International Organizations: Principles and Issues*, 7th ed., Upper Saddle River, NJ: Prentice Hall, 2002.

급하고 그 협정은 일반적으로 헌장의 목적과 정신에 부합하는 지역기구로 합리화된다.

가맹국들은 유엔의 목적, 원칙에 대한 지원을 주장하고, 유엔헌장 안에서 그들의 의무를 인정하며, 국제 평화와 안보의 유지차원에서 안전보장이사회의 중요성을 인식하지만, 이러한 유엔 원칙에 대한 지지에도 불구하고, 이 협정들이 유엔헌장의 정신과 양립 가능한지는 의심의 여지가 있다. 유엔의 모든 회원국들이 무력사용 거부에 동의하고, 모든 분쟁의 평화적 해결을 이행한다면, 어떤 군사적 동맹도 요구되지 않을 것이다. 만약 유엔의 집단안보 시스템이 가동된다면, 다른 군사협정은 유엔의 시스템과 일치하지 않을 것이다. 세계를 적대적인 캠프로 나눔으로써 지역 안보기구들은 국가 간 우호관계를 증진하고 세계적인 틀 안에서 그들의 행동을 조화시키고자 하는 헌장의 목적을 훼손하였다.

지역기구의 가장 큰 범주에는 기능적 형태의 기구가 포함된다. 앞에서 언급한 바와 같이 기능적 기구는 안보적 요소와 상관없이 경제적 · 사회적 · 정치적 조화를 증진하는 기구로 정의된다. 〈표 9-1〉에 있는 기능적 기구의 리스트는 이러한 기구들의 대다수가 회원국의 경제적 목표의 달성을 위해서 형성된다는 사실을 말해 준다. 이러한 기능적 기구는 국가 간의 협력이 상호 간의 경제적 이익을 가져오고 궁극적으로 정치적 통합도 가능하다는 기능주의functionalism이론에 기반한다. 미트라니David Mitrany가 주장한 기능주의이론은, 기능적 지역에서 발전된 협력의 성향은 결과적으로 정치권으로 들어가서 국가 간의 정치적 장벽을 무너뜨리는 역할을 할 것이라고 보고 있다(Mitrany, 1948).

이러한 이론과 관련해, 정치적 단일성과 독립을 지속적으로 추구하는 국가들의 행동에서 그 증거는 아직 명확하지 않다. 실제로 경제통합으로 나아가는 단계는 부분적이고 점진적으로 주의 깊게 이루어져 왔고, 국가의 정치적 자유가 손상되지 않는 정도까지만 국가 경제기관들을 통합하려는 작은 열망의 반영이었다. 반면에, 나이Joseph S. Nye는 소규모 지역 경제기구들이 국가 간의 갈등을 줄이고 커뮤니케이션을 발달시켜서 정치지도자들에게 제한적인 영향을 주어서 국가 간 협력이 증진될 수 있다는 점을 강조했다(Nye, 1971: 112). 그러므로 넓은 정치적 통합의 달성 없이 지역 경제기구는 평화의 유지 또는 재건 그리고 정책의 통합을 이루는 데 기여할 수도 있다는 것이다. 기능적 지역기구의 범주는 실로 다양해서 각각에 대한 짧은 설명을 해도 너무나 많은 공간을 할애해야 할 것이다. 아래의 지역기구 사례에서 대표적인 기능적 지역기구인 아시아태평양경제협력체APEC와 유럽공동체를 예로 설명하도록 하겠다.

유엔지역위원회UN Regional Commissions는 경제사회이사회의 부속기관으로 유엔의 각종 기구와 프로그램과 밀접한 연계를 맺고 있다. 그 목적은 각 지역 내에 경제적 수준을 올리고 역내국가 간 그리고 역외국가들과의 경제관계를 강화하도록 지원해 주는 것이다. 1947년 유럽경제위원회ECE: Economic Commission for Europe와 아시아극동경제위원회ECAFE: Economic Commission for Asia and the Far East가 설립되었고 ECAFE의 명칭은 1974년 아시아태평양경제사회위원회ESCAP: Economic and Social Commission for Asia and the Pacific로 변경되었다. 1948년에는 라틴아메리카경제위원회ECLA: Economic Commission for Latin America가 창설되었고, 그 명칭은 1984년 라틴아메리카카리브경제위원회ECLAC: Economic Commission for Latin America and the Caribbean로 변경되었다. 아프리카 지역에는 1958년 아프리카경제위원회ECA: East Commission for Africa가 설립되었으며, 중동지역에도 1974년 서아시아경제위원회ECWA: Economic Commission for West Asia가 설립되었고, 이는 1985년 그 명칭이 서아시아경제사회위원회ESCWA: Economic and Social Commission for Western Asia로 변경되었다. 이러한 위원회들은 1960년 이후 위원회를 강화하고 유엔의 경제활동을 지방 분산화하려는 유엔의 공식정책에 따라 필요성이 증가하게 되었다. 지역위원회의 가장 효과적인 서비스와 조정분야는 정보보급과 필요한 기술개발이라고 평가된다. 그러나 제한된 자원과 영향력, 그리고 독립성 부족 때문에 경제개발 과정에서는 한 번도 중심적인 역할을 할 수 없었다.

미주기구

미주기구OAS: Organization of American States는 대표적인 다목적 지역기구이다. OAS의 정교한 구성과 기능은 오랜 역사에 근거한다. 1890년에 열린 최초의 미주국제회의International Conference of American States는 미주공화국국제연합International Union of American Republics이라는 이름하에 영구기구의 설립을 정식으로 수용하였다. 이후, 1910년 큰 재편성을 겪으면서, 이 기구의 명칭은 미주공화국연합Union of American Republics으로 바뀌게 되었으며, 중앙국의 명칭은 미주연합Pan-American Union으로 바뀌게 되었다. 1948년에 있었던 더 큰 개혁에서 현재의 이름인 미주기구OAS: Organization of American States가 적용되었으며, 미주연합은 사무국The General Secretariat으로 바뀌게 되었다.

미주기구의 목적은 광범위하고 포괄적이다. 이러한 목적들에는 1) 지역의 평화와 안보 강화, 2) 분쟁예방 및 회원국 간 논쟁의 평화정착pacific settlement, 3) 공격 시 공동조치, 4) 회원국 간 정치적 · 사법적 · 경제적인 문제해결 노력, 5) 협력적인 조치를 통한 회원국들의 경제 · 사회 및 문화적 발전 촉진 등이 있다. 이처럼 광범위한 역할을 수행하지만 가장 중요한 역할은 집단안보collective security를 통한 동맹으로서의 역할이었다. 1947년 리우데자네이루에서 열린 특별회의는 미주간상호원조협약(Inter-American Treaty of Reciprocal Assistance 또는 리우 조약(Rio Pact))을 이끌어 냈다. 이 조약과 함께 1948년 보고타에서 받아들여진 OAS의 헌장은 이 지역 내의 안보체계의 근간을 이룬다. 리우 조약은 “아메리카 대륙의 어떤 국가에 대한 어떤 나라의 공격이 있다 하더라도, 이는 모두 아메리카 국가들 전체에 대한 공격으로 간주한다.”고 선언하였다.

OAS의 집단안보의 성격은 외부로부터의 군사적 공격에 대한 방어라기보다는 역내 나라들의 가능한 공격에 대한 경고적인 성격이 더 강하다. 1950년대에 OAS는 미국의 주도하에 개별 국가에 대한 공산주의 전복을 막기 위한 일련의 방안들을 채택하였다. 이에 따라, 간접적인 공격은 방어체계의 주요 사안이 되었다. 쿠바에서 공산주의가 출현한 것은 간접공격을 증명하는 예가 되었으며, 이후 보다 심화된 공산주의 정책의 근간이 되었다.

쿠바는 OAS의 창립회원이었으나 1962년부터 회원의 자격이 박탈되었으며, 공산주의는 OAS의 원칙과 양립할 수 없는 것임이 선언되었다. 2009년 OAS는 쿠바의 회원자격 박탈을 철회하였으나 쿠바는 활동을 하지 않는 상태이다. 2015년 쿠바와 미국은 54년만의 역사적인 국교정상화를 이루어 내었고 대사관을 재개설하였다. OAS는 냉전기의 미국의 태도를 지지하는 편리한 도구가 되었고 회원국들은 OAS에 협력할 수밖에 없었다. OAS는 실제로 외부의 공격에 대한 집단안보 기관으로서의 역할보다 평화를 유지하고 해당 지역 내의 국가들 간의 분쟁들에 대한 평화처리pacific settlement를 촉진하는 데 있어 더 큰 역할을 해 왔다. 특히, OAS는 소위 축구전쟁으로 불렸던 엘살바도르와 온두라스 간의 1969년에서 1970년에 걸친 분쟁을 해결하는 데 매우 효과적으로 작용하였다. 또한 1965년 도미니카공화국과 1954년 과테말라에서의 국내상황에 대해 미국이 개입할 수 있도록 국가 간의 보루 역할을 하기도 하였다.

OAS의 헌장은 유엔의 헌장과도 법적으로 양립 가능하며, OAS는 유엔헌장의 51조에서 54조 사이에 기술된 지역기구에 대한 규정을 다른 어떤 지역기구보다도 잘 수용하고 있다. 그러나 OAS의 역할은 무력조치에 대한 유엔의 감독을 따라야 한다는 규정을 좁은 의미에서 해석함으로써 결과적으로 평화와 안보 면에 있어서 유엔의 역할을 축소시키는 결과를 초래하였다. OAS 내에서 패권을 장악하고 있는 미국은 이 기구를 자국의 이익을 위해 사용해 왔으며, 이러한 활동들을 유엔의 효과적인 통제와 책임으로부터 분리해 왔다.

냉전 이후 OAS는 그 지역에 걸친 선거나 인권과 같은 문제들을 감시하는 역할에 열중해 왔다. OAS 회원국 외무장관들은 1991년 '산티아고 협약Santiago Commitment'을 받아들였으며, 1992년에는 워싱턴 의정서The Protocol of Washington를 받아들였는데, 이들은 민주주의 정권이 전복되거나 민주주의가 훼손된 회원국들은 더 이상 회원국이 될 수 없음을 명백히 하였다. 이를테면, 1992년 4월 페루에서 후지모리 전 대통령이 더욱 강력한 대통령 권한을 위해 의회를 해산하고 횡령과 비리 혐의를 받았을 때와 1993년 9월 과테말라에서 발생했던 쿠데타에서도 외무장관들은 긴급회의를 갖고 공동조치를 취하는 데 합의한 바 있다.

OAS는 경제적 · 사회적 협력의 도구로서의 역할도 수행해 왔다. OAS의 경제 · 사회적 발전활동은 1961년 진보를 위한 동맹The Alliance for Progress이라는 용어의 틀을 만들었던 푼타델에스테 헌장The Charter of Punta del Este에 명시되어 있다. 이 동맹의 목적은 남미 국민들과 정부를 동원함으로써 경제 · 사회적인 발전의 속도를 가속화하는 것이었다. 모든 국가적인 프로그램과 협력 프로그램이 강조되었고, 1960년대에 1인당 국민소득의 최소 2.5% 성장이라는 목표가 설정되었다. 이러한 목적들을 달성하기 위한 총투자비용은 10년 동안 1천억 달러로 예상되었으며, 이 중 80%는 각각의 개발도상국이 내부적으로 충당하고, 또 남은 20%는 외부자원으로 충당하기로 하였다.

그러나 진보를 위한 동맹은 이 프로그램의 야심찬 목표를 실현시키지 못했다. 1인당 소득으로 측정된 경제성장 속도는 비록 소수의 국가들이 목표치를 넘어섰음에도 불구하고 당초 목표했던 2.5%를 훨씬 밑돌았다. 계속되는 좌절로 인해 남미 정부들은 유엔무역발전회의UNCTAD: United Nations Conference on Trade and Development의 옹호자가 되었으며, 이는 부국들과 빈국들 간의 경제적 차이를 줄이기 위해 선진국들이 특별한 양보를 해야 한다는 주장을 내세우기 위함이었다.

1990년대 초반에 상당수의 남미 국가들의 성장이 1960년대부터 80년대에 걸친 유엔라틴아메리카 경제위원회나 미주개발은행 그리고 유엔무역발전회의의 지역경제 발전을 위한 노력에 의해 이루어진 것이냐에 대해서는 논란의 여지가 많다. 1990년대에는 80년대의 수입대체import-substitution 경제발전 방식에서 탈피, 자본주의적 자유무역의 패러다임이 절정을 이루었다. 자유화, 사유화, 시장개방과 자유무역은 주류 경제정책의 요소가 되었다.

반면, 1990년대에 캐나다, 미국, 멕시코가 참가한 1994년의 북미자유무역협정NAFTA: North American Free Trade Agreement 안에 포함된 자유무역 지대에 세계무역과 외국인 투자가 증가했다. 이러한 NAFTA나 1994년의 아메리카 정상회담Summit of The Americas 및 아르헨티나와 브라질, 파라과이와 우루과이를 포함하는 좀 더 제한적인 남미공동시장의 창설은 모두 이 지역 내의 경제적 분야에 있어 OAS의 역할이 다소 감소되었음을 나타낸다. 이와 함께, 미국과 캐나다를 제외한 중남미의 모든 국가가 참여하는 라틴아메리카-카리브해 국가공동체Community of Latin American and Caribbean States가 2011년 12월 3일 공식출범하였다.

설립 이후 제도적인 발전을 거친 OAS는 계속해서 유용한 기능을 하고 있다. 냉전기의 미국의 주도하에 집단안보라는 명목으로 공산주의를 거부하는 역할을 하였고, 냉전 후에는 지역의 민주화를 보장하는 데 초점을 맞추고 있다. 반면, OAS는 세계경제의 세계화에 반응하는 데 있어서는 크게 성공적이지 못했다. 보다 보편적인 경제적 힘에 대한 '지역적인' 반응은 불분명한 전망을 보이고 있다. 미국은 남미 국가들에게 지역 자유무역협정을 제공하였지만, 미국의 근본적 입장은 이 지역 국가들이 지역적인 무역의 벽에 안주하기보다는 세계경제에 편입하여 개방하게끔 만드는 자유주의적인 것이다. 다른 어떤 곳도 지역주의와 보편주의 간의 긴장이 이보다 더 잘 드러나는 곳은 없을 것이다.

북대서양조약기구

북대서양조약기구NATO: North Atlantic Treaty Organization는 가장 규모가 크고 조직적이며 안정적인 군사안보 동맹이다. NATO는 서유럽에 대한 구 소련의 군사적 침략위협 가능성에 대응하기 위해 창설되었다. NATO의 창설은 일반적인 의미에서 공산국가들, 특히 구 소련에 대한 봉쇄정책을 위해 가장 핵심국인 미국에 의해 주도되었다. 트루만 독트린Truman Doctrine, 마샬 플랜Marshall Plan, 한국전쟁, 동남아시아조약기구SEATO, 바그다드 조약Baghdad Pact 등은 모두 미국의 봉쇄정책과 관련된 정책적 산물들이다.

대부분의 관련 동맹들이 탈냉전시대의 정치적 · 전략적 환경변화로 사라진 것과 반대로 NATO는 탈냉전시기에 살아남은 생명력이 강한 기구로 판명되었다. NATO에 대응하기 위해 만들어진 구 소련의 바르샤바 조약기구도 냉전의 종식과 함께 사라졌지만 NATO는 지속되었고, 이후에도 지속적으로 규모를 확장해 왔다. 그뿐만 아니라, NATO의 창설을 이끌었던 냉전기간 동안의 표면적 위협이 사라진 후에도 발칸에서 평화유지 임무를 주도적으로 수행하였으며, 코소보 사태에도 개입해서 최초이자 유일한 군사행동을 개시하기도 하였다.

NATO는 서쪽으로는 미국부터 캐나다, 동쪽은 그리스부터 튀르키예까지 지리적인 확장을 하였다. 초기 회원국은 미국, 영국, 프랑스, 캐나다, 덴마크, 이탈리아, 벨기에, 네덜란드, 룩셈부르크, 노르웨이, 포르투갈, 아이슬란드 12개 국가였으나 1952년에 그리스와 튀르키예가 회원국으로 가입한 후, 1955년에는 독일이, 그리고 1982년에는 스페인이 회원국으로 가입하여 회원국이 16개 국가로 확대되었다.

냉전의 종식과 함께, 러시아의 강력한 반대에도 불구하고 1999년 바르샤바 조약의 이전 회원국이었던 폴란드, 체코, 헝가리가 가입하면서 NATO는 다시 한 번 그 위상을 과시했다. 2004년 불가리아, 에스토니아, 라트비아, 리투아니아, 루마니아, 슬로바키아, 슬로베니아가 가입을 하였고 2009년에는 크로아티아와 알바니아가 가입을 하였다. 2017년에는 몬테네그로가 가입을 하였으며 2020년에는 북마케도니아가 가입하였다. 2023년 현재 30개국의 회원국을 지니고 있으며, 스웨덴과 핀란드는 회원국 비준 절차를 준비 중이어서 이 두 국가가 합류한다면 32개국의 회원국을 가지게 될 것이다.

이러한 NATO의 확장은 러시아의 입장에서는 자국 안보의 큰 위협으로 다가왔으며, 러시아의 주장에 따르면 러시아가 우크라이나를 공격하게 된 원인이 되었다. 냉전 종식 후 많은 사람들의 예상과 달리 NATO는 약해지지 않았고 오히려 동쪽으로 팽창하였다. 냉전 시대에 러시아의 영향력 아래 있었던 국가들이 NATO에 가입하게 되자 러시아는 위협을 느꼈으며 공식적으로 이에 대한 불만을 표출해 왔다. 특히, 러시아와 국경을 맞대고 있는 우크라이나의 NATO 가입 문제에 러시아는 항상 민감하게 반응하였다. 우크라이나는 2019년 헌법을 개정하여 NATO 가입의 목표를 명확히 설정하였다. 결국 2022년 2월 러시아가 우크라이나를 침공하여 우크라이나의 NATO 가입은 이루어지지 않았지만, 여전히 우크라이나는 NATO 가입의 의지를 밝히고 있다.

NATO의 핵심조항은 유럽이나 북미에서 하나 혹은 그 이상의 회원국에 대한 무장공격이 이루어질 경우, 이를 회원국 전체에 대한 공격으로 간주한다는 집단안보의 개념이다. 그러한 공격이 발생할 때 각 회원국은 지역 내의 안보 유지와 복구를 위해서 공격당한 회원국을 도와야 하는 의무를 가지고 있다. 그러나 각 회원국은 오직 필요하다고 느껴지는 상황에서만 행동할 의무를 가진다는 조항에 의해 주권은 보장받는다. 이러한 주권보호는 유럽 지역에 할당되어 있는 군대의 명령권에도 적용된다. 군인들은 오직 자국의 군대파견단에 대해서만 통제권한을 유지하고, 국가채널을 통하지 않고는 어떠한 명령도 이행될 수 없다. NATO 자체의 큰 규모의 조직과 예산에도 불구하고, 국가들의 의사결정 권한은 손상받지 않고 있는 것이다.

NATO에 대한 회원국들의 지원은 항상 일관된 것이 아니었다. 프랑스는 기구 내의 미국의 지위와 유럽 방어에 있어서 독일의 역할에 대한 문제에 불만을 갖게 되면서, 기구의 회원자격은 유지하지만 1966년과 1967년에는 NATO의 군사협정으로부터는 철회하게 된다. 1974년 튀르키예의 키프로스 침략 후에 그리스는 NATO로부터 자국의 군사력을 철수시켰으나, 1980년 다시 참여하게 되었다. 구 소련에 대한 위협이라는 초기 NATO의 중요 목적은 동서 사이의 '긴장완화 détente'와 함께 1967년 사실상 사라지게 된다. 그 후에는 군비축소, 상호균형적 군사력 감소, 구 소련과의 무역과 같은 정책들이 NATO에서 강조되게 된다. 미국이 전략적 원칙을 대규모적 보복에서 '융통성 있는 대응flexible response'으로 전환시켰을 때 NATO 위원회는 미국의 유럽 방위에 대한 책임의식을 의심하면서도 '융통성 있는 대응'을 NATO의 공식정책으로 채택할 수밖에 없었다(Bennett and Oliver, 2002: 260).

냉전의 종식은 NATO의 존폐 여부와 미래의 임무에 대한 심각한 의문들을 불러일으켰다. 구 소련의 붕괴로 NATO는 값비싼 시대착오적인 기구로 여겨졌고, 한편으로는 NATO의 대부분의 목적들이 다른 의제로 바뀌어야 한다는 목소리가 있었다. 그러나 핵무기와 대량살상 무기의 확산, 그리고 테러리스트나 미국이 부르는, 소위 '불량국'들에 의한 무기획득과 같은 계속되는 안보문제들은 NATO 회원국들의 안보문제에 우위를 차지했다. 바르샤바 조약의 전 회원국들은 유럽 안보의 틀을 구체화하도록 압력을 가했다. 1990년과 1991년 사이에는 유럽연합에 대한 국경협상이 마스트리히트에서 마무리되면서 대체적인 안보협정에 대한 의견의 불일치가 나타나기 시작했다. 프랑스는 미국을 배제한 채 냉전 직전에 창설된 서유럽연맹WEU: West European Union의 부활을 주장하는 한편, 영국은 NATO를 유지한 채 WEU가 유럽 안보 시스템에서 기둥 역할을 해야 한다고 주장했다. 마지막으로, 구 유고연방이 분열되고 폭력, 전쟁범죄, 대규모의 국경난민 이동, 국제화된 국가 간 전쟁의 시대가 계속되면서 임시방편적인 유럽과 유엔의 외교적 개입과 평화유지 역할은 불충분하다는 것이 분명해졌다. NATO는 냉전 이후에 유럽 안보의 필요성과 요구에 의해 존속하게 된 것이다.

유럽의 안보와 안정을 위해 NATO를 군사적 기구에서 정치적 기구로 변환시키려는 비전을 포함한 미래에 대한 몇몇 희망은 가능성이 있는 것처럼 보였다. 처음에는 유엔과 유럽안보협력기구의 위기관리와 평화유지 기능을 지원하는 것이 강조되었다. 그러나 1940년대 후반의 위기가 NATO 창설을 진행시켰던 것처럼 1990년대 발칸 반도의 위기는 냉전 후 NATO의 역할을 재정의하게 만들었다. 유럽과 유엔의 대처능력의 취약함과 불충분성이 처음 5년간 명백해짐에 따라 결정적인 외부군사의 개입에 대한 필요성이 더욱 불가피해졌다.

재건된 크로아티아와 보스니아 보병과 결합한 NATO의 공습은 세르비아와 유고로 하여금 보스니아에서의 전쟁종식을 위한 협상을 하게 하였고, 이후 NATO는 평화유지의 책임을 맡게 되었다. 이어서 코소보에 대한 또 다른 세르비아의 인종청소가 끊이지 않고 발생함에 따라서 미국과 NATO는 유엔의 승인 없이 세르비아 군대와 세르비아에 대규모 공습을 벌이게 되었다. NATO는 결과적으로 세르비아를 코소보에서 축출하고, 코소보 난민을 귀향시켰으며 그리고 5만 명의 NATO 평화유지군을 코소보에 주둔시켰다.

유엔안전보장이사회는 협상을 주도하였고 유엔 행정부가 평화유지 협정을 토대로 주둔하게 되었다. 그러나 코소보의 예측 가능한 미래에 결정적인 영향력을 행사했던 것은 NATO였다. 또한 2003년 8월 유엔으로부터 아프가니스탄의 안보를 증진시키는 임무를 위임받아 국제안보지원군ISAF: International Security Assistance Force을 조직하였으며 이러한 활동들은 아프가니스탄의 안보를 효율적으로 지키고 테러리스트들의 영향에서 벗어나고자 하는 데 그 목적이 있었다. ISAF의 임무는 2014년 말에 종결이 되었으며 안보의 의무는 아프간 정부로 이양되었다. 그러나 지속적인 안보발전을 위해 아프가니스탄과 NATO는 여전히 긴밀한 협력을 하고 있으며 NATO와 그 협력국들은 아프간 정부에 재정적 지원을 2017년 말까지 진행하였다.

아시아태평양경제협력체

아시아태평양경제협력체APEC: Asia Pacific Economic Cooperation는 배타적 경제 블록과 보호무역주의를 지양하고 무역자유화 추진과 아시아·태평양 지역 국가 간의 경제협력을 표방하면서 1989년 발족했다. 지역주의에 대응하여 다자간 자유무역체제를 강화하기 위한 지역협력을 추구하면서 이를 통해 역내국가 간의 무역자유화로 인해 역외국가들이 불이익을 받지 않도록 하는 개방적 지역주의를 주창하였다. APEC은 이러한 점에 있어서 NAFTA나 EU와는 차이점을 지니고 있으며, 비회원국에 대해서도 지역주의에 의한 시장개방에 따른 혜택을 제공한다. 출범 초기 회원국은 총 12개국으로 한국을 비롯하여 일본, 호주, 뉴질랜드,

미국, 캐나다 및 동남아시아국가연합ASEAN: Association of South-East Asian Nations의 6개국이었으나, 1991년 제3차 회의에서 중국, 대만, 홍콩이 가입하는 등 이후 회원국의 확대는 계속되어 2023년 현재 21개의 회원국을 보유하고 있다.

1993년부터는 매년 정기적으로 정상회담을 개회하고 있으며, 무역투자위원회, 경제위원회, 경제기술협력소위원회, 예산 및 운영위원회 등 4개의 주요 위원회와 9개의 실무그룹, 2개의 전문가 회의, 그 외 각종 포럼과 11개 분야에 걸친 분야별 장관회의가 정기적으로 개최되고 있다. 1994년 인도네시아 보고르에서 열린 정상회의에서는 개방적 다자체제의 강화 및 아태지역 무역자유화 추진, 아태지역 개발협력 강화를 주요 목표로 삼는 보고르 선언문을 채택하였다.

이를 위해 선진국은 2010년까지, 개발도상국은 2020년까지 각 회원국 경제가 무역 및 투자를 자유화하겠다는 합의에 도달함에 따라 APEC은 구체적인 개방적 지역 공동체로 부상하기 시작하였다. APEC은 회원국 간 무역투자 자유화를 실현하고 회원국 간 경제기술협력을 통한 역내 균등개발 및 경제격차 해소를 목적으로 한다. APEC은 역내국가의 다양성을 존중하고, 경제 블록화를 방지하며, 정치 · 군사적 요소 배제 및 강대국의 패권경쟁 지양 등의 운영원칙에 기초한다.

관세절차 완화가 포함되어 있는 APEC의 무역원활화 행동계획은 목표에 도달하여 2007년과 2010년 사이에 국경에서 발생하는 비용이 5% 개선되었다. 또한 2009년에는 사업환경개선 프로그램을 실시하여 지역에서 사업을 보다 빠르고 쉽게 할 수 있도록 장려하였다. 이 결과로 2009년과 2013년 사이 회원국들은 11.3% 개선에 성공하였다. 이는 사업 시작, 신용 얻기와 허가증 등록 등의 간소화가 있다.

APEC은 형식적인 틀을 가진 제도화된 기구가 아니며 출범 당시 아시아 · 태평양 지역의 경제협력에 대한 합의만 있었을 뿐, 운영과정에서 필요에 따라 탄력적으로 제도를 마련하고 기구를 확대하는 형태를 취하고 있다. 이러한 측면에서 APEC은 아직도 발전단계에 있는 협의체적 성격을 가지고 있다고 할 수 있겠는데 이로 인해 구속력을 갖지 못하는 회원국들의 합의가 얼마나 효율성을 거둘 수 있을 것인가에 대해서는 회의적인 전망이 존재할 수밖에 없으며 앞으로 APEC이 어떻게 발전해 갈 것인지 주목을 받고 있다.

APEC 회원국 중 미국은 APEC 출범 초기에는 지금과 같은 적극적인 태도를 보이지 않았다. 미국에겐 급속히 성장하는 아시아 국가들에 주목하면서 이 지역을 자유주의적 국제경제체제로 편입시키려는 의도가 숨어 있었다. 또한 1990년 말레이시아의 마하티르 총리를 중심으로 아시아경제그룹EAEG: East Asian Economic Group이라는 아시아 국가들만의 경제협력체를 구상하자는 제안이 대두되자 미국은 아시아 시장에서의 미국의 입지에 큰 타격을 입을 것을 우려하였다. 이러한 추세에 대응하여 미국은 1993년 당시 클린턴 대통령의 주창으로 APEC 회원국 간에 연례적인 경제지도자 회의를 개최하자고 제안하면서 APEC에 적극 동참하게 되었다.

당시 미국은 '신태평양공동체'의 창설을 제의하면서 APEC을 아시아 · 태평양 지역의 무역자유화를 추진하는 틀로 만들려는 의도하에 협의와 합의를 바탕으로 한 기존의 APEC 운영방식을 무역자유화에 대한 좀 더 공식적이고 강제성이 강한 약속이행 장치를 포함한 것으로 전환하려는 의도를 분명히 하였다(유현석, 2003). 이로써 APEC은 세계경제의 핵심국인 미국, 그리고 거대 경제 주체인 일본, 최근 급부상하고 있는 중국 등을 포함하고 있다는 점에서 다자주의의 확립을 촉진시키는 의미를 더욱 강화하게 되었고, 미국이 적극 가담하게 되면서 미국 주도의 경제협력체로의 발전을 거듭해 오고 있음은 분명한 것으로 보인다.

그러나 미국의 주도적 참여 이후 APEC 내의 주도권을 둘러싼 미묘한 갈등관계는 APEC이 가야할 길에 불안한 그림자를 드리우고 있으며, 특히 아시아 금융위기 당시 APEC의 무력한 대응은 아시아 국가들 사이에서 잠재해 있던 불만이 불거져 나오는 계기가 되기도 하였다. 2014년 APEC 멤버들은 FTAAPFree Trade Area of the Asia-Pacific의 로드맵을 만들며 보다 심도 있는 지역적 경제통합을 이루기 위한 발판을 마련하기도 하였다.

아시아유럽정상회의

APEC은 지역주의 문제점을 극복하기 위해 소위 '개방적 지역주의'를 표방하였으나 APEC 역시 적어도 출범 당시는 협력체의 성격을 벗어나지 못했다. APEC의 한계점을 극복하고 다자주의로 나아가기 위한 보루로서 아시아유럽정상회의ASEM: Asia-Europe Meeting의 출범은 지역과 지역의 협력을 추진하려고 하는 움직임이 구체화되는 계기였다. ASEM은 사상 최초로 아시아와 유럽의 정상회의를 통해 다자간 외교활동을 비롯 이들 지역의 협력체계를 강화하는 데 주력함으로써 보편주의와 지역주의가 병존하는 현재의 국제교역 환경에서 지역 간 협력을 통한 지역주의와 보편주의가 상호보완될 수 있는 발전 가능성을 열어 주었다.

1990년대에 들어 냉전종식에 따라 경제 · 사회적으로는 세계화 추세가 대두되면서 아시아, 북미, 유럽 등 3개 지역을 축으로 한 새로운 국제질서가 형성되었고 유럽은 경제적으로 괄목할 만한 성장을 거듭하고 있던 한국, 홍콩, 싱가포르 등의 아시아 신흥공업국들에 주목하기 시작하였다. 아시아 국가들 역시 유럽과의 상호관례를 강화할 필요성에 대한 인식이 형성되면서 1994년 싱가포르는 두 지역의 국가정상들의 대화창구로서 ASEM의 창설을 제안했다. 이에 ASEM은 1996년 발족하여 그동안 1996년 3월 태국 방콕에서 제1차 정상회의 개최를 필두로 2000년에는 한국에서 제3차 ASEM이 개최된 바 있으며 2014년 10월 밀라노에서 10차 회의가 열리기도 하였다. 2020년 예정되었던 13차 회의는 코로나19로 인해 2021년에 캄보디아에서 열렸다.

ASEM의 구성회원은 한국과 중국, 일본, 동남아시아국가연합ASEAN: Association of South-East Asian Nations을 구성하고 있는 동남아 7개국(싱가포르, 인도네시아, 말레이시아, 태국, 필리핀, 브루나이, 베트남) 등 아시아 10개국과 EU 15개국(영국, 프랑스, 독일, 포르투갈, 스페인, 덴마크, 네덜란드, 오스트리아, 룩셈부르크, 벨기에, 스웨덴, 아일랜드, 핀란드)의 국가원수 또는 정부수반, EU 집행위원장 등이다.

ASEM은 모든 의제와 협의방식에 있어 비공식성informality을 천명함으로써, 두 지역 간의 대화에 있어 자유롭고 폭넓게 논의한다는 원칙을 내세운다. 이를 위한 기본정책으로 비제도화를 들 수 있는데 ASEM의 비제도화 정책에 따라 다른 지역통합체가 활발히 사무국secretariat을 운영하고 있는 것과는 대조되게 ASEM은 사무국을 설치하지 않고 있다. ASEM의 비공식성은 회원국 정상들이 중요한 이슈들에 대해 자유롭게 의견을 교환하고 아시아와 유럽 지역 간의 협력도모를 보다 쉽게 이루어 낼 수 있도록 하는 데에 그 목적을 두고 있다.

또한 회의결과는 '합의'의 원칙을 적용하여 도출되므로 회원국의 회의결과에 대한 부담을 덜어주어 회원국의 회의참가와 회의개최를 용이하게 해 줄 수 있는 등 비공식성이 지니는 장점이 생겼다. 그러나 이런 이유로 인해 ASEM은 강력한 법적 구속력을 가질 수 없기 때문에 회의결과의 실질적 이행과 성과를 거두기 어렵다는 문제점을 안고 있는 것도 사실이다. 이처럼 ASEM은 그 결정이나 합의가 구속력이 없는 권고의 성격에 그치고 있어 그 실효성에 관한 한 앞으로의 향방은 지켜보아야 할 일이다.

회원국 정상들은 다양한 분야에서 자유롭게 의견을 교환하며 아시아와 유럽의 공동발전을 지향하기 위한 정부 간 협력을 도모하지만 강제성을 띤 협상기구는 아니다. ASEM은 탄력성과 역동성을 가지고 정치, 경제, 문화 등 포괄적인 문제들을 논의하는 열린 기구이다. 이런 점은 무역·투자 등 경제협력에 주안점을 두는 일부 지역협력체와 다르다. 정상회의가 없는 해에는 외무, 경제, 재무 장관 등 각료급 회의가 열리며 실무 고위관리회의도 수시로 개최돼 정상 간 합의사항 이행을 점검한다. 또 실무급인 고위관리회의SOM: Senior Officials' Meeting도 수시로 개최하여 합의된 사항의 이행현황을 점검하고, 회원국 전체가 함께 참여하

그림 9-1 ASEM 메커니즘

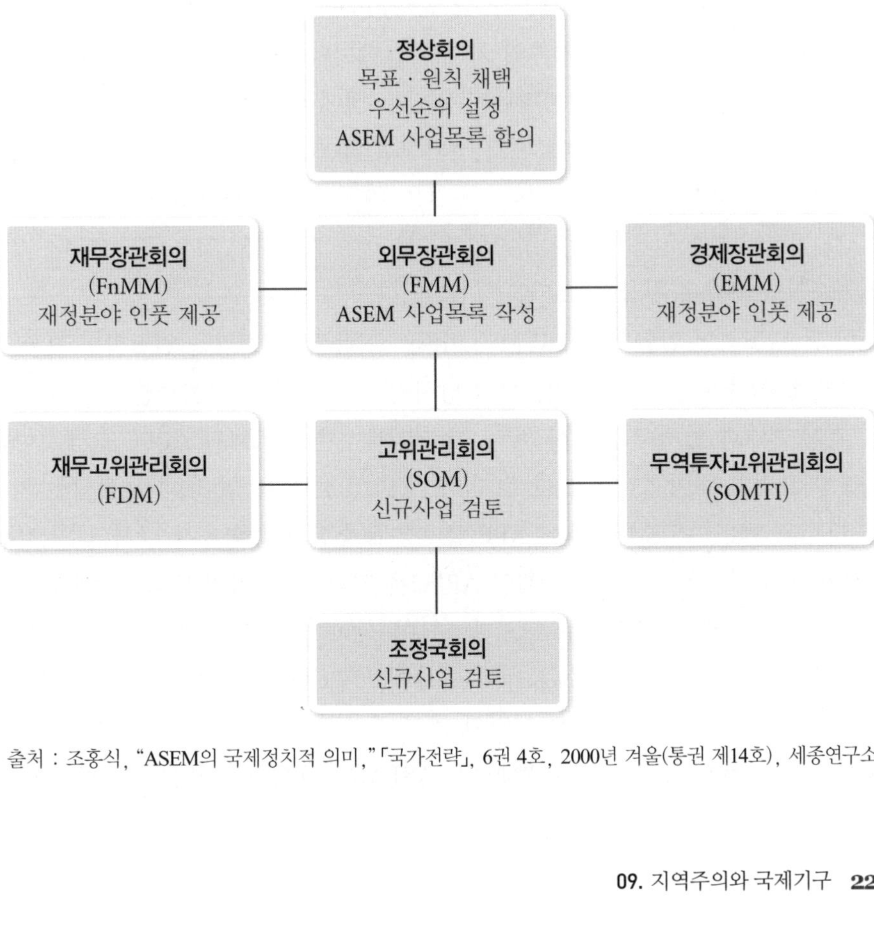

출처 : 조홍식, "ASEM의 국제정치적 의미,"「국가전략」, 6권 4호, 2000년 겨울(통권 제14호), 세종연구소.

는 다양한 협력사업들을 추진해 나가고 있다. ASEM은 기본적으로 정상회담이므로, 정상 간 대화를 통해 의제를 채택하고 그 후속 논의를 고위관리회의를 통해 발전시키는 방법을 원칙으로 한다. 이에 따라 ASEM은 코로나19로 연기되기 전까지 기본적으로 짝수 년에 정상회담을 개최하고 홀수 년에 고위관리회의를 여는 방식으로 운영되고 있다.

APEC이 태평양을 둘러싼 아시아와 미주 지역을 연결하여 두 지역 간의 공통성 인식을 제고하고 협력을 도모한다는 측면에서는 아시아와 유럽을 연결하는 ASEM과 그 목적에서 유사점을 지니고 있다고 할 수 있다. 그러나 APEC은 21개국이 개별적으로 의사결정에 직접 참여하는 반면, ASEM은 EU와 아시아 간의 그룹 간 협의를 바탕으로 주요 결정을 이루는 간접적 방식을 택하고 있다. 또한 APEC은 SOM이라 불리는 고위관리회의가 전 회원국의 참여로 이루어지는 한편, ASEM은 ASEM-SOM 아래 유럽과 아시아 측의 SOM이 별도로 구성되는 이중구조를 가지고 있다(유현석, 2003).

ASEM은 정치와 안보, 경제, 사회, 문화의 분야에서 아시아와 유럽 지역 간의 협력을 추진하고 있다. 기존의 국제협력 패턴에 비교해 보았을 때 ASEM이 지역 간 협력이라는 형식을 나타내고 있다는 점에서 특징적인 차이점이 나타난다. 이는 사실 유럽통합이 빠르게 진전되면서 다른 지역협력체와의 관계를 발전시키는 과정에서 나타난 현상이다. 유럽은 1980년부터 ASEAN과 제도적인 지역 간 협력관계를 처음으로 수립하였고, 그 이후로도 지속적으로 지역 대 지역 협력패턴의 확산을 전략적으로 추진하고 있다.

이 같은 노력의 일환으로 ASEM은 아시아와 유럽 두 지역을 연결하는 지역 간 협력의 틀이라고 할 수 있으며, 협력 당사자 각각의 규모나 이들을 합한 규모로도 가장 커다란 협력체라고 하겠다. 이러한 특성은 ASEM과 APEC을 구분하는 가장 대표적인 차이점이라고 할 수 있다. 정치, 경제, 문화 등의 포괄적인 의제를 다루고 있는 ASEM에 비해 APEC은 경제 중심의 협력을 표방하고 있으며, 개별국가의 광범위한 지역협력체인 APEC은 지역 대 지역의 대륙 간 대화를 유도하는 ASEM과 근본적으로 다르다. 이미 사회·문화분야에서는 싱가포르에 아시아유럽재단ASEF: Asia-Europe Foundation이 설립되어 이 같은 유연성을 반영하고 있다고 할 수 있다. 포괄적 성격의 지역 간 협력체로서, 그리고 정치적 가시성이 높은 네트워크 중심의 협력체로서 ASEM은 21세기 국제협력의 중요한 모델로 작동할 수 있는 잠재력을 내포하고 있다(조홍식, 2000).

동남아시아국가연합

전통적으로 아시아의 지역통합의 움직임은 유럽 등의 지역과 비교했을 때 그리 활발하지 않았다. 특히 동아시아의 경우 역사적 문제가 결부되면서 지역협력은 요원한 상태였다. 하지만 1998년 아시아 금융위기를 기점으로 지역통합의 중요성을 느끼게 된 아시아 국가들은 1967년 동남아시아 국가를 중심으로 설립된 동남아시아국가연합ASEAN: Association of South-East Asian Nations을 바탕으로 동아시아 국가들과 함께 ASEAN+3를 결성하여 아시아 경제통합의 가속화를 위한 발판을 마련하기 시작했다. 이러한 통합의 노력은 동아시아, 동남아시아의 지역적 한계를 벗어나 APTA Asia-Pacific Trade Agreement, 동아시아 정상회의East Asia Summit, 아시아태평양경제협력체Asia-Pacific Economic Cooperation, 환태평양 경제동반자 협정Trans-Pacific Partnership과 같은 다각도의 경제통합 메커니즘에도 많은 영향을 끼쳤다.

또한 빠른 속도로 성장하고 있는 중국, 인도와 같은 개발도상국가와 오스트레

그림 9-2 ASEAN+3 정상회담

출처 : ASEAN 홈페이지(http://www.asean.org).

그림 9-3 아시아 지역의 주요 지역 국제기구

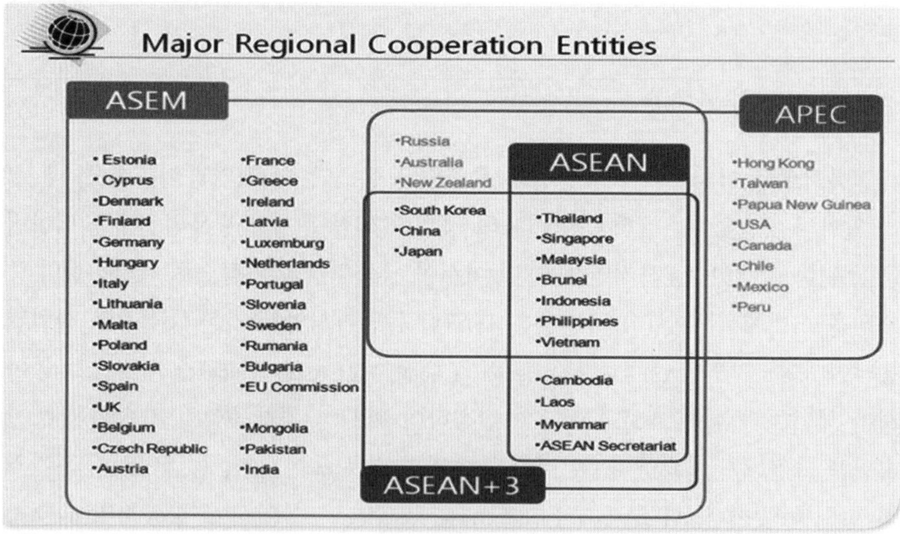

출처 : ASEIC 홈페이지(http://www.aseic.org/main.do).

일리아, 일본, 뉴질랜드와 같은 아시아·태평양의 선진국들 간의 ASEAN을 통한 대화와 토론은 동아시아 커뮤니티 설립에 한걸음 더 가까워지는 계기가 되고 있다. ASEAN은 특히 경제분야의 통합에 주안점을 두고 있다. 2003년 아세안 경제 공동체ASEAN Economic Community 설립의 결정으로 지역경제통합의 이정표를 세우는 데 성공했으며 1998년 아세안 투자지대ASEAN Investment Area 설립과 2009년 아세안 포괄적 투자협정ASEAN Comprehensive Investment Agreement을 통한 지역투자협력은 상당한 성과가 있다고 평가되어진다. 하지만 여전히 아시아 국가들 간의 갈등요소가 산재한 만큼 아세안이 이를 극복하고 아시아 지역통합의 주요 메커니즘으로 성장해 나갈지의 귀추가 주목된다. [그림 9-3]은 아시아 지역의 주요 지역 국제기구를 보여주고 있다.

남미공동시장

남미공동시장MERCOSUR: Mercado Comun del Sur(South Common Market)은 아르헨티나, 브라질, 파라과이, 우루과이를 포함한 라틴아메리카와 캐리비안 지역의 경제통합 프로젝트이다. 1991년 브라질과 아르헨티나의 경제협약 이후로

2012년에는 베네수엘라, 칠레, 볼리비아, 페루, 콜롬비아, 그리고 에콰도르가 참여하면서 보다 확장된 경제 블록을 구성하게 된다. MERCOSUR는 자유무역 지역의 지정을 그 시작으로 역외 공통관세를 통한 관세동맹을 거쳐 궁극적으로 역내시장 공동체의 구성을 그 목표로 한다.

발전의 역사를 간략히 살펴보면 1990년대 MERCOSUR의 회원국들은 기존의 수입대체 산업화 모델로부터 보다 자유주의적인 경제개혁을 단행하였다. 행정적 규제와 장벽의 제거 등을 포함한 초기의 개혁은 호의적인 거시경제 분위기를 제공하면서 외국인 직접투자 증가에 커다란 역할을 하였다. 이러한 개방적인 지역주의와 자유화 개혁 이후, 2000년대 초반부터 MERCOSUR는 다시 한번 통합 모델에 변화를 꾀한다. 이는 MERCOSUR의 두 주축인 아르헨티나와 브라질 양국의 국가 역할 재평가로 촉발되어 2008년 글로벌 경제위기로 더욱 가속화된 국가 중심의 경제모델로서 개별국가의 발전에 방점을 둔 형태이다.

초기의 자유화 개혁에 비해 폐쇄적인 경제를 지향하는 이 모델의 여파로 2011년부터 2014년까지 회원국들 사이에 35%의 관세가 부과되기도 한다. 현재 MERCOSUR는 다시 한번 새로운 개발과 지역통합의 모델로의 도약을 준비하고 있다. 이를 위해 회원국들은 산업화와 경쟁력을 증가시키기 위한 적극적인 정책을 마련하고 있으며 역내경제통합의 가속화와 회원국들 사이 생산적 상호보완성의 촉진, 그리고 무역의 경쟁력 확보를 위한 노력을 기울이고 있다.

아프리카연합

아프리카연합AU: African Union은 1963년 설립된 아프리카 통일기구OAU: Organization of African Unity의 뒤를 이은 기구로서 2002년 창설되었으며, 2023년 현재 아프리카 55개국이 참여하고 있다. 모로코는 OAU의 창립 회원이었으나, 사하라 아랍 민주공화국Sahrawi Arab Democratic Republic이 1982년 OAU에 가입하면서 1984년 탈퇴하였다. 모로코는 2017년 33년 만에 AU에 다시 가입하였다. 사하라 아랍 민주공화국은 AU의 회원국이긴 하나 유엔의 회원국은 아니며, 모로코는 서사하라 지역을 실질적으로 통치하고 있다.

AU는 아프리카 대륙의 통합을 위한 다각적인 노력을 기울이고 있다. 예를 들어 AU에 의해 비준된 아프리카 개발을 위한 새로운 파트너십NEPAD: New

Partnership for Africa's Development은 지역통합과 경제개발의 장려를 통한 아프리카 개발문제 해결에 초점을 둔 전략이다. NEPAD의 주요 목표는 빈곤의 감소와 지속적 발전, 아프리카 소외 중단, 그리고 여성권한의 신장이다. 이러한 목표달성을 위해 NEPAD는 자발적 상호검토 시스템과 행동강령과 기준의 고수를 제안하였다. 이러한 체계적이고 구체적인 전략구상에 힘입어 NEPAD는 북반구의 산업화 국가들과 국제경제기구, 그리고 유엔과 같은 국제기구로부터 아프리카의 공식적 개발계획으로 인식되어져 왔으며 아프리카 개발노력에 대한 국제지원이 가장 효율적으로 전달될 수 있는 메커니즘으로 여겨졌다.

또 다른 OAU 주도의 주요 지역통합의 성과들로는 2004년 범아프리카 의회Pan African Parliament의 출범과 COMESACommon Market for Eastern and Southern Africa의 GFTAGrand Free Trade Area 합의, 2008년 동아프리카 커뮤니티East African Community와 남아프리카 개발 커뮤니티Southern African Development Community의 설립, 범아프리카 대륙 자유무역지역Pan-African Continental Free Trade Area의 수립 추진 등이 있다.

하지만 이러한 활동에도 불구하고 AU는 많은 어려움에 봉착하고 있다. AU는 유럽연합식의 지역통합기구를 지향하고 있지만 이를 주도적으로 이끌어 갈 만한 리더십이 지역 내에 부재하고 아프리카 국가들이 자국 내부의 문제를 해결하는 데 어려움을 겪고 있다. 회원국의 국내정치가 안정되지 않은 상황에서 아프리카 지역의 공동체 형성은 요원한 일이 아닐 수 없다. 또한 경제적으로도 어려움을 겪고 있기 때문에 경제통합을 위한 기구의 설립은 현재 요원한 것이 사실이다. 또한 아프리카 내에서도 각국 간의 격차가 커지고 있는 것도 지역통합의 걸림돌로 작용하고 있다. 사하라 이남의 전통적인 부국인 남아프리카공화국과 함께 보츠와나 등은 일인당 국민소득이 만 달러에 가까우나 최빈국인 부룬디나 콩고공화국 같은 국가들은 일인당 국민소득이 500달러에도 미치지 못하고 있는 실정이다.

아시아인프라투자은행

2013년 10월, 중국의 시진핑 주석과 리커창 총리는 아시아인프라투자은행AIIB: Asian Infrastructure Investment Bank의 창설을 제의하였다. 시진핑은 AIIB의 설

브릭(BRIC)은 2001년 골드만 삭스가 다음 반세기 동안의 글로벌 경제 트렌드를 예측하면서 나온 개념으로 브라질, 러시아, 인도, 그리고 중국의 첫 글자를 따서 만들어진 용어이다. 2010년 9월 21일 뉴욕에서 열린 브릭 국가들의 외교부장관 모임에서 남아프리카공화국을 브릭 국가에 포함시키는 것에 동의하였고, 이에 따라 브릭(BRIC)에서 브릭스(BRICS)로 변경되었으며, 남아프리카공화국은 2011년 4월 중국 싼야에서 열린 3번째 정상회의부터 회원국으로 참여하기 시작했다. 2009년 6월 러시아에서부터 시작된 정상회의는 각 나라에서 돌아가며 개최되는데, 가장 최근 회의는 2022년 6월 중국의 주관으로 화상회의가 진행되었다. 첫 번째 회담에서 브릭 국가들은 글로벌 경제 상황과 발전을 논의하고 서로의 협력을 강화시키기로 다짐하였다. 2010년 브라질에서 열린 두 번째 회의에서는 국제적 어젠다와 협력을 위한 구체적 방안을 논의하였고, 세 번째 중국회의에서는 남아프리카공화국의 참여를 환영하고, 지속가능한 발전과 기후변화가 가장 주요한 회의의 주제였다. 네 번째 회의는 남아프리카공화국에서 있었던 것으로, 브릭스 국가들과 아프리카라는 주제 아래 개발을 위한 파트너십, 통합과 산업화에 대해 정상회담을 가졌다. 브릭스 국가들의 장관급 회의로는 외교, 재정/경제, 안보, 농업, 교역, 보건, 과학기술까지 다양한 부문에서 열리고 있다. 특히 각국의 외교장관급 회의는 뉴욕에서 열리는 총회의 사이드 라인으로 정기적으로 회의를 갖고 있다. 브릭스 국가들은 브릭스 개발은행(BRICS Development Bank)을 설립하여 국가 간 상호은행 협력 메커니즘에 관한 양해각서를 작성하였다. 이러한 재정적 협력뿐만 아니라, 브릭스 국가들의 경제부문에 대한 공동연구도 진행되고 있다.

출처: 브라질 외무부 홈페이지 참조.

립이 지역의 상호연결성과 경제적 통합을 촉진시킬 것이며 기존의 다자개발은행과도 협력할 것이라 주장하였다. 그로부터 일년 후, 22개국이 설립을 위한 투자 양해각서Memorandum of Understanding에 서명함으로써 중국 주도의 AIIB는 공식적인 첫발을 내딛게 된다. 본격적인 설립이 진행되면서 창립 회원국을 희망하는 국가가 증가하였으며 2015년 말에는 협정조약Articles of Agreement이 발효되었다. 2023년 현재 105개국의 회원국을 가지고 있다. AIIB는 다자개발은행의 하나로서 인프라 개발과 아시아의 지역적 연결성을 위한 재정적 지원 제공의 역할을 위해 디자인되었다.

AIIB의 목표는 첫째, 지속적 경제발전을 촉진하고 부를 창조하며 인프라 구축에 투자하여 아시아의 인프라 연결성을 높이며, 둘째, 여타 다자적 · 양자적 개발기관과 긴밀한 협력관계를 유지함으로써 지역적 협력과 개발 관련 파트너십을 촉진한다. 이러한 목표달성을 위해 AIIB는 아시아 지역의 개발을 위한 공적·사적 투자를 촉진하고 개발을 위한 자원의 효율적인 활용과 특히 아시아 지역의 인프라와 생산분야 개발의 투자를 장려한다. AIIB 가입요건은 국제부흥개발은행International Bank for Reconstruction and Development이나 아시아개발은행Asian Development Bank에 가입되어 있는 국가 혹은 유엔에 의해 아시아나 오세아니아주에 위치하고 있는 국가로 인정되는 국가라면 가입할 수 있다. 중국의 주도로 진행되는 AIIB는 시진핑의 주장과는 달리 실제로는 기존의 미국과 일본이 주도하는 세계은행과 아시아개발은행에 대항하는 성격을 띠며 향후 성공 여부에 따라 아시아 지역통합에 있어 중국의 입장을 보다 강화시켜 줄 것으로 전망된다.

지역주의의 미래

지역기구의 확산은 지역주의가 미래 세계정치의 주요 질서로 자리 잡고 경제력의 재분배에 중요한 역할을 할 것인가에 대한 논의를 일으켰다. 한편으로 수많은 지역기구들의 창설은 유엔의 창설과 범세계적 국제기구의 수적 증가와 더불어 새로운 세계질서의 증거로 보이기도 한다. 반면 이러한 발전과 함께 지역기구 내에서는 분리된 정체성을 추구하고, 자국의 주권침해를 강력하게 경계하는 신생 독립국이 등장하며 주권국가 체제의 지속적인 중요성이 부각되는 등 반발이 적지 않았다. 또 강한 국가일수록 이미 설립된 주권국가 체제를 일관되게 유지하고, 외교정책에 있어서 자조self-help를 강조하였고, 국가 간 경계를 넘어선 협력·조정·통합을 추구하는 운동에 대해 극도로 경계를 표시하였다.

현재 세계의 흐름을 볼 때 지역주의에 대한 어떤 지속적인 경향을 식별하는 것은 쉽지 않다. 소수의 강대국에 의해서 이루어지는 지배구조에 대한 불만, 국가그룹 간의 이해관계의 충돌, 주권에 대한 주장들은 지역기구의 통합을 방해하는 분권적 힘으로서 작용한다. 민족주의, 일방주의unilateralism 및 세계화 추세의 힘을 능가할 만큼 충분한 이해공동체가 설립되지는 못했다. 이런 환경하에서, 상호이익을 위한 협력은 가능하며 필요하다. 유럽에서의 경제통합의 성공과 세계 각 지역에서의 경제 지역주의의 추세는 지역주의가 자유주의적 다자주의에 보완역할을 하고 세계자유주의 발전에 긍정적 역할을 할 것이라는 일반적인 기대를 불러일으켰다.

반면 이러한 지역주의의 경향이 강대국, 특히 미국의 이익을 대변하는 것일 뿐이라는 반발도 만만치 않다. 이러한 현상은 지역 안보기구들의 경우 더 분명하다. 다목적 기구로서의 OAS는 군사적 · 정치적 개입을 통해서 미국 외교정책의 도구로서 악용되었고, 일방적인 미국 행동에 대한 합법성의 구실을 제공하였다. 또 NATO가 미국 외교정책의 수단으로 이용되었다는 비판도 있다.

세계화의 초국가적인 힘을 맞이하는 시대에 국가이익에 기초한 지역기구들도 또는 강대국의 일방적인 정책수단도 이 세계화의 추세를 제어하는 데에 충분하지 못하다. 이러한 환경에 대처하기 위한 수단으로서의 기능주의는 국가주권의 포기를 암시한다. 그러나 지역적으로나 범세계적으로나 초지역적인 정치적 · 사회적 · 경제적 힘은 한곳에 통합되어야 하는 주권을 제한하고 또 초월하기 때문에 문제의 소지가 많고 불공평하며 정확히 제도화하기가 어렵다는 것이 현재에 증명되고 있다. 지역주의와 지역주의를 기반으로 출범한 각 지역기구들은 배타적인 성격과 탈배타적인 성격을 동시에 갖고 있다.

지역기구들은 규모가 크든 작든 주권국가들이 모여 형성한 단체라는 점에서, 그리고 대부분의 경우 지역을 중심으로 결성됐다는 점에서 배타적이다. 또 지역기구는 각 지역을 서로 보호하고 다른 지역과 경쟁하기 위한 정치적 · 경제적 이해타산의 산물인 경우가 많기 때문에 역시 배타적이다. 한편, 주권국가가 유엔과 같은 범국가적 국제기구의 회원국으로서가 아닌 자발적 의지로 지역기구를 결성하고 국가 간 협력을 모색했다는 점에서는 탈배타적이다. EU의 경우 주권의 상당부분을, 그리고 유럽 각국이 두려워하는 문화적 정체성의 훼손이 초래될 염려를 감수하면서도 EU를 확장시키려 하고 있다. 이는 지역주의가 주권보다 우선하지는 않는다고 해도, 상당히 중요한 의미를 회원국들에게 제시한다고 볼 수 있다. 따라서 지역주의는 배타주의와 탈배타주의 간 힘 겨루기의 승부로 보기보다는 각국이 가장 바람직하다고 여겨 그 방향을 결정한 세계화의 한 흐름이라고 봐야 할 것이다. 다음 장에서는 EU의 역사와 통합과정, 그리고 현재와 미래에 대해서 살펴보도록 하겠다.

토론 주제

1. 기능주의는 국가 간에 경제협력이 심화되면 정치적으로도 통합이 이루어질 수 있다고 주장한다. 기능주의의 관점에 따르면 유럽에서 정치적 영향력을 가진 지역기구가 출범한 이유는 경제적 상호의존의 정도가 높아졌기 때문이다. 과연 그러한가? 다른 이유로 인해 정치적 통합이 필요하지는 않았을까?
2. 왜 다자주의 국제기구를 통한 협력이 필요한가? 국가들이 보편적으로 합의를 이루기 어렵다면, 다자주의 국제기구는 단지 국가 간 대화를 제공하는 장소로 역할을 축소하고 협력은 지역 내에서 또는 지역기구들 간에 이루어지는 편이 효율적이지 않은가?
3. 유엔, 세계은행 등 다자주의 체제에 적극적으로 참여하고 지지하였던 유럽, 미국, 일본과 같은 국가들은 지역주의가 다자주의에 기여한다고 주장한다. 그러나 중국이나 중동지역의 국가들은 유엔의 중요한 가치인 인권, 민주주의, 자유무역에 대해 의구심을 가지고 있다. 지금 국제사회에서 통용되는 가치가 모든 국가들이 참여하여 만든 것이 아니라, 일부 국가들의 논의만으로 이루어졌다는 입장이다. 서로 다른 가치를 표방하는 지역들이 보편적인 국제기구와 조화를 이룰 수 있으려면 어떤 조건이 필요할까?
4. 지역 안보기구의 존재는 정당한가? 지역 안보기구가 유엔의 목적과 원칙을 존중하고, 다른 지역 국가들에게 주는 압박을 최소화하려면 어떻게 운영되어야 하는가?
5. 인접한 지역에 있는 국가들은 서로를 견제하고 반목하는 역사를 가졌을 가능성이 높다. 강대국의 제국주의, 민족주의적인 야망에 따라 세계가 분할되면서 정치, 경제적인 이유로 지역 내에서의 갈등이 조장되기도 하였다. 이러한 지역에서 지역기구가 미래지향적으로 협력을 만들고 효과적으로 기능할 수 있을까? 어떻게 가능한가?

chapter
10

유럽연합

유럽연합EU: European Union은 지역기구들 중에서 지역통합을 향한 가장 커다란 진보를 보여주고 있다는 점에서 독특한 특징을 지니고 있다. 유럽 지역의 통합은 넓은 활동범위를 가지고 있으며 어떤 다른 지역적 합의보다도 더 깊이 있게 이루어졌다. EU는 경제적 통합이 결과적으로 정치적 통합을 이끌어 낼 것임을 증명하려는 기능주의자들에게 실질적인 예시로 지역기구로서 유례 없는 성공사례로 평가받기도 한다. EU는 국제기구로서 여러 주요한 목적을 성취해 냈으며, 이런 성과는 회원국의 정치적 안정과 경제적 번영을 가지고 왔다.

유럽연합의 조약과 역사

유럽통합을 향한 최초의 발걸음은 1948년 1월에 이루어진 벨기에, 네덜란드, 룩셈부르크, 일명 베네룩스 3국 사이에서의 관세동맹 형성이었다. 이후 1950년 프랑스의 외무장관 슈만Robert Schuman은 유럽통합의 시작으로 알려진 슈만선언을 통해 독일과 프랑스를 중심으로 서유럽의 석탄과 철강 공동체를 제안하였다. 1952년 네덜란드, 룩셈부르크, 벨기에, 프랑스, 서독, 이탈리아로 이루어진 유럽석탄철강공동체ECSC: European Coal and Steel Community가 설립되었다. 1954년과 1955년, ECSC의 6개국 내에서 경제정책의 통합분야를 확장해 공동시장을 구축하기 위한 제안이 시작되었고, 1957년 로마 조약이 체결되어 유럽경제공동체EEC: European Economic Community와 유럽원자력공동체Euratom: European Atomic Energy Community가 창설되었다.

1948년 유럽의 재기를 위한 마샬 플랜을 실행하기 위해 설립된 유럽경제협력기구OEEC: Organization for European Economic Cooperation와 1960년에서 1961년에 그 회원국이 확대되어 만들어진 경제협력개발기구OECD: Organization for Economic Cooperation and Development와 1949년 정치분야에서의 유럽위원회 형성은 유럽 국가들의 협력을 증진시켰다.

공동시장의 형성 또한 1960년 유럽자유무역연합EFTA: European Free Trade Association 설립의 한 계기가 되었다. EFTA는 EEC에 비해 통합의 정도는 약한 편이었다. 이 연합은 제약은 많지만, 무역장벽 철폐를 통해 확대된 무역지대를 설립하고자 하는 EEC 비회원국의 입지를 대변하고자 이뤄졌다. EFTA는 초기에 오스트리아, 덴마크, 핀란드, 아이슬란드, 노르웨이, 포르투갈, 스웨덴, 스위스 그리고 영국을 회원국으로 포함하고 있었으나 1973년 덴마크와 영국은 EFTA에서 탈퇴하고 EEC의 회원국이 되었다. 아일랜드 또한 EEC에 가입하게 됨으로써 EEC의 회원수는 6개국에서 9개국으로 확대되었다. 나머지 EFTA 회원국들은 그 스스로의 조직적 관계를 존속하였으며 영국과 덴마크는 이전의 무역협정을 계속 유지하고 EEC와의 독자적인 무역합의를 도출하였다. 그리스는 1981년 EEC의 정식 회원국이 되었고, 포르투갈과 스페인은 1986년 1월 1일에 회원으로 가입하였다.

EEC, ECSC, Euratom은 같은 조직체제를 공유하고 있다. 이 세 개의 조직은 공통적인 의회와 법원을 가지고 있었다. 분리되어 있던 세 기관의 집행부는 통합되어 1967년 유럽공동체EC: European Community가 설립되었다. 1979년 유럽 통화단위를 사용하는 유럽통화제도EMS: European Monetary System가 설립되었다. 1998년 12월 31일 이후로 EU는 '유로Euro'라고 불리는 단일통화 제도를 받아들였다. EU의 회원국 중 11개국의 환율은 마스트리히트 조약하에 만들어진 환전정책에 따라 고정되었다. 오스트리아, 벨기에, 핀란드, 프랑스, 독일, 아일랜드, 이탈리아, 룩셈부르크, 네덜란드, 포르투갈 그리고 스페인은 1999년 1월 1일 프랑크푸르트에 위치한 유럽중앙은행ECB: European Central Bank이 정한 고정환율과 통화정책을 개시하였다.

유로 시스템의 초기단계에 EU는 당초 예상했던 12~15년보다 이른 약 10년 내에 완전 관세동맹을 이루어 냈다. 이 관세동맹은 회원국들 사이에 관세 의무와 양적 제재를 없애고 수입품에 관해 공통적이고도 훨씬 감소된 관세체제를 구축하였다. 공동농업정책CAP: Common Agricultural Policy은 농업제품을 개선하기 위한 특정한 보조금과 인센티브와 관련된 중앙자금으로 운영되었다. 회원국 사이에서의 노동 유동성과 공동운송 정책도 받아들여졌다. EU 국가들은 상품과 서비스에 대한 공동의 부가가치세를 향해 움직였으며 자본이동에 대한 제한도 축소시켰다.

EU의 발전에 있어서 두 번의 중대한 사건이 있었는데, 1986년 2월 28일 체결된 단일유럽법SEA: Single European Act이 1987년 3월 21일 모든 회원국 정부로부터 승인받은 것과, 그리고 1993년 11월부터 효력을 발휘한 마스트리히트 조약Treaty on European Union-Maastricht Treaty이 1992년 체결된 것이다. 마스트리히트 조약은 유럽연합조약으로 일컬어지는데, 이 조약이 발효됨에 따라 EC는 유럽연합EU:European Union으로 재탄생하였다.

SEA는 하나의 유럽 내부시장을 완성하고 1992년까지 국경 없는 지역을 만들어 내기 위한 이전의 기본조약들을 개정했다. 마스트리히트 조약에서 대부분의 회원국들은 그들의 주권 중 많은 부분을 양보하고 공동의 화폐를 설립하는 데 전념했다. 또 공동의 외교 · 방어정책을 향한 움직임과 EU 단체들의 권위확장에도 동의했다. 점진적으로 주권양보가 확대되었음에도 불구하고 1986년 이래로 EU 내 어떤 변화도 초국가적인 독립체를 만들어 내지 못했다. 조약이 하나의 정치적 연합이라는 개념에 새로운 힘을 주었지만, 검증된 다수결 투표가 합의사항 결정을 대신해 왔음에도 불구하고 회원국들은 여전히 EU 기관 내 정책결정 과정을 지배하며 개인적인 주권적 권력을 유지하고 있었다. 그럼에도 불구하고 유럽공동체는 실질적인 경제통합의 모델로 선보이는 세계에서 가장 큰 무역 블록으로 부상했다.

암스테르담 조약은 1997년 10월 2일에 체결되었고, 1999년 5월 1일에 발효되었다. 암스테르담 조약은 마스트리히트 조약의 역기능적인 부분들을 수정하는 것을 목표로 하였으며 이에 따라 유럽연합 조약, 유럽공동체 조약, 유럽석탄철강공동체 및 유럽원자력공동체 조약의 조항과 조치들을 개정했다. 암스테르담 조약을 통해서 EU는 유럽연합의 확대에 대비한 제도적 개혁을 하고자 하였으나 이를 이루지 못하였고 특히 위원회의 회원수와 각료이사회 회원의 투표권 구성에 대한 문제가 주요 이슈였다. 이는 회원국이 자국의 주권을 포기하기를 망설였기 때문이다(임문영, 2003).

표 10-1 유럽연합의 조약과 주요 내용

조약	조약 영문명	서명일	효력발생일	목적	주요 내용
리스본 조약	Treaty of Lisbon	2007.12.13.	2009.12.1.	민주적이고 효율적인 EU 확립 및 글로벌 문제에 통합적 대처	유럽연합의회에 좀 더 많은 권한 부여, 이사회의 선거과정 변화, 시민들의 이니셔티브, 새로운 EU 외교 서비스
니스 조약	Treaty of Nice	2001.2.26.	2003.2.1.	EU가 25개의 가입국들로 이루어진 이후 효과적 작동	집행위원회구성, 이사회에서 선거제도를 재규정
암스테르담 조약	Treat of Amsterdam	1997.10.2.	1999.5.1.	미래 가입국 취급 준비를 위한 EU 제도를 개혁	EU와 EEC 조약들의 수정과 번호를 다시 매기고 공고화, 투명한 co-decision 과정
마스트리히트 조약	Treaty on European Union-Maastricht Treaty	1992.2.7.	1993.11.1.	유럽중앙은행 창설 준비 및 정치적 통합체의 요소들 도입	EU 설립 및 co-decision 과정 도입, EU 회원국 간의 새로운 형태의 협력
단일 유럽 의정서	Single European Act	1986.2.17.(룩셈부르크)/1986.2.28.(헤이그)	1987.7.1.	스페인과 포르투갈의 회원국 자격 취득을 준비하는 제도개혁과 단일시장 준비를 위한 의사결정	유럽단일시장을 출범시킬 것을 규정, 유럽 정상회의의 정례화, 의회의 기능강화, 정치협력의 제도화
합병 조약	Merger Treaty-Brussels Treaty	1965.4.8.	1967.7.1.	유럽 제도의 현대화	3공동체(ECC, Euratom, ECSC)의 주요 기구는 모두 공통이며, 단일의 국제조직의 외관 형성
로마 조약	Treaties of Rome : EEC and EURATOM treaties	1957.3.25.	1958.1.1.	EEC의 형성	일반적인 경제협력을 비롯한 유럽통합의 확대
유럽 석탄 철강 공동체 조약	Treaty establishing the European Coal and Steel Community	1951.4.18.	1952.7.23.(만료일: 2002.7.23.)	석탄, 철강 산업 분야에 대한 관리권을 일정한 독립기구를 설립	

출처 : 유럽연합 홈페이지를 바탕으로 저자가 직접 작성.

니스 조약은 2000년 12월 니스 정상회의에서 타결되어, 2003년 2월 1일에 발효되었다. 니스 조약은 유럽연합의 제도적 쟁점을 해소하고자 하였고, 유럽연합의 확대 및 유럽연합의 내부기구 개혁, 유럽의회 의석 재할당 등에 대한 내용을 담고 있었다(강원택 · 조홍식, 2009). 확대된 유럽연합에서는 유럽연합이사회, 유럽위원회 및 유럽의회 등 주요 기관의 구성과 의사결정방법 등에 관하여 합의된 내용은 니스 조약에 의하여 법적 근거를 가지게 되었다.

리스본 조약은 2007년 12월 13일에 서명되었고, 2009년 12월 1일에 발효되었다. 2005년 프랑스와 네덜란드의 국민투표에서 부결된 유럽연합 헌법을 대체하기 위한 대안적인 조약으로 유럽이사회 의장직과 외교안보정책 고위대표직을 신설하는 내용 등을 담고 있다. 리스본 조약은 EU 내부 통합문제를 해결하고, 정치공동체로 한 단계 도약할 기반을 마련했다는 평가를 받고 있다. 6개월마다 EU 회원국이 번갈아 맡던 순회의장국 제도가 폐지되고, 의장인 유럽이사회 의장 자리가 신설되었다.

리스본 조약 체결 이후 유럽 정치통합은 늘 순조롭지만은 않았다. 유럽연합의 상임의장과 고위대표의 역할에 대한 한계가 존재하고, 개별 회원국들이 자신의 주권을 실제 의사결정과정에서 얼마큼 포기할지도 향후 주시해야 할 대목이다. 유럽연합의 정치 및 경제적 통합은 여전히 진행형이다. 물론 리스본 조약이 유럽 정치통합의 새로운 전기를 마련하였다(이무성, 2010). 〈표 10-1〉은 유럽석탄철강공동체 조약부터 리스본 조약에 이르기까지 EU에 관련된 주요 조약들의 주요 목적과 내용을 설명하였다.

유럽연합의 조직

EU의 핵심기구는 유럽의회European Parliament, 유럽연합이사회Council of the European Union, 집행위원회European Commission를 먼저 들 수 있다. 이 세 기구는 EU의 입법 절차인 일반적인 입법 절차Ordinary Legislative Procedure에 관여하고 있는 기구로서 EU의 주요 의사결정기구라고 할 수 있다.

유럽의회는 2023년 현재 5년마다 EU 내 시민들에 의해서 직접적으로 선출되는 705명의 유럽의회 의원들로 구성되어 있으며, 이 숫자는 영국이 2020년 1월

31일 공식적으로 유럽연합을 탈퇴함으로 751명에서 줄어든 것이다. 각 회원국에 할당된 의원수는 아래 표에서 보여지듯이 회원국의 인구에 따라 달리 할당되어 있다. 제일 많은 의원수를 가지고 있는 회원국은 현재 EU에서 가장 많은 인구수를 가지고 있는 독일이며 그 뒤로는 프랑스, 이탈리아가 뒤를 잇고 있다.

대부분의 유럽의회 의원은 회원국의 정당과 함께 연계되어 있으며 회원국의 정당은 EU를 중심으로 한 범국가적인 정치적 그룹으로 형성되어 있고 대부분의 의원은 이 정치적 그룹에 속해 있다. 국가별이 아닌 정치 성향별로 정당을 구성하여 비례대표제 방식으로 선거를 진행하고 있다. 2019년 선거를 포함하여 1979년부터 9번의 선거를 치렀으며, 2019년 선거에서는 유럽국민당EPP: European People's Party이 가장 많은 의석을 확보하였으며 그 뒤를 이어 유럽사회당S&D: Progressive Alliance of Socialists and Democrats과 리뉴유럽당RE: Renew Europe 등이 뒤를 이었다. 이들은 다양한 이념적 스펙트럼을 지니고 있으며 이 중 유럽보수개혁당European Conservatives and Reformists은 EU의 개혁을 요구하며 심지어 EU의 존재에 회의적인 의견을 피력하고 있기도 하다.

유럽의회는 ECSC의 총회 형식으로 시작하여 1979년 직접 보통선거를 통하여 유럽의회 의원을 선출한 이후로 1999년 비례대표제 선거방식으로 의원을 선출하였다. 첫 선거부터 유럽의회는 그 영향력을 꾸준히 늘려 왔다. 처음에는 의사결정에 중요하지 않은 역할을 하였으나 현재는 일반적인 입법 절차의 핵심을 담당하는 EU 내의 입법기구로서 자리매김하고 있다. 특히 리스본 조약을 통하여 입법, 예산결정과정에서 결정적인 영향력을 가진 기구로 성장하였다.

표 10-2 유럽의회 회원별 의원수

오스트리아	19	에스토니아	7	이탈리아	76	포르투갈	21
벨기에	21	핀란드	14	라트비아	8	루마니아	33
불가리아	17	프랑스	79	리투아니아	11	슬라바키아	13
크로아티아	12	독일	96	룩셈부르크	6	슬로베니아	8
사이프러스	6	그리스	21	몰타	6	스페인	59
체코	21	헝가리	21	네덜란드	29	스웨덴	21
덴마크	14	아일랜드	13	폴란드	52		
						총의원수	705

출처 : 유럽의회 홈페이지 자료를 바탕으로 저자가 직접 작성.

유럽연합이사회는 각 회원국의 부처 장관으로 이루어져 있으며 EU의 주요 의사결정 기구 중 하나이다. EU 초창기 주로 회원국의 이해를 반영하는 역할을 하였으며 여전히 회원국의 이익을 대변한다고 할 수 있으나 EU와 회원국의 공동이익을 위해 노력하고 있다. 유럽연합이사회에 참석하는 부처 장관은 어떤 의제를 다루냐에 따라서 달라진다. 예를 들어, EU 내에서 환경문제를 다룰 예정이면 각국의 환경부장관이 참석하며 노동문제는 노동부장관이, 교육문제는 교육부장관이 참석하고 있다. 이사회의 장은 6개월에 한번씩 순환되고 있으며 회의를 조직하고 운용하는 역할을 담당하고 있다.

유럽연합이사회의 의사결정은 기본적으로 각 회원국의 인구수를 반영한 가중다수결qualified majority을 사용하고 있다. 이에 따르면 유럽연합이사회가 의사결정을 하기 위해서는 55%의 회원국, 즉 27개 회원국 중 15개국 이상의 동의를 얻어야 하며 찬성을 한 회원국은 65%의 인구수를 지니고 있어야 한다. 그리고 최소한 35%의 인구수를 지닌 네 개 회원국이 반대를 할 경우 의사결정이 부결된다. 이러한 의사결정방식은 인구수가 많은 강대국의 의견을 어느 정도 반영하면서도 인구수가 적은 약소국의 의견을 무시하지 않을 수 있도록 하는 기제라 할 수 있다.

집행위원회는 EU의 이익을 대변하는 정치적으로 독립된 기구이다. EU 내에서는 국가 내에서 행정부에 준하는 역할을 담당하고 있으며 EU 조직의 핵심으로 알려져 있다. 집행위원회는 유럽의회의 선거 6개월 내 결정되는데 다음과 같은 절차를 따르고 있다. 첫째, 각 회원국 정부는 유럽의회에 의해서 선출된 집행위원장을 제안한다. 둘째, 제안된 집행위원장은 회원국 정부와의 논의를 통하여 집행위원회의 다른 회원들을 선택한다. 셋째, 유럽의회는 모든 제안된 안건들을 검토하여 의견을 제출한다. 이 이후 본격적으로 집행위원회는 업무를 시작할 수 있다.

이와 함께, 유럽이사회European Council는 회원국 정부의 정상들과 EU 위원회 위원장의 모임으로서 의사결정기구는 아니지만 유럽연합이사회와 집행위원회에 지침Guidelines을 내릴 수 있는 기구이며 6개월에 최소한 두 번씩 회의를 가지고 있다. 또한, 유럽연합사법재판소CJEU: Court of Justice of the European Union와 중앙은행의 역할을 하고 있는 유럽중앙은행ECB: European Central Bank이 있으며 유럽회계감사원ECA: European Court of Auditors과 유럽연합의 대외관계를 담당하고 있는 유럽대외관계청EEAS: European External Action Service, 경제사회문제를 담당하는 유럽경제사회이사회EESC: European Economic and Social Committee, 지역위원회CoR: Committee of the Regions가 있다. 이와 함께, 유럽투자은행EIB: European Investment Bank, 유럽연합의 행정권 집행을 감시하는 유럽옴부즈맨European Ombudsman, 유럽데이터보호감독관EDPS: European Data Protection Supervisor이 EU 내의 기구로 자리 잡고 있다.

유럽연합의 확장

EU는 과거부터 확장되어 왔고 확장은 현재 진행 중이라고 할 수 있다. 2004년 5월 헝가리, 폴란드 등의 동유럽 8개국과 키프로스, 몰타가 가입을 하면서 제2차 세계대전으로 생겨난 유럽의 분열에 종지부를 찍었다. 이런 동유럽 국가들의 EU 가입은 이들 국가의 역사와 문화 그리고 경제적 다양성을 고려할 때 실로 엄청난 변화였다. 2007년 1월 불가리아, 루마니아가 추가적으로 가입을 하게 되었고 2013년 7월 크로아티아의 가입과 2020년 영국의 탈퇴로 2023년 현재 총 27개 국가가 EU 회원국 지위를 가지고 있다. 이 이후 회원국들의 참여를 강화시키기 위해 부여되는 조항들이 점차 확대되고 있다.

2004년 10월 29일, 모든 회원국들은 25개국의 효율적인 회원국 관리와 민주적 의사결정의 간소화를 위해 유럽 헌법에 서명을 하였다. 유럽연합이 헌법을 지니는 것은 유럽통합의 마지막 장을 열 수 있으며 미국과 같이 연방제로 갈 수 있는 길을 열어 놓는 것이었다. 하지만, 아쉽게도 2005년 프랑스와 네덜란드 국민투표에서 비준이 부결되면서 유럽통합 헌법의 창설은 보류되게 되지만 25개국이라는 적지 않은 숫자가 서명을 하였다는 것 자체로도 큰 의미를 가졌다. 뒤이어 2007년 12월, 리스본 조약을 체결하면서 기존의 조약들을 수정 · 보완함과 동시에 민주적이고 투명한 의사결정과정의 확립과 안보, 기후 변화, 지속적 발전과 같은 글로벌 도전과제의 효과적인 대응이 가능하게 되었다. 이를 기반으로 EU는 회원국 간의 협력을 활성화하고 지속적 성장을 위한 10년 장기계획인 Europe 2020을 2010년 6월 17일에 수립하였다.

[그림 10-1]에서 보여지듯이 EU는 현재 거의 모든 유럽 국가들을 회원으로

지니고 있다. 유럽에 위치하고 있는 국가 중 회원이 아닌 주요 국가들로서는 탈퇴한 영국과, 노르웨이, 리히텐슈타인, 스위스, 구 유고연방 국가 중 보스니아-헤르체고비나, 세르비아, 몬테네그로, 알바니아, 북마케도니아가 있다. 이들 국가가 EU에 가입하고 있지 않은 이유는 다음과 같다.

먼저 노르웨이는 자국 경제보호와 연안의 유전으로 인한 석유생산으로 인하여 EU 회원국이 되는 것을 거부하였다. 노르웨이는 이미 탄탄한 경제 시스템과 풍부한 천연자원으로 인하여 자국민에게 최상의 복지를 제공하고 있다. 국제적으로도 국민총소득 대비 가장 많은 공적 개발지원을 하는 국가 중 하나로 굳이 유럽통합으로 인하여 생겨날 수 있는 불확실성을 고려해 볼 때 자국의 경제를 보호하고 독립성을 확보하기 위해 유럽통합에 동참하지 않았다. 그럼에도 불구하고 노르웨이는 유럽경제지역EEA:European Economic Area의 회원국으로서 EU와 긴밀한 관계를 맺고 있다.

리히텐슈타인은 인구 약 3만 8천 명을 지닌 작은 국가로서 일인당 국민소득은 세계 최고 수준인 국가이다. 이런 특성상 EU에 가입은 하지 않았지만 노르웨이와 같이 EEA의 회원국이다. 스위스는 역사적으로 유럽에서 중립국의 지위를 누려 왔으며 중립국으로서 얻을 수 있는 이익을 고려해 볼 때 EU의 회원국이 되는 것이 자국의 이익에 부합하지 않는다는 결론을 내렸다. 경제적으로는 EU의 회원국이 아니기 때문에 유럽의 독립적인 은행 역할을 할 수 있으며 정치적으로는 혹시 있을지 모르는 EU로 인한 정치적 갈등에서 자유로울 수 있다는 이점이 있다. 그리고 마지막으로는 구 유고연방 국가 중 세르비아는 2009년에 EU 회원국 신청을 하였으며 2011년에 공식적인 회원후보국으로 지정되었다. 북마케도니아는 2023년 현재 유럽연합 가입을 위한 신청을 완료하였으며 유럽연합과 가입을 위한 협상을 진행 중이다. 다른 구 유고연방 국가들은 아직 국내의 경제적 · 정치적 상황을 고려하여 EU의 회원국이 되지 않았다.

EU 회원국 확장문제를 논의할 때 가장 논쟁적인 국가로는 튀르키예가 있다. 튀르키예는 지리적으로 볼 때 유럽에 속하는 것이 아니라 중동에 속한다고 할 수 있다. 또한 이슬람을 믿는 국가로서 역사적으로나 문화적으로 다른 유럽 국가들과 이질적이라고 할 수 있다. 하지만 튀르키예는 EU의 전신인 EEC가 존재하였던 1987년부터 꾸준히 EU 회원이 되기를 희망하여 왔다. 하지만 여전히 튀르키예의 EU 합류는 어려울 것으로 예상되고 있다. 공식적인 이유로서 튀르키예의

그림 10-1　EU 회원국

출처：EU 홈페이지(http://bookshop.europa.eu/fr/carte-de-l-union-europ-enne-2014-pbQC0414543/).

민주주의와 인권 수준이 여타 다른 EU 회원국에 미치지 않는다는 점이 계속해서 지적되고 있으나 사실상 튀르키예의 EU 가입이 승인되면 이와는 다른 문제가 발생할 가능성이 있기 때문에 튀르키예의 EU 가입이 승인되고 있지 않는 것으로 보인다. 발생가능한 문제는 아래와 같다.

첫째, 서유럽 지역으로 튀르키예 이민자의 유입이다. EU는 회원국의 국민의 자유로운 이동을 보장하고 있으며 일을 할 수 있는 권리를 보장해 주고 있다. 지금 현재에도 서유럽의 국가들은 동유럽 이민자들로 인하여 골치를 앓고 있다. 튀르키예의 경제적 상황을 고려할 때 다수의 튀르키예 이민자들이 서유럽으로 몰려갈 가능성이 충분히 높다. 기존의 회원국들은 이와 같은 상황의 발생을 염려하고 있는 것이다.

둘째, 튀르키예의 EU에 대한 영향력의 문제이다. 튀르키예가 EU 회원이 되면 독일에 이어 두 번째로 많은 인구를 가진 회원국이 된다. 인구수가 EU의 의사결정에 반영되는 현재의 EU 의사결정구조에 따르면 튀르키예의 영향력은 무시할 수 없는 수준이 된다. 이를 넘어서서 가장 영향력이 있는 독일, 프랑스와 어깨를 나란히 할 수 있는 회원국이 될 가능성이 있다. 기존의 회원국은 튀르키예가 EU 내의 가장 강력한 세력이 되는 것을 반기지 않을 뿐 아니라 사실상 견제를 하고 있는 실정이다. 이 문제가 튀르키예가 EU 회원이 되기 어려운 실질적인 문제라고 할 수 있다.

셋째, 튀르키예의 가입이 유럽화라는 EU의 기본원칙에 위반이 될 수 있기 때문이다. 유럽 국가들이 EU라는 역사에 유례없는 국제기구를 만들 수 있었던 것은 경제적 이익과 정치적 안정이라는 공동된 목표가 있었을 뿐 아니라 유럽화 Europeanization라는 이념적인 합의가 있었기 때문이다. 역사적으로 그리고 문화적으로 많은 것을 공유하는 이들 국가로서는 기본적으로 이슬람 국가인 튀르키예의 EU 가입이 결단코 반가운 일만은 아닐 것이다. 이들은 튀르키예가 EU에 가입함으로써 유럽화라는 기본원칙이 무너질 것을 경계하고 있다. 이러한 이유 때문에 튀르키예의 EU 가입은 번번히 좌절되어 왔다.

안보분야의 경우 외부로부터의 사건이 정책에 커다란 영향을 미치는 경우가 많았다. 특히 유례없는 미국 본토의 직접적 테러는 EU가 미국 주도의 테러와의 전쟁에 적극적인 지원을 하도록 만들었다. 공격기간 동안 EU는 여러 정책 제안서를 통해 중동과의 양자적 관계 정립, 아프가니스탄의 재건, 치안유지와 사법공조 등 여러 가지 지원계획을 수행하였다. EU는 이외에도 국제사회의 평화안보유지를 다년간 옹호해 왔다. 2011년 2월 유럽의회에서는 이집트 혁명 이후 민주주의 체제로의 전환과 튀니지의 재스민 혁명에 대해 정치적·경제적 지원을 위한 결의안이 통과되었다. 2011년 4월 바레인, 시리아, 예멘의 시위대에 대한 억압을 규탄하는 결의안 역시 통과시켰으며 같은 해 8월, EU는 다시 한번 민주주의 지지 시위에 대한 폭력적인 탄압을 행한 시리아에 대한 규제조치를 적용시켰고 리비아 카다피 정권의 몰락 후에는 인도주의적 · 경제적 지원을 통해 민주주의로의 전환을 도왔다.

그뿐만 아니라 2011년 9월 27일에는 북아프리카와 중동에서 민주주의로의 전환을 꾀하고 있는 국가들에게 약 3억 유로의 지원을 선언하기도 했다. EU는 2014년 3월 크림반도에서 벌어진 러시아의 합병에 대해 강한 비난성명을 냈으며 합병에 책임이 있는 러시아의 주요 인물들에게도 제재를 하였다. 최근 러시아의 우크라이나 침공에 대해서는 직접적인 참전은 하지 않았으나 전쟁 물자를 제공하는 등 우크라이나를 돕고 있다.

EU의 가장 주목할 만한 발전은 경제통합에서 찾아볼 수 있다. EU는 2002년 프랑스와 독일을 포함한 열두 개국 사이에 공통의 유로화폐를 지정하고 현재 20개국이 참여하고 있는 유로존은 아직 불가리아나 루마니아와 같은 동유럽국의 저조한 참여와 영국과 덴마크의 경우 자체 운영의 선택권을 유지하는 등 완전한 화폐통합과는 거리가 있지만 유럽 대륙의 거대한 크기에 힘입어 국제적인 신뢰도 역시 높은 만큼 앞으로의 발전도 기대되는 상황이다.

화폐통합과 더불어 오랜 기간 동안 EU는 주기적인 회의를 통해 유럽 경제강화방안을 모색해 왔다. 그러한 결과물로는 2011년 3월, 유로존 회원국들과 비유로존 회원국들 모두에게 적용이 되는 유로플러스협정Euro Plus Pact의 통과와 2012년 2월 유로안정화 기구ESM: European Stability Mechanism의 설립이 있다. 특히 ESM은 세계금융위기와 그리스 재정위기로 인한 위기감으로 촉발되어 최고 5천억 유로의 대출을 허용하는 금융 안전장치로써 유럽 경제를 보다 안정적으로 만드는 데 커다란 역할을 하였다. 유럽 경제활성화의 또 다른 노력으로는 1,200억 유로를 동원하여 즉각적인 투자를 통해 유럽 경제의 활력을 되찾고자 2012년 6월 성장과 일자리를 위한 협약Compact for Growth and Jobs을 체결한다. 이 외에도 EU는 지속적으로 경제통화동맹을 개선시키기 위한 신중한 전략을 지속적으로 구상하고 있다. 2015년 8월 20일, 유럽연합집행위원회European Commission로부터 그리스를 위한 양해각서가 통과되어 3년간 그리스의 구제를 위해 ESM으로부터 최고 860억 유로의 차관을 지급하며 경제개혁을 단행하기도 하였다.

유럽연합의 갈등

영국의 탈퇴

영국은 1973년 EEC 가입을 시작으로 EU 회원국으로서 활동하여 왔다. 하지만 1950년대에는 ECSC와 EEC 가입을 거부하며 유럽공동체에 참여하지 않았다. 1960년대 유럽통합의 과정을 지켜보면서 EEC 가입을 신청하였으나 프랑스 드골 대통령의 반대로 가입이 무산된 경험이 있다. 결국 드골 퇴임 후 덴마크, 아일랜드와 함께 EEC 가입이 결정되었다. 1975년 윌슨 총리는 EEC 잔류에 대한 국민투표를 실시하기도 하였으며 투표율 64%에 67%의 찬성으로 잔류가 결정되었다.

그 후 영국 국민의 반 EU 정서가 존재하였으며 특히 독일 주도의 EU 정책에 대해 번번히 반대의견을 제시하기도 하였다. 또한, 친미적인 외교정책을 고수함으로써 제2차 이라크 전쟁 당시 프랑스나 독일의 의견에 정면으로 반대되는 결정을 내리기도 하였다. 영국은 독일, 프랑스와 함께 가장 강력한 회원국의 하나로 EU 내에서 구분되고 있으나 파운드화를 유지하는 등 반 EU 정서를 가지고 있었다. 이를 반영하듯이 2016년 6월 23일 EU 잔류 국민투표를 실시하였다.

소위 브렉시트Brexit라고 불리는 영국의 EU 탈퇴에 대한 움직임은 두 가지 의도를 가지고 있었다. 첫째, 탈퇴 움직임을 통해서 영국이 주도하는 EU 내의 개혁을 성공하려는 의지를 담고 있다. 카메론 총리는 국민투표 상정 전 이미 EU에 개혁 요구사항을 전달하였고 2016년 2월 EU 정상회의에서 최종합의문이 도출되었다. 즉, 영국은 EU 탈퇴 시도를 진정한 탈퇴를 위한 것으로 인지하기보다는 독일이나 프랑스에 비해서 약한 EU 내의 입지를 강화시키고자 하는 것이다. 둘째, 영국의 탈퇴 움직임은 반 EU 정서가 현실적으로 표출된 것이라고 할 수 있다. 현재 유럽의 극우파들은 반이민정책을 고수하고 유럽통합을 반대하고 있다. 이러한 이민자들의 문제와 함께 중동과 아프리카에서 유입되는 다양한 난민들을 통제하고자 하고 있다. 물론, 독일을 비롯한 많은 유럽 국가에서 난민을 받아들이고 이에 따른 여러 사회적 문제들을 해결하려고 노력하고는 있으나 반 난민, 반 이민의 정서는 유럽의 가장 큰 사회적 문제 중 하나로 인식되고 있다.

국민투표 전에는 영국이 EU에 잔류할 것이라는 기대가 지배적이었다. 그 이유는 첫째, 영국 국민들의 EU 탈퇴로 인한 영국 경제에 대한 불안감이었다. 파운드화는 브렉시트가 언급되고 계속해서 하락하였으며 미국을 비롯한 국제사회는 브렉시트가 가져올 부정적인 경제적 영향을 지적하였다. 둘째, 영국 정부와 EU 간의 협상이 영국의 EU 잔류에 대해 긍정적인 역할을 하였었다. 국민투표 이전에 이루어졌던 EU와의 협상은 과도한 이민자 유입을 통제하였으며 회원국의 주권을 보다 강화하였다. 그리고 금융 관련 규정을 비 유로존에는 적용하지 않기로 함으로써 영국이 자국 경제에 대한 통제력을 높일 수 있게 하였다. 셋째, EU의 기존 회원국과 주변 국가들의 만류가 존재했다. EU 기존 회원국들은 EU를 통해서 영국의 요구사항을 어느 정도 수용하였을 뿐 아니라 다른 외교적인 채널을 통해서도 영국 정부에 꾸준히 EU 탈퇴를 만류하였다. 미국 역시 브렉시트가 세계경제에 미칠 부정적인 영향을 꾸준히 언론매체 등을 통해서 알려 왔고 오바마 대통령은 카메론 총리와의 통화를 통해서 '강한 EU 내의 강한 영국'이라는 입장을 밝혔었다.

이런 기대와 영국의 잔류를 나타내는 여러 여론조사에도 불구하고 2016년 6월 23일에 있었던 국민투표는 결국 영국의 EU 탈퇴로 결정이 났다. 전체 유권자 4,650만 명 중 72.2%가 국민투표에 참여하였으며 51.9%가 탈퇴를, 48.1%가 잔류를 선택하였다. 특히 런던을 제외한 잉글랜드 대부분의 선거구에서는 과반수가 넘게 탈퇴를 선택하였으며 이에 반해 스코틀랜드, 북아일랜드는 잔류를 선택하였다.

이 같은 모두의 예상을 뒤엎는 결과가 나온 데는 몇 가지 주요 이유가 있다. 첫째, 강한 영국에 대한 기대감의 발로라는 분석이다. 한때 세계를 지배하였던 대영제국에 대한 향수를 노년세대들은 가지고 있었으며 독일이나 프랑스가 주도하는 듯이 보여진 EU에 대한 반감을 노골적으로 드러내고 있었다. 탈퇴 지지자들은 EU를 탈퇴함으로써 영국의 주권을 다시 회복하고 강한 영국 건설을 내세우고 있었다. 그들은 국민투표일을 영국의 독립기념일로 표현하며 새롭고 강한 영국을 내세우고 있다.

둘째, 경제적 이유가 브렉시트의 주요 요인이다. 영국의 EU 분담금은 다른 회원국보다 훨씬 많고 이 분담금은 경제적 어려움을 겪고 있는 그리스나 동유럽 국가에 배분되고 있다. 영국의 경제가 나아질 기미를 보이고 있지 않은 상황에서 영국 국민들은 차라리 이 돈을 영국 국민의 복지를 위해 사용하는 것이 바람직하다는 입장을 피력해 왔다. EU의 지나친 확장이 브렉시트라는 반작용을 가지고 왔다고 할 수 있을 것이다.

셋째, 난민문제와 주권회복을 들 수 있다. 현재 아프리카와 중동 등지에서 유럽으로 밀려들고 있는 난민은 유럽의 가장 큰 사회적 문제로 대두되고 있다. 영국민들은 난민들에 의해서 새로운 일자리가 사라지고 있다고 믿고 있으며 난민들의 정착으로 인한 사회적 비용에 불만을 표시해 왔다. 하지만 영국은 EU 회원국으로서 난민을 받아들여야만 하는 처지였으며 영국민들은 이러한 사태를 간과하지 않고 늘어나는 이민자의 유입을 막고 자국의 주권을 되찾는 방식으로 브렉시트를 선택하였다.

영국은 국민투표를 통해서 브렉시트를 선택하였으며 리스본 조약에 따라 영국은 2년 안에 EU 탈퇴를 실행하여야 했었다. 하지만 각국의 이해관계가 복잡하게 얽혀 있기 때문에 실제 탈퇴는 훨씬 많은 시간이 걸리게 되었고, 결국 2020년 1월 30일 역사적인 브렉시트가 일어났다.

영국은 다른 회원국과 각종 조약들을 다시 체결해야만 하는 여러 문제를 해결하였고 해결 중에 있다. 다행히 영국은 스코틀랜드 독립에 관련된 문제에 휩싸이지는 않았다. 국민투표에서 스코틀랜드는 EU 잔류를 희망하였고 국민투표 후 일각에서는 영국을 독립하여 EU에 다시 가입하겠다는 의사를 밝히기도 하였다.

EU는 브렉시트로 인하여 심리적 · 실제적으로 큰 어려움에 봉착하였다. 확장 일변도로 성장해 왔던 EU는 새로운 전환점을 맞이한 것이다. 브렉시트뿐 아니라 네덜란드의 넥시트, 오스트리아의 옥시트, 프랑스의 프렉시트와 같은 용어들도 등장하였으며 이는 각 회원국의 EU에 대한 불만을 표현한 것이라고 할 수 있다. 자국 통화를 유지하고 있는 덴마크 또한 EU 탈퇴의 잠재적 지원자라고 할 수도 있다.

그리스 문제

그리스의 경제위기는 대내외적 사회, 정치, 경제 문제가 모두 맞물려 발생했다. 우선 그리스의 경제적 위기는 다음과 같은 국내적 측면에서 비롯되었다. 그리스는 2001년 유로존에 가입했고, 2004년 아테네 올림픽을 개최하면서 경제적 부흥기를 맞게 되었다. 유로존 편입으로 시장으로 유입되는 통화량은 증가했다.

관광업과 해운업에 경제적으로 크게 의존하는 그리스는 변변한 제조업 산업구조를 갖추지 못했기 때문에 많은 자금들이 서비스업 부문으로 흘러들어 갔다(박기철, 2014).

특히 공무원들의 임금이 높은 수준으로 증가하면서, 관료주의가 팽배해지고 부정부패가 만연하게 되었다. 그뿐만 아니라 그리스의 연간 탈세규모가 1년치 GDP의 2.5~3.5%에 달하게 되었다. 특히 경제위기에 영향을 미친 가장 큰 원인은 정치가들이 선거 때마다 선심성 공약으로 유권자들을 매수하면서 그 대가로 과도한 복지혜택을 제공한 것이다. 정치가들은 자신들에게 표를 준 공무원들에게 각종 혜택을 주었고, 공무원들은 이들의 부정부패를 은폐하기도 하였다. 부패한 공공부문의 종사자들은 이익집단을 형성했으며 이들이 은퇴 후에 받는 연금은 최고 연봉의 95% 수준에 이르렀다. 따라서 관료주의와 불투명성으로 복지가 비효율적으로 운영되었고, 결국 빈약한 내수시장과 재정능력에 비해 과도한 복지정책의 추진이 재정적자로 이어졌다.

그리스 경제위기의 대외적 원인은 유로존 통합에서 비롯되었다. 유럽연합은 유로화라는 새로운 화폐를 발행했고, 기준금리는 독일을 기준으로 맞추어졌다. 독일의 입장에서 유로화는 자국의 영향력을 증대시키고, 다른 나라들은 독일과 같은 금리로 채권을 발행할 수 있기 때문에 신용도 수준의 이자보다 훨씬 낮은 이자로 돈을 빌리거나 채권을 발행할 수 있게 되었다. 저렴한 이자로 빌린 돈을 기반으로 유로존 국가들은 높은 경제성장을 할 수 있었지만, 인플레이션이 발생하게 되었다.

즉, 금리가 물가상승률보다 낮은 수준에 이르자 가계는 저축을 하지 않고, 소비를 하며, 부족한 수요량을 채우기 위해 수입을 하게 되면서 무역수지도 적자를 기록하게 되었다. 과열된 경제를 안정시키기 위해서는 금리를 조정하여 통화량을 조절해야 하지만, 유로존 통합으로 중앙은행이 통합되어 버려서 어느 한 국가의 상황만을 고려해 금리를 조정할 수 없게 되었다. 그뿐만 아니라 유로화의 도입으로 외환보유고를 높게 유지하지 않았다. 결국 유로존의 단일통화정책은 그리스의 인플레이션을 해결할 수 없었고, 국내문제와 맞물리면서 그리스 국민들은 4년이 넘는 경제불황을 겪고 있다.

2010년 4월 그리스는 유로존과 국제통화기금IMF에 막대한 양의 구제금융을 요청해 지원을 받았다. 경제는 회복되지 못했고, 그리스는 그 이후 추가지원을

2009년 동유럽 국가들의 은행이 긴급 구제 요청을 하면서 시작된 유로존 위기(Euro-zone crisis)는 유로존 회원국가들에게 영향을 미쳤다. 그리스를 시작으로 스페인, 포르투갈, 아일랜드 등 많은 유럽국가들에게 유로존 위기가 전염되었다. 정치적인 수단과 구제 프로그램을 실시하는 것도 중요하지만 유럽중앙은행(ECB: European Central Bank)의 역할이 어느 때보다 중요시되고 있다. 왜냐하면 유럽중앙은행은 금융 시스템을 안정화시키는 데에 중요한 조건 중 하나인 최종대출자(lender of last resort)로서의 역할을 하고 있기 때문이다. 다른 은행들이 유동성 부족 문제에 시달리고 있을 때, 현금을 공급해 주어 위기를 진정시키게 한다. 따라서 이번 유로존 위기의 전염성을 막을 수 있는 방법은 유로존에서 이러한 역할을 할 수 있는 유일한 은행인 유럽중앙은행이 최종대출자로서 나서줄 것인가이다. 지금까지 유럽중앙은행은 이러한 역할을 직접적으로, 또 동시에 간접적으로 이행해 왔다. 그러나 그리스가 파산한 이래로 유럽중앙은행은 대차대조표에서 자산을 2천억 유로까지 줄이며 더 이상 최종대출자로서의 역할을 하지 않으려는 경향을 보였다. 이러한 상황 속에서 유로존 시스템에 대한 점검이 필요하며, 그 점검 속에는 유럽중앙은행의 최종대출자로서의 역할을 확대하겠다는 다짐이 꼭 필요하다. 그렇지 않으면 유로존의 채권시장은 더 이상 안정화되지 않을 것이며, 위기는 고질적인 문제가 될 것이다.

출처: De Grauwe, Paul, 2011, "Only a More Active ECB Can Solve the Euro Crisis," *Economic Policy*, CEPS Policy Briefs.

받았으며, 연장을 반복했다. 2015년 6월 그리스와 채권단 간의 구제금융 협상이 결렬되었고, 그리스의 치프라스 총리는 국제 채권단 협상안을 국민투표에 회부했다. 그 결과 국민들의 지지로 국제 채권단 협상에 반대를 하기도 하였다. 하지만 3차 구제금융 합의에 가까스로 도달하였으며 이를 통해 그리스 사태는 소강상태로 접어들었다.

유로화 출범 이후 10여 년 만에 최악의 경제위기를 겪고 있는 유로존은 그동안 위기에 제대로 대응하지 못해 위기를 더 악화시켰다는 비판을 받고 있다. 또한 독일과 같이 산업 경쟁력이 큰 국가와 스페인, 아일랜드, 그리스, 포르투갈처럼 경제적 위기를 겪고 있는 국가들 간의 유로존 내 불균형이 이 위기의 주요 원인이라고 혹평을 받고 있다. BBC는 "남유럽과 북유럽 간 격차가 여전하고 스페인 등에서 긴축과 같은 독일식 위기 해결법에 대한 반발이 커지고 있어 그리스 사태에 따라 유로존 단합이 무너질 수도 있다."고 밝혔다. 또한 영국 주간지 「이코노미스트」는 "유로화에 따른 장점이 분명 있지만 지금 이 상태로는 유로존이 지속될 수 없다는 점 또한 명확해졌다."며 "유로존 개혁이 그 어느 때보다 시급한 현안이 됐다."고 지적했다.

유럽연합의 미래

여러 학자들은 EU가 유럽연합국United States of Europe의 전조인지 아닌지는 아직 예측하기 이르다는 지적을 2000년대에 하였다(Bennett and Oliver, 2002). 그들은 비록 브렉시트라는 구체적인 상황을 예측하지는 못하였지만 회원국 사이의 알력과 갈등 그리고 확장은 EU 체제에 위협이 될 것이라 생각하였다. 마스트리히트 조약에 이은 회원국 간의 여러 조약들은 EU가 하나의 정치적 연맹이라는 개념에 새로운 원동력을 불어넣었다. 그렇다 해도 외교정책, 사회정책과 같은 EU 정책의 중요한 부분들이 회원국들의 합의결정 또는 퇴출조항에 의존하고 있으므로 회원국들은 여전히 많은 부분 주권을 유지하고 있다.

EU가 가진 특수성 때문에 EU를 어떻게 이해해야 하는지에 대해 논란이 있어 왔다. 특히나 EU가 국제기구인지 혹은 연방국가에 가까운지에 대한 많은 논의가 있어 왔다. 이러한 논의 중 EU를 국제기구의 하나로서 분석하고 있는 정부간 주의intergovernmentalism에 따르면 EU는 단지 국가들 간의 협상bargaining에 의해서 EU의 설립과 운영이 진행되어 왔으며 회원국 간의 힘의 균형이 EU의 가장 중요한 한 부분으로 이해하고 있다.

이에 반해 신기능주의neofunctionalism는 유출효과spillover effect에 초점을 맞춰서 유럽통합의 과정은 한 분야의 통합이 다른 분야의 통합을 촉진시키면서 이루어져 왔다고 주장한다. 이들은 또한 이익집단이 EU 발전에 큰 공헌을 하였음을 지적한다. 제도주의institutionalism 주창자들은 EU라는 조직과 제도의 힘에서 EU 확장의 이유를 찾고 있다. 이들의 주장은 EU는 국제기구를 넘어서서 연방국가에 가까운 제도의 확립을 이루었다고 보고 있다.

영국과 그리스의 문제 이전에 많은 전문가들이 EU는 연방국가 혹은 그에 가까운 형태의 보다 심화된 통합을 이루어 낼 것이라고 추측하였으나 현재 EU가 겪고 있는 여러 문제들을 고려한다면 앞서 설명하였던 세 가지 이론 중 어떤 것이 현재 EU를 명확히 설명하고 있다고 하기는 힘들다. 다만 EU의 발전은 진행

중이긴 하나 현재 침체기를 겪고 있다고는 할 수 있을 것이다. 특히나 브렉시트를 겪으면서 단순한 침체기가 아니라 다른 회원국의 독립이 이어진다면 EU 해체나 혹은 무력한 EU가 되지 않을까 우려하는 목소리도 있다. EU 내부에서도 기존의 회원국과 새 회원국 사이의 갈등이 존재하고 있으며 자유무역과 이동에 따른 갈등도 내부적으로 존재하고 있다.

EU는 일반적으로 관찰되고 있는 국제기구의 형태를 넘어선 새롭고 좀 더 발전된 국제기구의 한 예로 여겨지고 있다. EU가 보다 심화된 형태, 즉 연방국가의 형태로 발전할 것인지 아니면 이 상태에서 회원국이 연달아 탈퇴하는 쇠퇴의 길을 걸을지는 좀 더 관찰이 필요할 것이다. 한 가지 확실한 것은 적어도 표면적으로는 EU를 통해 두 번의 세계전쟁을 겪었던 유럽이 통합의 길을 걸어왔으며 평화의 길을 모색하여 왔다는 것이다. 작은 아이디어에서 시작된 유럽통합은 보다 많은 사람들에게 평화와 공존의 길을 제공하여 왔다. 앞으로 EU의 발전은 다른 국제기구에 좋은 예시로서 작용할 것이다.

토론 주제

1. EU는 각종 규제에 대한 철폐와 회원국 간의 장벽 낮추기에 전념하면서 다양한 정책들을 폈다. 특히 한 나라에서 다른 나라로의 노동유동성과 공동운송정책을 받아들이고 자본이동에 대한 제한 축소의 움직임을 보였는데 이러한 정책들이 회원국들에게 어떠한 영향을 미치게 될까?
2. EU 회원국 사이의 충돌을 감수하고서라도 EU의 회원국들이 미합중국과 같이 연방국가로의 움직임을 보이는 이유는 무엇일까?
3. 튀르키예 가입은 물론이고 일부 구 유고연방 국가들도 이슬람 인구가 존재하는데 그러한 국가들이 회원국이 되었을 때 EU는 어떠한 방향을 취해야 할까? 늘어나고 있는 EU 회원국 내 이슬람 인구와 후보 회원국들의 이슬람 문화가 EU의 유럽화에 방해가 될까?
4. 지역기구라는 목적상 EU도 회원을 늘리는 데에 한계가 있을 수밖에 없고 이제 거의 그 한계에 다다랐다고 할 수 있다. 그렇다면 회원국이 더 이상 늘어나지 않는 상황에서 EU는 어떠한 결정을 통해 조직의 지속적인 발전과 영위를 계속해 나가야 하는가?

5. EU는 평화안보분야에서 이집트 혁명 이후 민주주의 체제로의 전환을 돕거나 튀니지의 재스민 혁명에 대해 정치적 · 경제적 지원을 하는 등의 다양한 방법으로 아랍의 봄을 지원했다. 특히 리비아나 시리아 등 많은 국가들의 독재를 비판하고 2011년 북아프리카와 중동에서 민주주의로의 전환을 꾀하는 국가들에게 3억 유로의 지원을 선언하기도 하였는데, 이러한 지원이 과연 그러한 중동국가들에게 도움이 되었다고 말을 할 수 있을까?

chapter 11

초국가주의와 비정부기구

냉전종식과 함께 확산된 민주주의와 자본주의의 연계 개념은 세계정치경제에 지대한 영향을 미치면서 세계화globalization를 불러일으켰다. 국경을 초월한 무역과 투자활동이 급증했고, 이와 관련된 다국적기업 같은 초국가기구의 활동이 크게 늘고 있다. 경제분야 이외에도 환경과 인권 분야 등에서 국제적 비정부기구NGOs: Nongovernmental Organizations와 같은 초국가기구의 독립적 역할이 확장되고 있다. 각 국가들과 국제기구들은 이러한 변화 속에서 그들의 정책과 관리방식을 조정하고 있다. 경영, 노동 및 기타 다양한 분야의 NGOs는 정부의 통제에서 벗어나기 시작했고 무역과 자금흐름은 전파통신 발전에 의한 초국가적 시스템과 24시간 작동되는 인터넷을 통해 각 국가 정부나 국제정부기구의 통제가 불가능한 속도로 움직이고 있다. NGOs 간의 접촉 및 거래선은 주요 분야에 있어서 국가의 주권을 약화시키며, 국제관계에서 국가 중심state-centric 모델의 적합성에 의문을 제기하기에 이르렀다.

국제법적인 시각으로 국가를 바라보면 국가란 법적 인격체이며, 공통의 가치를 공유하는 사람들이 갖는 정치체제인 동시에 하나의 정부기구라는 의미를 가진다. 이는 초국가 행위자의 존재를 인정할 수 없게 만든다. 또한 국가 중심의 접근법은 국가를 법적으로 평등한 것으로 간주하나 현실세계에서는 국가마다 초강대국, 중진국, 약소국 등으로 분류되며 명백한 차등이 있다. 또 국가의 일관성은 과대평가하고 지구정치의 일관성은 과소평가하고 있으며, 그 결과 국가 중심 접근법은 초국가적인 관계나 비정부 간의 관계를 간과하게 되는 문제점이 있다.

그러나 세계화가 사회, 문화 그리고 정치적 변혁을 포함하는 것이라 한다면 다른 비국가적 행위자non-state actor들의 역할도 고려돼야 할 것이다. NGOs를 비롯한 국제 비영리단체들 역시 1945년 이후 이례적인 속도로 급격한 발전을 이루며 냉전종식과 함께 폭발적인 양적 · 질적 성장을 이뤘다. 또한 교통과 통신의 발달로 각 개인과 단체들 간의 초국가적 교류가 증대됨에 따라 유엔 또는 이에 소속된 전문기관 같은 IGOs와 NGOs 간의 업무관계가 한결 긴밀해지는 등 상호교류가 활발해졌다. 이에 따라 NGOs는 정부 간 국제기구에 대한 자문적 역할뿐 아니라 상호공동의 목적을 달성하기 위해 함께 업무를 진행하기도 한다. IGOs는 NGOs에게 분쟁 후 상황에서 사회적 서비스를 제공하는 역할을 수행해 줄 것을 정기적으로 요청하는 등 공적 역할과 사적 역할의 경계선이 무너지는 추세가 이어지고 있다.

다국적기업

다국적기업MNCs: Multinational Corporations의 영향력이 점점 증대되는 현상과 관련해서는 이를 세계적 공동체 출현의 핵심이라 여기며 환영하는 반응부터 무책임한 권력집단에게 경제권력을 집중적으로 부여하는 것이라고 경고하는 반응까지 매우 다양하다. 다국적기업이란 하나의 국가에 본부를 두고 하나 또는 그 이상의 다른 국가에서 기업활동을 추구하는 업체를 말한다. 이들의 영향력이 점점 확대되면서 다국적기업이 향후 부유국가와 가난한 국가와의 성장 차이를 더 가속화시키거나 종식시키는 데 어떠한 역할을 하게 될 것인가 하는 점이 관심의 대상이 되어 왔다. 다국적기업의 영향력은 이들이 통제하고 있는 자원규모를 보면 알 수 있다.

다국적기업과 국가를 수입에 따라 단순히 비교하자면, 2017년 기준으로 월마트Walmart는 4,820억 달러의 수입을 거두었으며 이는 당시 스페인과 호주 정부의 수입보다 많다. 2023년 1월 기준으로 애플의 시가 총액은 약 2조 1,000억 달러이며 한때 3조 달러를 돌파하기도 하였다. 이는 한국 GDP의 두 배에 가까운 규모이다. 한국의 경제 규모가 세계 10위인 것을 감안한다면 애플의 규모가 얼마나 크며, 그 영향력이 어떤지 짐작할 만하다. 많은 수의 다국적기업이 개발도상국의 경제 규모보다 높은 가치를 가지고 있으며, 개발도상국 정부보다 많은 수입과 지출을 하고 있는 상황이다.

다국적기업의 거대한 규모와 영향력의 득실에 대한 논의가 이어지고 있는 가운데 다국적기업이 투자 유치국에 미치는 영향에 관한 긍정적 견해는, 첫째 다국적기업이 투자 유치국에 있어 고용을 창출하는 효과를 가져오며, 둘째 개발도상국에 부족한 자본 및 기술을 제공하는 역할을 하고, 셋째 선진 경영기법 및 선진 기업문화를 전파해 유치국의 국가 경쟁력을 향상시킨다는 주장이 있다. 이 같은 주장에 대해 비판적인 시각은 다국적기업이 기업의 이익에만 관심이 있으며 투자 유치국의 필요에는 무관심하고, 현지기업에게 돌아갈 자본을 독점하는 경우가 많으며 기술제공에 높은 로열티를 요구하는 한편 창출한 이익을 재투자하지 않고 모국으로 송금한다고 반박한다.

1970년대와 80년대 국제정치에서의 다국적기업과 그 역할에 대한 초기 논의에서 다국적기업은 "주요 국가들과 명백히 불평등한 관계를 갖고 있는, 매우 중앙집권적이며 착취적인 괴물"로 묘사된 바 있다(Barnet and Mueller, 1974). 즉, 그들은 각종 물품과 현금, 인력, 그리고 기술을 국가 간 이동시키는 데에 그 능력을 남용하며, 이를 통해 본국 정부에 대한 협상력bargaining power을 제고한다는 것이다. 각각의 다국적기업들은 본질적으로 중앙집권적이고 그 모기업에 의해 지배된다고 여겨졌다.

이 같은 주장을 뒷받침하듯 다국적기업이 개발도상국의 국제정치에 간섭했던 사례들을 많이 찾아볼 수 있다. 미국의 유나이티드 푸르트 컴퍼니United Fruit Company는 지난 수십 년간 미국 중앙정부로부터 회사의 수익성에 유리한 법률제정과 정책을 지원받을 수 있었다. 1970년 미국 전화통신기기 제조업체인 ITT사는 칠레 대선 당시 막스주의자인 아옌데Salvador Allende 후보가 대통령으로 선출되는 것을 막으려고 시도를 했으며 1973년에는 군부 쿠데타로 사회주의 정권이 전복되는 과정을 지원했다. 그뿐만 아니라 빈곤한 국가에서는 대기업의 기업관행으로 인한 비극이 여러 차례 발생하였다. 스위스 네슬레Swiss Nestle Corporation는 개발도상국들을 대상으로 수년 동안 자신들의 육아급식방식이 모유를 대체하는 것이라고 적극 홍보했었다. 그러나 이러한 네슬레의 캠페인으로 인해 개발도상국 유아 사망률이 급격히 증가하고 이로 인한 비난여론이 거세지자 그때에 가서야 이러한 캠페인을 중지하는 데 동의한 바 있다(Bennett and Oliver, 2002: 279).

이와 유사한 사례들은 다양한 다국적기업 활동에서도 찾아볼 수 있다. 1984년

12월 3일 인도 보팔Bhopal의 미국계 화학회사인 유니언 카바이드Union Carbide가 운영하고 있는 한 살충제 공장에서 유해가스인 이소시안산메틸Methylisocyanate이 방출되었으며, 이로 인해 공장 근처 거주민의 3천3백 명이 사망한 사건이 있었다. 이 공장은 미국과 유럽에 비해 현저히 낮은 안전기준을 적용하고 있었다.

또 다른 예로, 석유회사 쉘 그룹Royal Dutch Shell은 1995년 11월 당시 나이지리아 원유의 절반 정도를 생산하고 있었다. 그러던 중 쉘 그룹이 나이지리아에서 활동하는 것을 반대하는 인권·환경 활동가들을 나이지리아 군정부가 체포하고 처형하는 사건이 일어났다. 이러한 나이지리아 군정부의 잔악한 행동에도 불구하고 쉘 그룹은 아무런 대처도 하지 않았다.

1990년대에 미국의 인권단체들은 나이키Nike와 같은 다국적 운동화 회사, 의류 회사, 그리고 소매업자들을 매우 강렬하게 비판한 바 있다. 당시 운동화와 의류는 주로 아시아 국가들에서 아동과 여성의 노동력을 통해 생산되고 있었는데 그 급여수준과 업무조건이 선진국 기준에 비교할 때 훨씬 열악했기 때문이다. 소위 스웻샵sweatshop, 즉 노동착취 공장이라 불린 이들 개발도상국에서의 노동착취 현장은 현재까지도 끊임없는 비판에 직면하고 있다. 그뿐만 아니라 개발도상국가와 러시아, 동유럽, 그리고 중국과 같은 과도기 경제국가transitional economies의 정부정책에 따른 환경파괴에 대해 비판이 거세게 일고 있어 다국적기업의 국제적 영향력을 위축시키고 있다.

다국적기업의 인력 및 투자 활동이 착취적이라는 비난은 계속되고 있다. 사실 이러한 주장은 1999년 말 시애틀에서 열린 WTO 회담에서 개발도상국과 과도기 경제국 대표들이 강력히 제기한 바 있으며 그 당시 인권 및 환경 단체들의 평화적 항쟁이 과격한 거리시위로 바뀌면서 회담이 여러 번 중단되기도 했다. 1999년 시애틀 시위를 시작으로 세계 인권과 환경 NGOs, 그리고 세계화에 반대하는 각 개발도상국 운동가들은 WTO와 세계은행 등의 연례회의가 열릴 때마다 적극적인 반세계화 운동을 펼쳐 나가기 시작했다. 그러나 다국적기업 주도의 무역과 투자가 인권, 취업, 그리고 인건비에 미치는 영향과 수입 불균형에 대한 독립적 분석에 의하면, 다국적기업 활동이 인권 상태를 악화시킨다는 주장은 그 근거가 미흡하다. 선진 세계에서 저임금 및 저기술 인력들은 불리한 입장이었으나 이것은 기술변화에 따른 장기적 추세를 반영한 것이다. 그뿐만 아니라, 다국적기업의 유치국에 대한 직접투자는 비록 최빈국들에 대한 투자는 아니었으나, 1990년대 중반에는 매년 2천억 달러를 초과하였다.

세계화와 관련해 유엔의 입장은 어떠했을까? 유엔은 세계화에 있어서 주도적 역할을 하기보다는 그 회원국가들과 점차 강해지는 다국적기업 간의 상호작용을 긍정적으로 반영하고 세계화의 추세를 따르는 데 주력하는 모습을 보였다. 1972년 유엔경제사회이사회는 이러한 거대기업의 영향력과 역할을 분석하고 국제적 책임 또는 규제와 관련한 향후 과제 및 방법을 제시하기 위해 전문가 20여 명으로 구성된 단체를 설립했다. 1974년 제3세계 국가들의 압력에 의해 이에 대한 첫 단계로 경제사회이사회는 다국적기업의 문제점을 철저히 감시하기 위한 두 개의 기관, 다국적기업위원회Commission on Transnational Corporations와 유엔다국적기업센터United Nations Center on Transnational Corporation를 설립했다.

다국적기업위원회는 우선적으로 다국적기업활동에 대한 행동강령을 개발하기 위해 설립되었으며, 다국적기업과 관련된 부패관행을 저지하기 위한 방법에 대해 각별한 주의를 기울였다. 유엔다국적기업센터에는 위의 행동강령에 대한 지원활동 외에도 네 가지의 주요 책임이 주어졌다. 첫째, 종합적 정보체계의 설립, 둘째, 다국적기업의 운영이 정치 · 법 · 경제 · 사회에 미치는 영향의 분석, 셋째, 개발도상국이 다국적기업과의 거래 시 협상능력을 강화할 수 있는 기술협력 프로그램 개발, 넷째 다국적기업을 보다 정확히 정의하기 위한 시도 등이다. 다국적기업위원회는 1977년에 선진국과 개발도상국 간에 첨예한 입장차이를 나타낸 투표결과에 따라, 남아공에 대한 다국적기업들의 투자중지와 남아공으로부터의 점진적 철수방안을 요구하는 안을 채택했다. 또한 위원회는 다국적기업의 회계 및 보고 기준에 대한 동일한 국가기준을 개발하기 위한 자문제공을 받기 위해 전문가 패널을 구성하기도 했다.

1990년대에 들어서면서 유엔다국적기업센터와 다국적기업위원회 수립을 가속화했던 대립구도는 사라졌다. 냉전시대의 말기에는 다국적기업을 정의하려는 노력이 교착상태에 이르렀으며 약화되었다. 더 중요한 것은 선진국들이 신국제경제질서New International Economic Order의 압력에 대해 성공적으로 대항했으며, 냉전의 종식으로 주요 관심사가 국내경제와 국제경제 체제의 자유화로 옮겨진 이유이다.

다국적기업위원회는 해산되었고 유엔다국적기업센터의 기능은 1992년 유엔무역개발회의UNCTD: United Nations Conference on Trade and Development 내에 신설된 유엔글로벌콤팩트(UNGC: The United Nations Global Compact)는 1999년 1월 31일 세계경제포럼에서 전 유엔 사무총장인 코피 아난에 의해 처음으로 언급되었다가 2000년 7월 26일 미국 뉴욕의 본사에서 공식적으로 발족된 유엔 산하 전문기구이다. 유엔글로벌콤팩트는 인권, 노동, 환경, 부패방지 부분에서 10가지 기본원칙을 제시하며 세계 비즈니스 활동을 돕는 유엔의 전략적인 정책계획이다. 세계화를 이끈 주요 원동력 중 하나인 비즈니스는 이전보다 훨씬 더 사회적 · 정치적 · 경제적 도전과 기회에 큰 영향을 받고 있다. 이에 따라 많은 기업들이 정부, 시민 사회, 노동자들, 그리고 유엔과 파트너십을 형성하고 서로 협력해야 할 필요성을 느꼈다. 유엔글로벌콤팩트는 이러한 세계적 비즈니스 상황을 이해하고 이를 반영하여 빠르게 성장해 나가고 있다. 현재 160개국에서 16,000여 개의 기업들과 3,000여 개의 비기업 단체가 참여하고 있고 이것은 세계에서 가장 큰 자발적 협력의 형태로 여겨진다. 유엔글로벌콤팩트에 회원이 되고 싶은 기업은 자발적으로 참여할 수 있으며, 회원이 되면 연간회비를 내어 글로벌콤팩트 활동에 기여하도록 한다. 참여형태에는 기업참여(business participation)와 비기업참여(non-business participation)가 있다. 비기업참여에는 시민사회 조직, 비즈니스 협력체, 노동단체 등이 포함되어 있다. 또한 유엔글로벌콤팩트는 개발 · 지속가능한 정책의 이행, 진보된 비즈니스 모델과 시장을 만들기 위해 노동현장과 경영을 포함하는 넓은 스펙트럼 선상에서 모두의 참여를 이끄는 관행을 실시하고 있다.

출처: UNGC 홈페이지 참조.

다국적기업과 관리부서Transnational Corporations and Management Division로 이전되었다. 후자의 경우 이미 경쟁 제한, 소비자 보호, 그리고 정보흐름에 대한 여러 조항과 원칙을 수립한 바 있다. 유엔체계 내 다른 기관에서도 기술이전과 특허에 대한 협상이 시작되었다.

1990년대 말에 이르러서는 외국인 직접투자FDI: Foreign Direct Investment에 대한 규제조항 자율화가 압도적인 대세를 이루었다고 할 수 있다. 1999년 세계투자보고서World Investment Report for 1999에 의하면 1998년에 60여 개 국가에서 145개의 규제가 바뀌었으며 그중 94%에 달하는 136개의 조항은 FDI에 더 우호적으로 변경되었다. 현재 다국적기업의 투자는 제3세계의 개발과정에 있어서 매우 중요한 기여를 하고 있으며 선진 세계의 무역중심 경제성장trade-driven economic growth 및 발전에 있어 핵심주체로 여겨지고 있기 때문에, 이에 대한 제재보다는 장려가 더 필요하다는 의견이 지배적이다. 이러한 이유로, 1990년대의 국제투자 및 다국적기업에 대한 국제적 관리는 제2차 세계대전 후 초기의 장려정책으로 돌아간

것이다(Bennett and Oliver, 2002: 281). 다국적기업은 2000년대에 이르러서 더욱 더 커졌고 앞서 설명하였듯이 이들의 힘은 작은 국가들의 힘보다 때로는 더 크기도 하다.

비정부기구

비정부기구는 비상업적이고 비폭력적이면서 정부를 대표하지 않고 공동의 목표를 위해 집단행동을 하는 사람들의 집단이다. 유엔경제사회이사회의 정관에 따르면 유엔은 NGOs에 관해 다음의 여섯 가지 원칙을 정의하고 있다. 첫째, NGOs는 유엔의 목적과 사업을 지지해야 하며 둘째, 분명한 본부와 사무원을 갖춘 대표기관이어야 하고 셋째, 이윤을 추구하는 기관이 될 수 없으며 넷째, 폭력을 사용할 수도 없고 또 지지해서도 안 되며 다섯째, 국가내정에 불간섭하는 규범을 존중해야 하며 마지막으로, 국제 NGOs는 정부 간 합의에 의해 만들어지지 않는다고 제시하고 있다.

국제기구연감Yearbook of International Organizations에 포함된 국제기구는 현재 2023년을 기준으로 73,000개이며 이 중 약 300개만이 정부간 기구이며, 나머지는 NGOs이다. 여기에 포함된 NGOs는 국제 NGOs로 개발도상국에서 활동하는 NGOs는 그 숫자를 정확히 파악하기 어려울 만큼 많다. 예를 들어, 인도에서 활동하는 NGOs의 수는 대략 3백만 개로 알려져 있으나, 정확히 확인할 수는 없는 상황이다. NGOs의 수는 1951년을 제외하고 계속 증가해 온 반면, 정부간 기구의 수는 1985년 378개를 기록하며 그 이후 계속 감소해 왔다. NGOs의 증가는 세계인구 증가를 고려하더라도 그 변화는 매우 역동적인 것이며 NGOs는 향후 수십 년간 세계정치에 있어서 중요한 행위자가 될 것임이 확실하다.

특히 냉전시대 이후 NGOs는 정부 및 국제기구들, 특히 유엔과 유엔전문기구들과의 관계에서 역동적인 역할을 해 왔으며, 다양한 정책과 현안에 관련된 초국가적 활동 네트워크에서 매우 중요한 요인으로서 그 역할이 증대되었다. 냉전시대 이후 NGOs의 주요 활동은 환경, 인권 및 인도주의적 사건humanitarian affair에 집중되었으며, 무기통제와 무장해제에 대한 NGOs의 활동 역시 주목할 만하다.

NGOs의 역할

NGOs의 광범위한 역할 및 기능은 피드백, 의견수렴, 서비스 전달, 네트워크 수립, 교육, 재정수립, 의제설정, 모니터 활동, 그리고 감독에 이르기까지 다양하다. 와이스Thomas G. Weiss와 고덴커Leon Gordenker에 따르면 이러한 역할과 기능이 광범위하게는 운영적operational, 교육적educational, 그리고 옹호적advocacy 성격으로 나뉜다(Weiss and Gordenker, 1996). NGOs가 운영적 기능을 한다는 것은 NGOs가 서비스 전달에 적극 관여하는 것을 의미한다. 물론 단체의 구성원들에게 정보를 전달하는 것 역시 서비스 전달이라고 볼 수 있겠지만 더 구체적으로 말하자면, 운영적인 NGOs는 재난 · 이민 · 피난에 대한 물질적인 자원을 제공하는 것을 의미한다. 예를 들어, 재정적 자원 또는 기술적 지원 등 구체적이고 무형적인 개발지원을 제공하는 NGOs 역시 운영적으로 참여하고 있다고 볼 수 있다. 이러한 방식으로 운영되는 NGOs는 기증자의 의도나 지침donor mandate을 독자적으로 수행하거나, 혹은 국제기구 및 정부들과 협력하여 수행할 수 있다.

이들이 맡고 있는 역할과 기능 가운데 지지 및 교육 부분은 더욱 추상적인 것이며 행동에 대한 책임과 권리를 갖고 있는 국내외 정책단체들을 향한 것이다. 옹호적 비정부기구advocacy NGOs는 그들이 제안하고자 하는 구체적인 정책결과 혹은 정책의제를 갖고 있거나 변경하고자 하는 조건들을 가지고 있다. 이들은 간혹 초기에 정부에 대해 부정적이거나 대립되는 입장을 취하기도 한다. 옹호적 NGOs가 정부들로 하여금 특정 활동을 그만두도록 하거나 또는 이전에 회피했거나 무시했던 문제들에 착수하도록 노력하기 때문이다. 인권과 환경 관련 NGOs는 자주 이러한 입장에 처하게 된다. 그러나 그 목적이 정부 간 국제기구 또는 국가정책에 자신들의 의견을 반영하는 데에 있는 한, NGOs는 정부나 정부 간 국제기구가 특정 조약 또는 규정을 채택하도록 하기 위해 그들과 협력해야만 하는 관계에 있다. 옹호적 성격의 NGOs는 특정 조약 또는 규정에 대한 정보를 제공하고 언어를 규정하는 것 등의 역할을 한다. 반면에 교육적 활동은 일반국민에 더 집중되어 있는데, 이는 일반인의 자각을 높이고 여론을 조성하기 위한 것이다. 그뿐만 아니라, 교육적 활동은 일반여론 외에도 NGOs 자신의 회원들을 위한 것일 수도 있다.

NGOs의 인도주의적 구호활동

NGOs의 역할과 활동은 여러 가지 현안에 있어 다양한 패턴을 보이고 있다. NGOs의 인도주의적 구호humanitarian relief 및 개발지원 활동 대부분은 심각한 인도적 위기상황에서의 구호활동을 포함하고 있다. 유엔에 가입한 수백 개의 NGOs 가운데 많은 수의 기구가 구호활동을 벌이고 있다. 인류의 재난이 에티오피아에서처럼 기근에서 나온 것이든지, 코소보 또는 중앙아프리카의 경우처럼 전쟁으로 인한 것이든지, 소말리아에서처럼 실패한 정부로 인한 것이든지 또는 남아시아의 태풍과 같은 자연재해로 인한 것이든지 간에 '구호relief'를 기치로 내건 NGOs는 식량배분, 피난처 제공, 물공급, 위생제고 및 의료사업 등에 전문화하고 있다. 케어CARE, 월드비전World Vision, 세이브더칠드런Save the Children, 옥스팜Oxfam, 국경없는의사회MSF: Medecins Sans Frontieres 등은 위의 자원 및 서비스 제공에 전문화되어 있는 대규모 주요 NGOs이다.

이러한 NGOs의 활동은 일반적으로 국가정부의 보조나 유엔체제 내의 다음과 같은 주요 인도주의적 구제기관들과 함께 연계된다. WFP, UNHCR, UNICEF 등이 그 예이다. NGOs 활동과 유엔기구 활동을 조율하는 것은 많은 어려움을 겪어 왔으나, UNHCR은 NGOs와 긴밀하게 활동해 왔으며, 특히 UNHCR의 긴 역사 및 자원, 전문성을 고려할 때 불가피했던 난민범람문제 등이 포함된 매우 복잡한 위급상황에서는 더욱 그러했다. UNICEF가 여성과 아동 인권문제에 더 집중해 왔다는 것은 NGOs와 유엔과의 관계가 최근에 더 긴밀해졌으며 인도주의적 구호활동에 더 적극적이었다는 것을 의미한다. 세계식량계획은 유엔식량농업기구FAO: United Nations Food and Agriculture Organization의 행정체계에 속해 있지만 1990년대 초반부터 더욱 자립적이 되었으며 식량구호와 관련된 주요 NGOs와의 공식적 합의를 이루기 시작했다.

이러한 인도주의적 구호활동은 1980년대 중반부터 약간의 변화가 있었는데, NGOs와 유엔기관들은 보다 더 장기적 개발에 대해 많은 관심을 가지게 되었다. 1980년대 중반 이전의 전통적 구호활동은 주로 생필품 제공과 거주지문제해결 위주였다. 그러나 1985년의 에티오피아 기근위기 상황 이후 NGOs, 유엔기구들, 그리고 여러 프로그램들은 '사후post-emergency' 개발 프로그램을 구호활동에 통합하기 시작했다. 지금은 의료보호뿐 아니라 농업 및 교통 인프라 개발, 삼림

복구에 대한 계획 등이 모두 구호 프로그램에 통합되어 있다. 이렇듯 구호와 개발이 긴밀한 관계를 가지게 되면서 유엔개발계획UNDP: United Nations Development Programme의 경우, 복잡한 인도적 위기상황과 함께 유엔 내에서 매우 중요한 기구로 부상하게 되었다.

마지막으로 인도주의적 구제활동에서 빼놓을 수 없는 것은 국제적십자위원회ICRC: International Committee of the Red Cross의 특별한 위치와 역할이라 할 수 있다. 국제적십자위원회는 국제적 구호 시스템 중 가장 오래되고 체계화된 단체로 알려져 있다. 국제적십자위원회는 다른 일반적인 NGOs나 유엔과는 별개로 특별한 법적 그리고 역사적 사명하에 운영되고 있는 국제기구로 보는 것이 적합할 것이다. 국제적십자위원회는 국제법 내에서 제네바 협정하의 자신의 권한을 행사하고 있다.

국제적십자위원회는 이러한 권한과 절대적 중립원칙으로 인해 NGOs나 유엔과 가끔 불화를 빚기도 했다. 이는 특히 국제적십자회의가 자신의 자치권과 특별한 지위를 강하게 보호하고 있기 때문이다. 지난 10년간 이루어져 온 인도주의적 구호활동은 그 다양한 접근방법 간 차이로 인해 각 주체들 간의 조율이 필요했었다. 국제적십자위원회는 대부분의 경우 다른 NGOs나 유엔에 협조적이었지만 새로운 체제구도와의 거리를 유지하는 자세를 견지했다(Bennett and Oliver, 2002: 285).

환경과 인권 분야의 NGOs 활동

범인류적 위기상황을 극복하고 개선하기 위한 전문적 NGOs의 수는 그리 많지 않다. 그에 반해 인권과 환경, 교육 그리고 옹호적 활동에 참여하고 있는 NGOs는 훨씬 많은 수를 차지하고 있다. 국제사면위원회Amnesty International, 휴먼라이츠와치Human Rights Watch, 국제인권연맹International League for Human Rights, 세계야생생물기금WWF: Worldwide Fund for Nature, 그린피스Greenpeace, 지구의 벗Friends of the Earth International 등은 인권·환경 관련 NGOs로 국제사회에서 막강한 세력을 형성하고 있다.

또한 전 세계에서 소규모 단체들이 다양하게 자국 내에서 활동하고 있다. 이와 마찬가지로, 1992년 유엔환경개발회의UNCED: United Nations Conference on the

Environment and Development와 협력 NGO 글로벌 포럼Global Forum에도 수백 개의 환경 NGOs가 운집했다. UNCED는 환경 NGOs의 시대가 도래했다는 것을 세계에 알렸다. 당시 리우데자네이루에 모인 NGOs의 수는 1972년 스톡홀름에서 있었던 최초의 주요 국제 환경회의에 참석한 134개의 NGOs의 수와 비교해 볼 경우 압도적인 것이었다(Wapner, 1996). 1,500개 이상의 NGOs가 1992년 UNCED에 모였으며 550여 개 이상의 환경 NGOs가 유엔지속개발위원회UNCSD: United Nations Commission on Sustainable Development에서 인정받았는데, UNCSD는 UNCED에서 파생된 위원회이며 현재 유엔환경정책센터에서 중추적인 역할을 맡고 있다.

UNCED와 UNCSD 이전의 환경 NGOs는 유엔체제 내에서 주로 환경과 직결된 기구들의 활동에 집중해 왔다. 세계보건기구WHO: World Health Organization 및 스톡홀름 회의에서 출범한 유엔환경계획UNEP: United Nations Environment Programme 등은 NGOs로부터 압력과 동시에 지지의 대상이었다. 1980년대 당시 NGOs가 벌인 최대의 노력은 세계은행으로부터 환경문제에 관련된 부문에 은행 대출을 받기 위한 것이었다. UNCED 이후 많은 NGOs가 압력행사를 하면서 세계은행은 그 기준의 준수 여부와 관련된 공식 책임절차public accountability procedure를 설립하는 데 동의했다. UNCED는 NGOs 기반의 환경적 초국가주의 개발에 있어 매우 중요한 이정표가 되었다.

UNCED와 이와 동시에 있었던 NGOs 회의들과 같은 가시적인 국제회의들로 인해, 옹호적 NGOs는 옹호 활동에 효율적으로 집중할 수 있었다. 그뿐만 아니라, 이러한 대규모 다국적 협상회의에 대해 미디어의 관심이 집중되어, NGOs는 여러 국제적 여론을 향한 그들의 광범위한 교육적 노력의 효과를 확대할 수 있었다. 마지막으로 NGOs는 간혹 대표를 국가대표단 내에 위임하기도 했다. 이러한 방법을 통해 국제적 조약, 규정, 그리고 행동강령과 같은 기타 합의사항에 대한 공식적 토론이나 협상에 참여할 수 있었으며, 이로 인해 NGOs는 국제적 정책과 지배과정에 대한 우려를 직접 표명할 수 있었던 것이다.

더 큰 규모의 국제회의를 이끌었던 예비 회의Preparatory Conferences에서의 NGOs 지지와 참석 역시 매우 중요했다. 여기에서 환경 NGOs는 직접 대표권을 얻었으며 유엔준비위원회를 구성한 활동단체의 100여 명 이상이 공식적으로 참여하게 되었다. 리우데자네이루에 모인 수십 개 이상의 국가대표들 중엔 환경

NGOs 담당자들도 대표위원으로 포함되어 있었다(Bennett and Oliver, 2002).

인권 NGOs는 초국가적으로 운영되는 NGOs 중 중요한 부분을 차지하고 있다고 할 수 있다. 유엔헌장 초안을 작성하는 것부터 시작하여, 인권에 대한 NGOs의 압력과 지지는 매우 거셌고 효과적이었다. 예를 들면, 'Jacob Blaustein Institute' 라고 불리는 주요 인권 NGOs의 리더인 개어Felice Gaer는 미국 그리스도교연맹Federal Council of the Churches of Christ, 그리고 카네기국제평화재단Carnegie Endowment for International Peace, 미국유대위원회American Jewish Committee 등의 주요한 리더십 역할을 강조했다. 이들의 압력으로 인해 인권이 유엔헌장의 일부를 차지할 수 있었다. 이러한 압력과 지지로 NGOs가 유엔체제 내에서 큰 역할을 할 수 있었고, 이들은 지속적으로 회원국가들을 대상으로 인권에 대한 압력을 행사했으며, 유엔에서 인권감독 기구를 창설하도록 하였다.

그 첫 번째로 인권위원회가 생겼으며 그 이후 UNHCR이 생겼다. 인권 NGOs가 그 체계의 운영을 위한 가장 중요한 정보원이 되었으며 현재에도 그 역할을 유지하고 있는 것이다. 현재 수백여 개의 국가적 · 지역적 NGOs가 세계의 인권현황을 감시하고 국가와 국제기구에 정보를 제공하고 있다. 이들 가운데 몇몇 인권 NGOs는 국제적인 감시가 가능한 조직적 · 자원적 기반을 갖고 있다. 예를 들면, 휴먼라이츠와치는 1999년 당시 75개 이상의 국가에서 175여 개의 모니터 활동과 감시, 그리고 지지 활동을 진행한 바 있다(Human Rights Watch, 1999).

1990년대 주요 국제회의들은 인권 NGOs의 지위와 역할을 신장하는 데 중요한 역할을 했다. 1994년 카이로의 세계인구회의World Population Conference는 여성의 권리를 인권으로 재정의하는 데 중요한 역할을 했으며, 1993년 비엔나 인권회의Human Rights Conference와 1995년 베이징에서의 여성회의Women's Conference 역시 매우 중요한 역할을 수행했다. UNCED에서처럼, 비엔나와 베이징 회의에는 수천 개의 기구들과 개인들이 결집하여 교류하였으며, 이들은 전 세계 기자들 앞에서 그들의 의견을 개진할 수 있는 기회를 얻었다. 이러한 회의와 동시에 진행되었던 포럼들은 인권 NGOs 활동의 핵심이었다. 1천5백여 개 이상의 기구들이 비엔나 포럼에 참석했을 뿐만 아니라, 비엔나 회의에서는 1천여 개 이상의 기구들의 참석이 인정되는 확장된 접근규정expanded access rules이 채택되었는데 이 중 수백 개의 기구는 이 규정이 채택되지 않았을 경우 경제사회이사회의 자문 역할조차도 인정받지 못할 수 있었다.

이러한 회의에서 NGOs는 막대한 영향력을 행사한 것으로 평가된다. 비엔나 회의의 경우, NGOs가 공격적으로 추진했던 지위와 추진과제들에 대한 공식적인 지원을 얻어 냈다. 대부분 NGOs가 인권은 보편적인 권리로 이해되어야 하며, 지역적 차이에 의해 재정의하는 데 제한을 받는다거나 혹은 특정 문화·전통·종교 또는 역사적 상황의 편견을 갖고 봐서는 안 된다고 주장했다. 이 같은 주장에 대해 반발이 없었던 것은 아니다.

이에 대해 중국을 비롯한 일부 아시아 국가들과, 전통적 관습을 종교적 관점에서 합리화해 온 일부 이슬람권에서 지속적으로 문제를 제기했다. 그러나 중국과 이란, 인도네시아 그리고 비동맹운동Non-aligned Movement 내 다른 국가들의 반대여론에도 불구하고 보편성universality은 인권기준의 범위와 적용에 있어 압도적인 국제적 이해를 이끌어 내게 되었다. 심지어 위에 언급된 국가들마저 인권에 대한 감독, 감시, 강화 자체는 주권침해라고 주장하면서도 그 개념에 대해서는 형식적 지지를 표명하였다. 비엔나 회의의 또 다른 중요한 결과는 난민고등판무관의 설립이다. 이의 설립에 대한 클린턴 미 행정부의 지지도 중요했으나 여기에서도 역시 주요 NGOs의 압력이 훨씬 큰 역할을 했다고 볼 수 있다.

베이징 여성회의는 NGOs의 막강한 실재를 보여주는 또 다른 계기가 되었는데, 180여 개 이상의 국가에서 약 3~4만 명의 사람들이 베이징으로 모였으며 그 규모는 비엔나 회의에서의 막대한 NGOs와 개인들의 집결을 위축시킬 정도였다. 베이징 회의와 그 1년 전인 1994년에 열렸던 카이로 국제인구회의Cairo Conference on Population에서 가장 핵심이 되었던 논쟁사안은 여성의 생산권리였다. 여성 관련 NGOs는 추행, 여성에 대한 폭력, 성폭행, 매춘 등을 주요 현안으로 제기하고, 보편적 인권 개념에 있어서 여성의 주요 역할을 필수 사항으로 제기하기 위해, 비엔나 회의에서 휴먼라이츠와치와 국제사면위원회와 같은 인권 NGOs를 등록시키는 데 성공했다. 여성들은 비엔나 회의와 베이징 회의를 통해 초국가적인 NGOs 주도의 담화의 주요 참석자로 등장했으며 이로 인해 인권과 분리할 수 없는 개념의 여권이 수립되었다.

NGOs와 유엔

유엔 창설 이후 NGOs는 유엔과 연계해 많은 역할을 수행해 오고 있는데 이러한 NGOs를 위해 유엔헌장 71조는 NGOs 자문에 대한 경제사회이사회의 특권을 인정하고 있다. 1996년 경제사회이사회의 결의안 1996/31호에서는 NGOs의 유엔기구들에 대한 자문 역할 관련 규정을 명시했다. 경제사회이사회가 가장 중요한 자문 역할을 위임한 것이다. 1948년까지 41개 그룹이 공식적으로 경제사회이사회로부터 인정을 받았다. 1968년까지는 377개의 NGOs가 받아들여졌고 1998년에 1,350개가 되었다. 2023년 현재 6,319개의 NGOs가 자문지위를 가지고 있다.

이들은 그들의 경제사회이사회 프로그램 내의 참여 정도에 따라 세 종류로 나누어졌다. '일반적General' 협의지위를 갖고 있는 NGOs는 경제사회이사회, 유엔회의, 그리고 경제사회이사회 부속 기구들과의 회의에서 일반대표역을 수행할 뿐 아니라, 그들의 입장을 정리한 방대한 양의 성명서를 유포하고, 의제에 포함될 안을 제시하며 경제사회이사회 회의에서 발언할 수 있는 권리를 갖고 있다. '특별Special' 협의지위를 얻을 경우에는 좀 더 간략한 성명서를 유포할 수는 있지만 경제사회이사회에서 안을 제안하거나 발언할 수는 없다. '명부상Roster' 협의지위의 NGOs는 미팅이나 회의에 참석할 수는 있지만 구두 혹은 문서화된 의견을 개진할 수 있는 권리가 없다.

자문지위를 가진 NGOs는 경제사회이사회 회의에 참석하고, 성문화된 의견서를 제출하기도 하며, 어떤 경우에는 의제에 몇몇 항목을 제안할 수 있다. 대부분의 전문화된 유엔기관들은 한정된 NGOs의 참여에 유사한 규정을 가지고 있다. NGOs가 국제정책 결정과 실행에 영향을 끼칠 수 있는 다양한 수단을 발견함에 따라 사실상 경제사회이사회 자문지위가 있는 NGOs와 그렇지 않은 NGOs의 구분은 그다지 큰 의미를 띠지 않게 되었다.

NGOs가 유엔에 참여하는 방식은 계속해서 변화를 거듭하고 있다. 1996년 7월 통과된 결의안 1996/31호는 경제사회이사회와 관련된 법 제정과정에서 선도적 NGOs가 참여하도록 그 절차를 확대할 것을 결정했다. 그 결의안은 폭넓은 참여를 위한 개방을 제공하며 NGOs를 선정하는 데 있어서의 기준에 대해 자세히 언급하고 있다. 결의안은 경제사회이사회와 총회가 소집한 회의를 포함하여 기타 주요 회의에 NGOs가 참여할 수 있도록 했다. 그리고 더 많은 제안이 NGOs 대표단으로 하여금 주요 위원회와 소분과 위원회 회의에 의석을 가지고, 공식서류를 받고, 각각의 기관에 알려지도록 승인받는 것을 목적으로 이루어지고 있다.

최근 이런 형태의 참여가 활발하게 일어나고 있는 추세이다. NGOs는 환경에서 인권까지 넓고 다양한 국제사안들에 대한 정보와 기술적 · 전문적 지식의 주된 출처가 되었다. NGOs는 한 국가에 무엇이 존재하고 있든지 간에 특정 정책의 중재자로서 그리고 정치적 참여의 대안적 통로로서 활용된다. NGOs는 재난구호와 난민문제에 대한 보조를 분배하는 데 중요한 역할을 수행하고 있으며, 인권기준 또는 환경규정의 실행을 감시하고 위반사항에 대한 경고의 역할을 담당하고 있다.

1978년과 1982년 그리고 1988년에 개최된 군비축소에 관한 유엔 특별회의를 살펴보면 NGOs가 유엔에 어떤 절차를 통해 참여하는가를 알 수 있다. 이 회의에서는 군비축소에 대한 새로운 국제적 의제를 내세웠고 NGOs들이 참여할 기회가 주어졌다. 첫 번째 회의에 앞서 NGOs는 특히 대중과의 토의를 위해 교회를 통한 특별 회의와 활동을 조직했다. 이들은 강대국의 리더십이 얼마나 중요한지 알고 있었기 때문에 미국의 정책에 영향을 주려고 노력했다. 예정대로 열린 국제회의와 함께 대부분의 NGOs는 유사한 관심사를 가진 다른 사람들과 네트워크를 형성하여 초국가적 협력을 도모해 볼 것을 제안하였다.

또한 그 당시 정부 간 공식회의 이전에 군비축소에 관한 국제 NGOs 회의가 85개의 NGOs, 46개 국가로부터 온 500명의 대표들과 함께 개최되었다. 이 같은 활동을 통해 지역단계에서부터 국제적 수준까지 NGOs 공동체의 대표들은 그 사안과 친숙하지 못한 이들에게 정보를 제공하고, 회의에서의 합동 활동을 조직하며 정부 대표들과의 회의를 조직하기 위해 분주히 움직였다. 군비축소 논의에서 NGOs의 활동은 뒤따르는 여성 회의와 인권, 환경에 대한 회의의 선례가 되었다(Mingst and Karns, 2003: 66). 1992년 리우데자네이루에서 열린 UNCED, 1994년 국제인구개발회의ICPD: International Conference on Population and Development 그리고 여성에 관한 다양한 유엔회의들과의 관계 속에서 NGOs 활동은 특히 중요한 것으로 판명되었다. NGOs 활동의 성장은 세계의 문제를 논의함에 있어서 평범한 사람들의 개입을 증진시킴으로써 국제관계에서의 민주화를 나타내기도 한다. NGOs 활동은 세계시민사회의 기원을 반영하기도 하는 것이다.

초국가주의와 세계시민사회

1995년 유엔의 글로벌거버넌스위원회UN Commission on Global Governance는 자신의 업무에 대한 관리에 참여하고 싶은 인간의 욕망, 정부가 할 수 없거나 혹은 원하지 않는 행동에 대해 적극적이 되어야 할 필요성, 광범위한 정보전달로 국경을 넘어선 교류를 가능하게 하는 새로운 통신기술의 개발 등이 바로 '세계적 연합혁명'을 구성한다고 결론지었다(Commission on Global Governance, 1995). 현재 이러한 혁명은 유엔과 이와 관련된 기구들, 그리고 세계적으로 점점 증가 추세에 있는 조직화된 비국가적 단체 간의 관계에 대한 재정립을 필요로 하는 세계시민사회의 출현이라고 일반적으로 묘사되고 있다.

국제적 체계가 새로운 밀레니엄 시대를 맞이하게 되면서 이러한 재정립이 진행되고 있는 것이다. 새로운 관계를 바꾸고 제도화하는 것은 궁극적으로 유엔의 구조적 원칙에 맞서는 것이거나 간혹 국제체계 자체에 맞서는 것이므로 매우 위협적인 도전과제이다. 그럼에도 불구하고 위원회는 NGOs의 세계시민사회에서의 중요한 위치를 인정한다. NGOs는 세계시민사회의 민중의 뜻을 대변하고 있을 뿐 아니라 다양성과 전문성도 갖추고 있다는 것이다. 위원회의 관점에서 볼 때 NGOs는 더 나은 글로벌 거버넌스를 위해 필요한 존재이다(Bennett and Oliver, 2002: 290).

만국우편연합UPU: Universal Postal Union을 제외한 모든 전문화된 기관들과 재정단체들 역시 NGOs와 자문합의를 체결했다. 세계기상기구WMO: World Meteorological Organization의 경우 15개 정도의 NGOs와 이러한 관계를 체결한 상태이며, UNCSD의 경우 400여 개의 NGOs와, 그리고 유엔교육과학문화기구UNESCO: United Nations Educational, Scientific, and Cultural Organization의 경우 580여 개의 NGOs와 이러한 특수관계를 맺고 있다. 유엔아동기금UNICEF: United Nations Children's Fund, 유엔무역개발회의UNCTAD: United Nations Conference on Trade and Development, 그리고 국제원자력기구IAEA: International Atomic Energy Agency 역시 수많은 NGOs에 자문 역할을 위임하고 있다.

1990년대에 있었던 사회, 경제, 인권, 환경 그리고 그 밖의 다양한 사안에 대한 여러 국제회의는 NGOs가 세계시민사회의 가장 중요한 상징으로 부상했음을 보여준다. 즉, 정책 입안자들에게 압력을 행사하거나 국제적 사안에 대한 의제를 구조화하기 위해 NGOs가 여러 국제회의들을 통해 함께 집결하여 초국가적인 활동 네트워크를 형성하거나 또는 개인적으로 활동했던 것이다. 그러나 각종 국제회의에서 있었던 이러한 기회들은 쉽게 반복되는 것이 아니었으며 압력행사 양식 자체도 문제가 있었다.

거의 대부분 NGOs의 참석과 활동은 국가대표들 간의 공식적 협상 밖에서 진행되어야 했었다. 그뿐만 아니라, 포럼을 통해 NGOs가 제안서를 심사하고 인식수준을 높일 수 있는 장소는 제공이 되었으나, 실제 모든 합의와 제도화가 협상되고 있는 회의와는 별도의 것이었다. 마지막으로, 여러 회의를 통해 NGOs 지지가 증대되거나 확대되는 경우 정부들은 이러한 회의진행을 더 이상 용납하지 않았다. 특히 더욱 중요했던 것은 미국 정부가 이와 관련하여 이러한 회의진행에 대한 재정적 지원을 반대한 것이다. 1990년대가 마무리되면서 코피 아난 유엔 사무총장은 이 같은 미국의 압력에 의해 향후 단기적으로 위 회의들에 대한 지불을 중지할 것에 동의했다.

각국 정부가 NGOs가 세계시민사회의 구성원으로 활동하는 수단인 국제회의들에 대해 제한하고 심지어는 폐쇄하려는 움직임을 보이자, 유엔체제 내에서도 이러한 장벽들이 나타났다. 실제 유엔의 일상활동을 가까이에서 관찰하고 참여했던 NGOs 구성원은 이러한 활동을 하면서 NGOs의 참여가 늘어난 부분보다는 NGOs 활동을 가로 막는 장벽에 더욱더 깊은 인상을 받았다. 대부분의 NGOs, 특히 개발도상국 출신의 NGOs는 뉴욕에서 영구적 대표자를 유지할 만한 재정적 기반이 없었다. 1990년대 후반에 유엔에서 개정에 대한 토론이 더 강해지자, 미국과 유럽 국가들을 포함한 정부들은 NGOs를 이러한 토론에서 배제하려고 노력했다(Paul, 2000).

이러한 NGOs와 유엔 간의 긴장관계에 대한 원인이 무엇인지는 쉽게 알 수 있다. 비록 최근에 초국가주의의 폭발적 성장이 있었지만, 유엔은 국가정부와 주권주의 원칙에 입각한 기구로 남아 있다. 1990년대에 여러 국제적 회의 및 준비단계에 이례적으로 다수의 NGOs가 집결했으며, 이들은 회의의 의제뿐 아니라 최종문서에까지 막대한 영향력을 행사하는 데 성공했다. 그러나 극히 드문 예외를 제외하고 이들의 모임은 포럼과 동시에 일어나기는 했으나 각 국가의 정책입안자들이 결정을 하고 최종문서를 작성하는 공식적 회의가 아니었다. NGOs가 경제사회이사회 및 다른 유엔 기구들을 통해 자문 역할을 획득했으나 이러한 자문 역할을 위임하고 계약조건을 정하는 것은 NGOs가 아닌 유엔 기구들이었다. 또한 여러 회원국들은 그러한 자문 역할을 쉽게 인정했던 것처럼 그들이 원하는 바에 따라 이를 쉽게 거절할 수 있었다.

전 유엔 사무총장 코피 아난은 글로벌거버넌스위원회Commission on Global Governance의 지지와 발맞추어 유엔과 NGOs 간의 관계를 더 구체적으로 재정립하기 위해 노력해 왔다. 코피 아난 사무총장은 유엔과 세계시민사회, 특히 NGOs뿐만 아니라 국제적 기업이나 미국인 언론재벌 터너Ted Turner와 같이 재정지원을 하고 있는 부유한 개인과의 새로운 파트너십을 정립할 필요성이 제기된 데 대해 지지의사를 나타냈다. 물론 유엔의 절박한 재정상황이 중요한 이유임을 간과할 수는 없을 것이다. 터너는 유엔과 밀접하게 운영되고 있는 사적 재단인 유엔재단United Nations Foundation을 통해 10년간 매년 1억 달러를 지불하여 총 10억 달러를 지원하겠다고 했으며, 유엔은 조직 내에서 이러한 재단의 지불금을 수혜하기 위한 국제신탁기금International Trust Fund을 만들었다.

아난 사무총장은 미국에서 요구하는 많은 제도적 개혁을 진행하며 회의들에 대한 지불중지에 동의했으나, 세계시민사회를 반영하기 위해 유엔총회General Assembly 운영을 구조조정할 것을 제안했다. 그는 특히 그해 가을에 있을 총회 기간에서부터 총회의 전통적인 논쟁 방식에서 벗어나 특정 현안에 대한 논쟁 방식으로 바꿀 것을 제안했다. 이러한 제안을 수용함으로 세계 각지에서 열리는 국제적 회의비용을 절감하면서도 국제회의들의 실체는 유지할 수 있었다. 이렇게 함으로써 총회에서 그동안 전통적 형식에서 결여되었던 논쟁의 초점과 집중을 제공하는 장점을 갖추게 되었다. 그러나 이러한 제안은 유엔과 시민사회와의 접촉에 대해서는 구체적으로 언급하지 않았다.

글로벌거버넌스위원회는 각 입법부에 의해 뽑힌 의원들로 구성된 '시민총회Assembly of the People'의 창설을 통해 유엔총회의 제도적 구조를 확대하는 안을 검토할 것을 이미 요구한 바 있다. 이러한 총회는 세계인류가 직접 뽑은 인력들로 구성된 '세계총회World Assembly'의 창설로 더 나아갈 수 있는 기반이 될 수 있었을 것이다. 위원회는 위의 합의사항이 체결될 동안에 매년 NGOs로 구성된 '시민사회포럼Forum of Civil Society'을 열 것을 제안했고 이를 유엔총회가 승인할 것을 요구했다. 이것은 현재 '시민사회기구Civil Society Organization'로 재구성되었다. 또한 지역적 포럼을 만들어 유엔총회와 함께 포럼에 대해 의견을 개진할 것을 제안했다. 사무총장은 이러한 개념을 수용하지도 반대하지도 않았다.

대신에, 유엔은 2000년을 맞아 총회의 밀레니엄 기간 계획이 시작됨에 따라 총회에서 '21세기를 향한 유엔The United Nations for the 21st Century'의 개념을 그 구조원칙으로 수용할 것을 요구했으며 총회가 이를 수용했다. 아난 사무총장은 또 밀레니엄 총회 이전에 '밀레니엄 포럼Millenium Forum'을 2000년 봄에 개최하고 밀레니엄 정상회담Millenium Summit에는 각 회원국의 정부수석들이 참석할 것을 제안했으며 유엔에서도 이를 지지했다. 이러한 역사적 기간을 위한 1) 평화, 안정, 무장해제, 2) 최빈국 부채탕감과 사회개발을 포함한 빈곤근절 3) 인권, 4) 지속가능한 개발sustainable development과 환경, 5) 세계화의 도전과제들, 6) 유엔 및 기타 국제적 기구들의 강화와 같은 여섯 가지의 주제가 구성되었다. 그리고 2000년 가을 뉴욕에서 각국 정상들이 모인 가운데 그 같은 의제를 안고 밀레니엄 정상회담이 열리게 되었다.

시민사회의 확대와 증가된 활동은 모든 사회 · 환경 · 경제적 문제들에 대해 세계의 이해와 접근방식을 변화시켰다. 이러한 시민사회의 활동 및 확대는 복잡한 인간문제를 푸는 데에 '민중의 참여people's participation'라는 새로운 방법을 제공했다. 이러한 발전과정의 다음 단계는 시민사회가 모든 사람을 폭넓게 대변할 수 있는 집합적 의견collective voice 수렴방법을 찾는 것이며, 밀레니엄 포럼Millenium Forum 역시 이러한 목적달성을 위한 중요한 계기가 되었다. 전체 NGOs를 대변하기 위해 1천4백 명의 대표인단이 포럼에 초대되었으며, 밀레니엄 포럼에 앞서 일련의 지역적 포럼과 1999년 가을 서울에서는 7천여 명이 집결했던 NGOs 회의가 열렸다.

밀레니엄 포럼은 위원회가 1995년에 제안했던 영구적 기관 형태는 아니었으며 '시민총회people's assembly' 역시 없었다. 영구적 포럼은 초국가주의에서 제기된 근본적 문제점을 갖고 있었으며 세계시민사회의 출현 역시 해결되지 않았다. 가장 큰 문제는 누가 NGOs와 시민사회의 운영에 주체가 되느냐 하는 문제였다. 만약 정부가 심의회의 대표가 된다면 민주화를 위한 대표의 확대는 NGOs의 역할이 줄어들게 하는 것을 의미할 것이다. 유엔체계에서 대표와 참여 규정을 더 확대하고 민주화하자는 제안은 세계시민사회를 좀 더 잘 반영하기 위해 제안되었으나, 모순되게도 국제적 비정부 활동을 가장 잘 대표하고 있는 NGOs 바로 그들로부터 저항이 있었다. 그러나 사무총장의 지지 속에 개발된 이 형식은 유엔헌장에서 상상되었던 것 이상의, 경제사회이사회에서 개발된 것 이상의, 혹은 1990년대의 회의들에서 임시적으로 연출되었던 것 이상의 세계시민사회를 대표할 수 있는 어떠한 제도화의 원형이 될 만한 모델을 제시하였다.

초국가주의의 미래

이 장에서는 세계화 시대에 국제기구를 이해하는 데 있어 초국가적 요인들의 중요성에 대해 논하였다. 다국적기업의 성장과 그에 따른 국제경제 판도의 변화, 그리고 그 긍정적인 측면과 부정적인 측면을 살폈고, 기하급수적으로 늘어난 NGOs의 활동영역과 영향력을 분석해 보았다. 이들 두 개로 대표되는 초국가적 기구들의 그동안의 궤적을 쫓는 것, 특히 NGOs가 유엔과 각 주권국가 정부와 때로 협력하고 때로는 갈등을 빚으며 그 세력을 팽창시킨 과정은 그대로 초국가주의의 실체를 이해하는 데 가장 효과적인 자료가 될 것이다.

1945년 이후 엄청난 속도로 급성장한 다양한 종류의 초국가적 요인들은 정치적 판도를 대단히 복잡하게 만들었으며, 현재의 국제정치에서 국가 중심 접근의 적합성에 대해 상당한 의문을 제기했다. 이러한 급성장은 국제거리를 단축시키고 세계 각지의 상호교류를 증가시킨 과학과 기술 개발의 자연스런 결과이다. 이러한 변화는 학자들이 변화의 시사점을 깨닫기 전에, 그리고 이러한 변화로 인해 향후 초국가적 요인들의 역할이 급증할 것이라는 것을 깨닫기도 전에 이미 많이 진행되었다. 만일 새롭게 탄생하고 있는 세계시민사회에서 초국가주의 행위자들의 복잡한 상호교류 패턴이 무시되거나 혹은 그들이 단지 국가나 국제기구의 주변적인 것으로 취급된다면 어떠한 세계정치에 대한 이해도 온전하다고 볼 수 없을 것이다.

NGOs와 이러한 세계화의 요인들이 새로운 형태의 세계지배구조에 중요한 영향을 미치고 있는 한, 세계사의 기본구조와 역학관계는 근본적 변화를 겪을 것이며, 이로 인해 국제관계와 국제기구에 대한 오래된 전통적 개념은 설득력을 잃을 것이다. 이와 같은 새롭고 혼란스러운 현상으로 인해 글로벌 거버넌스에 대한 수요는 창출되었으나 공급은 제대로 이루어지고 있지 않다. 전통적 국제관계가 초국가적 세계의 혼란과 일련의 변화에 자리를 양보하게 되고 그 조직과 권위가 상실되어 갈 때, 정부나 유엔과 같은 국제기구 등의 전통적 행위자들은 어디에 위치할 것인가 하는 질문에 대한 해답을 찾는 것은 앞으로의 국제관계를 이해하는 데 있어 중요한 연구과제가 될 것이다.

토론 주제

1. 다국적기업의 직접투자는 유치국에게 득이 되는가, 해가 되는가? 만약 경우에 따라 나뉜다면, 어떤 요인에 따라 결과가 달라지게 되는가?
2. 다국적기업은 개발도상국에 관해선 국내정치에도 간섭하는 모습을 보인다. 그렇다면 다국적기업에 따른 국가주권의 해체는 어느 선까지 이루어질 수 있는가? 다국적기업이 규모가 커져 힘을 가지게 된다면, 국가정책을 무시하거나 조작할 수 있게 될 것인가?
3. 세계화에 따라 다국적기업과 NGOs는 각기 과거보다 영향력이 커진 다양한 역할과 기능을 수행하게 되었다. 다국적기업과 NGOs의 역할과 기능은 어떻게 다른가? NGOs가 인류 공동의 이익을 추구해야만 한다면, 다국적기업은 이에 대한 책임이 없는가?
4. 인권이나 환경 등 분야별로 다양한 NGOs가 존재한다. 이러한 수많은 NGOs가 각 분야별로 궁극적인 목표를 추구한다는 점을 근거로 국제사회의 일원으로서 대표성을 가질 수 있을까?
5. NGOs는 국가 내정 불간섭 원칙을 존중하는 것과 동시에 인권기준과 환경규정의 실행을 감시하고 경고하는 역할을 담당하고 있다. NGOs가 한 국가 내의 특정 정책의 중재자로서 정치적인 역할을 할 때 위의 두 행위가 충돌하지 않고 잘 수행될 수 있는가?

chapter 12

국제개발협력과 국제기구

경제개발은 국가가 가진 가장 중요한 문제이며 모든 국가들이 달성하고자 하는 목표다. 그러나 국가의 의지와 관계없이 가장 이루기 힘든 것이 경제개발이기도 하다. UNCTAD에 따르면, 2023년 현재 전 세계 인구의 83%가 개발도상국에 살고 있다고 한다. 이들은 만성적 빈곤, 영양실조, 질병 같은 고질적 병폐를 안고 있다. 개발도상국의 경기침체와 만성적인 인플레이션은 부채와 실업, 불완전고용을 야기하며 경제를 악화시켜 왔다. 이미 경제성장을 이룬 부유한 국가들과 자력만으로는 경제개발을 이루기 어려운 빈곤국가 사이의 불균형은 점점 심해지고 가속화되고 있으며 국가 간 유혈분쟁의 원인이 되기도 한다. 또한 빈곤의 원인과 경제개발의 수단에 대한 극단적인 논쟁이 계속되고 있으므로 경제개발은 국제사회에서 중요한 문제라 할 수 있다.

경제개발에 대한 논의

제2차 세계대전 후, 선진국이 이끄는 국제경제질서와 국제기구들은 세계경제개발에 크게 기여할 것으로 기대를 모았다. 자유주의 입장에서 보면, 국제기구는 국제사회의 안정과 복지를 증진시키는 긍정적이고 건설적인 역할을 한다. 국가가 개입하는 경제성장전략은 개방화시대의 경제개발을 이끌기 어려운 부분이 많기 때문에 자유시장경제를 공고히 하는 데 기여하는 국제경제기구들이 어려운 경제를 구하고 경제개발을 이끄는 데 큰 역할을 한다는 것이다.

반면, 국제기구의 독립적인 역할에 대해 부정적인 시각을 가진 현실주의는 국제기구가 강대국의 이익을 대변하는 것에 불과하다고 주장했다. 강대국들은 국제기구를 지배하고 이용하면서 개발도상국들에게 안보를 보장하고 경제적인 원조를 약속하기도 하지만 이것은 그들이 개발도상국에게 영향력을 행사함으로써 강대국의 패권을 연장하려는 의도일 뿐, 진정한 개발도상국 경제개발을 위한 노력이 아니라는 해석이다.

한편 신자유주의 제도주의자는 패권적 힘이 국제기구의 탄생에 필요하다는 점을 인정함으로써 현실주의자의 주장에 일부 동의하지만, 국제기구의 유지와 활동에 반드시 패권이 필요하다고 보지는 않는다. 국제기구와 레짐은 공동의 이익과 공유된 가치의 발전을 증진시키는 데 도움을 주는 집단이익으로, 모든 국가에 중요한 존재이며 패권 없이도 존속해 나갈 수 있다고 주장한다.

가난한 국가들은 어째서 부유한 국가들의 전철을 밟지 못하고 빈곤의 악순환을 거듭하는가? 선진국은 빈곤의 주요 이유가 각 국가의 국내요인에 기인하므로 국내적 차원에서 해결해야 한다고 주장해 왔다. 반면, 개발도상국들은 국제 구조가 빈곤의 악순환을 유발하므로 국제적 차원에서 문제를 해결해야 한다고 주장한다. 마르크스 전통의 비판이론가는 저개발국의 발전에 구조적 한계점을 지적한 바 있다. 그러나 저개발국들은 비판이론의 주장을 수용하면서도 경제개발이 이뤄지지 않는 책임의 상당부분이 자신들의 책임이라는 점을 인정한다. 또 해외원조나 국제협력이 국가의 행동을 전적으로 대신할 수 없다는 점도 인정한다.

문제는 자유주의적 근대화 이론에 입각해, 빈곤의 근본적인 책임이 개발도상국들 자신에게 있다고 인식한다 하더라도 처음 산업화를 시작하는 시점에서 경험과 기술력이 부족한 국가들은 스스로 문제를 해결하기가 대단히 어렵다는 것이다. 그뿐만 아니라 값비싼 대가를 지불하고도 목적달성에 실패하는 위험을 무릅쓰고 싶어하지 않는다는 것이다. 선진국과 개발도상국 사이에서 입장의 차이를 보이는 또 다른 하나는 개발정책에 있어서 상이한 접근을 보이고 있다는 것이다. 선진국이 점진적인 개발정책을 제시하며 경제성장 이외에 사회개발, 환경보호, 인권증진 등을 포함하는 지속가능한 개발sustainable development을 강조하는 반면, 개발도상국들은 지속적인 경제성장sustained economic growth이라는 측면을 강조하며 빠른 경제개발을 이루기 위하여 다량의 기술과 재원보조 프로그램을 통한 지름길을 찾아 왔다.

빈곤퇴치 및 경제개발에 근본적인 목표를 두고 있는 유엔의 프로그램은 많지만, 유엔헌장은 경제개발에 대해 적극적으로 언급하고 있지는 않다. 관련 부분을 찾아보자면 헌장 제1장 3조는 유엔의 목적의 하나로 경제적, 사회적, 문화적, 인도적인 문제를 해결하기 위한 국제협력 달성을 들고 있다. 제9장은 경제 및 사회적 국제협력을 위한 장으로 구분되어 경제협력에 관해 많은 언급을 하고 있지만 경제개발을 언급한 부분은 제55조뿐이다. 즉 "유엔은 높은 생활수준, 완전고용, 그리고 경제적 및 사회적 진보와 발전의 조건을 촉진시킨다."는 부분이다.

유엔헌장은 유엔이 경제분야에서 어떠한 정부나 조직에게도 권위적으로 행동하지 않으며 원조 프로그램은 협력과 자발적 기부에 의해 운영된다고 천명하고 있다. 유엔의 가장 중요한 역할은 산업화된 국가들과 산업화를 원하는 개발도상국들 사이의 의미 있는 대화를 제공하는 것이었다. 이러한 대화를 하기 위해 원칙적으로는 총회와 경제사회이사회ECOSOC: United Nations Economic and Social Council가 그 역할을 수행하고 있다. 경제사회이사회에는 54개 국가가 회원국으로 있으며 2015년 7월 경제사회이사회 조직회의에서는 MDGs 이후 지속가능한 개발에 대해서 초점을 맞추고 SDGs 수립 이후 목표를 수행하기 위한 전략을 수립하기도 하였다.

세계은행그룹

유엔헌장이 구체적으로 경제개발 정책과 관련해 언급한 부분은 없지만 유엔이 국제사회 구성원들의 최대의 염원이라 할 수 있는 경제개발 정책을 추진하지 않을 수는 없었다. 따라서 유엔은 그 시스템 안에서 여러 재정지원 프로그램을 두고 개발도상국들의 경제개발을 지원해 왔다. 유엔의 시스템 내에서 경제개발을 위한 대부분의 재정지원은 세계은행그룹World Bank Group에 의해 수행되는 차관 프로그램을 통해 분배된다. 세계은행그룹에는 국제부흥개발은행IBRD: International Bank for Reconstruction and Development과 국제개발협회IDA: International Development Association, 국제금융공사IFC: International Finance Corporation, 다자투자보증기관Multilateral Investment Guarantee Agency, 국제투자분쟁해결본부ICSID: International Center for Settlement of Investment Disputes가 포함된다. IBRD와 IDA는 세계은행World Bank으로 불리기도 한다.

그림 12-1 세계은행그룹 조직도

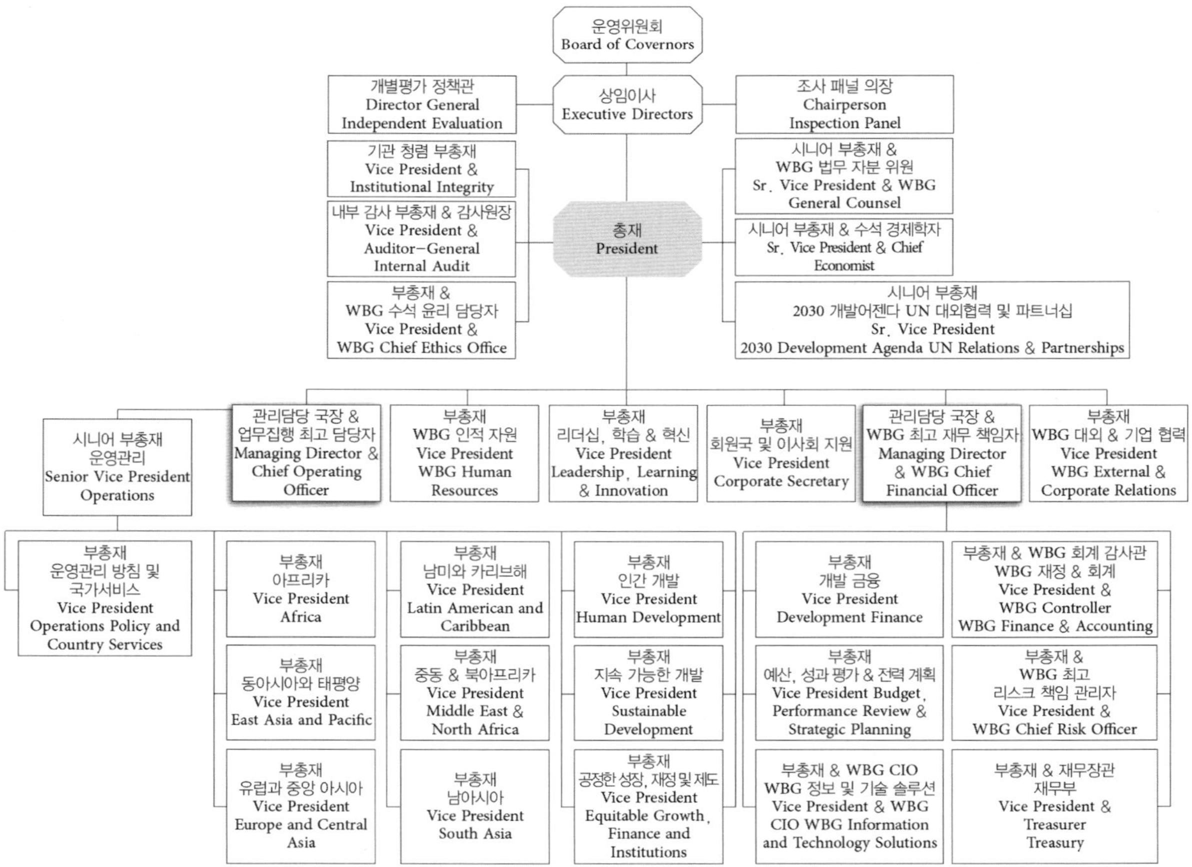

출처 : 세계은행 홈페이지에서 저자가 번역하여 작성.

이들 세계은행그룹에 포함되는 기관은 광범위하게는 유엔의 시스템 안에 있지만 각 기관이 그 내부에서 스스로 기금을 조성하고 의사를 결정한다. 이들은 뒤에 언급할 유엔의 경제개발을 위한 보조기구들과는 달리 독립적인 의사결정 구조를 지니고 있다. 하지만 이와 동시에 강대국의 입김이 강하게 작용한다는 특징이 있다. 개발도상국은 계속해서 유엔조직으로부터 효과적인 자본원조를 얻기 위한 시도를 해 왔으나 사실상 보다 빠른 자금조달을 위해 세계은행그룹과 국제통화기금IMF: International Monetary Fund으로 그 방향을 전환했다. 경제개발을 위한 유엔의 전문기구 중 첫 금융기구는 IBRD와 IMF이다. 이러한 기구들은 보수적인 은행가들과 금융전문가들에 의해 경영된다. 또한 자금제공의 크기에 따라 표결에 힘을 행사하는 부유한 국가들에 의해 조정되기도 한다. IMF는 국제 무역과 금융 부분에서 이미 언급했으므로 이 장에서는 다루지 않기로 한다.

세계은행그룹은 2023년 현재 189개의 회원국으로 구성되어 있으며 일반적으로 각 국가의 재정경제부로 구성이 된 운영위원회Board of Governors에 의해서 정책결정을 내리고 있다. 세부적인 업무는 현장에서 일하고 있는 25명의 상임이사executive director 가 전담하고 있으며 이 중 5명은 가장 큰 주주에 의해 임명되며 나머지는 회원국들의 투표에 의해 선출된다. 앞의 [그림 12-1]은 세계은행그룹의 조직도를 나타내고 있다.

국제부흥개발은행

국제부흥개발은행IBRD은 1944년 브레튼 우즈 회의에서 IMF와 함께 설립협정문이 채택된 후, 1946년 6월 25일 워싱턴에 본부를 두고 업무를 개시했다. IBRD의 설립목적은 첫째, 장기개발자금의 공여를 통해 전후 경제의 부흥을 도모하고 둘째, 개발도상국의 경제개발을 지원하는 한편 생활수준과 노동조건을 향상시키는 것이다. IBRD의 최초의 차관은 1947년 5월 경제재건을 위해 프랑스 정부에 인허한 250백만 달러의 대출이었다. 그러나 미국이 유럽의 경제재건을 위해서 자국의 대외원조 프로그램인 마샬 플랜Marshall Plan을 독자적으로 실시하게 되자, IBRD는 1948년 3월 칠레에 대한 대출계약을 시작으로 개발도상국에 대한 장기개발자금을 공급하는 데 주력하게 되었다.

IBRD는 가맹국 정부의 출자금에 의해 설립된 개발금융기관이다. 그 외에 자금원으로서는 내부유보, 과거에 이루어진 대부의 회수금 및 국제자본시장으로부터의 차입 등이 있다. IBRD는 회원국의 공적 자금인 출자금으로 설립된다는 뜻에서 정부기관이라고도 할 수 있지만, 대출재원의 절반 이상이 국제자본시장에서 조달된다는 특징을 가지고 있다(김완순 · 한복연, 1997). IBRD는 차입금의 상환을 항상 고려하여 경영하고 있고, 1947년 이래 매년 이익을 발생시켜 흑자경영을 지속하고 있다. 그러나 IBRD는 회원국 정부에 대해 이익을 배분하지 않으며 순익의 일부를 국제개발협회의 자금원천으로 이용한다.

차관은 회원국들의 정부나 정부가 보증을 선 사기업에 제공된다. 그러나 기업들은 정부의 보증을 얻기가 힘들다는 사실을 알고 있고 또 정부의 까다로운 형식주의에 개입되기를 꺼려하기 때문에 사기업에 직접 제공되는 차관은 극소수이다. 더군다나 IBRD는 소규모 기업의 차관적용을 감독할 기관도 없고 개발도상국에는 현지소유의 대기업은 거의 없는 실정이어서, 이러한 문제를 해결하기 위해 민간은행과 투자기관에 차관을 제공함으로써 그들이 기금을 사기업에 다시 대출할 수 있도록 하고 있다(Ziring, Riggs, and Plano, 2000: 461).

IBRD의 대출형태에는 대출목적에 따라 프로젝트 대출project loan, 프로그램 대출program loan, 부문 대출sector loan 등이 있으며, 구조조정 프로그램SAPs: Structural Adjustment Programs 대출의 종류로는 구조조정 대출SALs: Structural Adjustment Loans과 부문조정 대출SECALs: Sectoral Adjustment Loans이 있다. 이 중 프로젝트 대출을 제외한 나머지 대출형태를 일반적으로 비프로젝트 대출non-project loans이라 한다(김완순 · 한복연, 1997: 79, 24-29). 차관을 쓸 후보자는 그 차관이 신중하게 계획되고 앞으로 국가의 생산성에 기여할 사업에 쓰일 것임을 보여주는 '프로젝트'를 가지고 있어야만 차관을 받을 수 있다. IBRD는 이를 검토한 후 그 프로젝트에 차관을 제공하기 때문에 각국은 프로젝트를 통한 접근을 시도해야만 한다.

IBRD 협정문 제3조 제4항은 예외적인 경우를 제외하고는 IBRD의 대출은 원칙적으로 특정 프로젝트를 대상으로 하여야 한다고 명시하고 있다. IBRD는 국가의 생산성에 기여할 프로젝트 차관이 아닌 사회 프로젝트 차관(병원, 학교 지원이나 빈민가 제거 등), 일반적 목적의 차관, 부채문제나 국제수지문제의 해결을 위한 차관제공에는 난색을 표시해 오다 최근 들어 비프로젝트 대출도 늘리고 있다. 그러나 아직도 프로젝트 대출이 큰 비중을 차지하고 있는 추세다.

비프로젝트 대출의 조건으로는, 첫째 천재지변으로 인한 재해복구 혹은 경제 유엔국제재해경감전략기구(UNISDR: United Nations International Strategy for Disaster Reduction)는 지속가능한 개발에 따른 재해 감소의 중요성에 대한 인식을 높이고 자연재해로 인한 인명피해와 재산손괴 및 사회적 · 경제적 혼란을 경감시키기 위한 목적으로 1990년 설립되었다. 1989년 12월 22일 유엔총회에서 1990년대를 자연재해 경감을 위한 10개년 계획 기간(IDNDR: International Decade for Natural Disaster Reduction)으로 지정하였고, 이를 위해 1990년 1월 IDNDR 사무국이 설립되었던 것을 1999년 12월 유엔국제재해경감전략기구로 개칭하였다. 이 기구는 재난에 대한 체계적인 접근방법인 재해위험감소(DRR: Disaster Risk Reduction)를 도입하고, 이에 대한 투자를 증진시키며 재난에 대비하여 도시계획을 하는 등의 활동을 주로 한다. 또한 유엔국제재해경감전략기구는 유엔사무국 산하에서 유엔본부와 함께 다양한 일을 하고 있다. 유엔개발원조체계에 참여하는 것과 같이 유엔의 프로그래밍 개발에 참여하고, 자연재해 이후의 복구작업과 평가 등 현장에서의 일을 맡기도 한다. 주된 업무는 재난을 줄이기 위해 대비책을 마련하고, 유엔재해경감활동을 하는 동안 지역기구들과 사회 · 경제 · 인도주의적 기구들이 함께 일하면서 시너지 효과를 내도록 하는 것이다.

출처: UNISDR 홈페이지 참조.

재건 등 정상적인 경제활동으로의 조속한 회복에 자금지원이 당장 필요한 경우, 둘째 기존 생산시설의 완전가동을 위해 원료와 시설의 긴급한 수입이 필요한 경우, 셋째 급속한 수출감소 등으로 인해 단일수출품에 전적으로 의존하고 있는 1차산업 국가가 국제수지의 개선상 재정지원이 필요한 경우, 넷째 수입가격의 급등으로 인해 교역조건이 현저하 악화되어 발생한 무역적자의 보전재원이 필요한 경우이다(김완순 · 한복연, 1997: 80). 이런 특수한 경우에는 통상 장기간이 소요되는 프로젝트 대출과는 달리 단기간에 자금이 지급된다.

IBRD의 차관정책은 실질적으로 1980년대 후반과 1990년대에 개발도상국의 경제성장 촉진을 위한 노력에 의해 수정되어 왔다. 몇 년 동안 IBRD는 부채청산에 이바지하기에 충분할 수익을 만들어 내는 '자력 부채청산 프로젝트self-liquidating projects'에 기금의 사용을 한정하였으나 이제는 국가 전체경제의 상환능력을 평가하여 지원한다.

IBRD는 그동안 엄격한 재정기구에서 경제개발의 문제를 해결하는 데 긴밀하게 관련되어 있는 개발기구로 변신해 왔다. 차관을 적용함에 있어 냉담한 결정기관으로 남는 대신 IBRD는 각국의 개발계획을 지원하고 프로젝트 제안서 준비에 도움을 주며 간부급 공무원 양성을 지원하고 있다. IBRD의 경제조사단은 회원국가들의 자원과 투자 가능성을 타진하고 국가와 지역 프로젝트의 우선순위를 결정한다. 또한 세계적, 지역적 혹은 현지의 공공 대출기관 또는 개인 대출기관에 의해 제공되는 자금을 가지고 주요 프로젝트의 자금조달을 위한 컨소시엄에 참가하는 횟수가 늘어나고 있다. IBRD는 프로젝트가 제대로 진행되고 있는지의 여부에 대해 차입자로부터 보고받으며 문제점을 해결하고 프로젝트가 완성될 즈음에 그 성과를 평가한다. IBRD는 인도와 파키스탄의 합동 공동하천 개발을 지원한 사례에서 볼 수 있듯이 정치적 갈등관계에도 불구하고 상호 간 이득을 창출하는 개발계획에 있어서는 협력을 도모하는 기금을 제공한다는 선례를 남기기도 했다(Ziring, Riggs, and Plano, 2000: 462).

이처럼 IBRD가 활동영역을 넓혀 가고 유연한 입장을 나타냈음에도 불구하고 자금에 대한 개발도상국들의 욕구를 만족시키지는 못했다. 한 가지 예로, 대출금의 상환을 경화hard currency로 정한 것은 현실적이지 못하다는 비판을 받아 왔다. 외화벌이가 활발하지 못한 채무국에게 부담이 될 수밖에 없다는 지적이다. 많은 개발도상국들은 부채상환 능력을 보유하고 있지 못하고, 따라서 새로운 차관은 그들의 부채위기를 더욱 심화시킬 가능성이 크다.

게다가 많은 개발도상국에서의 경제행위가 지배적으로 사기업에 의해 수행되어 오고, 정부의 보증 없이 상대적으로 작은 기업에 차관을 주는 실제적인 수단이 경제개발에 있어 필수적인 것으로 간주되고 있음에도 불구하고 IBRD는 원칙적으로 사기업에는 차관을 제공하지 않는다. 경제개발에 있어 사기업의 역할의 중요성을 인정하면서도 이에 대한 지원을 하지 않는다는 것은 IBRD의 한계점으로 지적될 수 있다. IBRD는 이와 같은 경제개발의 구심점에 차관제공 조건을 까다롭게 적용함으로써 국제은행으로서의 기능은 효과적으로 수행했으나 개발기관으로서는 성공적이지 못했다는 평가를 받는다. 이러한 IBRD의 단점은 새로운 국제금융기구들이 보완적으로 설립되어 일부 완화되었고, 그것이 바로 아래에 설명하게 될 IFC, IDA, MIGA이다.

국제금융공사

위에서 언급했듯이 IBRD의 융자가 민간기업에 이루어질 때는 까다로운 정부의 보증을 필요로 했기 때문에 민간기업들은 발전에 제한을 받아 왔다. 따라서 1956년 7월 24일에는 좀 더 광범위한 재정적 요구를 충족시키기 위해 IBRD의 병설기관이 탄생하게 되었다. 그 첫째가 개발도상국 내의 민간투자, 즉 개인투자를 유치하려는 의도로 설립되어, 2023년 현재 186개국의 가입국을 둔 국제금융공사IFC: International Finance Corporation이다.

IFC의 목적은 IBRD를 보완하기 위한 것으로서 기업의 성장을 위해 노력하는 민간 투자가들과 손을 잡고 자본시장을 육성하며 국가 간의 민간자본의 이동을 촉진하는 것이다. 이를 위해 민간 투자가와 공동으로 회원국 정부의 보증 없이 민간기업에 투자하고 융자해 주는 것이 IFC의 주요 기능이 된다. 융자기간은 7~12년이며 이자율은 6~7%이다. IFC는 민간부문만으로 자금조달이 어려운 프로젝트에 한정된 투자자본을 제공하는 중요한 촉매제 역할을 했다. 융자는 개발도상국의 농업, 공업, 금융업 분야를 대상으로 하며 아시아와 남미 지역에 대해 집중적으로 자본을 투자하기도 하였다. 투자와 융자 실적은 남미 지역에만 60% 수준으로 높은 수치를 보였으나, 1989년 폴란드에도 투·융자를 실시하여 동구권시장경제를 발전시키는 데도 기여한 바 있다. 2022년 기준으로 지역별 투자를 보면 남미 지역은 20%, 유럽 · 중앙아시아 13%, 아프리카 21%, 동아시아 태평양 20%, 중동 4%, 남아시아 14%, 기타 9%의 투자를 하고 있다. 2022년을 기준으로 328억 달러의 장·단기 투자를 하였다.

IFC의 재원은 회원국의 출자금, IBRD 및 국제금융시장으로부터의 차입금, 투·융자수익금, 융자회수금 등이며, 민간투자에 대한 촉매제로서의 영향을 증가시키기 위해 투자주식의 일부를 매각하고 새 기업 내의 투자를 위해 그 자금을 이용하기도 하나 주요 조달원은 차입금이다. IFC는 국내외의 투자를 유인하기 위해 소위 말하는 '종잣돈seed money'을 공급한다. IFC는 프로젝트의 재원조달을 위해 국내외 투자가, 은행 및 금융기관과 제휴하여 협조융자로 '융자 패키지'를 구성한다. 또한 단독으로 재원조달을 할 수 없는 대규모 프로젝트에 있어서는 민간 상업은행의 참여를 주선하여 '신디케이트 융자syndicated loan'를 구성하기도 한다(김완순 · 한복연, 1997: 87). 그 재원의 규모는 IBRD의 자본과 차입 능력을 비교할 때 상대적으로 많지 않았지만 선정된 프로젝트들은 전체적인 국가경제의 성장에 중대한 기여를 할 수 있는 것들로 신중히 선택되었으므로 국가경제에 큰 영향을 미쳤다.

IFC의 프로젝트들은 민간부문 프로젝트의 발전을 꾀하고 민간자본의 이동을 촉진한다는 본래의 목적도 달성했다는 평가를 받고 있다. IFC의 의사결정은 총회와 이사회에서 이뤄진다. 총회는 가맹국들의 대표로 이뤄져 있고 이사회는 IBRD의 이사, 이사대리로 구성돼 있으며 총재는 IBRD의 총수가 겸하고 있다. 그리고 IBRD의 경우와 마찬가지로 IFC에서도 정책결정이나 융자와 투자 여부를 결정할 때는 선진국 대표들의 의사가 강력히 반영되는 것이 현실이다.

국제개발협회

1960년 9월에는 세계은행의 두 번째 병설기관이 창설됐다. 최저개발국가들의 특별재정을 위해 설립된 국제개발협회IDA: International Development Association가 그것이다. 2023년 현재 172개국이 가입하고 있고 한국은 1961년에 가입했다. IBRD와 IFC가 저개발국을 돕는다고는 하나 비교적 대외신인도가 높은 중소득층 개발도상국을 융자대상으로 한정함에 따라 빈곤의 늪에 빠져 부채에 허덕이는 많은 국가들은 세계은행이 정한 전통적이고 보수적인 차관기준을 기간 내에 지키기 어려웠다. 원금과 이자의 상환에 대한 부담은 새로운 자본의 투입을 어렵게 만들었고, 이것은 곧 한정된 재원이 점점 더 고갈되는 원인이 되었다. 따라서 이의 보완을 위해 설립된 IDA는 후진국의 빈곤퇴치와 장기적인 성장기반 조성을 위한 장기자금의 공급이라는 목표를 가지고 있다.

IDA는 세계은행과는 차별되는 조건들을 도입했다. 당시 차관을 들여오기 위해서는 일인당 국민총생산, 즉 일인당 GNP가 925달러 이하여야 한다는 조건만 충족하면 되지만 대부분의 IDA 차관은 최빈국으로 돌아갔다. 1960년과 1998년에 IDA는 55개의 최빈국 프로젝트에 9백억 달러를 투입했다. 장기자금을 공급하는 IDA의 차관은 무이자 50년 거치 상환이 기본이었고 1987년에는 기간이 40년으로 축소되었다. 행정경비를 충당하기 위해 부과되던 약간의 수수료도 1989년 이후부터 면제되고 있다. 차입국은 첫 10년 동안은 상환을 할 필요가 없으며 두 번째 10년 동안에는 차관의 10%를 상환한다. 차입국 국제수지에 미치는 영향을 고려하여 자국 통화로 상환할 수도 있다. 앙골라, 캄보디아, 네팔, 알바니아, 온두라스 등 많은 국가들이 이 같은 차관의 수혜를 입었다.

IDA의 융자재원은 주로 출연금에 의존한다. 당초 10억 달러의 자본금만으로는 양허성 융자수요를 충족시킬 수 없어 주로 선진 회원국의 출연에 의한 재원보충을 통해 추가재원을 조달하여 왔다. 원금의 상환과 이자로부터 새로운 기금을 재생산해 내는 IBRD나 IFC와는 달리 IDA는 이전 차관의 실질적인 상환시기가 될 때까지 새로운 자발적 기여를 요구해야만 했다.

즉 부유한 국가의 기부를 기다려야 하는 것이다. 점점 증가하는 최빈국들의 요구에 부응하기 위해 기금을 늘리려는 IDA에 대한 반응은 기부국들의 관대함과 책임감에 달려 있으나 선진국의 원조기피로 재원보충은 어려운 실정이다. 재원은 제1차 기금 재충전기 이후 매 3년마다 보충하게 되는데, 미국의 기부가 첫 번째 3년 기금 재충전기에 총 41.89%로부터 1980~83년의 제6차 기금 재충전기에 27%로 감소함에 따라 미국외 다른 국가들 특히 일본, 독일, 사우디아라비아, 쿠웨이트 같은 국가들이 그 차이를 메워야 했다. 1985~87년의 제7차 기금 재충전이 논의되었을 때, 120억 달러를 목표로 했지만, 대부분의 기부국들이 최빈국의 경제환경 악화를 거론하면서 미국의 협조가 제대로 이루어지지 않는 등의 어려움을 겪다 결국 목표액수를 충족하지 못했다. 그러나 1999~2002년의 제12차 기금 재충전은 전체 액수가 109억 달러에 이르렀다. 2013년 12월에 있었던 협상에서는 2014년 7월 1일부터 2017년 6월 30일까지 실행되는 제17차 기금 재충전에서는 520억 달러로 합의가 완료되었다.

IBRD와 IDA는 법적으로 분리된 조직이지만 같은 행정구조를 가지고 있다. 1968년 이후, IBRD 총재 맥나마라Robert Mcnamara 휘하의 공통된 철학은 두 개의 조직 모두 개발과정에 최대한의 기여를 할 것, 특히 최빈국들에 초점을 맞추는 것이다. 그러다 보니 개발도상국에서 장기간을 요구하고 전체 경제에 끼치는 효과가 큰 프로젝트에 관심이 집중되었다. 따라서 댐이라든지 산업시설, 교통 등에 관한 초기의 지원은 농업, 교육, 인구 계획과 같은 실제적인 지원으로 집중되게 되었다.

세계은행그룹에서 극빈국을 위한 자금인 IDA는 가장 큰 개발 자금원 중의 하나이다. IDA는 76개의 극빈국에 지원을 하고 있는데, 그중 38개국은 사하라 이남 아프리카에 위치하며 건강, 교육, 인프라, 농업, 경제, 그리고 제도적 개발에 대한 지원을 하고 있다. 2005년부터 2019년까지 IDA는 사하라 이남 아프리카에서의 1,100개의 프로젝트에 993억 달러의 자금을 제공하였고 이를 통해 빈곤을 눈에 띄게 줄일 수 있었다.

다자투자보증기관

세계은행의 세 번째 병설기관은 1988년 비준을 거쳐 탄생한 다자투자보증기관MIGA: the Multilateral Investment Guarantee Agency이다. 2023년 현재까지 181개국이 회원국으로 가입하였다. MIGA는 돈을 빌려주는 기관이 아니다. 이곳은 IFC와 마찬가지로 개발도상국에 대한 민간투자를 보장하고 민간직접투자를 촉진하는 일을 목적으로 한다. 이러한 목적하에 MIGA의 역할은, 첫째 전쟁이나 내전, 몰수, 정부의 계약에 대한 지불거절, 정부의 통화제재 등의 정치적 위험으로부터 발생하는 손실에 대하여 투자를 보증함으로써 개발도상국에 민간자본의 흐름을 고무하는 것이고, 둘째는 개발도상국에 투자상담 등을 통해 유리한 투자환경을 조성해 주는 일이다. 이로써 수혜국은 부채의무로부터 벗어나 자본투입의 혜택을 얻을 수 있다(Ziring, Riggs, and Plano, 2000: 465). 회원국은 선진국과 개발도상국 간에 총투표권 비율을 각각 60%와 40%가 되도록 하고 있는데 이러한 비율은 IBRD와 비교해 볼 때 개발도상국에 보다 많은 비중을 실어준 것이었다. 이는 IBRD와는 달리 선진국에 의해 의사결정이 좌우되지 않게 하려는 배려이다.

세계은행그룹에 대한 평가

세계은행그룹은 전문적이고 비정치적으로 운영되도록 창설되었다. 세계은행그룹은 많은 개발도상국들에 혜택을 주었고 그들의 차관운영은 향후에도 개발도상국의 경제개발을 가속화시킬 것으로 기대된다. 그러나 그룹의 운영은 많은 비판을 받고 있다. 세계은행그룹이 기부국의 기금 기여 정도에 따라 의결권을 부여함으로써 과거 식민세력인 서구세력에 의해 좌우된다는 사실은 그들의 동기와 정책에까지 의구심을 자아냈다. 비평가들은 세계은행의 차관에 일절 협상이나 양보가 없으며 심지어 개인은행보다 거래조건이 더욱 혹독하다는 점을 지적한다. 많은 국가들이 이자가 시중 개인은행보다 높음에도 불구하고 세계은행을 이용하는 이유는 신용등급이 낮기 때문에 대출을 얻지 못해서이다.

IFC의 경우는 상대적으로 금리가 낮은 기금과 적은 대출횟수에서 나타났듯이, 기부를 하는 선진국에서나 또는 대출을 받는 개발도상국에서나 결코 좋은 평가를 받지 못했다. 공공분야, 사적 분야로부터의 자금조성으로 개인투자를 촉진한다는 그들의 목표는 색다른 접근이었지만, 전체재원이 너무 빈약하여 수혜국 안에서 자본주의의 성장을 효과적으로 자극하지 못했다. 한편 IDA는 이 부분에 있어서 가장 큰 성공을 거둔 기구로 평가받고 있는데 그 이유는 IDA의 체계가 개발도상국이 오랫동안 추구해 왔던 무상원조 시스템과 가장 가까웠기 때문이다. 그러나 IDA는 기금이 고갈되어 융통할 돈이 없는 일이 적지 않게 발생한다는 지적을 받고 있다.

이러한 비판에도 불구하고 세계은행그룹은 선진국이든 개발도상국이든 간에 회원국들의 지원과 지지를 유지해 왔다. 사람 중심, 환경 중심의 개발전략을 강조하며 전 세계적 경제안정에 기여하려고 노력해 온 것이다. 그룹의 자금은 100개국 이상의 국가에서 유용한 개발 프로젝트에 도움을 주고 채무국 내의 내부금융개혁을 성공적으로 이끌어 왔다. 이러한 역할은 가끔 '개발외교의 예술the art of development diplomacy'이라고 불리기도 한다. 현재도 개발도상국의 개발지원금 요청이 끊이지 않고 있어 앞으로도 세계은행의 역할은 지속적으로 요구될 것이며 유엔자본개발기금UN Capital Development Fund의 실패로 인해 혹자는 세계은행의 역할은 더욱 증대될 것이라고 주장하기도 한다(Ziring, Riggs, and Plano, 2000: 466).

세계은행은 세계경제 상황에 따라 그 역할을 달리하기도 하였다. 2008년 미국의 서브프라임 모기지Subprime Mortgage 사태로 발생한 금융위기는 전 세계를 최악의 경제위기로 몰아넣었다. 거대한 금융기관들의 붕괴와 정부의 은행 긴급구제 등을 불러일으킨 2008년 세계금융위기는 1929년 세계대공황 이후로 가장 피해가 극심했던 금융위기로 손꼽힌다. 이 시기에 세계은행은 악화된 세계경제상황을 바로 잡기 위해 노력하였다.

2008년 금융위기가 발생한 이후, 세계은행은 저소득 국가들이 아닌 중산층 국가들에게 재정지원을 하기 시작하였다. 이는 개발도상국들을 지원해야 하는 세계은행의 직무 불이행으로 보여질 수도 있다. 그러나 세계은행은 중위권 국가들에게 빌려준 자금과 이자를 개발정책자금으로 동원하였다. 상당한 양의 자본을 아무런 제제 없이 국가적 자금으로 변환시킨 것이다. 세계은행을 틈새은행의 관점으로 보는 사람들은 금융위기 기간에 이 틈새를 뛰어넘는 상당한 수요가 있었고, 또 이러한 수요를 충족시킨 은행의 능력은 긴축경제 기간에 중요한 역할을 했다고 보았다. 또한 중위권 국가들에게 공급한 재정지원은 저소득 국가들에게 재정지원을 한 셈이 되기도 한다. 왜냐하면 늘어난 이자로 인해 IBRD와 IDA의 자금이 되어 최빈국들을 재정적으로 지원할 수 있기 때문이다. 즉각적인 개발지원자금이 되지 않을지라도, 상대적으로 부유한 국가에 자금을 빌려주는 추세는 세계극빈층의 빈곤완화와 개발이라는 은행의 장기적인 임무수행에 기여할 수 있다고 해석될 수도 있다(Winters, 2011).

유엔 보조기구

유엔은 제2차 세계대전 종전 후 경제개발을 위한 여러 유엔 보조기구들을 창설했다. 세계은행그룹은 유엔 시스템 내에서 스스로 기금을 조성하고 의사결정을 하는 기구들인 데 반해 유엔 보조기구들은 유엔 산하에서 경제 개발과 부흥을 도모하는 기구들이다. 주요 기구들의 창설배경과 역할, 특징에 대해 알아보도록 하겠다.

국제연합구제부흥기관

국제연합구제부흥기관UNRRA: United Nations Relief and Rehabilitation Administration은 제2차 세계대전 종전 이전, 전쟁이 절정에 이르렀던 1943년에 연합세력에 의해 결성됐다. 이 기구는 전후 폐허가 된 유럽과 아시아 국가들에게 생존차원의 응급지원과 전후 재건을 이루기 위해 만들어진 임시 기구였다. 제2차 세계대전 핵심국가들로부터 해방된 유럽과 아시아의 재건을 목적으로 한 이 기구는 당시 52개국으로부터 해당 기부국 국민총소득의 2%라는 막대한 할당금을 받아 1943년 당시 35억 달러가 넘는 자금을 유럽과 아시아 전후 복구에 투입했다. 이처럼 강대국들의 자발적이고도 의지에 찬 기부행위가 이뤄진 사례는 그 이후 찾아보기 어려웠다.

UNRRA는 이 같은 복구자금을 식량과 의료품 지원과 각종 농업과 산업 개발 그리고 공공시설을 재건하는 비용으로 투입했다. 구 체코슬로바키아, 그리스, 우크라이나, 구 유고연방 그리고 아시아에서는 중국이 주요 수혜국이었다.

UNRRA의 주요 활동으로는 7백만 명의 전쟁 피난민들을 고향으로 돌아가도록 도운 것과 송환되기를 거부한 난민 백만여 명에게 수용시설을 제공한 것도 빼놓을 수 없다. URNRRA는 35억 달러가 넘는 자금을 전후 복구에 지원하면서 이 자금이 복구 프로젝트에 사용될 것을 수혜국들에게 요구했고 물자를 공급하고 감독하는 역할을 맡았다.

UNRRA는 시기상으로 가장 이르게 탄생한 것과 관련이 있겠지만, 미국이 유엔과 관련된 기구에 가장 열정적으로 참여했을 시기에 활동함으로써 미국의 적극적인 지원을 누린 임시기구였다. 전체 예산의 절반 이상이 미국으로부터 지원됐고 이 기구를 거친 세 명의 의장이 미국인이었다. 그러나 임시기구였던 UNRRA는 제2차 세계대전이 종료되는 시점에 임기를 마쳤다. 유럽에서는 1947년에 그리고 아시아에서는 중국을 마지막으로 1949년에 활동을 접었고 UNRRA의 임무는 국제난민기구IRO:International Refugee Organazation와 식량농업기구FAO: Food and Agriculture Organization, 유니세프UNICEF: United Nations Children's Fund 등으로 이양되었다.

국제연합확대기술원조계획

국제연합확대기술원조계획EPTA: Expanded Program of Technical Assistance은 경제사회이사회의 기술적 지원노력이 산발적으로 이루어지는 것을 보완하기 위해 출범시킨 기구다. 유엔은 전문화된 기구 사이에서 각국의 기술원조 요청에 대한 심의를 하고 가장 적합한 기구들에게 프로젝트를 실행하기 위한 임무와 자원을 배분하는 데 협력과 조정을 맡았다. EPTA는 1965년 대략 9천 명의 전문가를 각지로 파견하여 2~3년간 개발도상국에서 기술적인 자문을 제공하였다. 개발도상국의 많은 사람들이 이들 전문가들로부터 저비용으로 지식을 쌓고 기술을 배양할 수 있었다. 그러나 그렇게 다양하고 단편적인 노력들은 긍정적인 측면도 많았지만 극히 중대한 목적달성에는 역부족이었다. 제기되는 사안들에 대해서 효과적으로 조정을 하지 못하고 작은 규모의 프로젝트들 사이에 자원을 효율적으로 분배하지 못하는 문제가 EPTA의 주된 특징으로 남게 되었다.

유엔경제개발특별기금

유엔경제개발특별기금SUNFED: Special United Nations Fund for Economic Development은 개발도상국의 개발촉진을 목적으로 설치했던 유엔의 원조기금이다. 한때 그 설립이 선진국의 반대에 부딪히기도 했지만 결국 새로운 차원에서의 원조를 위해 1959년부터 SUNFED가 활동을 시작했다. 개발투자에 앞서 자원조사, 기술자 양성, 전문가 파견 및 연구비 지원 등이 SUNFED 원조영역이 되었다. 특별기금은 선투자pre-investment 프로젝트에 집중되었는데 각각의 프로젝트는 EPTA보다 상당히 규모가 컸으며 자원, 연구, 교육과 시범 프로젝트들을 수행하였다. 그 기금의 주된 목적은 필요한 국가에서 개발 프로젝트를 수행하기 위한 국내외의 사적·공적인 투자를 유인하기 위한 것이었다. 처음 몇 년 동안 이 특별기금은 EPTA보다 어느 정도 관대하게 지원되었다. 1959년 출범 후 특별기금 총액이 서서히 EPTA를 능가하여 1965년에는 EPTA의 5천만 달러와 비교했을 때 거의 두 배에 해당하는 9천1백60만 달러에 이르게 되었다.

유엔개발계획

1965년 총회는 EPTA와 SUNFED, 유엔의 자체 정규예산에 의해 집행되는 개별적 원조를 하나의 기구로 합병하여 유엔개발계획UNDP: United Nations Development Programme을 창설하였다. 이 합병은 그동안 EPTA 안에서 중대한 기능을 해 오던 몇몇 특별기구가 그 기능의 상실을 우려해 크게 반대했으나 결국 원조에 대한 요구를 조정하는 단일행정기구가 탄생하게 된 것이다.

UNDP는 위에 언급한 기구들과 마찬가지로 총회에 의해 설립되어 경제사회이사회의 감독하에 개발원조를 제공하는 기관이다. UNDP의 목적은 개발도상국의 경제사회개발을 촉진함으로써 각국의 전체적인 개발계획의 성취를 위해 보다 나은 조정과 통합을 제공하는 것이다. UNDP는 국제기구 중 개발도상국에 대한 개발원조의 중심적 기구로 기능한다. UNDP는 다른 유엔 특별기구와 세계은행, IMF와 함께 연계하여 경제사회개발의 임무를 수행한다. 또한 UNDP는 유엔아동기금UNICEF: United Nations Children's Fund, 세계식량계획WFP: World Food Program, 세계보건기구WHO: World Health Organization와 함께, 또 월드비전World Vision이나 옥스팜Oxfam 같은 NGOs와 공동으로 프로젝트를 진행하기도 한다(Pease, 2003: 189).

UNDP는 기술개발 지원과 함께 기술이전에 중점을 두며, 개발도상국의 빈곤타파 프로그램을 국제경제금융정책에 연계시킨다. 또한 무역구조의 개혁, 부채구제 그리고 투자에 지원을 아끼지 않으며, 개발도상국에서 인간의 삶의 질을 높이기 위한 지식·경험과 자원에의 연결고리 역할을 한다. 또한 농업, 임업, 광업, 상공업, 무역에 이르기까지 개발자원을 조사하고 평가하는 역할을 맡고 있다. UNDP를 통해 매년 분산배치되는 거의 20억 달러에 달하는 자금은 개발과정을 돕기 위해 독자적으로 투입된다.

UNDP가 기금을 제공하는 사업의 약 40%가 정부에 의해서 집행되며 나머지는 유엔의 다른 전문기구, 보조기관 등에 의해 집행된다. UNDP는 정통개발론orthodox development에 의한 구조조정 프로그램에 대해 비난해 왔는데, 절대빈곤에 처한 인구가 현재 12억 명으로 구조조정이 처음으로 도입된 이래 오히려 2배가 늘어났다고 지적했다. 2014년도 UNDP의 보고서에 따르면 1990년도에서 2010년도 사이 개발도상국의 소득 불평등은 11% 늘어났다. 또한 국가 간의 빈부격차도 늘고 있다.

UNDP는 회원국의 자발적인 기부에 의해 운영되고 자발적 기부금을 제공하는 국가 및 수혜국과의 공동기금제도도 운용하고 있다. 기금의 확대를 위하여 재정금융기관과도 공동기금제공제도를 확립하고 있다. 이외에도 유엔봉사단UNV: United Nations Volunteers, 유엔자본개발기금UNCDF: United Nations Capital Development Fund, 유엔여성개발기금UNIFEM: United Nations Development Fund for Women 등의 개발기금을 관리하기도 한다(박재영, 1998: 496). 원조금액은 해마다 꾸준히 증가하여 1965년에는 1억 4천5백60만 달러에서 1981년에는 6억 7천3백만 달러에 이르게 되었다. 그러나 그 후 자발적인 기부를 줄인 몇몇 국가로 인해 기금은 감소하였다. 2021년을 기준으로 UNDP는 53억 달러의 기부금을 받았다.

유엔무역개발회의

국제채널을 통한 선진국 원조가 제한적인 데 대해 조바심이 일었던 개발도상국들은 그들의 경제적 목표를 이루기 위하여 1964년 유엔무역개발회의UNCTAD:

United Nations Conference on Trade and Development를 탄생시켰다. UNCTAD는 개발도상국의 산업화와 국가 간의 무역을 촉진하고 심화된 남북문제를 해결할 목적으로 설치되었다. UNCTAD는 국제무역 및 경제개발과 관련된 문제에 대해 개발도상국 입장에서의 원칙과 정책을 만들어 시행한다. 또한 국제무역 및 경제개발에 관련된 분야에서 유엔체제 내의 다른 기구들의 활동을 조정하고 개발정책의 조화를 맞추는 것이 주된 임무이다.

UNCTAD는 1962년 경제사회이사회와 총회에 의해 승인되었고 1964년에는 제네바에서 12주 동안 회의가 열렸다. 이 회의를 이끈 사람은 남미 경제학자인 프레비쉬Laul Prevish였다. 그는 새로이 탄생한 UNCTAD의 총재로 선출되었다. 120개국의 국가가 회의에 참석했지만 사실상 회의를 주도하여 그들의 요구를 관철시키고자 압력을 넣은 것은 77개국의 저개발국가들의 강한 연합인 '그룹 77(the group of 77 또는 G-77)'이었다. '그룹 77'이라는 명칭은 1964년 이래 회원국이 131개국으로 늘어난 이후에도 계속 사용되었다. 그들만의 기구가 탄생함에 따라 개발도상국들은 성장을 위하여 경제사회이사회 주변의 복잡한 유엔기구들을 부분적으로 배제한 하나의 효과적인 채널을 설립하기를 희망하였다.

UNCTAD는 조정기관인 경제사회이사회의 관할을 대부분 벗어나 총회의 직속기구가 되었다. UNCTAD는 나름대로의 예산을 가지고 제네바에 설립되었다. UNCTAD는 회원국가들의 자발적 기부에 의해 운영되는데 유엔의 모든 회원국이 UNCTAD의 회원국이 된다.

실제 회의는 3~4년 간격으로 열리게 되었는데, 1968년 뉴델리에서 제2차 회의, 1972년 산티에고에서 제3차 회의, 1976년 나이로비에서 제4차 회의, 1979년 마닐라에서 제5차 회의, 1983년 벨그라이드에서 제6차 회의, 1987년 제네바에서 제7차 회의, 1992년 콜롬비아의 카르타헤나에서 제8차 회의, 1996년 남아공의 미드란드에서 제9차 회의, 2000년 방콕에서 제10차 회의가 열렸다. 2004년 브라질의 상파울루에서 제11차, 2008년 가나의 아크라에서 제12차, 2012년 카타르의 도하에서 제13차, 2016년 케냐에서 제14차 회의가 열렸으며, 제15차 회의는 2021년 바베이도스에서 열렸다. 회의가 열리는 기간 사이에는 무역개발위원회가 모든 UNCTAD 회원들에게 개방되어 회원국들의 참석을 유도했다.

이들 회의에 반영된 회원국들의 주된 요구는 다음과 같다. 1) 국제협정에 의한 원자재 가격을 안정시키는 안, 2) 원자재 가격에 대한 무역장벽을 낮추고 관세를 인하하는 안, 3) 잉여농산물 처리의 반대급부에 대한 개발도상국 보호안, 4) 저금리 장기차관의 상환, 또는 현지 통화나 물품으로 대체하는 안, 5) 차관이나 원조를 제공한 국가의 제품을 구입해야 하거나 선적이나 보험을 이용해야 한다는 강압을 방지하는 안, 6) 원조를 제공하는 국가 국민소득의 1% 수준을 원조금 기준으로 삼는 안, 7) 무역의 촉진과 경제성장의 수단으로서 개발도상국들 간의 지역적 합의와 통합을 이끌어 내기 위한 안, 8) 개발도상국 중에서도 최빈국에 대한 특별한 관심을 유지하는 안 등이다.

모두 27개의 원칙이 회의에서 채택되었으나 그중 다섯 가지 원칙만이 만장일치로 표결되었다. 이 원칙의 표결에서는 선진국과 개발도상국이 두 가지의 입장으로 확연히 나뉘는 현상이 나타났다. 일반적으로 선진국들은 대부분의 사안들에 반대하거나 투표를 기권하였는데 특히 미국은 다른 어떤 나라들보다도 거부의사표시가 많았다. 이러한 사실은 개발도상국의 개발을 촉진하기 위한 선진국가들의 협력을 이끌어 내기가 쉽지 않을 것임을 예고하였다.

한 가지 사례를 예로 들면, 개발도상국에게 1차산품은 외환의 원천이 되었기 때문에 이들은 1차산품의 안정적인 가격과 수지를 맞춰 달라는 요구를 선진국에 제시했다. 이것은 1964년부터 회의 때마다 꾸준히 제기되어, 1975년 제4차 UNCTAD 총회를 위한 준비과정에서 UNCTAD 사무국은 주요 산품에 대한 통합 프로그램 계획을 세우기로 하였다. 그러나 1980년에는 7억 5천만 달러의 공동자금이 애초 계획했던 것의 8분의 1밖에 승인되지 않았다. 기부국들의 소극적인 참여로 인해 주요 상품들에 대한 통합 프로그램은 당초의 계획만큼 실현되지 못하였다.

UNCTAD를 통하여 그들의 요구를 관철시키고자 했던 개발도상국들의 희망은 대부분 좌절되었다. 연이은 회의에서 UNCTAD 1차회의에서 상정되었던 똑같은 사안들이 되풀이되었고 개발도상국의 대표들은 종종 선진국이 개발문제에 대해 실제적인 관심이 없다는 점을 비난하면서 개발도상국이 외부로부터의 원조와 지원에 실망하고 있음을 피력하였다. 그러나 1992년에 있었던 UNCTAD의 보고서는 '개발을 위한 새로운 파트너십'을 제시하며 개발도상국과의 화합을 도모하고자 하였다. 이 선언은 지속가능한 개발을 그 내용에 포함하고 있으며, 자원의 건전한 경영과 의사결정과정에서 좀 더 개방적일 것을 요청하고 있다. 개방적 의사결정과정이 제시됨에 따라 개발도상국의 입지를 좀 더 강화시킬 수 있었으며 경제개발에 관한 많은 부분을 개발도상국이 희망하는 정책으로 교체할 수 있었다.

2013년 11월 UNCTAD는 제네바 대화Geneva dialogue라고 불리는 격식에 얽매이지 않고 국가, 국제기구, 민간부문과 시민사회가 다 함께 참여하는 다자간 대화를 열었다. 1차 제네바 대화는 2015년 이후 지속 가능 개발 어젠다와 이에 대한 민간부문, 시민사회, 그리고 국제기구의 관점에 대해서 토의하였다. 2차는 2014년 4월, 3차는 같은 해 6월에 개최되어 무역의 지속가능 개발에서의 역할에 대하여 대화를 나누었다.

세계식량계획

세계식량계획WFP: World Food Programme은 과거에 비해 풍부한 식량자원과 매우 향상된 삶의 질을 누리고 있는 오늘날에도 지구상의 7명 중 1명이 기아에 허덕인다는 것에 주목해 식량원조를 통한 개발도상국의 경제 · 사회 발전을 도모함을 그 목적으로 한다. 이는 1961년에 유엔총회와 유엔식량농업기구FAO: Food and Agriculture Organization of the United Nations의 결의에 따라 설립되어 1963년부터 공식적으로 활동하기 시작하였다. WFP는 특히 영양부족으로 건강상 심각한 위협을 받고 있는 빈곤가정이나 공동체에 긴급식량원조를 제공한다.

WFP는 가장 심각한 위기상황에 가장 큰 위협을 받고 있는 이들에게 우선적으로 식량을 공급한다. 그들의 특별한 지원을 필요로 하는 아동에게는 성장시기의 영양상태에 따라 적절한 영양공급을 실행하며, 임산부에게는 태아와 산모의 건강을 위해 그에 맞는 식량을 제공한다. 또한 기아에 노출된 수백만 명의 어린이들이 허기에서 벗어나 학교교육을 받을 수 있도록 조치하고, 일정한 식량배급을 통해 빈곤층의 식량부족을 해결해 주는 일을 하고 있다. 그럼으로써 기아에 노출된 개발도상국 국민들이 시간과 여력을 투자해 새로운 기술을 익히고 더 나은 미래에 투자하게 하며, 앞으로 발생할지 모르는 긴급재난에 대비하는 능력을 키워 주고, 좀 더 지속가능한 생계를 유지하게끔 유도하는 것이다. 이 외에도 경제사회의 개발촉진과 긴급상황 시 난민구제사업도 WFP의 지원분야이다.

WFP는 2021년 120개 국가와 자치령에서 1억 2천8백만 명을 지원하였으며, 96억 달러의 기부금을 받았다. 주요 기부국은 미국, 영국, EU 등의 회원국이다. 1963년 설립된 이래, 로마에 본거지를 두고 있는 WFP는 278억 달러를 투자해 왔으며 4천3백만 톤 이상의 식량을 굶주리는 이들에게 지원해 왔다. 1995년 10월 북한 평양시에 최초로 WFP 상주사무소를 개소하였고 같은 해 11월 35만 명의 한 달 식량에 해당하는 쌀을 원조하기도 하였다.

WFP는 독립적인 기금의 원천이 없고 전적으로 자발적인 기여에 의존한다. 기부는 현금과 더불어 밀가루, 콩, 기름, 소금, 설탕과 같은 음식, 그 밖의 저장이 가능하고 기를 수 있으며 조리할 수 있는 기본식량이 기부품목에 해당된다. 60개 이상의 정부가 기부를 하고 있으며 기업과 개인들도 주요 기부자이다.

유엔공업개발기구

UNDP와 개발도상국들의 산업화 촉진을 위한 전문기구의 프로그램들은 빈약하고 산발적이었다. 따라서 이들 나라들은 산업화 분야에 UNCTAD와 비슷한 또 다른 조직을 설립하기에 이르렀다. 유엔공업개발기구UNIDO: United Nations Industrial Development Organization가 그것이다. UNIDO는 1965년에 총회에 의해 승인되고 1967년부터 활동을 시작했다. UNIDO의 목적은 제조분야에 특별히 중점을 두면서 개발도상국의 산업화를 가속화시키는 것이다. UNIDO의 활동은 연구, 교육, 시범 프로젝트, 조사, 기술원조, 세미나, 데이터 수집과 분석, 그리고 정보의 교환을 포함한다.

UNIDO를 이끄는 산업발전위원회Industrial Development Board는 총회에 의해 선출되었으므로 아프리카, 아시아, 라틴 아메리카 국가들이 대다수의 의석을 차지했다. UNIDO에 의해 지원받은 특별 프로젝트에는 중남미 지역의 트리니달Trinidal에서 실시된 사탕수수 쓰레기로부터 얻은 원자재 생산, 요르단의 철강공장 건설, 수단의 섬유공장 건설 등이 있다. UNIDO의 목표는 개발도상국이 세계산업의 25%를 차지하게 되는 것이다. 그러나 1975년에는 10%, 1990년에는 11%밖에 이르지 못했다. 1980년에 공언된 아프리카를 위한 산업개발 기간에는 특별히 아프리카에 관심이 집중되었으나 기아, 질병, 인구증가, 숙련된 노동력의 부족, 정치부패 등의 만연은 산업발전을 가로막았다(Ziring, Riggs, and Plano, 2000: 454).

UNIDO는 당초 유엔 사무국의 일부로 그들만의 독자적인 사무국을 가지고 비엔나에 설립되었다. 처음 18년 동안 운영된 자금은 유엔의 정규예산과 자발적 기부, UNDP의 분배금에서 충당했다. 이 기구 역시 UNCTAD와 같이 높은 자율성을 인정받았다. 한편, UNIDO에 관한 비난이라면 또 다른 '자율적인' 기구가 설립되어 유엔의 경제사회분야의 관할권이 더욱 중복되고 분산되게 되었다는 것이다. 더군다나 UNIDO가 산업화 과정에 적은 자본으로 너무 많은 프로젝트를 별 효과가 없이 수행했다는 비난도 있다. 1990년대 중반에 UNIDO의 비효율적인 기구운영에 불만을 품은 미국, 캐나다, 오스트레일리아 등 선진국의 탈퇴가 잇달아 2000년대 초반에는 폐지론이 대두되기까지 하였으나 UNIDO는 지속적인 개혁을 통하여 기구를 유지하고 있다. 회원국들은 미래의 역할과 기능을 위한 비즈니스 플랜Business Plan for the Future Role and Function을 도입하여 UNIDO가 변화하는 국제환경에 보다 빠르게 대응할 수 있도록 하였고 이는 UNIDO의 경쟁력을 높였다는 평가를 받았다.

유엔의 경제개발 10년

유엔은 개발과 관련한 새로운 문제가 발생할 때마다 새로운 기구나 프로그램을 만들고 그 새로운 기구에 자치권을 주고 조직화함으로써 부유한 국가들에 의해 의사결정이 좌우되지 않도록 노력해 왔고 또한 매년 개발을 위한 부가적인 재원을 찾기 위한 방법을 모색해 왔다. 그러나 바람직한 의도에서 시작했음에도 불구하고 그 결과는 비효율적인 수단과 산발적인 기구를 통해 광범위하고 다양한 프로젝트에 많은 예산을 쓰는 문제점을 낳았다. 개발도상국의 저발전 문제가 점점 심각한 국제문제로 부상하고 1955년부터 새로운 개발도상국가들이 대거 유엔에 가입함에 따라, 경제 · 사회발전에 관심을 요구하는 그들의 요구가 유엔 프로그램에 명백히 제시되었다. 총회에서 그들이 절대다수를 이루자 유엔은 새로운 기구를 만들고, 1960년대를 제1차 유엔경제개발 10년UN Development Decade으로 1970년대, 80년대, 90년대를 제2차, 제3차, 제4차 경제개발 10년으로 선포하면서 개발문제에 세계의 관심을 집중시켰다. 비록 개발도상국가가 부유한 국가로 하여금 개발을 위해 대량의 자원을 제공하도록 강요할 순 없지만 그들의 문제에 관심을 갖도록 지속적인 압력을 가할 수는 있었다.

첫 10년 계획은 준비도 불충분했고 체계도 갖춰지지 않은 상태에서 수행되었다. 대부분의 대책들이 특정 기간을 명시하지 않은 채 권고의 형식으로 이루어졌으며 목표가 성취될 수 있는 과정, 우선권, 실행에서 어떤 특성이 결여되어 있었다. 제2차, 제3차 개발은 신중하게 수행되었고 그 대책 또한 좀 더 명확하게 제시되었지만 세계자원의 대다수를 소유하고 있는 나라들의 협력을 구하기는 여전히 어려웠다.

제2차 유엔경제개발 10년 기간인 1970년대는 개발도상국 사회의 질적 개혁과 구조적 개혁을 달성하기 위한 노력을 전개했다. 특히 1970년 유엔총회에서 선진국의 GNI 대비 0.7%의 공적개발원조ODA: Official Development Assistance 지원기준이 국제개발전략으로 채택되었다(박수길 편, 2002). 그러나 1970년대는 선진국이나 개발도상국 모두에게 어려운 기간이었다. 에너지와 식량 가격이 천정부지로 솟아오르며 세계경제가 불균형을 이루는 시대상황으로 인해 부분적으로 제2차 개발을 위한 국제개발전략목표가 1960년대보다도 미치지 못한 결과를 낳았다.

이전의 어려움과 남과 북, 즉 선진국과 개발도상국 간 긴장에도 불구하고 총회는 1980년 12월 5일, 제3차 유엔개발 10년의 국제개발전략목표를 지난 10년 경제개발 목표치보다 높게 책정하는 안을 채택했다. 이 중에는 이미 논의되었던 자원의 이전문제에 부가하여 1) 연평균 7%의 개발도상국 경제성장률, 2) 개발도상국의 연평균 상품과 서비스의 수출증가율 7.5%와 수입증가율 최소한 8%, 3) 개발도상국의 국내투자를 위한 총국내저축률의 1990년 GNP의 24%까지 증가, 4) 개발도상국의 연평균 농업생산률 적어도 4%, 5) 2000년 세계생산 대비 개발도상국 생산 25% 달성과 연평균 9%의 제조업 확장 등을 목표로 하였다.

제3차 유엔개발 10년은 1980년대였다. 1980년 유엔총회는 이 기간에 개발도상국의 연평균 경제성장률 7%와 선진국의 GNI 대비 0.7%의 공적개발원조를 목표로 정했다. 1970년대 오일쇼크로 크게 영향을 받은 최저개발국에 대한 특별한 배려도 포함되었으나 이러한 목표들은 제2차 석유위기로 인한 세계불황, 1차 생산품 가격의 하락, 개발도상국의 누적된 채무문제의 표면화 등의 여러 이유로 제대로 실현되지 못했다. 또한 1982년에 총회는 제3차 유엔개발 10년에 필요한 국제개발전략을 수행하기 위해 조사평가를 위한 전문위원회를 설립했다. 회원자격은 모든 국가에 열려 있었다. 이 위원회는 1984년에 총회에 첫 번째 보고서를 제출하게 되어 있었으나 이듬해까지 일치를 보지 못했다. 그 보고서는 1981

년에서 1984년까지 세계의 경제는 전략목표를 달성하지 못했으며 대부분의 개발도상국의 일인당 GDP는 마이너스 성장을 기록하였다고 명시했다. 1984년의 보고서에서 개발계획전문위원회는 제4차 개발을 위한 예비계획은 1988년에 유엔 사무총장, 경제사회이사, 개발도상국연합(Coalition of Developing States 또는 Group of 77)의 투입으로 시작한다고 밝혔다.

1990년대는 제4차 유엔개발 10년으로 볼 수 있다. 개발도상국들의 요구로 1990년 4월 23일부터 5월 1일까지 열린 총회의 특별회기에 상정된 국제전략은 1) 유엔 역할의 확대와 세계발전을 위한 특별화된 위원회 설치, 2) 개발도상국의 인플레이션 조절, 저축과 해외·국내투자 증가, 경제의 현대화, 3) 전 국가의 군비감소와 사회의 요구에 부합하기 위한 자원의 전환, 4) 선진국의 다국적인 금융기관으로 자본resource제공을 포함한 증가된 원조 유치, 5) 저개발국의 요구에 주안점 두기 등을 들 수 있다.

유엔의 개발노력에 새로운 차원이 더해진 것은 1974년, '그룹 77'이 원자재와 개발 문제를 상정하기 위해 총회의 특별회기를 요청했을 때였다. 그 당시의 회의로부터 평등, 주권의 평등, 상호의존, 공동의 이익과 모든 국가들 사이의 협력에 바탕을 둔 신국제경제질서NIEO: New International Economic Order에 대한 요구가 있었다. 개발도상국들은 그들의 불리함을 시정하기 위해 세계경제시스템의 재정비를 강력히 요구했다. 그들의 일반적인 목표는 경제·사회의 발전을 가속화하고 가난한 국가와 부유한 국가 사이의 차이를 제거하는 것이었다. NIEO에 대한 그들의 열망과 요구는 UNCTAD 회의 때의 프로그램과 어우러져 확장되었다.

1974년 총회에 의해 채택된 각국의 경제적 권리와 의무헌장A Charter of Economic Rights and Duties of States은 모든 국가가 그들의 부와 천연자원에 대해 독자적인 주권을 행사할 권리가 있으며, 해외투자를 조정하고, 국내법하에 외국자산의 소유권을 국유화·몰수·양도할 수 있음을 명시하고 있다. 선진국 대표들은 이 규정에 강력하게 반대했다. NIEO의 다른 강령들은 생산자의 제휴와 개발도상국 사이의 협력, 개발도상국들의 수출품 가격과 선진국으로부터의 수입 가격 사이의 연계, 국제금융의 개혁과 유엔 시스템 내의 경제사회분야의 재구성 등의 내용을 담고 있다.

1990년대에는 NIEO에 대한 요구가 유명무실하게 되고 말았다. 남북 간의 화해의 수단과 더욱 현실적인 정책이 모색되었기 때문이다. 결국 많은 나라들이 자국의 이익을 위해 서로 협력하는 상호의존을 선택하게 되었다. 그러나 1990년대 경제개발이 초기보다 여러모로 축적·발전된 체계를 갖추고 진행됐음에도 불구하고 지구상 남북 간의 격차는 크게 줄어들지 않았으며 앞으로도 조기에 사라지지는 않을 것으로 보인다.

현재 전통적 공여국이 제공하는 ODA는 50여 년 전인 1970년에 제시된 목표를 전혀 충족하지 못하고 있다. [그림 12-2]에서 볼 수 있듯이 경제협력개발기구OECD: Organization for Economic Cooperation and Development 내의 개발원조위원회DAC: Development Assistance Committee의 30개 공여국(EU 포함)의 평균 GNI 대비 ODA는 1961년 0.54%에서 1973년 0.27%로, 2001년에는 0.21%로 떨어졌으며, 이후 상승하여 2020년에는 0.32%를 기록하고 있다. 규모로는 약 1,568억 달러이다.

2020년을 기준으로 스웨덴, 노르웨이, 룩셈부르크, 덴마크, 독일이 0.7% 목

그림 12-2 DAC 회원국 전체 GNI 대비 ODA

출처 : OECD 홈페이지 (https://stats.oecd.org/)

표를 초과하였다. 영국은 0.7%를 2020년 유지하였으나, 2021년 0.5%로 ODA를 줄였다. 미국의 GNI 대비 ODA는 2021년을 기준으로 0.18%에 불과하다. 1970년대 이후 미국의 원조비율은 대략 1960년대 원조비율의 4분의 1 정도이다. 대부분의 원조가 양자 간에 이루어지고 공여국은 수원국을 선택하므로 개발도상국들에게 그 혜택이 고르게 분배될 수 없었다.

최근 전통적 공여국이었던 DAC 회원국 이외의 공여국이 국제사회에 등장하기 시작하였다. 특히 중국은 다양한 비판에도 불구하고 절대적으로 많은 양의 공적 개발원조와 같은 원조ODA-like funding를 제공하고 있는 상황이다. 또한, 인도, 태국, 카자흐스탄 등 개발도상국으로 여겨지고 있는 국가들의 원조가 증가하고 있는 것도 주목할 사항이다. 이들 국가는 주로 주변 국가들에게 원조를 제공하고 있다.

국제개발협력의 미래

지난 70여 년간 세계경제가 많은 발전을 이룬 것은 사실이지만 아직도 가야 할 길은 멀고 많은 과제가 산적해 있다. '대중의 삶의 질 향상'으로 정의되는 개발은 낙관적으로만 평가될 수 없다. 과거와 현재를 돌아볼 때 미래에 대한 전망은 불투명하다. 남북 간의 격차는 UNCTAD나 WTO나 총회에 의해 알려졌듯이 점점 벌어지고 있지만, 세계사회의 혜택받은 계층은 세계인구의 3분의 2를 차지하는 혜택받지 못한 인구들이 직면한 상황에 크게 관심이 있는 것 같지 않다.

일부 개발도상국은 대규모의 원조를 받아 왔으나 그들의 경제기반을 확장하는 데 효과적으로 그 재원을 사용하지 못했고 세계시장의 요구에 적합한 생산적인 기업을 완성하지도 못했다. 하지만 대부분의 개발도상국들이 국제기구, 특히 유엔을 통해 받는 지원을 선호한다는 사실은 명백하다. 국가적 목표를 달성하기 위해서 유엔의 지원은 정치적으로 군사적으로 부담을 줄여 주는 데다 위험을 피해갈 수 있도록 하기 때문이다. 유엔은 다른 지원 프로그램보다 다소 덜 권위적인 프로그램을 계획 · 발전 · 운영하는 데 협력하면서 지원을 받는 국가와 함께 공동노력을 한다. 어떤 다른 조직도 유엔만큼 개발도상국에게 개발의 정보와 경험을 제공하고 그 정도의 유용한 접촉을 지원할 수는 없다. 그러나 대규모의 자본원조 프로그램을 위한 선진국의 전폭적인 지원이라는 대다수 회원국들의 열망은 아직 실현되지 않고 있다.

그러나 그처럼 미진한 부분에도 불구하고 현재의 유엔 시스템은 여전히 개발도상국에 희망을 주고 있다. 이를 위한 유엔의 역할은 선진국의 공평한 무역환경을 조성하고, 해외원조를 적극적으로 유치하며, 빈국들에 대한 유엔의 채무정책이 융통성 있게 조정되도록 활발한 움직임을 벌이는 것이다. 그 움직임은 세계화와 민주주의의 과정 그리고 시민사회 활동의 성장과 긴밀히 연관되어 있다.

세계화의 힘을 역설하면서 유엔의 직원들은 새로운 세계경제의 긍정적 · 부정적 차원 양쪽 모두에 관심이 있다. 세계화가 개발도상국에 불리한 영향을 미칠 수도 있음을 인식하면서 부유한 국가와 가난한 국가 간의 격차에 중점을 두는 남북 간의 토론에 초점을 맞추고 있다. 이러한 예민한 사안들에 관해 코피 아난 전 유엔 사무총장은 "우리가 세계경제에 산적해 있는 왜곡과 불균형을 시정하지 않는 한, 일종의 글로벌 거버넌스를 시행하지 않는 한, 우리는 앞으로 더욱 심각한 정치적 · 군사적 분쟁과 처리하기 어려운 문제들에 봉착할 것이다."라고 피력하고 있다(Ziring, Riggs, and Plano, 2000).

브레튼 우즈 체제하의 기관들과 유엔의 경제사회이사회는 경제협의의 장을 마련하기 위해 많은 포럼을 만들어 냈다. 2000년 재정과 개발 분야의 모임을 후원한 유엔은 세계의 금융기구가 지속가능한 개발을 위한 프로젝트sustainable development project와 사회문제에 초점을 맞추게 될 것이라며 개발도상국 대표자들 사이에 기대를 고양시켰다.

또한 유엔헌장도 명시하고 있듯이 경제개발문제에 있어 유엔과 더불어 세계시민사회로 대표되는 다양한 NGOs의 참여를 생각해 보아야 한다. 1997년 동남아 외환위기의 여파가 세계 정치경제에 지대한 영향을 미쳤음을 단적으로 보더라도 오늘날 세계의 정치경제는 하나가 되어 돌아가고 있는 실정이다. 전 세계가 공감하는 환경문제나 개발도상국에서 온 외국인 노동자문제 등 혼자서는 살 수 없는 세상이 된 이때 NGOs의 역할은 날로 중요해지고 있다. 사실상 유엔에서는 한 국가의 이해를 넘어서기가 어려운 경우가 너무나 많다.

새천년개발목표MDGs는 2000년에 개최된 유엔의 Millennium Summit에서 채택된 8개의 개발목표로 당시 189개의 모든 가입국들이 다음과 같은 개발목표들을 2015년까지 달성해 내는 것에 동의했다. 그 8개의 목표들은 다음과 같다. 1)

그림 **12-3** SDGs 개념도

출처 : SDGs 공식 홈페이지(https://sustainabledevelopment.un.org/sdgs).

빈곤퇴치, 2) 보편적인 초등교육, 3) 성 평등 증진, 4) 영아사망률 감소, 5) 산모건강 증진, 6) 에이즈·말라리아 등 각종 질병 퇴치, 7) 환경 지속 가능성 증진, 8) 개발을 위한 글로벌 파트너십 강화이다.

각각의 목표는 특정한 목표 대상과 날짜를 가지고 있고, 이 과정을 가속화하기 위해서 G8 재무장관들은 2005년 6월 세계은행에 자금을 제공하고, IMF, AFDB에도 자금을 지급하여 빈곤국가들의 외채탕감을 돕는 것에 합의했다. 새천년개발목표의 비판자들은 목표들이 지속가능한 개발에 중심을 두지 않으며, 평화와 안보 같은 중요한 이슈들은 제외했다고 비판한다. 그뿐만 아니라 설정된 목표들에 대한 부족한 분석과 정당화에 대해 부정적이며, 몇몇 목표들과 성과들은 측정하는 것이 어렵다고 비판하였다. 선진국들의 원조가 개발보다는 그 절반 이상이 빚 탕감과 나머지는 재해복구와 군사원조에 투자되었다. 이와 달리 옹호자들은 새천년개발목표는 경제성장과 달리 인간개발에 도움이 되는 더 넓은 차원의 방법들에 집중했으며, 측정가능한 특정 목표대상을 설정함으로써 국가통계 사무실들의 역량을 향상시키는 것을 도왔다고 말한다.

새천년개발목표는 2015년이 되기도 전에 주요 성과와 발전을 가져왔지만, 국가 간의 성과가 불균형하였다. 2012년 유엔 사무총장은 "UN System Task Team on the Post-2015 UN Development Agenda"를 설립하여 60여 개의 유엔기관들과 국제기구들을 모아 지속가능한 개발에 집중하여 작업하도록 했다. 새천년개발목표 정상회담에서 유엔 가입국들은 2015년 이후의 개발 어젠다Post-2015 Development Agenda를 논의했고, 협의를 시작했다. 시민사회 조직들을 비롯한 학계, 싱크탱크를 포함한 리서치 기관들이 이 과정에 참여했다. 새천년개발목표가 파기되는 2015년 말 지속가능개발목표SDGs: Sustainable Development Goals가 미래의 국제개발을 위해 제안되었다.

SDGs는 새천년개발목표MDGs보다 더 넓고 보편적인 미래의 국제개발과 관련된 목표대상들을 설정하였다. 정식적으로 지속가능한 개발의 맨 처음으로 논의된 것은 2012년 6월 리우데자네이로에서 열린 지속가능한 발전목표를 위한 유엔회의United Nations Conference on Sustainable Development이다. 모든 유엔 가입국들은 Rio+20 정상회의에서 지속가능한 개발목표들을 설정하는 과정을 시작하는 것에 동의했으며, 이 목표들은 "행동지향적이고, 의사소통을 하는 데 간결하고 쉬우며, 수적으로 정해져 있고, 열망적이며, 각 국가들의 현실 · 역량 · 개발의 수준을 고려하면서 세계적 · 보편적으로 적용가능하고, 국가의 정책과 우선순위들을 존중해야 한다."고 설정되었다.

2016년부터 시행된 지속가능 개발목표는 새천년개발목표를 폐기하는 것이 아니라 이를 더 확장하는 후속사업이다. MDGs는 절대빈곤에 처한 사람들의 수를 절반으로 줄이고, 초등교육의 보편화 등의 목표를 담고는 있지만 이를 유발하는 근본적이고 구조적인 문제들은 포함하지 않은 한계점이 지적되었다. 따라서 SDGs는 좀 더 포괄적이며, 다양한 이해관계자들의 요구가 반영되고, 책무성과 참여를 확보해야 하는 요구를 담고 있었다. 즉 민간영역 · 개발도상국 · 선진국 모두가 참여주체이며, 모든 사람들을 대상으로 한다. 기존 8개의 목표는 17개의 목표와 169개의 세부목표로 변화 · 발전되었으며, 불평등 · 평화 · 에너지와 같은 새로운 이슈들이 포함되었다.

토론 주제

1. 국제개발협력분야에서 유엔의 역할 강화는 바람직한가? 유엔의 역할 강화는 국제기구들 사이에서 또 다른 계급적 구조를 만들어 내는 것은 아닌가?
2. 선진국이 개발도상국의 산업화를 돕고, 서양의 경제 시스템 속에서의 경제발전을 도모하는 것은 올바른 일인가? 오히려 서양의 주도하에 있는 국제경제 시스템으로의 편입 및 그러한 시스템의 강화는 아닌가?
3. 기존의 강력한 다국적기업들은 대부분 선진국 출신이고, 개발도상국에서는 현재 상대적으로 강력한 다국적기업이 탄생하기 어려운 실정이다. 만약 다국적기업이 국제사회에 큰 영향을 미치고 준 주체로서의 역할을 하게 되면 선진국과 개발도상국의 격차는 더욱 벌어지는 것이 아닌가?
4. 개발도상국의 경제발전은 종종 정치적 부패로 인해서 더디게 진행된다. 하지만 국민들의 여론에 따른 민주적 정치개혁을 이루어 내기엔, 국민들의 빈곤상태가 너무나 심각하다. 이러한 부패한 개발도상국에서의 정치발전과 경제발전 사이의 딜레마는 어떻게 해결해야 하는가?
5. 개발도상국이 빈곤의 굴레에서 벗어나고, 초기 개발을 시작하기 위해서는 기초적인 자본의 공급이 필수적이다. 하지만 현재 중국의 대 아프리카 원조정책 등과 같은 사례를 고려하면, 이러한 자본의 공급은 초기 개발을 위한 재원이 될 수도 있지만, 선진국의 자본에 잠식되는 위험성을 내포하기도 한다. 이러한 자본을 통해 성장한 개발도상국이 자주적이며 독립된 경제활동을 펼칠 수 있을까?

chapter
13

인권과 국제기구

인권탄압의 역사는 길지만, 인권에 대한 논의와 인권탄압에 대한 구체적인 대책이 논의된 것은 그리 오래전 일이 아니다. 아이러니하게도 가장 피비린내 나는 제2차 세계대전을 겪고 그로 인한 유대인과 집시민족에 대한 대학살이 자행된 직후부터 인권문제가 국제사회의 주요 쟁점으로 부각됐다. 전쟁의 참상을 겪고 난 후에 평화에 대한 논의가 이뤄지는 것과 마찬가지로 인권문제 역시 인류 역사상 가장 뼈 아픈 환란을 겪은 직후에 구체적인 의제로 떠올랐다.

제2차 세계대전 이후 국제사회는 인권문제가 국경을 초월하는 문제라는 점을 인식하기 시작했다. 제2차 세계대전이 종결된 후, 인권보호에는 국경이 없다는 생각과, 국제사회가 국제적으로 인정되는 인권을 보장해야 하는 의무를 가진다는 인식이 일반화되기에 이르렀다. 그리고 이것은 상대적으로 국가주권의 중요성을 위축시키는 현상을 일으켰다. 세계 곳곳에서 자행된 인권유린 행위와 난민위기는 국제사회로부터 큰 관심을 불러일으켰고 이에 따라 국가차원에서 또는 국제기구차원에서 많은 개입이 수반되었다. 국가들이 각기 국가이익을 추구하는 반면, 유엔을 중심으로 IGOs, NGOs 등의 국제기구는 인권의 신장을 위해 부단한 노력을 해 왔다. 인권문제는 현실주의와 같은 전통적인 국제관계이론으로 설명하기 어려운 부분이 많다.

인권문제는 냉전종식 후 더 많은 관심을 불러일으켰다. 냉전종식은 아파르트헤이트, 즉 남아프리카공화국 인종차별정책의 철폐운동과 여권신장, 민주주의 그리고 인도주의적 개입에 대한 새로운 기준을 제시했다. 냉전으로 인해 세계가 동서로 나누어져 있을 때 미처 돌아보지 못한 사각지대에 국제사회가 비로소 눈을 돌리게 된 것이다. 그러나 냉전종식은 인권탄압의 새로운 국면을 열기도 했

유엔홀로코스트원조계획(The Holocaust and the United Nations Outreach Programme)은 1930~40년대 나치에 의한 유대인 대학살 사건으로 얻은 교훈을 되새기고 미래에 일어날 수 있는 대량학살을 방지하고자 2005년 11월 유엔총회에서 만들어진 프로그램이다. 유엔공공정보부(United Nations Department of Public Information)가 활동 프로그램 개발에 앞장섰고, 유엔교육 커리큘럼에 홀로코스트에 대한 교육 주제를 다루도록 독려하여 시민사회의 교육에 대한 참여를 이끌었다. '홀로코스트 추모' 결의안은 매년 1월 27일을 홀로코스트로 희생된 이들을 기리는 '국제 홀로코스트 추모의 날'로 지정하였고, 매년 유엔의 뉴욕 본부에서 추모 의식과 행사가 열린다.

2006년 유엔총회에서 개최된 행사에서는 2,200여 명의 사람들이 몰렸고, 텔레비전 방송과 인터넷으로 방송되어 전 세계적으로 많은 사람들이 행사를 지켜보았다. 세계인권선언(The Universal Declaration of Human Rights)을 되새기며, 유엔총회는 유대인의 삼분의 일을 죽음으로 내몰았던 홀로코스트가 특정 인종에 대한 차별과 증오에 대한 위험성을 모든 사람들에게 영원한 경고로 남을 것임을 재차 확인하였다. 게다가 결의안은 역사적 사건으로서의 홀로코스트에 대해 전체적으로나 부분적으로 부정하는 것을 반대하였고, 홀로코스트 동안 강제수용소나 강제노동징역을 하였던 장소를 보존하는 것을 찬성하였다. 2013년 5월에는 홀로코스트의 교육을 위한 적절한 도구와 기술에 대해 토론하기 위해 전 세계에서 80명이 넘는 교육자들이 뉴욕의 유엔본부에 모였다. 유엔홀로코스트원조계획 주도하에 개최된 이 회의에서 효과적인 교육 방법뿐만 아니라, 교실에서 교육을 받는 학생들과 교실 넘어서의 사람들에게 홀로코스트의 교훈을 알리는 교육자의 역할에 대해서도 논의가 이루어졌다.

출처: 유엔홀로코스트원조계획 홈페이지 참조.

다. 냉전종식 이후 르완다 대학살, 소말리아 기아사태, 보스니아와 코소보에서의 인종청소 그리고 아프가니스탄 탈레반 정권에 의한 제도적인 여성 탄압과 같은 새로운 인권문제가 발생하게 되었다.

이 장에서는 인권문제에 관한 논쟁을 정리하고, 유엔을 비롯한 국제기구와 NGOs의 인권에 대한 역할을 논한다. 또 인도주의적 개입에 대한 논의와 난민문제를 다루도록 하겠다.

인권의 규정

제2차 세계대전 종결 후, 유엔은 인권 개선에 대한 강한 의지를 나타냈다. 국제연맹은 당시 종교의 자유와 인류평등의 보호를 포함시키자는 몇몇 대표들의 끈질긴 노력에도 불구하고 인권에 대해 거의 언급하지 않았다. 1930년대, 국제연맹은 국제적인 인권조약의 가능성을 논의하기는 했지만 행동은 취하지 않았다. 그리고 제2차 세계대전이 끝난 후, 나치군의 해산은 대학살의 잔학한 전모를 온 세상에 드러내게 되었고, 그로 인해 탁상공론에서 그치는 것이 아닌 진정한 의미에서의 인권에 대한 관심이 대두되었다. 평화는 개인의 권리를 존중하는 것에서 출발한다고 여겼기 때문에 유엔헌장은 국제연맹의 헌장과는 달리 인권의 중요성을 강조하게 되었다. 샌프란시스코 회의에서는 교회를 비롯해 평화협회에 이르기까지 여러 부류의 집단은 물론 여러 소규모 국가의 대표들이 헌장에 인권에 관한 내용을 포함시킬 것을 요구했다. 비록 그들이 원했던 것보다 표현은 약했지만, 인권은 유엔헌장에 일곱 번이나 언급되었다.

유엔헌장 제1장 1조 3항은 명백하게 인권보호를 유엔의 중요한 관심사로 명시하고 있다. 유엔헌장에서는 이외에도 6번이나 더 인권에 대해 언급함으로써 인권의 보호와 증진에 대한 강한 의지를 드러냈다. 그리고 유엔헌장과 더불어 인권과 관련된 몇 가지 주요한 국제적 합의가 있었다. 1948년 유엔총회에서는 비록 남아프리카, 구 소련, 그리고 몇몇 동구권 국가들이 기권하긴 했지만, 반대표 없이 세계인권선언The Universal Declaration of Human Rights을 채택하게 된다. 인간의 역사에서 가장 야만적인 범죄가 발생한 제2차 세계대전이 끝난 후 채택된 이 선언은 개인의 자유와 권리를 상세히 진술한 최초의 기록이다. 또한 인권과 근본적인 자유가 모든 사람과 모든 장소에서 적용된다는 내용을 세계 최초로 인정한 것이다. 이것은 비록 국가들을 법적으로 구속하는 것은 아니지만, 유엔헌장의 해석에 권위적인 길잡이가 되었고 국제사회의 인권에 대한 합의를 확대하는 데 기여해 왔다(Brownlie, 1994). 유엔헌장과 세계인권선언문은 인권을 국제정치의 중심에 가져다 놓은 최초의 계기가 됐다고 볼 수 있다.

이 선언문은 인간의 존엄성이 고려되는 근본적인 30개의 기본원칙을 열거한다. 이것은 생명권, 자유권, 참정권 등을 포함하는 시민적 · 정치적 권리를 규정하고 있다. 또한 일할 권리, 조합을 형성할 권리, 사회보장을 받을 권리 등을 포함하는 경제적 · 사회적 · 문화적 권리도 규정하고 있다. 이러한 개인적인 인권 분야에 더하여, 선언문은 자결권과 발전권 같은 공동의 권리도 포함하고 있다. 선언문의 작성자들은 이 선언문이 국가들에 특정한 의무와 권리를 부과하는 국제조약이나 협정이 수반할 것을 기대하였다(Donnelly, 1993). 사실상 국제인권법의 토대라 할 수 있는 이 선언은 수많은 국제조약과 선언의 모델이 되었고, 여러 나라의 헌법과 법률에 수용되었다. 이 선언은 인권을 증진하고 보호하기 위해 법적 구속력을 지닌 포괄적 조약체계를 구성하는 60개 이상의 국제인권 규범의 시발점이 되었다.

세계인권선언은 인권을 국제평화에 연결시킨다. 선언문의 서문에서 세계의 자유, 정의, 평화의 기초는 모든 인간의 존엄성과 평등, 그리고 양도할 수 없는 인간의 권리를 인정하는 것이라고 밝히고 있다. 인권은 개인 간의 관계뿐만 아니라 국가 간의 우호적인 관계를 증진하는 데 핵심적이라는 것이다. 세계인권선언문은 국가의 주권에 도전하고 상위의 도덕적 권위를 대표한다는 의미에서 혁명적이라 할 수 있다. 본질적으로, 이 조항들은 국가주권에 관한 유엔헌장의 기본입장과 헌장 제2장 7조에 포함된 자국 내 분쟁에 관한 비개입 원칙과도 대립되는 것이다.

세계인권선언문이 불러온 더욱 어려운 문제는 이러한 원칙적 합의가 실질적으로 적용되는 것은 쉬운 일이 아니라는 것이다. 세계인권선언 이후에 생겨날 것으로 기대되었던 여러 가지 국제법들은 냉전이라는 정치상황에 의해 제약받았고, 시민적 · 정치적 권리와 경제적 · 사회적 · 문화적 권리 사이에 논쟁이 일어났다. 인권과 관련한 논쟁은 매우 복잡하다. 이러한 논쟁은 냉전시대 이념으로 세계를 둘로 나눈 동서 간 정치적 갈등과 경제로 세계를 둘로 나눈 남북 간 빈부격차에 의한 갈등과 깊은 관련이 있다.

권리의 3세대와 인권 논쟁

인권과 관련한 첫 번째 논쟁은 시민적 · 정치적 권리의 중요성을 강조하는 서구와 경제적 · 사회적 권리를 보다 강조하는 동구권 국가들 사이에 발생했다. 냉전기간 동안 미국과 서유럽 중심의 서구와 사회주의자들 간의 인권에 관한 논쟁은 선언문에 열거된 권리들에 법적인 영향을 끼치는 서약승인을 연기시켰다. 서구인들에게 있어, 권리란 개개인이 지니고 있는 것이다. 언론의 자유, 종교의 자유, 출판의 자유, 집회의 자유 등과 같은 이러한 개인권은 국가의 개입으로부터 보호되어야만 한다. 이것은 때로 1세대 권리first-generation rights 혹은 부정적인 권리negative rights로 간주된다. 왜냐하면 이들은 국가 헌법을 이루는 첫 번째 권리이며, 또한 시민권은 정부기관이 개인에 대해 관여하는 것을 부정하는 것이기 때문이다.

반대로 사회주의자들은 경제적 · 사회적 권리들을 강조한다. 근로, 의료, 사회 안보에 관한 이러한 2세대 권리second-generation rights 혹은 긍정적인 권리positive rights는 국가가 개인에게 제공해야 할 최소한의 물질적인 혜택이다. 2세대second-generation라는 말은 이러한 혜택들과 사회복지에 대한 국가적 책임의 20세기적 발상의 결합에 그 뿌리를 두고 있다.

세계인권선언문은 권리에 대한 1세대와 2세대의 두 가지 권리의 기초를 모두 구체화시켰다. 정치적이며 이념적인 곤경을 극복하기 위해서 두 가지 협약에 대한 초안이 마련되었는데, 그 하나는 경제적 · 사회적 · 문화적 권리에 관한 국제규약The International Covenant on Economic, Social, and Cultural Rights이며 나머지 하나는 시민적 · 정치적 권리에 관한 국제규약The International Covenant on Civil and Political Rights이다. 이 두 협약은 모두 1966년 유엔총회에 의해 승인되었고 1976년부터 실행되기에 이르렀다. 1990년대 중반에 이르러 135개국이 넘는 나라들이 이 두 조약을 받아들였다. 2023년 현재 경제적 · 사회적 · 문화적 권리에 대한 국제규약은 171개국이, 시민적 · 정치적 권리에 관한 국제규약은 173개국이 받아들였다. 여전히 많은 국가들이 이 두 조약에 대한 내부적인 비준 절차를 완료하지 않았으나, 국제법의 기본 원칙에 따라 두 조약에 참여함으로써 두 조약의 원칙을 존중하여야 하는 의무를 가지고 있다. 특히 미국은 1992년에 이르러서야 시민적 · 정치적 권리에 관한 규약을 비준하였고, 아직도 경제적 · 사회적 · 문화적 권리에 관한 규약을 비준하지 않았다. 세계인권선언과 함께 이 두 규약은 종종 국제권리장전으로 간주되기도 한다.

인권과 관련한 두 번째 논쟁은 토착민들의 권리에 관한 협약을 초안화하려는 최근의 노력과 관련이 있다. 1, 2세대의 권리가 개인에 중점을 둔다면, 3세대 권리third-generation rights는 집단의 권리에 중점을 둔다. 식민지 해방과정에서 식민지 민족들의 자결에 대한 그들의 집단적인 권리행사는 3세대 권리와 관련이 있다. 또 냉전 후의 인종분쟁은 소수민족 보호에 관한 관심을 불러일으켰고, 3세대 권리의 중요성을 더욱 부각시켰다. 게다가, 이러한 3세대 권리는 최근 들어 안전한 환경과 평화, 민주주의, 그리고 발전에 관한 권리의 표명을 포함하고 있다. 한 예로 발전권에 관한 선언The Declaration on the Right to Development은 1986년에 유엔총회에 의해서 승인되었다.

미국과 서유럽 등 서구사회가 구 소련을 비판하고 냉전정책을 합리화하기 위해서 시민적 · 정치적 권리를 강조한 반면, 구 소련은 미국의 인종차별을 비판하고 미국이 등한시하여 온 경제적 · 사회적 권리의 중요성을 역설했다. 한편 이들 동서에 속하지 않은 당시 제3세계 국가들은 경제적 권리에 더하여 문화적 · 집단적 권리를 현실화하기 위해 노력했다. 그들은 세계의 빈부격차를 강조하면서 미국과 서유럽 국가들의 모순된 외교정책을 비판하였다. 서구는 동구에 대해서는 정치적 · 시민적 권리를 부정하는 것을 비판하면서도 공산주의를 봉쇄하기 위해서 냉혹한 식민지 정권과 권위주의적 독재정권은 지지하였다. 또 서구는 개발도상국 국민들이 기본적으로 필요로 하는 권리를 무시했고, 이들이 발전할 권리를 인정하지 않았다.

인권 보편주의와 문화 상대주의

인권과 관련된 세 번째 논쟁은 과연 인권이 보편적인가 하는 문제에 관한 것이다. 즉 모든 나라, 모든 종교, 모든 문화, 모든 사람들에게 같은 인권을 동등하게 적용하는 것이 가능한가를 둘러싼 문제가 쟁점이 된다. 최근에 인권 보편주의와 문화 상대주의에 관한 논의가 중국, 콜롬비아, 쿠바, 인도네시아, 이란, 이라크, 리비아, 말레이시아, 멕시코, 미얀마, 싱가포르, 시리아, 베트남, 예멘과 같은 개발도상국들에 의해 재개되었다. 가장 강한 목소리를 낸 것은 과거 역사적으로 오랜 식민지의 지배를 받았고 근래에 빠른 경제성장과 인구증가로 국가적 자신감을 회복한 아시아 국가들이었다. 이들은 세계인권선언문과 다른 인권문서들이 서구의 가치들만을 반영한다고 주장했으며, 또한 서구가 자신들의 내부적인 문제를 서구적인 시각에서 개입한다고 주장했다. 이러한 논쟁은

1993년 비엔나에서 있었던 세계인권회의에서도 거론되었다.

이러한 논의는 주로 인권개입을 걱정하는 권위주의 국가들과 권위주의적 정권의 정치적 변화를 추구하는 서구의 민주주의 국가들 간에 일어나는 만큼, 상당히 정치적인 성격을 띠고 있다. 그러나 인권의 보편주의와 문화 상대주의에 관한 논쟁은 종교, 문화, 여성의 지위, 어린이 보호, 가족계획, 이혼, 여성의 할례 등의 관례와도 관련된 특히나 민감한 문제임에 틀림없다. 이러한 여러 가지 인권의 규정과 관련된 대립적인 논쟁에도 불구하고 인권의 중요성은 더욱 강조되었고, 유엔을 비롯한 많은 국제기구와 지역적 기구들, 많은 시민단체들까지도 인권의 범세계화에 큰 역할을 하였다. 다음에는 각 기구들을 소개하고 그 역할에 대해 알아본다.

유엔 기구와 인권

다음의 〈표 13-1〉에서 보는 바와 같이 유엔에서는 인권과 관련된 크고 작은 여러 협약과 조약이 체결되었다. 유엔의 각 기구와 협약에 대해 살펴보자. 유엔 소속 기구와 단체들은 인권 신장과 보호에 통합적으로 관련되어 있다. 유엔인권위원회The UN Commission on Human Rights는 경제사회이사회ECOSOC: United Nations Economic and Social Council의 감독하에 있는 기관으로, 유엔 설립 직후 1948년에 창설되었다. 이 인권위원회는 1948년 세계인권선언의 초안을 작성하였고, 국제규약International Covenant을 제도화하는 데 많은 업적을 이루었다. 또 규약을 통해 이들의 업무실행을 감독하기 위해 잘 정리된 절차와 감독기구를 세웠다.

시민적 · 정치적 권리에 관한 국제규약The International Covenants on Civil and Political Rights은 인권이사회The Committee on Human Rights를 설립하여 인권보고에 관한 국가보고문을 검토하고 경제사회이사회와 유엔총회에 보고한다. 이사회는 인권문제에 있어 각 국가의 시민들로부터의 개인적인 불만들을 조사할 수 있다. 위원회는 대부분의 업무시간을 시민적 · 정치적 권리에 관한 국제규약의 실행을 검토하는 데 할애하고 있는데, 미약한 인권보고문만 지니고 있을 뿐 회원국에 도전할 만한 실제 당국자가 없는 상황이다.

경제적 · 사회적 · 문화적 권리에 관한 국제규약The International Covenant on

표 13-1 유엔 주요 인권협약

9가지 주요 인권협약	비준시작일	감시기관(Monitoring Body)
국제인종차별철폐조약 (ICERD: International Convention on the Elimination of All Forms of Racial Discrimination)	1965.12.21.	인종차별철폐위원회 (CERD: The Committee on the Elimination of Racial Discrimination)
시민적·정치적 권리에 관한 국제규약 (ICCPR: International Covenant on Civil and Political Rights)	1966.12.16.	인간권리위원회 (CCPR: Committee of Civil and Political Rights(Human Rights Committee))
경제적·사회적 및 문화적 권리에 관한 국제규약 (ICESCR: International Covenant on Economic, Social and Cultural Rights)	1966.12.16.	경제적·사회적 및 문화적 권리위원회 (CESCR: The Committee on Economic, Social and Cultural Rights)
여성차별철폐협약 (CEDAW: Convention on the Elimination of All Forms of Discrimination against Women)	1979.12.18.	여성차별철폐위원회 (CEDAW: The Committee on the Elimination of Discrimination against Women)
고문 및 그 밖의 잔혹한, 비인도적인 또는 굴욕적인 대우나 처벌의 방지에 관한 협약 (CAT: Convention against Torture and Other Cruel, Inhuman or Degrading Treatment or Punishment)	1984.12.10.	고문방지위원회 (CAT: The Committee Against Torture)
아동권리협약 (CRC: Convention on the Rights of the Child)	1989.11.20.	아동권리위원회 (CRC: The Committee on the Rights of the Child)
모든 이주노동자와 그 가족의 권리 보호에 관한 국제협약 (ICMW: International Convention on the Protection of the Rights of All Migrant Workers and Members of Their Families)	1990.12.18.	이주노동자와 그 가족의 권리 보호 위원회 (CMW: The Committee on the Protection of the Rights of All Migrant Workers and Members of their Families)
강제실종협약 (CPED: International Convention for the Protection of All Persons from Enforced Disappearance)	2006.12.20.	강제실종위원회 (CED: The Committee on Enforced Disappearances)
장애인권리협약 (CRPD: Convention on the Rights of Persons with Disabilities)	2006.12.13.	장애인권리위원회 (CRPD: The Committee on the Rights of Persons with Disabilities)

출처 : OHCHR 홈페이지에서 저자가 번역 정리.

Economic, Social and Cultural Rights은 경제사회이사회에 실행감독권을 부여한다. 경제사회이사회는 원래 전문인심의회The Committee on Experts를 개설, 국가보고문을 검토하려 했으나, 이 기구는 사회 · 경제 · 문화적 권리에 중대한 책임을 행사할 수 없었다. 1985년, 경제사회이사회는 전문인심의회The Committee on Experts를 개별전문인심의회The Committee on Individual Experts로 대체하였다. 이 새 심의회는 필요한 식량, 안식처, 건강관리, 그리고 여타의 권리에 대한 기준을 감안할 때, 회원국들을 위한 국가적 지침을 세웠던 수단으로서의 역할을 해 왔다. 국가보고문을 검토하는 것뿐 아니라, 개별전문인심의회The Committee on Individual Experts는 NGOs와 IGOs로부터 보고문을 받기도 한다.

1993년의 비엔나 인권선언The Vienna Declaration and Programme for Human Rights은 유엔인권기구UNOHCHR: United Nations Office of the High Commissioner for Human Rights의 창립을 주장하였다. 유엔총회는 사무소를 설치하여 이를 허락하였고, 1994년 완전하게 제 기능을 갖추게 되었다. UNOHCHR은 외교적으로 인권을 증진 · 보호하는 책임을 지닌 가운데 각국에 자문과 기술적 지원을 제공하고, 유엔 교육과 공공 정보 프로그램 등을 조정하는 역할을 한다. 유엔인권기구 또한 인권보장의 현실화에 장애물이 되는 것을 제거하고 지속적인 인권침해를 방지하는 데 적극적인 역할을 했다. 유엔인권기구는 인권존중을 보장하기 위한 대화에 국가들을 연계할 수 있다. 그러나 불행히도 UNOHCHR이 국가들에게 인권이 국제적으로 인식되는 것을 지켜보라고 강요하기 위해 할 수 있는 일은 별로 없다.

비엔나 인권선언은 여성의 권리에 대해서도 다루었다. 국제사회는 오랫동안 여성들이 제도적으로 그들의 기본적 인권이 도외시된 것을 지켜봐 왔다. 비엔나 선언은 여성과 미혼여성의 권리가 국제적으로 인식된 인권분야에서 분리될 수 없는 영역을 형성한다는 것을 재확인했다. 1995년 중국 베이징에서 열린 유엔여성회의United Nations Conference on Women in Beijing에서는 인권으로서의 여성의 권리를 재주장하는 가운데, 여성의 권리의 위상은 남성의 권리와 비교해서 그다지 향상되지 않았다는 것을 강조했다. 이러한 남성과 여성의 인권 간에 불균형이 존재한다는 사실은 인권이 대부분 문화적으로 결정지어진다는 것을 보여준다.

국제노동기구ILO: International Labor Organization는 1919년 국제연맹의 자치기구로 설립되어 지금까지 존속하고 있는 기구이다. 국제기구와 독립적이면서도 한 유엔여성기구(UN Women: The United Nations Entity for Gender Equality and the Empowerment of Women)는 2010년 7월 창설된 국제기구이다. 유엔 회원국들은 수년간 양성평등과 여권신장(women empowerment)을 목표로 하는 기구 창설을 위해 끊임없이 노력해 왔다. 이러한 노력 끝에 탄생한 유엔여성기구는 유엔개혁어젠다(UN reform agenda)로부터 나왔다. 유엔개혁어젠다는 양성평등, 여권신장과 관련된 중요한 네 가지 사항을 포함하였는데, 여성발전을 위한 부서(DAW: Division for the Advancement of Women), 여성발전을 위한 국제적 연구와 트레이닝을 위한 기관(INSTRAW: International Research and Training Institute for the Advancement of Women), 성차별 문제에 대한 특별 고문(OSAGI: Office of the Special Adviser on Gender Issues and Advancement of Women), 유엔여성발전기금(UNIFEM: United Nations Development Fund for Women)이 그것이다.

유엔여성기구의 주요한 목표는 여성권익위원회 같은 국제정부기관의 여성과 관련된 정책 형성과 세계적 기준 마련을 돕는 것이다. 또한 필요로 하는 국가들에게 적절한 기술적 · 재정적 지원을 하며, 회원국들이 이러한 기준을 제대로 수행할 수 있도록 돕는다. 또한 정기적인 모니터링 시스템을 가지고, 유엔 시스템이 양성평등과 관련된 약속들을 계속해서 이행할 수 있도록 감시 · 감독하는 역할도 한다. 주요 활동으로는 유엔새천년개발목표에서 여성의 권익증진을 위한 조항을 포함시킬 것을 주장하였고, 1995년 중국 베이징에서 열린 4번째 세계여성회의(World Conferences on Women)에서 여권신장을 위한 국제적 캠페인을 발표하였다. 여성이주노동자들, 낙후된 지역의 여성권리 보장 등 양성평등과 여성의 권익을 향상시키기 위한 일에 계속해서 힘쓰고 있다. 유엔여성지원기구는 여성과 소녀들이 지역사회와 국제사회에서 강한 목소리를 낼 수 있도록 역동적이고 강한 선구자가 될 것이다. 또한 여성과 소녀들에 대한 차별을 없애고, 여러 분야에서 여성과 남성의 파트너로서의 평등함을 보여줄 것이다.

출처: 유엔여성기구 홈페이지 참조.

편으론 협력적인 이들 관계는 1945년 유엔의 창설과 함께 지속되었다. 국제노동기구는 세 기관으로 구성되어 있다. 총회International Labor Conference, 이사회Governing Body, 사무국International Lobar Office이 그것이다. ILO의 중점적인 목표는 국제노동기준을 설정하고 전 세계의 노동자의 권리를 향상시키는 것이다.

제2차 세계대전 이후 오늘날, ILO는 경제적 · 사회적 · 문화적인 인권과 관련된 협약들을 지지해 왔다. 결사의 자유 및 단결권의 보호에 관한 협약Freedom of Association and Protection of the Right to Organize Convention, 단결권 및 단체교섭권에 관한 협약Right to Organize and Collective Bargaining Convention, 동일가치 노동에 대한

남녀 노동자의 동일 보수에 관한 협약Equal Remuneration Convention, 강제노동 폐지에 관한 협약Convention Concerning the Abolition of Forced Labor 등이 대표적인 예이다. ILO는 시민적 · 정치적 권리에 비해 경제적 · 사회적 · 문화적 권리를 신장하는 중추적인 기구라고 할 수 있다.

지역적 인권협정과 관련 기구

지역적 인권협정 또한 국제적으로 인식된 인권을 승인하고, 신장하고, 보호하는 데 중요한 역할을 해 왔다. 유럽인권레짐European Human Rights Regime은 지역적 인권협정제도 중 가장 진보적이고 제도화된 것이다. 이 레짐은 1953년 체결된 유럽인권협약European Convention on Human Rights을 중심으로 조직되었다. 유럽인권협약은 대다수는 아니어도 경제권, 사회권, 문화권 및 시민권과 정치권을 포함한 세계인권선언에 기술된 많은 권리의 윤곽을 보여주는 몇 가지 의정서를 포함하고 있다. 그뿐만 아니라 이 협약은 유럽인권위원회European Commission of Human Rights를 창설하고, 그 기능으로 개인적 불만에 대한 고충 처리반과 같은 역할을 담당하게 하였다. 이 인권위원회는 청원을 조사하고 관련 정당을 위해 수용가능한 결의문 협상을 추구한다. 이러한 결의문이 협상되지 않을 경우, 청원은 유럽인권재판소European Court of Human Rights에 상정될 수 있다. 유럽인권재판소는 유럽의회Council of Europe의 각 구성원 국가로부터 한 명씩 판사로 참여하도록 구성되어 있다. 재미 있는 사실은 이러한 가장 포괄적인 제도적 장치들이 갖추고 있는 유럽이 인권분쟁이 가장 적은 지역이라는 점이다. 따라서 유럽인권위원회에 전달된 인권사건은 거의 없었으며, 인권재판소까지 이른 사건은 더욱 없었다고 할 수 있다.

미주인권레짐Inter-American Human Rights Regime은 '기구'라는 측면에서 유럽의 인권레짐과 흡사하다. 그러나 미주인권제도는 유럽의 인권제도와 달리 유명무실하다는 비판을 면하기 어려웠다. 이 제도는 미주기구OAS: Organization of American States를 기반으로 세 부분으로 나뉘어져 있는데, 미주인권협약Inter-American Convention on Human Rights, 미주인권위원회Inter-American Commission on Human Rights, 미주인권재판소Inter-American Court of Human Rights이다. 인권협약과 재판소는 인권에 관한 요구를 조사하고 판결하는 권한을 지니고 있다. 그러나 인권운동가들에게는 불행하게도 이 권한은 오직 이론상의 것일 뿐이었다. 회원국들은 이 같은 기구들을 무시하거나 회피해 왔다. 법적 형태는 존재하지만 다수의 회원국들에게 법이 더욱 효력을 지니도록 조치를 취할 정치적 의지는 결여돼 있었다.

아프리카 지역에서도 인권향상을 위한 노력이 이어져 왔다. 아프리카통일기구OAU: Organization of African Unity는 식민지화의 종식과 남아프리카공화국, 짐바브웨 그리고 스와질랜드 등지의 백인지배 종식에 관한 몇몇 회의와 선언을 후원해 왔다. OAU는 또한 미국을 포함, 전 세계에 걸친 인종차별을 중단할 것을 촉구하였으며, 남아공의 아파르트헤이트, 즉 백인에 의한 인종차별정책을 즉각적으로 중단할 것을 요청했다. 1998년 채택된 개인 및 민중의 권리에 관한 아프리카 헌장The African Charter on Human and Peoples' Rights은 2005년 1월 25일에 발효되었다. 이 헌장은 인간 개인의 인권뿐 아니라 집단적 권리도 강조했다. 헌장은 또한 위원회를 개설, 문서를 수집하고 아프리카의 인권과 국민의 권리를 연구하는 권한을 갖도록 하였다. 위원회에서는 불만을 듣고 논란을 해결할 전략에 대해 정부에 보낼 추천서를 작성할 수도 있다. 아프리카 인권제도는 이론적으로도 실제로도, 위원회에 비중 있는 권한을 부여하지 않았다. 국가주권에 대한 간섭과 침해를 염려하기 때문이다. 이러한 소극적인 자세는 아프리카 인권재판소에 대한 계획을 좌절시키고 인권의 지역제도화를 제한해 왔다.

시민단체의 역할

유엔은 상당부분 시민단체들의 도움을 받아 인권활동을 계속해 올 수 있었다. 시민단체들은 다양한 기능과 역할을 수행해 왔다. 유엔인권위원회를 위한 정보와 전문적 기술을 제공하고, 위반사례들을 감시하고, 인권기준들을 적용하며, 그리고 국가정책의 변화를 위한 국가 내의 대중적 지지를 종용하기도 한다. 인도주의적 시민단체들은 또 난민들과 각종 피해자들을 적극적으로 원조한다.

많은 인권 시민단체들은 1970년대에 창설되었으며, 특히 1975년 헬싱키 협정The Helsinki Accords이 서명된 이후 활동이 활발해졌다. 헬싱키 협정에서는 인권의 존중, 이동 및 언론의 자유 등이 크게 부각되었다. 따라서 각국의 인권문제는 국제적으로 감시와 논의의 대상이 되지 않을 수 없었다. 이것은 미국이 주도하는 서구 정부들과 시민단체들에게 동유럽과 구 소련의 인권을 감시하는 초석이 되었다. 시민단체와 정부의 꾸준한 감시는 공산주의를 약화시키는 요인이 되었으며, 시민 자유에 대한 보다 폭넓은 인식과 보다 많은 언론의 자유 보장, 반체제자들에 대한 처우 개선, 고문행위 근절 등에 기여하였다. 국제인권 시민단체의 수는 계속하여 증가하고 있으며 그들의 활동범위는 점점 더 다양해지고 있다. NGOs는 인권침해를 규명하고 조사하는 데 중요한 역할을 담당해 왔다. 이들의 활동영역은 위반에 대한 단순한 보고와 발표에서부터 인권보호 활동에 대한 강화, 인권상황 감시 및 대책 추진에까지 광범위하다.

또한 시민단체들은 1990년대 개최된 굵직한 주요 인권 관련 회의와 관련해 중요한 역할을 했다. 1993년 비엔나 세계인권회의와 1995년 베이징에서 개최된 제4회 세계여성회의 등이 대표적이다. 시민단체의 발의는 공식적인 회의결과를 조율해 내고 시민단체 회의를 조직화하는 데 방향을 맞추었다. 시민단체들은 공식적인 사절을 위한 정보를 제공하고 정부와 국제정책 입안자들에게 입장을 피력했으며 대표자들과 다른 시민단체들과의 연계를 형성하고, 어떤 경우에는 공식적인 파견단으로 대우받기도 했다. 그러나 다른 분야의 시민단체들과 마찬가지로 인권 시민단체들도 매우 다양하며 그들의 노력 또한 분산되어 있어 상당한 영향력을 발휘할 만큼 잘 조직되어 있는 경우가 드물다. 대표적인 인권 관련 NGOs를 살펴보면 다음과 같다.

인권활동으로 잘 알려진 NGOs 중 하나는 국제사면위원회Amnesty International이다. 국제사면위원회는 국제사회에서 발생하는 특정 정치범들에 중점을 두고 있으며, 그들을 구명하기 위한 공개 캠페인 등을 벌이는데, 이러한 국제사면위원회의 활동은 그 어떤 정치적인 색깔도 띠지 않는다. 이러한 부분은 유엔으로서는 실행할 수 없는 사안이었고, 국제사면위원회는 신중한 중립성으로 점차 명성을 얻었다. 이는 정권의 행태와 관계없이 조사하고 조사 대상국의 국내 로비에 구애받지 않고 활동함으로써 얻어진 결과이다. 1961년에 창설되어 2023년 현재 백 개 이상의 국가에서 2백만 명의 회원과 5백만 명의 활동가를 보유하고 있다. 국제사면위원회의 임무로는 다음 네 가지 핵심사항을 꼽을 수 있다. 양심수 석방, 공정하고 즉각적인 정치범 재판 시행, 사형 및 고문 등 잔인한 형태의 징벌 폐지, 사법 관할권 외의 사형집행과 행방불명을 저지하는 것이다.

국제사면위원회는 다음 몇 가지 전략을 추구한다. 첫째, 인권문제를 보도하고 관료들에게 인권유린과 관련된 교육을 진행하면서, 정부와 국제기구에 압력을 가하는 전 세계에 걸친 캠페인을 벌인다. 이렇게 세계 곳곳에 인권문제를 알리고자 하는 노력을 통해 인권에 대한 자각을 높일 수 있었으며 인권침해 상황 또한 자세히 전달할 수 있게 되었다. 둘째, 국제사면위원회는 양심수 또는 재판 없이 감금된 죄수들에게 법적 원조와 사회적 지지를 통해 도움을 제공한다. 셋째, 고문과 사행 집행의 즉각적인 위험에 처해 있는 사람들을 위한 긴급 조치 네트워크Urgent Action Network를 운영한다. 넷째, 국제사면위원회는 여성, 어린이, 노동자 인권 보호뿐 아니라, 의료와 법적 전문인들의 특화된 네트워크를 운영하고 있다(Pease, 2003).

국제사면위원회와 함께 대표적인 인권기구로 꼽히는 기구가 국제적십자위원회ICRC: International Committee of the Red Cross이다. 국제사면위원회가 정부로 하여금 국제사회에서의 의무를 다하도록 인권문제를 널리 공표하고, 정치적으로 국내 및 국제적 압력을 가하는 것에 의존하는 반면, 국제적십자위원회는 일반적으로 전쟁이나 내전 상황에서 인권을 확보하고 보호하기 위한 '조용한 외교'라는 접근을 취한다. 국제적십자위원회는 대부분 정계인사들이 회원국 대표를 맡음으로 인해 그 정체성에 의구심이 들 수도 있다.

그러나 이 기구는 각국 정부로부터는 독립된 국제기구에 해당된다. 이 기구의 임무는 전쟁의 희생자들을 돕는 것인데, 주로 민간인과 전쟁포로들이다. 그러나 국제적십자위원회가 관장하는 범위가 전쟁 중의 인권까지 확대됨에도 불구하고, 이 기구가 직접적으로 인권조약과 연계되지는 않는다. 적십자는 국내 적십자의 세계연맹과 국가의 위기 시에 인도주의적 원조를 제공하는 데 매우 활발한 활동을 펼치고 있는 적신월사Red Crescent를 지휘한다. 적십자의 임무와 법적 위상은 국제적 전쟁과 관련하여 제네바 협약Geneva Convention으로부터 부상하기 시작했다. 국제분쟁 속에서의 적십자의 위상은 불분명하나, 적십자는 에티오피아, 수단, 보스니아 그리고 체첸 등지를 포함한 여러 인접국가 간 분쟁지역에 인도주의적 원조를 제공하는 역할을 수행해 왔다. 적십자는 인권이라는 것이 전쟁과 같은 심각한 인권침해 상황 속에서도 유지되어야 함을 강조한다. 정부, 군사기관, 민간인은 국제법하에서 국제적 의무를 다하고 다른 인도주의적 원칙을 지킬 책임이 있다. 적십자는 중립적 권한과 공평성에 대해 전 세계가 커다란 관심을 가지고 이를 존중해 줄 것을 요구하는 데 가장 많은 노력을 할애하고 있다.

인권감시단체인 휴먼라이츠워치HRW: Human Rights Watch는 인권침해를 규명하고 널리 알리는 또 다른 NGO이다. 이 단체는 인권상황을 감독하는 확장된 네트워크를 보유하고 있으며, 인권침해에 대해 책임이 있는 다른 비국가주체들과 협력한다. 이 비국가주체들은 국내기업과 다국적기업, 게릴라그룹, 마약 카르텔과 같은 범죄기구들도 포함한다. HRW에서는 또한 학내 자유권, 국내 폭력, 교도소 환경 등과 같은 영역에까지 활동범주를 넓히는 등, 특별하게 창의적인 모습을 엿볼 수 있다. HRW는 국가별 인권보고에 기초한 연간보고서를 발간하고 있다. HRW의 명성은 그 보고서가 국회에서나 혹은 의회 청문회에서 최고책임자 또는 장관들이 참고하고 사용할 정도로 영향력이 크다.

국경없는의사회MSF: Medecins Sans Frontieres는 1971년에 설립되었으며 이 단체에 소속된 의사, 간호사 등 총 3만여 명의 회원들이 70개국 이상에서 프로그램을 진행하고 있다. 이 단체는 이데올로기나 국가의 특성과 관계없이 위험에 처한 사람들에게 의료사업을 제공한다. 국제사면위원회, HRW, 국경없는의사회 등도 국제적십자위원회와 같이 정부와 정부 간 국제기구들과는 독립적으로 존재하며, 인권문제 개선에 헌신의 노력을 다하고 있다. 국경없는의사회는 관련국의 정치적 정당과 협력하기 위해 애쓰고 있으나, 필요에 따라 군이나 민간 정부 당국자들의 승인 없이 의료원조를 제공하기도 한다.

앞에서 본 바와 같이, NGOs는 국제사회에 인식된 인권의 보호에 있어 중요한 역할을 수행해 왔다. 그러나 인권과 관련된 협정이 늘고 NGOs가 더욱 확산되어 가고 있음에도 불구하고 대규모로 무자비하게 자행되는 인권침해는 지속되고 있다. 대량살상, 인종청소, 조직적인 성폭행, 즉결사형, 민족 대량살상 등은 냉전 이후 곳곳에서 빈번하게 발생하고 있다. 또 경제적 · 사회적 권리는 개발도상국들에서는 일상적으로 부인된다. 이런 심각한 인권침해의 현실은 국제사회의 관심을 불러일으켰고, 많은 NGOs는 이러한 국가들에 대해 정치적 압력을 행사하고 각국의 인권운동가들을 발굴하는 노력을 이어 왔다.

인도주의적 개입에 대한 새로운 기준과 실행

가장 심각한 인권탄압 사례는 냉전이 종식되면서 제3세계 각 지역이 인권의 사각지대로 빠져들면서 생겨났다. 그처럼 냉전 이후, 인종적인 갈등은 최악의 인권침해 사건들과, 가장 풀기 힘든 정치적 딜레마를 양산해 왔다. 그리고 보스니아와 코소보에서의 인종청소ethnic cleaning, 르완다의 집단학살, 소말리아의 기아, 그리고 이라크의 억압을 피해 난민이 된 수천 명의 쿠르드족들은 언론의 관심을 불러일으켰으며 지도자들이 무언가를 해야 한다는 대중적 요구를 형성하였다.

유엔은 이에 대해 헌장 제7장에 기초하여 두 가지 서로 다른 방향으로 해결책을 모색했다. 첫째, 유엔은 희생자들에게 물질적 · 경제적 원조를 제공하였다. 유엔난민기구UNHCR: United Nations High Commissioner for Refugees는 주로 이러한 활동들을 조직했으며, 무고한 피해자들에게 식량과 의약품, 피난처와 원료 등을 전달하기 위해 많은 시민단체들과 연합했다. 둘째, 유엔은 평화유지군을 투입하여 약자를 보호하고 식량과 의약품을 공급하는 한편 폭력과 고통으로부터 시민을 보호하기 위한 인도주의적 개입을 시도하였다. 그러나 이러한 인도주의적 개입은 유엔으로 하여금 일련의 어려운 분쟁들에 말려들게 하였고, 많은 논란을 불러일으켰다.

인권향상을 위한 노력과 보호정책은 전통적으로 정치와 외교적 영향력으로 작용해 왔지만 강제력을 띠기보다는 해당 국가를 설득하고 그들로 하여금 인권상황을 향상시키도록 하는 방향으로 실행돼 왔다. 그러나 냉전시대가 종결된 이후로부터, 국제무대에서의 인권문제의 실행은 국제정치에서 논쟁이 될 만한 성격으로 부상했다. 이라크, 소말리아, 보스니아에서 유엔의 인도주의적 조치는 '인도주의적 내정간섭'이라는 개념으로 새로운 해석이 시도되었다. 인도주의적 내정간섭이란 한 주권국가의 국내 사안에 '독재적 간섭dictatorial interference'을 행하여 인권을 보호하고 실행하도록 유도하는 것을 의미한다(Pease, 2003: 244). 독재적 간섭은 비강제적인 정책과 강제적인 정책 모두를 포함한다. 비강제적 정책은 경제제재, 원조의 중단 · 보류, 반대정당에 자금지원 등의 정책을 말한다. 강제적 정책은 정부의 동의를 받지 않고 목표 대상국의 영토 사법권 이내에서 군사적 수단을 사용하는 것이다.

인도주의적 내정간섭을 둘러싼 논쟁은 다음과 같은 중점적인 질문을 중심으로 이어진다. 국제기구가 국제적으로 인식된 인권을 제공하며 보호하기 위해 한 국가의 주권을 침해하는 것이 과연 언제 허락되는 것인가? 어떠한 것이 허락된 간섭이고 어떠한 것이 허락되지 않는 간섭인가? 유엔헌장 2조를 보면, 주권의 기본적 원칙인 '비간섭의 원칙'을 명시하고 있다. 유엔은 회원국들의 국내 사법권 침해를 금지하고 있으며, 어느 회원국도 문제의 해결을 위해 유엔에 보고할 필요가 없다. 또 다른 문제는 유엔이 인권개입에 관한 기준과 실행을 선택적으로만 적용해 왔다는 점이다. 유엔은 보스니아, 소말리아, 르완다 사태에 인도적 개입을 실행했다. 그러나 수단이나 리비아, 시에라리온, 아프가니스탄 등과 같은 국가에서의 내전이나 인도주의적 재해 등에 대해서는 거의 무관심했다. 미국을 비롯한 발언권이 큰 회원국의 이익과 부합하지 않는 곳에서 자행된 인권탄압 사태에 대해서는 수수방관했다는 뜻이 된다. 또 미국이 적극적으로 개입한 코소보에서는 유엔이 NATO에게 그 주도적 위치를 양보해야 했다.

인도주의적 간섭은 선진국의 개발도상국에 대한 정치적 압력의 수단으로 사용될 수 있다는 우려가 있다. 몇몇 개발도상국가들은 차관 요구 시 선진국이 이를 거절하는 수단으로 인권문제가 사용될 것이라 주장한다. 실제로 세계은행은 말라위에 지원하던 원조를 중단하고 케냐에 지급하려던 차관을 제한했다. 그 이유는 1992년에 발생한 인권폭동 때문이었다. 중국에 지원했던 지원자금도 1989년 천안문사태 당시 중국 정부의 강경진압과 탄압 이후 대폭 축소되었다. 개발도상국가들은 세계은행이 정치적 중립을 핵심으로 여기는 세계은행 헌장에 위배되는 행동으로 개발차관을 정치화하고 있다고 주장한다.

예를 들어, 펑Li Peng 전 중국 총리는 인권문제와 관련해, "인권의 문제는 각국 주권의 의결사항이다. 한 국가의 인권상황은 그 국가에 대한 역사와 국가적 여건 등을 통합적으로 고려하지 않은 가운데 판단되어서는 안 된다. 중국은 인권문제를 하나의 구실로 사용하여 타국의 국내사안을 간섭하는 태도에 반대입장을 표명한다."고 밝혔다(New York Times, 1992). 이러한 중국의 인권에 대한 태도는 현재에도 크게 변화된 것이 없다고 해도 무방하다. 중국 중앙정부는 사회적 안정을 위해 중국 내 언론과 인터넷, 활자물 등을 검열하여 강압적 정책과 소수민족 탄압정책을 펼치고 있다. 특히 신장 위구르 자치구역과 티벳에서 일어나고 있는 분리운동에 대해서 대대적인 인권탄압정책을 펼치고 있으며 파룬궁문제에 대해서도 심각한 인권침해를 하였다.

중국으로부터 지원을 받는 대부분의 개발도상국들은 이러한 상황에 동의하는 입장을 취할 것이다. 무엇보다도 이것은 현재 위태로운 그들의 주권에 관한 문제이다. 유엔은 강대국들의 주권을 침해할 의지도 힘도 없다. 유엔의 주권침해는 오직 약소국들에게만 가능한 것이다. 강대국들은 인권침해를 자행한다는 이유로 정치적 적대국을 처벌하려 하는 가운데 그들과 동맹관계에 있는 국가의 인권침해의 사실은 눈감아 줄 수도 있는 것이다. 개발도상국들은 이러한 이중적 기준에 대해 우려를 표하면서 또한 다른 것을 강조한다. 시민적 · 정치적 권리의 침해는 유엔의 간섭을 촉발하나, 경제적 · 사회적 권리의 침해는 그렇지 않다는 것이다. 세계은행과 국제통화기금은 마음대로 그들의 차관에 대한 대가로 구조조정을 요구한다고 한다. 이 구조조정이란 해당 국가 시민들의 경제적 · 사회적 권리를 침해하는 것이다.

인권과 인도주의적 개입에 대한 이러한 견해에 반대하는 주장은, 그 정의와 의미에 상당부분 의견의 불일치가 있음에도 불구하고 인권은 국제사회에서 상당한 합의가 이루어져 있다고 말한다. 많은 국가들이 여러 인권조약에 가입되어 있고, 그에 의해서 인권문제는 상당히 국제화되었다. 어떤 인권문제가 한 국가의 사법권 이내에 있느냐 없느냐의 문제는 필연적으로 상대적인 문제이고, 이는 국제관계의 발전과 관련된 문제라는 것이다. 인권은 노예제도나 식민제도만큼이나 국제적인 문제이다. 노예제도와 식민제도 모두 한때 국내적 문제였으나, 더 이상 어떤 환경에서든 둘 중 어느 것도 국내적인 문제로만 받아들여지지 않는다. 인권도 마찬가지라는 것이다.

강제적 개입으로 뚜렷하게 구분될 수 있는 최초의 유엔 조치는 페르시아만 위기사태 때 이루어졌다. 유엔군과 이라크군 사이에 적대행위가 중단된 이후 이라크 정부는 반란하는 이라크 북부의 쿠르드족과 시아파Shi'ite 이슬람 교도들을 진압하기 위해 난폭한 출정에 나섰다. 1991년 유엔 안보리는 명백하게 주권국가 내에서 일어나고 있는 일이지만 실질적으로 인권사태라고 볼 수 있는 이 문제를 국제 평화와 안보에 연계시켰다. 이후 유엔은 이라크계 크루드족을 위한 피난처를 조성하기 위해서 이라크 정부의 동의 없이 북 이라크에 군부대를 파견했다. 이라크는 특별한 사례이다. 왜냐하면 이는 전통적 안보문제와 관련된 집단안보 행동의 일부분이었기 때문이다. 패배한 이라크는 북 이라크에서 유엔 조치를 받아들이는 것 외에 별다른 선택의 여지가 없었다. 그럼에도 불구하고, 유엔 결의안 제688호는 만장일치와는 매우 거리가 멀었다. 중국과 인도는 투표를 기권했다. 쿠바, 짐바브웨, 그리고 예멘은 반대표를 던졌다. 이라크가 고립되고 곤란한 지위에 처해 있었음에도 불구하고 개발도상국들은 전통적 주권국가의 권리를 훼손할 수 있는 선례에 대해 민감하게 대응했다.

많은 개발도상국들은 인권침해에 대한 주장이 다른 동기를 은폐하는 구실로 악용되는 것을 우려하고 있다. 일방적 무력사용은 대부분의 경우 국제관계에서 무력의 위협이나 사용을 금지하고 있는 헌장 2조 4항을 명백히 위반하는 것으로 비난받는다. 국제기구는 인권침해 사태를 바로잡기 위해 무력사용을 승인할 수 있으나 이것이 반드시 개입을 정당화하거나 그를 허용하는 것이라고 볼 수 없다. 동카리브국가기구Organization of East Caribbean States는 미국인 의대생들을 보호하고 시민적 · 정치적 자유를 회복시키기 위해 그라나다에서의 미국의 개입을 허용했다. 그러나 국제사회의 대다수와 총회 회원국의 상당수는 이 조치를 비난했다. 국제기구가 결의문을 행동에 옮기기 위해 회원국가의 군대에 의존해야 하는 한 그들은 위험한 상태에 처한 사람들의 권리와 복지에 대한 고려가 아니라 강대국의 이해에 따라 움직이게 된다는 비난에 시달리게 되는 것이다.

인도주의적 개입에 대한 선진국과 개발도상국 간의 이견으로, 국제사회는 인권문제를 사례별로 해결해야 하게 되었다. 소말리아에서 시민질서가 무너지면서 많은 사람들이 기아와 질병 위기에 빠지자, 1992년 유엔 안보리는 소말리아의 사태를 국제 평화와 안보에 대한 위협으로 간주하고 인도주의적 지원을 제공하기 위한 모든 필요한 수단을 동원할 수 있도록 인가했다. 또한 안보리는 인도주의적 지원을 방해하는 자는 전범혐의를 받을 수 있다고 선언했고, 이는 전쟁하고 있던 대항자들에 대한 직접적인 경고를 의미했다. 소말리아에서의 유엔 조치는 즉각적인 지원을 제공하는 데 성공했으나 평화를 지속할 수 있는 정치적 환경을 조성하는 데는 별다른 영향을 미치지 못했다. 유엔은 사실상 쫓겨나다시피 소말리아에서 물러나야 했고 이는 인권보호를 위한 무력사용에 대해 의문을 불러일으켰다. 무력을 사용하면서 동시에 기존의 국내정치계 내에서 중립적인 입장을 취한다는 것이 가능한가?

소말리아의 인도주의적 위기가 유엔의 강압적인 조치를 초래한 반면 다른 사태들은 비교적 주목받지 못했다. 북한, 르완다, 브루나이, 모잠비크, 동티모르,

아프가니스탄, 수단의 심각한 인권침해 사태는 적어도 소말리아만큼 긴박했음에도 불구하고 다자적 조치로 이어지지 않았다. 어떤 종류의 인권과 얼마만큼의 심각성이 유엔의 강압적인 검토를 유발하는지에 대한 명백한 패턴이 아직 등장하지 않은 것이다. 냉전기간 동안 안보리는 기능이 마비된 상태였고 따라서 당시 심각했던 캄보디아, 과테말라, 엘살바도르, 칠레, 그리고 에티오피아에 대한 어떤 신중한 검토도 이뤄지지 못했다. 냉전 이후 이라크, 소말리아, 그리고 구유고연방에서 유엔 조치가 행해졌다. 구 유고연방의 인도주의적 위기상황은 인권보호를 위한 무력사용과 집단 대량학살, 전쟁범죄, 그리고 인류에 반한 범죄 등과 같은 가장 파렴치한 인권침해 행위로 고발된 사람들을 처벌하는 제도를 창출해 낸 사례연구의 예로 검토될 수 있다.

계속되는 인도주의적 개입의 실패로 세계리더들은 2005년 유엔 정상회담에서 보호책임원칙R2P: Responsibility to Protect의 개념을 정립하였다. 이 개념은 첫째, 국가는 제노사이드, 전쟁범죄, 인류에 반하는 범죄, 인종청소 등에서 국민을 보호할 최초 책임이 있다. 둘째, 국가가 이를 충족시키기 위하여 국제사회는 이를 도울 의무가 있다. 셋째, 국제사회는 외교적 혹은 여타의 인도주의적 그리고 평화적 방법을 이용하여 국민을 보호하기 위해 노력해야 한다. 만일 국가가 이러한 보호에 실패하거나 혹은 그러한 범죄의 주체가 된다면 국제사회는 유엔을 통한 집단적 무력사용과 같은 더욱 강한 방법을 사용하도록 준비하여야 한다.

난민문제

국경을 넘어선 대규모 인구이동은 국제 평화와 안보를 위협하는 것들 중 하나이다. 불안정한 국제정세는 수많은 사람들을 자신이 살고 있었던 거주지에서 쫓아냈다. UNHCR에 따르면 2023년 현재 약 1억 3백만 명 이상의 사람들이 자신의 원래 거주지에서 쫓겨났으며, 이 중 난민으로 인정받은 사람은 약 3,350만 명이다. 난민의 이동은 피난에 나선 개인들에게도 엄청난 어려움을 주지만, 국경을 넘어 안전지대와 식수 및 음식을 찾는 수많은 사람들로 인해 이웃 국가들에게도 불안정을 가져다준다.

많은 사람들의 예상과 달리 난민의 대부분은 난민 발생국 근처의 개발도상국에서 지내고 있다. 난민의 74%가 저소득 혹은 중소득 국가에서 지내고 있으며, 69%는 이웃 국가에서 지내고 있다. 또한 전체 난민의 41%는 18살 이하의 미성년자이다. 최근에는 시리아, 베네수엘라, 우크라이나, 아프가니스탄, 남수단 순으로 가장 많은 난민이 발생하고 있는 상황이다.

국제사회는 이러한 국가 없는 사람들을 보호해 주고, 인도적 지원을 제공해 왔다. 유엔은 제2차 세계대전 이후의 이러한 난민문제를 해결하기 위해 1950년, 총회 결의를 통해 UNHCR을 창설하였다. 유엔총회는 전 세계의 난민을 보호하고 난민문제 해결을 위한 국제사회의 노력을 이끌고 조정하는 임무를 UNHCR에 부여했다. 난민의 권리와 복지를 보장하는 것이 일차적 목표이며, 모든 사람의 비호권을 보장하고 다른 나라에서 안전한 피난처를 찾도록 돕는다. 난민들은 자발적으로 본국으로 돌아가거나, 비호국에서 정착하거나 또는 제3국에서 재정착할 수 있다. UNHCR은 다자적 원조를 조정하고 곤경에 처한 난민들을 위한 지속적인 해결책을 찾아내는 책임을 지닌다. 각 난민상황에 대해 영구적인 정착지를 설립하고 긴급구조와 보호를 제공한다. 더 중요한 역할은 유엔 회원국 사이의 국제적 협력을 도모하는 일이나, 이것은 간혹 회원국의 법적 의무의 영역을 넘어서는 경우가 많아서 쉽게 이루어지지 않는다.

1951년 난민의 지위에 관한 협약Convention Relating to the Status of Refugees과 1967년 난민의정서에 따르면, 난민이란 "인종, 종교, 국적, 정치적 견해, 특정 사회단체 참여 등의 이유로 인한 박해의 공포를 피해 조국을 떠난 후, 귀환하지 못하거나 귀환하려 하지 않는 사람"을 말한다. UNHCR은 50년 이상 약 5천만 명의 난민들이 새로운 삶을 시작할 수 있도록 지원했으며, 지금도 123개국 9,300명 가량의 직원들이 전 세계의 난민들을 돕고 있다.

UNHCR에 소속된 국가들은 난민을 귀환시키지 않거나 또는 탄압받을 상황으로 되돌려 보내지 않을 법적 의무를 가지고 있다. 이처럼 강제소환을 하지 않는다는 원칙을 농르풀르망 원칙Principle of Nonrefoulement이라고 부른다. 이 원칙에 따라 난민들은 궁극적인 보호를 받을 수 있으며, 합법적인 난민의 신분을 얻는 데는 여러 가지 행정적 절차가 필요하다.

먼저, 개인은 특정 국가에 들어가서 망명asylum을 신청한다. 망명을 부여하는 권리는 국가주권이다. 망명이 제공되면 그 개인은 UNHCR에 등록되고, 법적 난민으로 간주된다. 이후 더 영구적이고 지속적인 해결책은 자발적 송환voluntary repatriation, 재정착resettlement, 동화assimilation의 세 가지 방법으로 마련된다. 자발적 송환은 난민의 조국 상황이 조속한 시일 내에 변화될 가능성이 없다면 매우 힘든 일이다. 재정착은 보통 난민과 제3국 간의 개별적 인연이 있는 경우에 가능하다. 가족이 제3국에 있다거나 제3국이 필요한 특별한 특기를 소유하고 있는 경우가 이에 속한다. 대부분의 경우 세 번째 동화의 방법을 채택하게 된다. 난민들은 어느 정도의 기간이 경과된 후에 시민권을 신청할 수 있는 기회가 주어진다.

표면적으로는 난민의 정의가 매우 포괄적으로 보이지만, 소위 탄압의 범위가 그렇게 넓은 것은 아니다. 개인적인 학대만이 정의에 포함될 뿐 내전, 외국의 점령, 폭력, 국내불안 등의 이유로 도망쳐 온 경우는 포함되지 않는다. 또한 가난이나 자연재해 등의 이유로 난민행렬에 나선 경우도 포함되지 않는다. 그 이유는 이런 것들은 모든 사람들에게 해당되는 재난이기 때문이다. 난민의 자격을 따기 위해서는 자신이 개인적 탄압의 대상이었다는 근거를 제시해야 한다. 따라서 난민의 정의는 매우 제한적이고, 난민임을 인정받는 절차도 까다롭다.

UNHCR의 권한은 법적 난민을 보호하고 보조하는 것 이상이다. 아시아의 불안정과 아프리카의 식민지 과정은 대규모의 무질서와 폭력사태를 초래하였고, 1951년 협약에 따른 법적 난민이 아니지만 실질적으로는 난민에 준하는 무수히 많은 사람들이 배출되었다. 1957년, 유엔총회는 UNHCR로 하여금 난민의 정확한 지위에 대한 논쟁과 상관없이 홍콩의 중국인들을 도울 수 있도록 하는 사무실, 즉 굿 오피스Good office를 사용할 수 있도록 인가하였다(Gordenker, 1987). 따라서 중국인 망명신청자는 법적으로 난민의 지위를 획득하지는 못하지만 UNHCR 기금으로 도움을 받을 수 있게 되었다.

UNHCR은 지난 1972년 사이프러스에서 쿠데타와 튀르키예의 침공으로 난민행렬이 이어졌을 때에도 행동을 취했다. 굿 오피스 사용권이 주어지면서 UNHCR은 협약에 의해 정해진 난민들 이상으로 외국의 점령, 내전, 일반적 폭력사태 등으로 생겨난 사실상의 난민들을 보호하는 일로 역할을 확대하면서 권한영역을 넓혀 나갔다. 국제법이 정하는 난민의 정의는 매우 제한적이지만 UNHCR의 역할은 크게 확대된 것이다. UNHCR로서는 바람직한 일이지만 국제법과 현실의 괴리는 법적인 난민의 보호와 사실적 난민의 보호 사이에서 UNHCR의 역할이 딜레마에 빠지는 단서를 제공했다.

UNHCR은 매년 난민의 상황과 유엔 회원국의 지원 여부에 따라 약 4억 달러에서 10억 달러 정도 예산을 사용하고 있다. 이 기구의 예산은 국가들의 자발적인 기부에 의존하고 있고 미국, 일본, 독일 등 선진국들의 할당금이 대부분을 차지한다. UNHCR은 난민문제 해결을 위해 다른 유엔기구들과도 긴밀하게 협조한다.

세계식량기구WFP: World Food Programme는 1963년 설립되어 유엔체제 내에서 구호식량을 배분하는 데 중추적인 역할을 하는 기구이다. 이 기구는 위기 시에 긴급구호식량을 공급하는 일과 일반적인 경제 · 사회적 발전을 도모하는 두 가지 역할을 하고 있다. 세계식량기구는 전 세계적으로 난민들에게 기초식량을 공급하는 역할을 해 왔고 UNHCR과 이 부분에서 협력하고 있다. UNHCR은 또한 세계보건기구WHO: World Health Organization와도 긴밀한 협조관계를 맺고 있다. WHO는 난민들의 건강문제에 우선적 책임을 가진다. 소아마비, 홍역, 수두 등의 전염병의 백신을 제공하고 출산과 어린이들의 건강도 책임진다. 또 암과 에이즈 같은 치명적인 병에 대한 예방교육과, 난민촌에서 번지기 쉬운 말라리아나 장티푸스 같은 질병의 확산방지를 위해 노력하고 있다.

이들 IGOs뿐만 아니라 UNHCR은 다양한 난민 관련 NGOs와도 협업을 진행하고 있다. NGOs와 실행 파트너IP: Implementing Partner로 계약을 맺고 이들의 전문성을 활용하여 난민 캠프 내에서 다양한 개발협력사업을 맡기고 있다. 예를 들어, 한국의 NGO인 굿네이버스는 탄자니아의 냐루구수 난민 캠프에서 UNHCR의 실행 파트너로서 콩고민주공화국과 부룬디 난민을 위해 공동시장을 설치하여 이들의 자립을 돕는 사업을 진행하기도 하였다.

UNHCR과 관련 기구들의 활동이 복잡한 양상을 띠는 것은 대부분의 난민 위기가 국제전쟁 혹은 내전에서 비롯되고, 국내질서의 파괴로 이어지기 때문이다. 이 같은 상황은 가뭄이나 홍수와 같은 환경적 조건에 의해 악화되는 경우가 많고 기아나 질병이 수반되는 경우가 허다하다. 많은 사람들이 법적 난민의 조건을 갖추지 않기 때문에 유엔기구들은 대부분 실질적 난민을 다루어야 하고, 이것은 전쟁 당사자들과 연루되는 경우도 많다. 이들은 난민에 공급되는 인도주의적 보조를 전쟁의 수단이나 무기로 사용하는 경우도 있다. 유엔 구호단원들이나 구호물품이 폭력과 약탈의 대상이 되는 경우도 있다. 사태가 혼란상태로 가면서 이러한 위기의 장기적인 해결책은 인도주의적 보조만이 아니다. 장기적 해결책은 조기경보 메커니즘과 위기 후 국가건설 등을 포함한다. 따라서 인권문제는 점점 더 국제 평화와 안보 문제와 긴밀하게 연결된다.

그동안 인권문제는 국제정치의 중요한 관심사가 되었다. 체첸, 이라크, 보스니아, 소말리아, 코소보, 르완다, 브룬디 등에서 일어난 인권탄압과 난민위기는 상당한 국제적 관심을 불러일으켰고 많은 개입을 수반하였다. 2011년부터 발발하여 2023년 현재까지 완전히 해결되고 있지 않는 시리아 내전은 20만 명 이상의 사상자와 천만 명 이상의 난민을 발생시켰다. 시리아 난민문제는 난민문제가 한 국가에 국한된 문제가 아니라는 것을 명확히 보여주었다. 시리아 난민문제로 유럽은 큰 위기를 겪었으며, 그 위기는 여전히 진행 중이다.

역사적으로 정부와 시민 간의 관계는 국가의 주권영역에 속하는 문제로 국내문제였다. 그러나 1945년 이후, 특히 1970년 이후에 인권은 점차 국제적 문제로 인식되기에 이르렀다. 인권문제는 국가주권에 도전한다는 점에서 항상 문제의 대상인 동시에, 반인륜적인 범죄라는 점에서 국제적 개입의 대상이 된다. 그러나 현 시점에 이르기까지 인권문제는 일괄적인 국제적 개입의 대상이라기보다는 강대국들의 입장에 따라 사안별로 개입 여부가 결정돼 온 것도 무시할 수 없는 사실이다.

인권문제의 미래

유엔은 국제정치에서 인권에 관한 기준들을 세우는 데 중심적인 역할을 해 왔다. 1948년에는 외국인들에 대한 노예화나 집단학살, 그리고 학대 등만이 법적으로 금지되었다. 1980년대 중반에 이르러, 그 대상이 여성이나 어린이, 소수민족들과 토착민족민들을 포함하는 개인이나 특정 단체들을 포함하도록 확대되었다. 각국은 여전히 국내문제에 대한 내정 불간섭을 정당화하기 위해 국내 관할권을 정기적으로 언급하고 있지만, 그래도 과거보다는 정도가 덜한 편이다. 중국을 비롯한 10여 개가 넘는 국가들은 자국을 변호하고 공개적인 '망신'을 피하기 위해, 막대한 외교자금을 지출하고 있다. 이것은 인권문제가 이제 국내문제로만 치부되는 시대가 아니라는 것을 반증하는 것이다. 이제 인권은 국제적으로 보호받아야 하며, 비록 강제적용까지는 아직 무리라 하더라도 그 적용이 보편적으로 가능하다는 생각이 널리 받아들여지고 있다. 또 세계 대부분 국가들이 국제규약을 비롯해 기타 인권 회의들을 비준한 상태다.

국가들 스스로가 인권탄압 실태를 보고하는 것만이 감시와 강제를 위한 유일한 수단이었던 시대와 비교하면, 유엔은 실로 먼 길을 걸어온 셈이다. 인권문제에 대한 이해의 폭이 넓어졌을 뿐만 아니라 그 대상도 확대되었다. 인권규약 위반과 탄압실태에 대한 공개적인 감시의 핵심이 남아프리카공화국이나 이스라엘 같은 전통적으로 유엔이 경계해 오던 국가들을 훨씬 넘어서게 되었다. 이 과정에서 시민단체들이 큰 몫을 했다. 그들은 인권활동에 대해 독립적인 감시활동을 벌였고, 유엔이 한 번도 시도하지 못했던 방식으로 인권위반 사례들을 공표했으며, 불매운동이나 처벌 등을 포함하는 인권 위반자들에 대항하는 국제운동들을 주도했다. 더욱이, 인권시민단체사회는 다양한 유엔 산하기관들의 일에 통합되어 왔다. 시민사회의 대표자들로서 유엔과 시민단체들 간에 긴밀한 협력이 이뤄진 것이다.

그러나 국경 내의 인권위반으로부터 개인이나 단체들을 보호하려는 시도는 전통적인 국가주권 개념과 정면으로 대치된다. 국가들에게 여성이나 가정에 대한 법을 개정하도록 하는 것은 주권의 특징인 국내문제에 관한 자율성의 원칙에 직접적으로 모순되는 것이다. 생명을 구하고 전범 재판소를 세우기 위해 유엔이 보스니아, 소말리아, 르완다에 개입한 것은 국가주권마저 조건부라는 것을 여실히 보여준다. 인권을 국제문제의 중심에 놓음으로써, 명백히 유엔은 주권에 관한 딜레마를 더욱 심화시켰다.

민주주의의 확대와 국제적인 경제통합, 그리고 냉전 이후의 통신혁명과 함께, 인권위반에 대한 인식과 구체적인 지식이 크게 확산되었고, 국제적인 조치에 대한 요구 역시 더욱 커졌다. 그러나 그러한 요구가 급증한 것이 현실적인 감시체제가 강화됐다는 것을 의미하지는 않는다. 국제사회는 현재의 감시 및 강제 기제가 매우 약하다는 현실을 직시해야만 한다. 강제집행이라는 것이 대상 국가들의 감정이나 자존심을 손상시키는 것이기 때문에, 유엔은 강제집행 면에서는 훨씬 더 많은 실패를 기록했다. 그러나 냉전 이후에 몇몇 주목할 만한 발전들이 있었다. 선거를 돕기 위한 적극적인 프로그램들이 출현했으며, 인도주의적 개입에 관한 기준과 실행방안이 구체적으로 드러났다. 더욱이, 시민단체들은 인권을 감시하고 촉진시키고, 인권탄압을 강제로 규제하는 국제적인 기관들의 진행과정에서 통합적인 부분을 수행하였다. 지역적인 인권체제 역시 중요한 요소의 하나이다.

특히 인권분야에서 시민운동 현상이 나타난 것은 주목할 만한 일이다. 유엔을 통해 인권을 촉진하는 데 있어서 어떠한 세력도 핵심 역할을 하지 않았다. 미국은 인권협정에 서명하고 비준하는 데 있어 적극적이지 않았으며, 네덜란드나 노르웨이, 인도나 캐나다 등 비교적 적극적이었던 국가들 역시 매번 지도력을 발휘한 것은 아니었다. 국가들보다는 국제사면위원회와 같은 시민단체들이 더 중추적인 역할을 했다. 따라서, 앞으로 어떻게 시민단체들의 참여를 보다 효율적으로 만들 수 있을 것인지, 얼마나 더 긴밀히 시민단체들과 연계할 것인지가, 인권문제를 둘러싼 유엔 개혁의 주된 목표 가운데 하나라고 할 것이다.

토론 주제

1. 유엔의 재정적 · 지리적 한계 때문에 유엔의 활동은 불완전하고 한정적일 수밖에 없다. 이러한 제약 속에서 유엔은 각 국가의 NGOs와 연계하여 한계를 극복하려 시도 중이다. 이렇게 유엔의 역할 중 일부를 NGOs에 위임하고 권한을 부여할 경우 나타날 수 있는 단점은 무엇인가?
2. 개발도상국에 대한 인권문제 해결을 위해 경제적 제재조치와 기술적 · 행정적 · 재정적 지원 중 어느 수단이 더 효과적인가?
3. 무분별한 인도주의적 개입은 인도적 개입을 빙자한 주권 간섭의 가능성이 존재한다. 반면 유엔은 상황이 극적으로 발전된 경우에만 평화유지군 배치를 통해 인도적 개입을 허가하지만 그 시기가 늦어 상황 개선이 힘들다는 지적이 있다. 인권보호를 위한 인도적 개입을 위해 국제기구의 승인이 필요할까?
4. 인도적 개입을 허가하는 국제기구로서 지역기구와 유엔 중 어느 곳의 권한이 우선시되어야 하는가?
5. 국제사회는 자원적 한계로 인해 모든 인권침해 사건에 개입하기엔 실질적으로 제약이 있다. 이런 현실하에서 1세대 권리, 2세대 권리, 3세대 권리 중 어느 권리침해에 대한 개입이 우선시되어야 하는가?

chapter
14

환경과 국제기구

최근 국제사회에서 가장 중요한 이슈를 꼽으라면 환경문제를 들 수 있을 것이다. 물론 그 이전에도 환경에 대한 문제제기는 꾸준히 진행되어 왔으나, 소위 '하위정치low politics'로 간주되었을 뿐, 정치적으로 중요하게 부각되지는 못하였다. 1980년대 이후 이념 간의 대립이 와해되면서 국제적 관심이 인권, 여성, 환경 등으로 다원화되기 시작하였고, 특히 그 가운데 환경문제는 일개 국가만의 노력으로는 해결되기 어려운 범지구적 문제로 부각되었다. 최근 들어, 환경변화로 인해 환경위기가 실질적으로 느껴지면서 환경문제는 국제사회에서 더욱 중요한 문제가 되었다.

과거에 안보문제와 필수적으로 연계되는 영역은 주로 군사와 정치였다. 그러나 탈냉전의 세계질서는 안보개념의 확대를 요구하며, 환경문제의 포괄성에도 영향을 미쳤다. 예를 들어 기후위기에 가까운 기후변화는 지구환경의 균형을 교란하는 데 그치지 않고 모든 국가와 국민의 생존마저 위협하고 있다. 구체적으로 기후변화의 영향이 모든 국가에 평등하게 작용하지는 않지만, 전반적으로 국가의 식량과 산업 생산을 감소시키고 이로 인해 국민 생활수준을 낮추는 결과를 초래함으로써 결과적으로 국가안보를 위협하고 있다. 환경문제는 이렇듯 '지구안보' 또는 '공동안보'라는 새로운 안보범주를 탄생시키는가 하면 '환경안보'를 새롭게 추가하는 등 국가안보의 범주확대를 촉진하고 있다(정준금 외, 1999).

산업 자본주의의 발달과 급속한 경제성장, 자원의 무절제한 남용은 유한한 자원을 고갈시키고 지구환경을 악화시키기에 충분하였다. 일부에서는 경제 성장과 개발의 지속적인 진행이야말로 환경오염을 기술적 개선을 통해 해결할 수 있는 방법이라고 주장하기도 한다. 그러나 어떠한 형태로든 앞으로의 경제개발은 생태학적으로 건강하고 지속가능한 형태로 진행되어 후손에게 피해를 주지 않도록 하는 방향에서 모색될 수밖에 없다. 그 속에서 각국의 경쟁적인 노력이 진행될 것도 자명한 사실이다. 따라서 환경문제를 둘러싼 논란과 고민은 국제 사회에서 해결해야 할 뜨거운 쟁점이 되고 있다.

환경문제에서 국제협력의 중요성

환경문제는 특히 환경오염의 피해 및 영향이 한 국가에 한정되지 않고 인접국가나 지구 전체에 광범위한 영향을 미치고 있어 국제적 협력이 매우 중요하다 할 수 있다. 예를 들어 한 국가가 배출한 온실가스는 그 국가의 대기에만 영향을 미친다고 할 수 없다. 지구환경의 특성상 온실가스 배출은 배출국은 물론 타국의 기후변화에도 영향을 미치는 것이다. 중국 대륙으로부터 시작된 황사먼지가 타국에 미치는 영향과 같이 중국의 환경문제는 그로 인해 각종 폐해가 중국 내에 국한되지 않고 한반도는 물론 일본에까지 파급되고 있다는 점에서 동북아 국가들의 공동 관심사가 아닐 수 없다.

하딘(Hardin, 1968)의 '공유지의 비극Tragedy of the Commons'은 인류의 자산인 지구환경이 파괴되어 가는 과정과 지구환경이 수용 불가능의 한계에 다다랐을 때 나타날 수 있는 문제점들을 목장에 비유하여 잘 설명하고 있다. 그는 모든 가축의 소유자들이 가축을 방목하기 위해 공동의 목초지를 사용하는 상황을 들면서 개개인이 소중한 공동의 자원을 파괴하는 과정을 묘사하고 있다. 그의 주장에 따르면, 가축의 수에 비해 초원의 풀이 무성할 때는 아무런 문제가 없으나 가축의 수가 지나치게 늘어나 목장의 수용능력이 한계에 도달하게 되면 마침내 비극이 발생하게 되어 공유지의 비극을 가져온다는 것이다.

각자의 목동은 공동의 목초지는 '무료'이기 때문에 그 목초지를 사용해서 가축의 양을 최대한 늘릴 경우 경제적 인센티브를 얻게 된다는 것을 깨닫게 된다. 따라서 방목되는 개체의 수가 조금씩 늘어갈 때는 목동에게 늘어난 소로 인한 최대한의 이윤이 돌아가고 환경적으로는 초원의 질이 떨어지지 않는 평형상태를 유지할 수 있다. 그러나 각각의 목동은 남들보다 더 많은 이익을 얻고자 자신이 소유한 가축의 방목을 더욱 늘리게 되고 과잉 방목은 마침내 목장의 평형상태를 무너뜨리게 되어 공유지가 황폐해진다. 방목을 늘린 것은 개인의 이윤을 위한 것이지만 그로 인한 목장파괴와 복구비용은 그 집단 전체가 공동으로 부담하게 된다.

그러나 목동 각자가 목장보호의 필요성을 인식하더라도 타인의 추가방목이 공동비용으로 분담될 것이라고 가정하기 때문에 자신도 과도한 방목을 자제하지 못한다는 것이다. 이러한 상황하에서 목동 각자는 가능한 최대로 가축의 방목을 늘리면 자신의 이익이 극대화될 수 있다고 생각한다. 이 결과 수용한계를 넘어선 목장은 파멸에 이르고 황폐화된 목장으로 인해 가축은 굶어 죽게 된다.

공유지의 비극은 국제적 공공자원이 어떻게 급격히 고갈되고 있으며, 환경을 보호하고자 하는 국제적 행위자들이 왜 어려움을 겪고 있는지 이해하는 데 큰 도움이 된다. 하딘의 지적은 모든 국가가 지구차원에서의 공동선 확보보다는 국가차원에서 자기이익의 극대화를 우선적으로 추구하기 때문에 환경파괴가 불가피하지만 해결은 매우 어렵다는 점을 시사한다. 즉, 모든 국가가 공동재를 이용하지만 어느 국가도 이를 관리하지 않기 때문에 환경파괴가 인류 생존을 위협하는 수준으로 심화되었으므로 지구환경문제의 해결을 위해서는 국제협력이 필수적으로 요구된다는 것이다.

따라서 국제사회의 대다수 국가를 아우르는 국제기구는 각 국가 간의 국제협력을 도모하여 광범위하고 체계적인 환경보호 활동에 있어 중요한 임무를 띤다고 할 수 있겠다. 또한 개별국가의 노력만으로는 한계가 있는 과학적이고 전문적인 조사와 분석, 국가 간의 의사 조율 및 합의, 효과적인 대응책 마련과 그 이행 및 감시는 체계적인 상설조직을 갖추고 있는 국제기구의 역할을 크게 필요로 한다(박재영, 2003).

일개 국가의 문제가 아닌 초국가적 환경문제를 초래하는 문제들로 산성비, 오존층 파괴, 온실가스의 증가로 인한 온난화 현상 등이 대표적인 지구환경문제로 꼽히며 1972년 유엔인간환경회의 이후 다양한 지구환경 관련 쟁점들이 국제협약과 국제회의를 통하여 그 보전과 회복을 위해 현재 전 지구적으로 모색되고 있다.

유엔인간환경회의

1972년 스웨덴 스톡홀름에서 개최된 유엔인간환경회의UNCHE: United Nations Conference on Human and Environment(또는 스톡홀름 회의)는 환경문제에 대한 우려가 유엔체제 내에서 처음으로 부각되는 한 획을 그은 것으로 평가받는 국제환경회의이다. UNCHE는 인류의 안정, 자연자원의 관리, 환경의 교육적 및 사회적 측면 개발, 그리고 국제조직에 대해 26개의 주요 원칙과 109개의 주요 제안이 수립되었다. 이 회의는 환경문제에 대한 법적 구속력을 갖지는 못했지만 본 회의를 시점으로 하여 환경보호를 위한 국제협력을 이끌어 내는 성과를 낳았다.

UNCHE의 목적은 지구환경을 보호하고 천연자원이 고갈되지 않도록 국제적인 협력체제를 구축하고자 함이었는데, 이를 위해 113개 참가국은 인간과 환경에 관한 스톡홀름 선언을 채택, 선언의 부속서에 109개의 행동강령을 명시하였다. UNCHE에서 참가국은 전문과 26항의 원칙으로 구성된 인간환경선언을 결의하였다. 전문에서 "자연 그대로의 환경과 인간에 의해 만들어진 환경은 모두 인간의 복지, 기본적인 인권 나아가서는 생존권 그 자체의 향유를 위해 기본적으로 중요하다."고 밝히면서 인간환경 보호의 중요성을 강조하였고, 선진국이냐 개발도상국이냐를 막론하고 전 세계 모든 국가들이 지구환경을 위해 노력해야 할 것임을 당부하였다. 또한 야생동물 보호, 천연자원 고갈 방지, 유해물질의 배출 규제, 해양오염 방지 등을 규정하고 있다. 또한 인간환경선언의 결의에 따라 제27차 유엔총회는 유엔환경계획UNEP의 창설을 결정하기에 이르렀다.

유엔환경계획

유엔환경계획UNEP: United Nations Environment Programme은 1972년 UNCHE의 '인간환경선언' 결의에 따라 지구환경문제를 위한 유엔 산하의 전문기구가 필요하다는 인식하에 창설된 국제기구이다. UNEP는 지구환경 보존을 위한 국제적 협력을 촉진하고 회원국 간의 활동 및 국제회의를 관리하며 지구환경 관리 및 환경평가 활동 등을 맡고 있다.

UNEP가 다루는 주요 환경문제는 월경 오염을 낳는 오존층 파괴, 지구 온난화, 해양오염 등을 포함하여 야생동물 및 멸종위기의 동·식물을 보호하는 생물다양성 보존, 수질오염, 핵에너지 사고 방지 등 지구환경 전반에 걸친 다양한 분야를 아우르고 있다.

또한 환경정보 수집 및 제공을 목적으로 설치한 지구환경감시시스템Global

Environmental Monitoring System에서는 이러한 정보들을 각국에 제공하여 지구환경 보호에 과학적 자료를 공유하고자 한다. 그뿐만 아니라 세계자원정보 데이터베이스를 구축하고 국제환경정보조회시스템을 운영하여 대기, 해양, 화학물질 등 환경 및 자원에 관한 정보를 필요한 기관에 제공한다.

UNEP는 경제사회이사회ECOSOC: United Nations Economic and Social Council 산하에 있다. UNEP는 초국가적 권력을 갖고 있지 않으므로 환경보호를 위한 이들의 활동을 위해서는 각 국가들, 유엔 기구들, 그리고 비정부기구들의 협력이 있어야만 한다. UNEP의 조직은 집행이사회, 사무총장이 이끄는 사무국, 환경관리이사회, 환경기금, 그리고 유엔 내에서 환경 관련 활동을 조정하기 위한 조정위원회로 구성되어 있다. 사무국과 환경관리이사회는 유엔의 정규예산으로 운영되지만, 그 밖의 주요 활동기금은 각국 정부의 자발적 기부금으로 충당된다. 본부는 케냐의 나이로비에 있는데 이는 개발도상국의 압력에 의한 것으로, UNEP는 그 본부를 제3세계에 둔 최초의 유엔 기구가 되었다.

여기서도 알 수 있듯이 UNEP가 풀어야 할 당면과제 중의 하나가 바로 개발도상국과 선진국의 갈등으로 인해 적극적인 문제해결이 어렵다는 점이다. UNEP는 전 지구적으로 지구환경을 모니터하기 위한 네트워크를 형성하고 협정을 맺기 위한 초안을 작성하는 데 있어서 과정상의 어려움을 겪기도 하였다. 이것은 선진국과 개발도상국의 갈등과정에서 드물지 않게 발생하는 일이며, UNEP의 본부가 지리적으로 아프리카 케냐에 있어서 다른 국제기구들과의 거리상으로 너무 멀다는 점도 문제가 있다(Balaam and Veseth, 2001).

UNEP는 산업개발에 관여할 역할과 권한을 갖고 있지 않으며, 선진국들은 UNEP의 기능과 역할을 환경감시, 환경의 평가, 그리고 환경과 관련한 기술적 · 과학적 임무로 국한시키고, 현재의 부문별 기구들의 역할에 대해 간섭하지 못하도록 제한하고 있다. 선진국들은 환경문제를 쌍무적 혹은 다자적으로 접근하거나 또는 UNEP 이외의 다른 국제기구를 통해 다룸으로써 UNEP의 활동을 주변화시키고 있다(Hass, 1991).

유엔환경개발회의

유엔환경개발회의UNCED: United Nations Conference of Environment and Development

는 1972년에 열린 UNCHE 개최 20주년을 기념하여 1992년 6월 브라질의 리우데자네이루에서 개최된 회담으로서 '지구환경회담Earth Summit'이라 불리기도 한다. 환경 관련 NGOs 및 3만여 명의 환경전문가와 총 183개국 국가정상급 및 행정수반급 정부대표가 참여한 대규모 회의로서 경제개발과 환경보호의 조화와 이를 위한 국제적 협력을 도모하기 위한 것이었으나 여기서도 선진국과 개발도상국 간의 의견대립이 발생하였다. 개발도상국 대표들은 지금까지의 지구환경 악화의 원인 제공자인 선진국들과 동일한 환경규제를 적용받는 것은 부당하다는 주장을 제기하였다. 이들은 선진국의 환경파괴 행위에 대한 책임을 물으며 개발도상국에 대한 재정지원 및 기술이전 등을 요구하였다. 환경문제는 그 특성상 국지적 또는 몇 개 국가의 노력만으로는 근본적인 해결이 불가능하기 때문에 개발도상국의 협력은 필수적이었다. 따라서 선진국들은 환경보호에 따르는 재정적 부담을 약속했고 그 결과로 개발도상국과 선진국은 '차별적 공동책임 부담 원칙'에 합의하였다.

참가국들은 이 회의를 통해 지구 온난화 방지를 위한 '기후변화방지협약'과 생물자원 보전을 위한 '생물다양성보존협약', '삼림보존원칙' 등에 합의하였다. 또한 "환경적으로 건전하고 지속가능한 개발ESSD: Environmentally Sound and Sustainable Development"을 주제로 향후 지구환경 보전의 기본원칙이 될 '리우 선언'과 그 실천 계획인 '의제 21Agenda 21'을 채택하였다. 그리고 UNCED 결정의 이행상황을 검토 · 감시할 지속개발위원회CSD: Commission on Sustainable Development를 설치하기로 하였다.

UNCED는 무수히 많은 환경문제 및 환경 관련 사회경제적 개발문제들을 다루기 위해 전 세계의 대부분의 국가들이 한자리에 모였다는 점에서 성공적이라는 평가를 받고 있다. 이 회의에서는 국가의 정부뿐만 아니라 여성단체, 과학자, 기업 등이 대거 참여하였으며, UNCED를 통해 비정부기구의 중요성이 국제사회에 크게 부각되었다. 비정부기구들은 환경문제를 정의 혹은 재정의하거나 정부를 대상으로 로비활동을 펼치고 규정에 대한 문서초안을 작성하며, 국제합의 사항의 수립 및 실행을 위해 국제 환경체제에 영향력을 행사하고 있다. 이들 비정부기관들은 국내 및 국제적 환경정책 수립에 있어서 중요한 자리를 확보하였으며 점차적으로 이들의 활동영역과 영향력은 강화될 것으로 보인다.

리우 선언

리우 선언Rio Declaration 또는 Rio Earth Charter은 UNCED의 결과에 따라 환경과 개발에 관한 기본원칙을 담은 선언문이다. 1972년 스웨덴 스톡홀름에서 열렸던 UNCHE의 인간환경선언을 재확인하면서 그로부터 20년 뒤인 1992년 6월 리우데자네이루에서 열린 UNCED 마지막 날 150여 개국 대표가 서명하여 채택되었다.

리우 선언의 전문에서 알 수 있듯이 리우 선언은 모든 국가와 사회의 주요 분야, 그리고 모든 사람들 사이에 새로운 차원의 협력을 이끌어 냄으로써 새롭고 공평한 범세계적 동반자 관계를 수립할 목적으로 제창되었다.

총 27개의 원칙으로 구성된 리우 선언의 주요 내용은, 지속가능한 개발을 위해 인간은 자연과 조화를 이룬 건강하고 생산적인 삶을 향유하여야 하고(원칙 1), 지속가능한 개발을 성취하기 위하여 환경보호는 개발과정의 중요한 일부를 구성하며 개발과정과 분리시켜 고려되어서는 안 되며(원칙 4), 환경영향평가제도가 국가적 제도로 실시되어야 하고(원칙 17), 각 국가와 국민은 이 선언에 표명된 원칙의 실천을 향하여 성실히 또한 동반자의 정신으로 협력해야 한다(원칙 27)는 내용을 담고 있다.

리우 선언은 당초 '헌장'으로 발표될 예정이었으나 개발도상국의 반대에 부딪혀 '선언'으로 조정됨에 따라 법적 구속력이 없다. 그러나 리우 선언의 원칙들이 향후 지구환경문제와 관련된 국제적 합의 또는 환경협약을 맺는 데 있어 기본적인 지침으로 활용될 수 있을 것으로 전망된다.

의제 21

의제 21Agenda 21은 리우 선언과 함께 UNCED에서 채택되었으며 리우 선언의 정신을 실현하기 위해 세부 실천계획을 담은 행동강령이다. 이것은 21세기를 향한 지구환경 보호의 구체적인 행동지침으로 전문과 4부, 39개 의제로 구성되어 있다. 의제 21에는 대기, 수질, 토지 등 각종 환경사안에 대한 해결방안을 비롯하여, 환경문제의 원인이 될 수 있는 지나친 경제발전, 환경에 대한 사회적 인식 부족 등 각종 요인에 대한 해결방안 등을 그 내용으로 포함하고 있다. 그뿐만 아니라 환경문제 해결을 위한 법제도 개선, 선진국의 기술이전 및 재정지원 등의 광범위하고 포괄적인 행동지침을 담고 있다.

의제 21은 총 40개의 장으로 구성되어 있으며 환경보호와 경제개발에 대한 진취적인 프로그램들을 보여주고 있다. 또한 의제 21의 추진과제의 실행 및 통제를 지원할 수 있는 유엔지속가능개발위원회CSD: Commission on Sustainable Development의 설립을 요구하고 있다. CSD는 1992년에 설립된 ECOSOC 산하의 기관으로 1천여 개가 넘는 비정부기구들이 위원회의 활동에 참여하여 국내 혹은 국제 환경개발 프로그램의 협력을 강화하는 역할을 맡고 있다.

또한 의제 21은 환경보호와 지속가능한 개발을 위한 재정지원에 대해 언급하고 있는데 지구환경기금GEF: Global Environment Facility이 1991년부터 운영되면서 지구환경 보호를 위한 재정지원의 역할을 담당하고 있다. 이는 제2세계의 온실효과, 생물 다양성 파괴, 해양오염 등의 관리 및 지원을 위한 재정지원을 장려하기 위해 설립된 기관으로서 세계은행World Bank과 유엔환경개발기금UNDEP: United Nations Development and Environment Fund의 두 기관이 함께 운영한다.

의제 21은 각국에 대해 강제적인 구속력은 갖지 못하지만 국가 스스로 지구환경 보호에 동참할 수 있도록 구체적인 방향을 제시하고 있다. 리우 선언과 더불어 새로운 지구환경질서의 실천토대를 마련하고 각국 정상이 직접 참석하여 환경문제를 논의함으로써 환경문제를 지구 최대의 현안으로 부각시킨 큰 성과로 평가받고 있다.

지속가능한 개발

리우 회의의 주요 골자라 할 수 있는 지속가능한 개발Sustainable Development은 유한한 지구자원과 인간의 무한한 개발욕심 사이에서 환경과 인간의 조화를 이루고 무분별한 자원고갈을 막아 후대에 지속적으로 발전가능한 지구환경을 건설해야 한다는 개념이다. 20세기 들어 환경오염이 심각해진 것은 특히 인구증가의 가속화와 과학기술의 산업화, 급속한 도시화, 대량생산 · 대량소비의 시장경제 원리에 의한 것이다. 따라서 환경문제는 기본적으로 경제개발과 긴밀하게 연관되어 있다. 개발을 지속하기 위해서는 환경파괴를 감수해야 하고, 환경을 보호하기 위해서는 개발을 늦추어야만 한다. 이러한 문제는 "환경적으로 건전하고 지속가능한 개발"이라는 새로운 사안을 등장시켰다. 오존층의 파괴와 천연자원의 고갈 등 심각한 우려를 낳고 있는 현 사안에 있어서 이는 지구환경의 유한성이라는 측면과 경제개발 개념에 맞물려 오늘날 사회경제 분야에도 중요하게 부각되고 있다.

1987년 유엔의 환경과 개발에 관한 세계위원회WCED는 '우리들의 공동 미래 Our Common Future'라는 보고서를 통하여 "지속가능한 개발을 경제성장과 환경보전을 조화시킬 수 있는 새로운 개념"으로 제시하고, "현 세대의 욕구를 충족시키기 위한 개발은 미래의 세대들이 그들의 욕구를 충족시킬 수 있는 능력에 손상을 주지 않는 범위와 방법 내에서 이루어져야 한다."고 주장하였다. 이른바 '부룬트란드 보고서Bruntland Report'라고 불리는 이 보고서에서는 빈곤과 불평등의 문제가 특히 강조되었으며 빈곤과 환경 문제의 밀접한 관련성 등을 제시하였다.

많은 환경운동 단체들은 환경과 개발의 관례를 조화와 균형의 시각으로 바라보고 있다. 이러한 관점은 환경문제가 근본적인 위기상태에 처해 있다는 것을 기본적으로 전제하고 있다. 성장지상주의, 개발지상주의를 환경의 유지와 보호라는 방향에서 통제해야 한다는 것이 주요 골자이다. 성장과 개발을 전적으로 부정하는 것은 아니나 환경위기의 극복을 위한 노력이 우선되어야 하며, 그 속에서 성장과 개발이 이루어져야 한다는 것이다.

지구환경의 위기와 이를 극복하기 위한 국제적 협력의 필요성을 부각시킨 1972년 UNCHE의 의미는 높게 평가받고 있으나 이후 실질적인 국제적 협력은 여러 가지 문제에 부딪혀 원활히 이루어지지 못하고 있다. 리우 회의의 본 목적과 그 정신에는 공감대를 형성하면서도 국가의 이해관계에 있어서는 첨예한 대립이 발생하여 뚜렷한 해결책을 찾아내지 못하는 실정이다. 그뿐만 아니라 개발도상국에서 지속가능한 개발을 정착시키기 위해서는 수질, 토양, 산림, 자연생태계 등의 환경조건을 회복하는 것이 우선되어야 하는데 이를 복구하기 위한 기술력과 자본이 부족하여 선진국의 기술 및 경제적 원조가 절실하다. 개발도상국에 부존되어 있는 열대림과 야생동식물은 비단 당사국에 속해 있는 것뿐만 아니라 전 인류의 공동자산이라는 점에서 그에 대한 보전과 회복에 소요되는 비용을 누가 어떻게 부담해야 하는가에 관해 국제적인 합의를 이끌어 내는 것도 중요하다(전창조 · 최학유, 2001).

예를 들어, 지구의 허파라 불리는 아마존의 심각한 산림훼손은 단순히 그 지역만의 문제로 볼 수 없다. 브라질 환경부는 지난 20년간 아마존 열대림 가운데 프랑스 전체면적에 해당하는 만큼 광범위한 녹지가 황폐화됐다고 주장하고 있는데, 이와 함께 아마존 열대림이 현재와 같은 속도로 계속 파괴될 경우 앞으로 200년도 채 안 돼 사라질 것이라는 전망도 나오고 있다. 세계 산소생산량의 절반을 차지하는 아마존강 유역의 산림훼손은 이산화탄소의 대기오염을 가중시켜 지구 온난화와 기상이변의 재앙을 몰고 올 전망이다. 또 지구상 생물종의 절반이 이곳에 서식하고 있어 지구촌 생태계에도 악영향을 줄 것으로 우려된다.

아마존뿐만 아니라 지구 곳곳에서 막대한 생태학적 · 사회학적인 중요성을 갖고 있는 열대림의 벌채가 행해지고 있다. 벌채권은 해당 지역 정치인들에게 큰 이권으로 작용하고, 이 지역에 살고 있는 사람들의 경제적 발전을 위한다는 명목 아래 벌목이 이루어지고 있다. 경제적 발전에 어려움을 겪고 있는 국가들의 경우 환경보다는 당장의 국가경제를 우선시해야 한다는 입장을 보이고 있어 환경보호의 외침은 요원할 수밖에 없다. 아마존은 전 지구적으로 최대규모의 이산화탄소 흡수원인 동시에 산소 발생원이라는 점에서 국제적으로 큰 의미를 갖는 곳이므로 당사국에만 그 해결책을 강구하도록 맡겨놓을 수만은 없다. 아마존 벌목이 지속가능한 개발이 아닌 무분별한 개발로 이어질 경우 지구 대기환경에 악영향을 미칠 수 있고, 지나친 벌목은 생태계를 위협하여 종의 지속성을 해칠 뿐만 아니라 홍수를 발생시키고 사막화를 초래할 수도 있다.

아마존의 예에서도 보듯이 개발도상국의 입장에서는 빈곤을 퇴치하기 위하여 개발이 우선될 수밖에 없기 때문에 개발과 환경보호 사이의 갈등이 끊임없이 남북격차의 문제를 야기하기도 하였다. 그러나 이러한 문제는 현재 선진국과 개발도상국 간의 환경과 개발을 연계하는 방법론이 꾸준히 개진되면서 점차 해결점을 찾아가고 있다.

앞서 언급하였듯이 지구환경문제는 국경을 넘어 인접국에 영향을 미치는 초국가적 사안으로서 수질, 대기, 생태계 등 다양한 분야에 걸쳐 발생한다. 그러나 그 가운데서도 기후변화 현상과 오존층 파괴는 지구 전체를 뒤덮고 있는 대기문제라는 점에서 그 영향력이 파급되는 국가의 범위가 다른 환경문제들이 미치는 것에 비해 보다 광범위하다 할 수 있다. 또한 IGOs와 환경 NGOs 및 과학자들은 지구의 기후가 점차 높아짐에 따라 동식물의 생태환경이 변화되어 종의 멸종을 초래할 수 있고 적조현상, 엘리뇨, 사막화, 남북극의 빙하가 녹아 발생하는 해수면 상승 등의 문제에 대해 신속한 대처가 이루어지지 않는다면 인류는 오존층 파괴와 기후변화문제로 인해 파생될 수 있는 여러 가지 환경파괴의 위험에 직면하게 될 것이라고 경고한다. 따라서 이러한 사안을 해결하기 위한 국제적 차원에서의 다양한 해결방안이 시도되고 있는바, 기후변화문제와 기후변화협약에 따른 교토 의정서 및 오존층 파괴문제를 해결하기 위한 몬트리올 의정서를 중심으로 논의해 보고자 한다.

기후변화협약

기후변화에 대한 관심이 높아지기 시작한 것은 1980년대 중반 산업화 이후 과도한 이산화탄소 배출이 지구 온난화에 심각한 영향을 미치고 있다는 과학자들의 증언이 국제적인 반향을 가져오면서 시작되었다. 1970년대 초반 지구 온난화의 영향을 과학자들이 최초로 발표한 바 있지만 커다란 주목을 받지는 못하였고 그 이전까지는 지구 온난화에 대한 과학적 인식이 부족하여 가시적인 국제협력이나 이산화탄소 배출에 대한 국제적 차원의 규제가 사실상 불가능하였다. 그러나 1980년대 중반에 접어들면서 충분한 과학적 증거가 뒷받침되자 국제사회는 지구 온난화 현상에 관심을 집중하기 시작했다. 1988년 토론토에서 개최된 대기변화에 관한 회의에서 참가국들은 선진국의 이산화탄소 배출을 2005년까지 1988년 수준의 20%만큼 감소하기로 한다는 협의를 이끌어 냈다.

기후변화가 지구에 미치는 영향과 문제해결을 위한 과학적 분석 등을 위하여 1988년 세계기상기구WMO: World Meteorological Organization와 UNEP는 기후변화에 관한 정부 간 협의체IPCC: Intergovernmental Panel on Climate Change를 발족하기에 이른다. IPCC는 기후변화에 관한 과학적인 증거를 확보하고 기후변화의 영향과 국제적인 대응방안에 관한 체계적인 연구보고서를 작성함으로써, 추후 기후변화협약UNFCCC: United Nations Framework Convention on Climate Change 교섭 협상에 중요한 자료를 제공하였다. UNCED에서 도입된 기후변화협약은 "온실가스로 인한 기후 시스템의 위험한 변화를 방지할 수 있는 수준으로 온실가스 농도를 안정화"시키는 것을 목표로 하고 있다. 이 협약의 주요 내용은, 모든 당사국의 공녹색기후기금(GCF: Green Climate Fund)은 2010년 11월 멕시코 칸쿤에서 열린 유엔기후변화협약(UNFCCC: United Nations Framework Convention on Climate Change)에서 설립이 공식화되고 기금설립이 승인되었다. 이 기금은 온실가스 방출량의 증가로 계속되는 기후변화에 대응하기 위해 선진국들이 기금을 마련하여 개발도상국의 기후변화로 인한 피해를 줄이고 이에 적응할 수 있도록 지원하는 데에 그 목적을 두고 있다. 이는 유엔기후변화협약의 목표와도 일맥상통하며, 유엔기후변화협약의 목표 달성에도 많은 기여를 할 것으로 보인다. 한편, 독립적인 사무총장이 정해지기 전까지 유엔기후변화협약의 사무총장이 녹색기후기금의 사무총장직을 공동으로 맡기로 하였다. 녹색기후기금은 세계은행(WB: World Bank)을 중간관리 이사로 두고 있으며, 세계은행은 이를 위해 '녹색기후기금 신탁자금(GCF Trust Fund)'을 신설하였다. 2012년 10월 사무국 선정을 위한 이사회 투표를 통해, 대한민국의 인천 송도가 최종 사무국으로 선정되어 2013년 12월 4일 본사의 문을 열었다.

출처: 녹색기후기금 홈페이지 참조.

동이행 사항으로서 선진국의 의무사항으로 온실가스 배출은 2008~2010년까지 1990년 수준에서 평균 5.2% 감축하고, 기후변화 완화조치를 포함한 국가계획을 수립 및 시행하며, 온실가스 저감 기술 및 공정의 개발을 약속하고, 배출권거래제도와 청정개발체제 및 공동이행제도를 도입한다는 것이다.

기후변화협약은 이산화탄소의 배출을 1990년 수준으로 낮출 것을 권고하고 있는데, '권고' 이상의 효력을 갖지 못하여 대부분의 국가들이 배출량을 낮추지 못한 것이 사실이다. IPCC는 제2차 평가보고서에서 "인간이 지구상 기후의 변화에 영향을 미친 것이 분명하다는 증거가 있다."고 발표하였고, 이는 1997년 기후변화협약에 관한 교토 의정서Kyoto Protocol를 도입하는 과학적 계기가 되었다.

교토 의정서와 파리 협약

국제사회는 1992년 UNCED에서 기후변화로 인한 지구환경의 파괴를 막기 위해 UNFCCC를 처음으로 타결한 이래 1997년에는 기후변화 가스 배출에 대한 역사적 책임이 큰 39개 국가에 1차 공약기간인 2008년부터 5년간 1990년 배출량 수준에서 연간 약 5.2%를 감축하도록 하는 교토 의정서Kyoto Protocol에 합의했다.

교토 의정서는 1997년 UNFCCC의 제3차 당사국총회에서 채택되었다. 1995년 3월 독일 베를린에서 개최된 제1차 당사국총회에서, 각국은 협약상의 감축 의무만으로는 지구 온난화 방지가 불충분함을 인정하였다. 따라서 부속서 I 국가의 감축의무 강화를 위해 2000년 이후의 감축목표에 관한 의정서를 제3차 당사국총회에서 채택하기로 결정하였고, 1996년 7월에 스위스 제네바에서 개최된 제2차 당사국총회에서는 각료급 회의에서 각료선언Ministerial Declaration을 채택하고 제1차 총회 결정사항을 재확인하였다.

교토 의정서는 1997년 12월에 일본 교토에서 개최된 제3차 당사국총회에서 채택되었으며 2000년 이후 선진국의 감축목표를 주요 내용으로 하고 있다. 이는 온실가스 배출량을 줄이기 위해서인데, 그 경제적 비용이 막대하여 그동안 많은 논란이 일었다. 결국 구속력 있는 감축목표가 설정되지 못하였으며, 이것은 선진국들이 환경문제에 대한 국제사회의 여론 및 온실가스 배출에 대한 역사적 책임을 외면할 수 없어 감축목표에 합의하게 된 것이다.

회원국은 기후변화협약에 사전가입이 된 국가만이 교토 의정서를 비준, 승인, 또는 인가할 자격이 주어지며 서명을 해야 비로소 의정서의 가입국이 될 수 있다. 이것은 교토 의정서가 UNFCCC를 보조하고 동시에 감축의무를 강화시키는 역할을 갖고 있기 때문이다. 역으로 말하자면 의정서에 가입된 나라들만이 그 의무사항에 따라야 할 의무가 주어지며, 일정비율 이상의 국가들이 가입 · 비준할 시 의정서의 법적 효력이 발생하게 되는 것이다.

의정서의 주요 내용으로는, 첫째 선진국의 구속력 있는 감축목표 설정(제3조), 둘째 공동이행, 청정개발체제, 배출권거래제 등 시장원리에 입각한 새로운 온실가스 감축수단의 도입(제6조, 12조, 17조), 셋째 국가 간 연합을 통한 공동감축목표 달성 허용(제4조) 등을 포함한다.

교토 의정서는 기후변화협약의 설립 토대와 그 맥락을 같이 하고 동일한 궁극적 목표와 원칙을 가진다. 또한 기후변화협약과 마찬가지로 국가들을 부속서 I(Annex I), 부속서 II(Annex II, Annex I의 해당국 중 OECD 가입국), 그리고 부속서 I에 해당하지 않는 국가(Non-Annex I), 이 세 부류로 나누어 구분하고 있다. 기후변화로 인한 피해를 최소화하기 위한 정치적 노력은 환경과 경제에 막대한 영향을 준다. 기후변화에 드는 비용은 국가마다 큰 차이를 보이는데 선진국들은

표 14-1 교토 의정서 시행을 위한 마라케쉬 협정의 주요 내용

<table>
<tr><td>의무사항
(Commitments)</td><td colspan="2">교토의정서의 핵심은 부속서 I 에 해당하는 국가들의 배출제한에 법적 구속력을 두는 데에 있다. 그 외 다른 국가들은 공통의무사항을 준수해야 한다.</td></tr>
<tr><td rowspan="4">시행
(Implementation)</td><td colspan="2">감축의무를 지키기 위해서 부속서 I 에 해당하는 국가들은 국내 배출정책과 기준을 먼저 정해야 한다. 또한 탄소 흡수원을 이용하여 온실가스 배출량을 감소하도록 해야 한다. 국내정책과 더불어 조약국들은 공동이행제도(Joint Implementation), 청정개발체제(Clean Development Mechanism), 그리고 배출권거래제(Emissions Trading)의 세 가지 제도를 이용할 수 있다. 이 제도들은 비용절감 측면에서 국내보다는 해외시장을 이용하여 배출가스를 줄이는 데 의의가 있다.
*개발도상국에 대한 최소한의 타격(Minimizing impacts on developing countries): 교토 의정서와 그 정책집 중에는 개발도상국들이 협약으로 인해서 특별한 불이익을 받지 않도록 개발도상국들의 필요를 고려한 조항도 포함되어 있다. 특히 여기서는 기후변화에 큰 영향을 받는 국가들을 고려하고 있으며 국가들의 적응을 돕기 위한 보조금의 설립 등을 제시한다.</td></tr>
<tr><td>공동이행제도
(Joint Implementation)</td><td>선진국인 A국이 선진국인 B국에 투자하여 발생된 온실가스 감축분의 일정분을 A국의 배출저감실적으로 인정하는 제도이다. 이것은 주로 미국, 일본 등 OECD 선진국이 현재 시장경제체제로의 전환과정에서 어려움을 겪고 있는 동구권 국가(B국)에 투자하여 노후설비의 개보수 등을 통해 온실가스를 줄이는 사업형태로 추진될 전망이다.</td></tr>
<tr><td>청정개발체제
(Clean Development Mechanism)</td><td>교토 의정서 제12조에 규정된 것으로 선진국인 A국이 개발도상국인 B국에 투자하여 발생된 온실가스 배출감축분을 자국의 감축실적에 반영할 수 있도록 하는 제도이다. 이 제도는 선진국의 온실가스 감축비용을 줄이는 목적 이외에 개발도상국의 지속가능한 개발(sustainable development)을 지원하는 데에도 그 목적이 있다.</td></tr>
<tr><td>배출권거래제
(Emission Trading)</td><td>이것은 교토 의정서 제17조에 규정된 것으로 온실가스 감축의무가 있는 국가에 배출 쿼터를 부여한 후, 국가 간 배출 쿼터의 거래를 허용하는 제도이다. 이 제도는 각국이 시장원리에 따라 직접 혹은 거래소를 통해 거래함으로써 배출저감 비용을 줄이고 저감 실현을 용이하게 한다.</td></tr>
<tr><td>이행의무
(Compliance)</td><td colspan="2">당사국의 협정 불이행에 관해서는 이행위원회가 관할한다.</td></tr>
</table>

출처 : UNEP한국위원회, 「교토 의정서」, 유넵프레스, 2002.

현재 온실가스 배출과 과거에 행해진 배출의 3분의 2에 해당하는 책임이 있다. 개발도상국들은 국민 일인당 배출지수가 낮은 상태이나 경제개발이 절실하며 따라서 향후 온실가스 배출이 불가피한 상황이다.

또한 교토 의정서 제반 사항은 기후변화협약을 관리하는 기관에서 같이 행해

지며 여기에는 두 개의 산하기관과 사무국이 있다. 기후변화협약을 논의하기 위한 회의에 참가하는 나라들은 당사국총회를 개최하게 되는데 이 회의를 당사국총회COP: Conference of the Parties 또는 당사국회의MOP: Meeting of the Parties라고 한다. 교토 의정서는 바로 이 당사국총회 중 제3차 COP에서 채택된 것이다.

한편, 교토 의정서의 구체적인 시행방안과 의무 불이행 시 가해지는 제재수준 등을 놓고 지루한 협상이 계속되었는데, 2001년 10월 모로코 마라케쉬 협정을 통해 최종적인 결론에 도달하기에 이르렀다. 모로코 마라케쉬에서 열렸던 제7차 당사국총회에서 채택된 마라케쉬 협정Marrakesh Accord이 제시하는 주요 내용은 앞의 〈표 14-1〉과 같다.

의무준수체제는 교토 의정서에서 가장 복잡하면서도 많은 노력이 요구되는 국제적 의제이다. 이는 교토 의정서의 핵심이자 그 의무사항을 촉구하는 데에 매우 중요한 부분이다. 배출감소목표 달성과 관련하여 의무준수가 이행되지 않을 경우, 부속서 I 해당국들은 교토 메커니즘의 다양한 방법들을 통해 의무이행기간 동안 최종배출경로를 전문가에게 심사받는데, 심사 이후 실행에 옮기기까지 100일의 유예기간을 얻게 된다. 만일 이 기간이 지나고도 배출목표를 달성하지 못한 당사국은 추가적으로 30%의 할당을 더 받게 되면서 제2차 의무이행기간을 부여받아 이 기간 동안 목표수치를 채워야 한다. 그뿐만 아니라 이행기간을 초과한 국가는 배출권 거래제도하에서 배출권을 파는 것에 제약을 받게 되며 3개월 이내에 의무이행계획을 제시하여 2차 이행기간 내에 감축목표를 달성할 세부계획을 보고해야 한다. 정보보고를 하지 않은 당사국들은 그와 비슷한 계획을 세워 보고해야 하며 교토 메커니즘에 부합하는 기준을 달성하지 못한 당사국들은 당사국으로서의 자격을 박탈당하게 된다.

교토 의정서 협상 시 쟁점으로 제기되었던 문제는 감축목표 수준 및 설정방식, 교토 메커니즘의 도입 여부, 그리고 개발도상국의 의무부담 문제, 탄소 흡수원의 인정 여부 및 범위 등이었다. 교토 메커니즘의 도입과 관련하여 선진국은 제도의 도입을 통하여 온실가스 감축을 비용 면에서 효과적으로 달성할 수 있음을 강조한 반면 개발도상국들은 선진국의 국내계획이 우선시되어야 한다고 주장하면서 교토 메커니즘 도입에 반대하였다. 개발도상국의 의무부담과 관련하여 개발도상국은 베를린 위임사항에 의거하여 어떠한 새로운 의무도 부담할 수 없다고 이에 반대의사를 표명하는 한편, 선진국은 개발도상국이 자발적으로 의무를 부담할 수 있다는 조항을 포함시킬 것을 요구하였다. 선진국과 개발도상국 간의 이해관계적 대립은 교토 의정서 시작부터 항상 존재하였으나 교토 의정서는 무엇보다도 선진국들에 대해 강제성 있는 감축목표를 설정했다는 점과 온실가스를 상품으로서 거래할 수 있게 하였다는 점에서 그 의의를 찾을 수 있었다. 교토 의정서를 통해 에너지 절약 및 이용효율 향상, 신재생에너지 개발 등 온실가스 배출량을 줄일 수 있는 새로운 기술분야에 대한 투자 및 무역이 확대되고 금융시장 규모 못지 않은 온실가스 거래시장이 탄생하였다.

미국은 1990년도 당시 부속서 I 국가 CO_2 배출량의 36%를 차지하고 있어 교토 의정서 발효를 위한 총배출량 조건을 채우는 데 결정적인 국가이다. 그러나 미국은 자국경제와 산업보호에 걸림돌이 된다는 이유로 결국 교토 의정서 비준을 거부하였고 2015년 파리협약에 동의하기에 이른다. 미국은 교토 의정서가 개발도상국에는 어떠한 책임도 부여하지 않는 반면, 미국 등 선진국에는 과도한 비용부담을 안기고 있다는 입장을 고수하였으며 미국의 이러한 태도에 반해 EU 국가들은 협약발효에 적극적으로 찬성하는 대립양상이 생기면서 EU 국가들과 미국 간의 갈등관계가 조성되기도 하였다. 감축의무가 없는 중국 등 개발도상국들은 선진국들이 온실가스 배출감축에 주도적 역할을 해야 한다고 촉구하였다.

당시 미국 정부는 중국은 미국에 이어 세계 2위의 온실가스 배출국임에도 불구하고 개발도상국으로 분류되어 온실가스 배출 규제대상에서 제외되었다는 점을 들어 이는 심각한 오류라고 주장하기도 하였다. 최대 배출국인 미국의 비준 거부에 따라 교토 의정서는 합의만 하였을 뿐 강제성이나 그 이행이 불투명한 상황에서 역사적으로 최대 규모의 환경협약을 탄생시켰다는 의미만을 남겨 놓은 채 유명무실해질 위기에 놓이기도 하였다. 하지만 러시아와 캐나다가 비준에 동의하면서 2005년 2월 16일 교토 의정서가 발효되게 된다. 하지만 미국은 의정서에 비준을 하지 않았으며 캐나다는 결국 2011년 교토 의정서에서 탈퇴하게 된다. 2012년 도하에서 도하 수정안이 채택되었으나 미국, 캐나다, 일본 등 주요 온실가스 배출국은 여전히 참여하지 않았고 전 세계 국가들은 파리협약을 새로이 시작하기에 이르렀다.

교토 의정서에 이은 기후변화협약으로 2015년 12월 프랑스 파리에서 열린 제21차 UN 기후변화협약 당사국총회에서 2021년부터 적용된 신기후체제 합의문인 이른바 파리협약Paris Agreement이 채택되었다. 세계 195개국은 2020년 교토 의정서가 만료되는 시점을 기하여 파리협약을 발효하기로 하였다. 기존의 교토 의정서와의 차이점은 첫째, 지구 온난화 억제 목표를 강화하기로 하였다. 온도 상승 목표를 섭씨 1.5도 이하로 제한하여 지구 생태계 보호를 위하여 최선을 다하기로 협의하였다. 둘째, 37개 선진국이 책임졌던 온실가스 감축행동의 의무를 모든 국가로 확대하여 실시하기로 하였다. 각국이 유엔에 자발적으로 온실가스 감축목표를 제시하고 이를 이행하기 위해 노력을 해야 한다는 데 합의하였다. 하지만 이에 따른 국제법적 구속력을 부여하지 않기로 결정하였다. 셋째, 5년마다 상향된 감축목표를 유엔에 제출하여 그 이행 여부를 확인하기로 하였다. 넷째, 2020년부터 개발도상국에 대한 자금지원을 늘려서 이들 국가들이 자발적으로 설정한 목표를 성취할 수 있도록 돕겠다는 것이다.

교토 의정서와 달리 미국은 오바마 행정부 때인 2016년 파리협약을 비준하였지만, 오바마 대통령을 이은 트럼프 대통령은 취임 첫 해인 2017년 파리협약이 미국인의 일자리를 없앤다며 탈퇴를 선언하였다. 하지만, 파리협약은 발효한 지 3년 뒤에 탈퇴할 수 있다는 단서 조항이 있었으며 탈퇴 효력이 1년 뒤에 발효되었기 때문에 2020년에 탈퇴가 되었다. 아이러니하게도 트럼프 대통령의 뒤를 이은 바이든 대통령은 파리협약 탈퇴에 대한 사과를 하며 곧바로 재가입을 하였다. 이러한 사례는 회원국의 국내 정치에 따라 국제기구와 레짐이 영향을 받을 수 있다는 것을 보여주었다.

오존층 파괴물질에 관한 몬트리올 의정서

오존층의 파괴는 지구의 온도를 상승시켜 지구 온난화를 가져오며 이것은 변화된 기후에 의한 생물 다양성 파괴 및 생태계 위협 등을 낳아 환경단체와 과학자들 사이에서 끊임없이 제기되어 온 문제이다. 1972년 UNCHE는 초음속 항공기의 배기가스가 오존 파괴의 주요 원인이 될 수 있다는 우려가 있던 당시 오존 파괴문제를 거론한 바 있다. 이후 UNEP는 WMO 등과 협력하여 오존층 보호를 위한 노력을 전개하였고 UNEP 집행위원회는 오존층 보호를 위한 지구 기본계획서를 작성하기 위해 1981년 법적 · 기술적 전문가 실무그룹을 발족하였다. 이 그룹의 목표는 오존층 파괴문제를 다루기 위한 보편적인 국제조약을 마련하는 것이었다. 조약 마련의 첫 번째 단계는 상대적으로 달성하기 쉽다고 여겨졌지만 다양한 부문에서 염화불화탄소CFCs 사용에 관한 규제조치의 지지자와 기존 생산량의 지지자 사이의 견해대립으로 작업과 협상이 4년 동안이나 지속되었다.

이해관계를 달리하는 국가들 사이의 상이한 견해를 조정하는 것은 쉽지 않았고 오랜 대립 끝에 1985년 28개국의 합의 아래 오존층 보호를 위한 비엔나 협약이 채택되었다. 비엔나 협약은 오존층을 보호하기 위한 연구와 모니터링에 있어서 당사국들이 서로 협력하고, CFCs 생산과 배출에 관한 정보를 공유하며, 적절한 조치를 취할 의무를 명시하고 있다. 그러나 본 협약에는 당사국에게 부과된 적절한 조치에 대한 구체적인 내용이 없으며, 오존층 파괴물질로 추정되는 화학물질들이 부속서에 나열되어 있을 뿐 적용되는 화학물질에 대해 상세한 규정도 명시되어 있지 않았다. 또한 비엔나 협약은 당사국들에게 기술이전에 있어서 협력할 것을 요구하고 있으나, 이를 의무적으로 이행하도록 규정하지 않고 있다. 따라서 이 협약의 규정만으로는 개발도상국들이 대체물질개발에 관한 정보를 얻거나 기술을 이전받기 어렵기 때문에 개발도상국들은 이에 거세게 반발하여 서명을 거부하였다.

비엔나 당사국총회에서는 협약의정서를 위한 협상회의를 개최하고 의정서에 오존층 파괴물질에 대한 규제조치를 포함시키며 1987년에는 의정서에 대한 서명을 이끌어 내기 위해 UNEP에 권한을 부여하겠다는 결의안을 채택한 바 있다. 따라서 UNEP의 주도하에 오존층 파괴가 지구 전체와 인류에 미치는 영향이 심각하다는 점이 국제사회에서 크게 인식됨에 따라 1987년 마침내 오존층 파괴물질에 관한 몬트리올 의정서가 채택되기에 이른다.

그림 14-1 25차 몬트리올 협약 회의

출처 : IISD 홈페이지(http://www.iisd.ca/ozone/mop25/).

글로벌녹색성장기구(GGGI: Global Green Growth Institute)는 이명박 대통령이 대한민국의 새로운 목표인 녹색성장과 함께 제안한 국제기구이다. 2010년 6월 16일 창설된 이 기구는 서울특별시 중구에 본사를 두고 있으며 아부다비, 코펜하겐, 그리고 런던에 각각의 사무소가 있다. 글로벌녹색성장기구는 경제개발과 지속가능한 발전이 단지 양립할 수 있는 목표일 뿐만 아니라, 다가올 미래에는 반드시 함께 추구해야 하는 목표라는 생각에서 출발하였다. 이 기구의 주요 활동은 개발도상국들의 녹색성장을 돕기 위해 성장모델을 분석하고 제시하는 것이며, 이러한 과정 속에서 이 기구는 개발도상국과 선진국 사이의 가교 역할을 하기도 한다. 글로벌녹색성장기구는 '녹색성장 계획 및 실행(GGP&I: Green Growth Planning & Implementation)'이라는 국내적 전달 메커니즘을 통해 개발도상국의 경제적 · 사회적 · 환경적 발전을 돕고, 개발도상국의 빈곤퇴치와 생활환경 개선, 기후변화 완화 등을 목표로 한다.

글로벌녹색성장기구는 브라질, 에티오피아, 인도네시아에서 첫 사업을 시작하였고, 이후에 카자흐스탄, 아랍에미리트, 캄보디아의 녹색성장 계획에 착수하였다. 이들은 녹색성장을 방해하는 요소가 무엇인지 분석하고, 필요한 법률을 제안하며, 이산화탄소 방출을 줄일 수 있는 녹색기술의 개발을 우선시하고 있다. 또한 지속가능한 프로그램이 되도록 하기 위해 해당 국가와의 교류와 파트너십을 중요하게 생각하고 있다. 현재 EU를 포함한 21개국이 회원국으로 참여하고 있다.

출처: GGGI 홈페이지 참조.

몬트리올 의정서는 CFCs 양을 감소시키고 오존층을 파괴하는 물질에 대한 궁극적 제거를 위한 계획을 수립하였다. 또한 다자간 기금Multilateral Fund이라고 불리는 신탁기금을 조성하여 이를 통해 개발도상국들이 CFCs 및 기타 오존층 파괴의 원인이 되는 물질의 대체재를 구입하는 것을 지원한다. 몬트리올 의정서의 핵심은 오존층 파괴물질의 생산과 소비에 대한 규제조치를 마련했다는 것이다. 의정서 제2조에는 다양한 목록의 오존층 파괴물질에 대한 규제일정을 나열하고 있다. 그러나 의정서의 규제조치가 충분하지 않다는 비판에 따라 규제일정은 몬트리올(1997), 그리고 베이징(1999)에서 이루어진 합의를 통해 점차적으로 대폭 강화되고 있다. 몬트리올 의정서의 중요한 특징은 과학지식과 기술발전의 변화를 감안하여 의정서를 보다 나은 방향으로 발전시키기 위해 융통성을 허락하고 있다는 데에 있다. 의정서에 명시된 CFCs와 할론의 규제일정을 몬트리올 의정서가 1989년 1월에 발효되기도 전에 진척시키고, 보다 많은 오존층 파괴 화학물질을 제거목록에 추가하며 의정서의 규정들을 강화해 융통성 있는 계획들을 마련하였던 것이다.

대부분의 과학자들은 오존 파괴의 원인과 그 결과에 대한 견해를 같이 하였으며 오존층 파괴 물질과 요소가 비교적 쉽게 파악되었다는 점과 대체재가 존재한다는 점 등의 요소들은 국가 간의 합의도출을 보다 용이하게 하였다. 몬트리올 의정서는 선진국과 개발도상국 간의 양보와 합의하에 의견 차이를 극복하고 환경보호에 있어 주요한 성공사례로 평가받고 있다(Pease, 2003).

몬트리올 협약은 특히 새로운 과학적 발견에 빠르게 대응하여 화학물질 감소를 가속화시키기 위한 규정이 포함되어 있으며 협약의 효과적인 실행을 위하여 현재까지 여섯 번의 조정adjustment과 네 번의 대대적인 수정amendment을 거쳐 왔다. 2009년 몬트리올 협약은 유엔 역사상 최초이자 유일한 전 세계적 비준universal ratification에 성공하며 주목할 만한 성과를 보여 왔다. 몬트리올 협약의 메커니즘은 위반에 대한 처벌보다는 지원에 초점을 맞춘 제도로서 미화 37억 달러에 달하는 다자간 기금을 포함한 몬트리올 협약의 재정적 지원은 협약을 이행할 비용이 부족했던 개발도상국들이 목표를 달성하는 데 커다란 역할을 하였다.

이러한 지원에 힘입어 2010년까지 대다수의 당사국들은 목표수치를 98% 이상을 달성했으며 역시 많은 국가들이 예정보다 앞당겨서 목표를 달성하였다. 하지만 오존층 보호를 위한 과제들은 위험물질의 규제 외에도 많이 남아 있으며 정책결정자들의 관심과 경제적인 지원을 지속적으로 유지하는 것은 여전히 어려운 일이다. 특히나 새롭게 밝혀지는 위험물질의 대처나 지구 온난화와 함께 나타나는 복잡한 환경문제의 해결은 지속적인 노력을 필요로 한다.

2015년 7월 파리에서 열린 제36회 개방형 실무 회의Open-Ended Working Group Meeting에서 당사국들은 수소불화탄소HFCs의 영향에 초점을 맞추기 시작했다. HFCs가 직접적으로 오존에 영향을 끼치지는 않지만 이는 교토 의정서에서 온실가스로 지정이 되었으며 CFCs, HCFCs 등의 여타 사용이 규제된 요소를 대신해 에어컨이나 냉장고의 냉매 등 일상생활에 많이 쓰이고 있는 대중적인 물질이다. 현재 당사국들은 몬트리올 의정서에 포함되어 있지 않은 HFCs의 대처를 위한 과정을 마무리하였다. 가장 성공적인 환경 협약의 하나로 여겨지는 몬트리올 협약이 계속해서 현재의 동력을 유지할 수 있다면 21세기 중반에는 오존층의 농도가 1980년도 이전 수준으로 돌아갈 것으로 전망되고 있다. 오존층 파괴문제는 전 지구적으로 대응을 하여 환경을 보호한 사례로 여겨지고 있다. 전 인류는 이제는 기후변화에 대한 대응이 필요한 시점이다.

환경문제 관련 비정부기구

1972년 UNCHE는 전 세계적으로 NGOs의 역할과 위상에 큰 진전을 가져다준 계기가 되었다 할 수 있다. 이 회의에는 세계의 환경 NGOs가 대거 참여하게 되었는데, 이곳에 모인 NGOs의 정보교류와 협력증대의 성과는 이후 유엔에서 열리는 각종 글로벌 회의에 NGOs의 위상을 드높이는 결과를 가져올 수 있었다. NGOs의 UNCHE 참여를 필두로 NGOs 간의 긴밀한 결속과 성장은 1980년대에도 꾸준히 이어져 여성 · 인권 · 기아 문제 등 다양한 분야에서 활발한 활동을 벌이기 시작했으며, 특히 환경 NGOs는 환경오염감시 및 보존활동과 지역사회에서 대중에게 다양한 프로그램을 통해 환경보호의 중요성을 일깨우는 활동을 펼쳐 나갔다.

UNCHE는 UNEP의 창설을 결의하면서 그 결의문을 통해 "가능한 한 가장 커다란 규모의 공조를 달성한다는 입장에서 유엔에 전적인 지원을 제공하고자 하는 환경 관련 NGOs와 협력할 것"을 강조하였다. 따라서 UNEP는 설립 초기부터 NGOs와의 긴밀한 협조를 유지해 왔고 NGOs는 UNEP로부터 보조금을 지원받아 지구환경에 대한 감시와 연구를 시행하고 UNEP와 공동으로 국제회의를 개최하기도 한다. UNEP는 각 사회계층의 다양한 참여를 유도하기 위해 NGOs 활동 및 자원봉사의 참여를 장려하고 있으며 이는 참여자들 사이의 상호이해를 유도하여 국제사회 내에서의 민주성과 분권화를 확보하게 된다. 따라서 수많은 분야의 지구환경문제들을 해결하기 위한 다양한 활동 및 의사진행과정이 국제기구와 NGOs 사이에서 효율적인 운용을 꾀할 수 있는 것이다.

UNCHE가 NGOs 성장의 첫 발판이라 한다면, 1992년 리우데자네이루에서 열린 UNCED는 이렇게 성장한 NGOs의 영향력을 확인하게 되는 계기라 할 수 있다. NGOs의 참여를 적극적으로 유도한 결과 사상 최대규모의 NGOs가 모여 '협의적 지위Consultative Status'를 가지지 못했던 NGOs도 회의참가를 공식적으로 인가받아 의견을 개진할 수 있는 기회를 부여받게 되었다. UNCED에서 리우 선언의 행동강령이라 할 수 있는 의제 21은 38장에서 "NGOs 및 주요 그룹은 의제

21 이행의 주요 협력자이며 유관 NGOs는 유엔체제와 적절한 관계를 가지고, 개도국 NGOs 및 그 자체 조직망은 지원을 제공받아야 한다."고 명시하고 있다.

환경보호를 위해 국제사회에서 NGOs의 역할이 중요한 이유는 각국이 지구환경보호의 필요성과 이를 위한 국제협력의 중요성에 공감하고 있으면서도 자국의 이익을 여전히 우선시한다는 점에 있다. NGOs는 자국 정부가 행하는 반환경적 정책에 반대하는 여론을 형성하거나 NGOs의 기반이 확고히 뿌리내린 국가의 경우 정책결정과정에서의 로비 또는 환경보호에 역행하는 정책을 가진 정당이나 정치인에 대해 낙선운동을 벌이기도 한다. 그뿐만 아니라 환경 NGOs는 공통적으로 환경보호라는 대명제 아래 공통의 의견을 공유하고 있으며, '그린피스'나 '지구의 벗' 등과 같이 여러 국가에 지부를 두고 있는 국제환경단체의 활동이 두드러지고 있어 세계 각지에 연계된 지부들 간의 소통을 통해 국가들 간의 이견을 조율하고 협력을 모색할 수 있도록 하는 교두보 역할을 하기도 한다. 이러한 점에서 볼 때 환경 NGOs는 국제사회가 강제할 수 없는 부분에 대해 지구환경보호를 위한 국제협력을 끌어낼 수 있는 충분한 영향력을 지니고 있다.

대표적인 국제환경 NGOs로는 그린피스Green Peace, 지구의 벗Friends of the Earth, 시에라 클럽Sierra Club, 세계자연보호기금WWF: Word Wide Fund for Nature, 지구이사회Earth Council, 지구감시Earthwatch 등이 있다. 이들은 기후변화, 해양오염, 산림파괴, 유독성 물질, 야생동물보호 등에 대해 국내 및 국제적인 활동을 전개하고 있다.

지구환경문제는 앞서 언급하였듯이 일개 국가만의 노력으로는 원천적으로 문제를 해결하기가 어렵고 기후변화, 오존층 파괴, 해양오염 등의 문제에서도 볼 수 있는 것처럼 초국경적 이슈로 다루어져야 하기 때문에 전 지구적인 차원에서 협력해야 한다. 따라서 다른 분야의 NGOs와 마찬가지로 환경 NGOs 역시 전 지구적으로 그 연대가 확산되고 있다.

환경 관련 국제기구의 미래

환경은 국가별로 분할되는 국유재산이 아니라 세계 전체의 공동재산이다. 하딘이 제시한 공유지의 비극에서 볼 수 있듯이 과도한 방목이 결국 목동 개개인에게 이익으로 돌아갈 수 없는 것처럼 현대의 환경문제에서 일어나는 현상 또한 일개 국가의 문제로만 볼 수 없을 것이다. 현재의 기후변화문제는 단순한 변화가 아니라 기후위기문제이다. 특히 개발도상국에서의 기후위기문제는 많은 사람들을 절대빈곤과 죽음으로 몰고 있다. 선진국의 대부분의 사람들이 도시에 사는 것과 달리 개발도상국의 대부분의 사람들은 농촌 지역에 거주하고 있고 이들이 느끼는 기후위기는 생존의 문제이다. 제2의 지구를 찾겠다는 탐험 정신에 앞서 지금의 지구를 보호하고 지키겠다는 환경보호정신이 필요한 시점이다.

그러나 환경문제야말로 이론적인 이해가 현실적인 행동으로 이어지기 어려운 가장 대표적인 사례라고 할 수 있다. 각국은 국익우선을 내세워 남북대립이 심화되었고 선진국 간의 이해관계도 서로 일치하기가 쉽지 않았다. 삼림수출국인 말레이시아는 삼림자원에 대한 주권의 존중을 주장했고, OPEC 가입국들은 에너지 개선으로 석유의 수요가 감소하는 것을 두려워하여 사우디아라비아는 결국 의제 21의 대기보전 항목에 이의를 주장하며 서명을 유보했다. 지구상 가장 많은 온실가스를 배출하고 있는 미국은 자국산업을 보호하기 위하여 교토 의정서에 반발하여 그 비준을 결국 거부하였고 파리협약에서 탈퇴하기도 하였다. 이와 함께, 생물다양성협약도 역시 거부하고 있다. 결국 환경을 가장 심하게 오염시킨 국가들이 환경에 대한 의무도 이행하고 있지 않은 상황이다. 환경 기구와 협약들은 환경보호가 가져오는 경제적 효과를 얻기 위한 방안들을 강구하였고 그것은 각 협약의 당사국총회를 통해 개진되고 있다. 또한 지속가능한 개발을 통한 경제적 이익을 산출하여 장기적인 국가성장에 도움이 될 수 있음을 알리고 이를 정착하기 위한 국제적 협력을 도모하고 있다.

토론 주제

1. 미국과 같은 강대국은 교토 의정서와 같은 환경협약에 반대하여 왔다. 이러한 강대국의 행위를 규제하기 위해서 국제사회는 어떠한 기제를 마련하여야 하는가?
2. 환경과 개발은 때때로 양립할 수 없는 문제로 인식되고 있다. 개발을 위해서는 환경보호가 때때로 이루어질 수 없기 때문이다. 환경과 개발을 동시에 성취할 수 있는 방안이 있는가?

3. 선진국은 이미 지구환경을 오염시켰으며 이제야 전 지구적 환경보호를 주창하고 있다. 이들은 기술이전과 원조를 기반으로 개발도상국에 환경보호의 의무를 지우고 있다. 이들의 이러한 방식이 옳다고 생각하는가?
4. 최근 급격한 경제개발로 인하여 중국의 환경은 심하게 오염되어 있다. 앞으로 중국은 환경보호에 좀 더 관심을 기울일 것인가? 아니면 여전히 경제개발만을 목표로 나아갈 것인가?
5. 한국은 중국으로부터 오는 미세먼지와 황사 때문에 매년 고통받고 있다. 이렇게 국경을 넘어서 이동하는 오염물질을 제어할 수 있는 방법은 어떤 것들이 있는가?

chapter 15

국제기구의 미래와 글로벌 거버넌스

국제기구의 등장은 혁명적인 새 시대를 예고했다. 주권국가 중심의 세계관이 세계를 지배하던 20세기에 국제기구는 예상을 뒤엎고 양적 · 질적인 성장을 거듭했고 21세기에는 국제사회의 주요한 행위자로 자리잡았다. 예전부터 글로벌 거버넌스에 대한 요구가 있었고 논의가 이뤄져 왔으나 국제기구가 글로벌 거버넌스에서 지금과 같이 중요한 역할을 하리라고 국제사회는 예상하지 못했다. 그런 점에서 국제기구의 등장과 확산은 혁명적이라고 할 수 있다. 그러나 혁명보다 더 어려운 것이 개혁이다.

국제기구는 각자가 목표로 정한 국제사회의 문제점을 개선하고 개혁하기 위해 생겨났으며 국제사회의 주요 분쟁을 해결하고 탈근대화 시대의 글로벌 거버넌스의 요구에 부흥하고자 하였다. 이처럼 국제사회를 개선한다는 의미에서 국제기구가 출범했다고 한다면, 그 같은 역할을 지금의 변화하는 시대에 지속적으로 수행하기 위해서는 국제기구 역시 스스로 개혁하고 개선해 가야 할 숙제를 안고 있다. 이는 아주 어려운 일이며 개혁이 혁명보다 어렵다고 말한 이유가 바로 여기에 있다. 국제기구는 혁명적 요인을 안고 태동했지만 국제사회를 개혁하고, 스스로를 개혁해야 한다는 난제를 안고 있다. 그리고 개혁에는 항상 새로운 방향으로 나가는 것을 방해하는 저해요소가 따른다. 이러한 저해요소 중 하나는 역설적이게도 국제기구에서 가장 중요한 역할을 하는 미국, 중국, 러시아 등 강대국인 주권국가들이라고 할 수 있다. 그렇다고 해서 국제기구가 개혁을 주저하는 반대세력과 전면전을 펼칠 수는 없는 일이다.

국제기구는 그 성격상 반대세력을 진압하고 원하는 바를 쟁취하는 행위자가 아니다. 그 같은 방법은 주권국가들 사이에서나 사용되는 것으로, 국제기구는 개혁 반대세력을 안고 타협하고 때로는 목표를 수정하면서 나아가야 하는 주체다. 한편, 국제기구의 개혁을 논할 때, 유엔을 비롯한 국제기구들이 개혁을 시도하지 않았거나 개혁을 주저했다는 뜻으로 해석되서는 안 될 것이다. 유엔을 비롯한 국제기구들은 부단한 개혁노력을 벌여 왔고 지금도 이어가고 있다.

어떤 노력이 있었고 왜 실패했으며 앞으로 국제기구의 미래는 어떻게 전개되어야 할 것인가? 이 장에서는 그 질문에 답하고자 한다. 특히 그동안 끊임없이 제기된 유엔의 개혁방향과 유엔의 발목을 잡는 저해요인들을 살펴보고 그동안 각 분야별로 살펴본 국제기구의 활동양상과 앞으로의 방향을 짚어보겠다. 또 국제기구의 미래는 어떤 방향으로 나아가야 할 것인지에 대한 대안을 제시하고 마지막으로 향후 글로벌 거버넌스의 세계시민사회의 역할에 대해서도 살펴보도록 하겠다.

현재의 세계시민들은 글로벌 거버넌스의 역할을 경험했거나 적어도 일정한 기대치를 안고 살아간다. 국제평화, 경제발전, 환경문제, 인도적 지원 등에 있어서 글로벌 거버넌스에 대한 요구가 일고 있다. 글로벌 거버넌스에 대한 요구는 탈냉전시대의 산물이거나 혹은 탈냉전시대의 당연한 귀결이라고 볼 수 있다. 국제분쟁에 있어서 평화유지활동과 평화정착활동에 대한 기대와 긴급한 인도적 구호활동의 제도화에 대한 국제사회의 요구가 높아졌다는 것은 글로벌 거버넌스에 대한 수요가 그만큼 커졌음을 나타낸다. 그뿐만 아니라 개발에 따라 발생하는 각국의 문제점과 범세계적으로 자행되는 인권유린에 대응하기 위한 대책에 대한 요구도 늘어났다.

이러한 요구에는 NGOs의 네트워크를 활용하는 방안도 포함된다. 이처럼 글로벌 거버넌스의 필요성이 증가했다는 것은 비국가행위자, 즉 한 나라의 정부가 아닌 다른 주체의 역할에 대한 기대가 커졌다는 것을 뜻한다. 먼저 유엔의 경우를 살펴보자. 주권국가를 회원으로 하는 유엔이 국제관계에서 과연 어떤 글로벌 거버넌스의 역할을 하고 있는가? 유엔은 주권국가를 회원국으로 하는 국가 중심의 국제기구이면서도 가장 포괄적이고 광범위한 활동을 하는 국제기구로서 비국가행위자들과 협력하는 글로벌 거버넌스의 주체임에 틀림이 없다. 앞으로도 그 역할은 지속적으로 중요할 것으로 예견되지만, 그 한계를 극복하기 위해 개혁이 필요한 것은 사실이다.

유엔은 글로벌 거버넌스의 요구에 부응하기 위해 점진적인 변화를 모색해 왔다. 이러한 노력의 일환으로 유엔은 평화유지활동에 대한 인원과 기능을 확대했고, 지속가능한 개발에 접근하는 방법을 다양하게 시도했다. 또 반인륜적 사태에도 긴급히 대처해 왔다. 반면에 유엔은 제2차 세계대전 직후, 당시의 국제질서를 반영해 만들어진 헌장을 아직까지도 개정하지 못하고 있다. 냉전시대에는 냉전적 구조에 매여 각 분쟁에 대응하는 데 체계적이지 못했고, 탈냉전 이후에도 역시 구시대적 방식에서 벗어나지 못하고 있다.

이 부분에 있어서는 유엔이 비판을 면하기 어렵다. 유엔이 헌법을 개정하기 위해서는 총회 3분의 2의 동의를 얻어 개정안이 채택되어야 하며 안전보장이사회 상임이사국 모두를 포함한 유엔 회원국의 3분의 2 이상의 비준이 필요하다. 이 같은 규정을 누가 정했는가? 유엔을 창설한 미국을 비롯한 제2차 세계대전의 승전국들이 그렇게 설정했다. 그들은 냉전시대에도 주체세력이었고 현재에도 세계질서를 이끌어 가는 강대국들이다. 따라서 유엔은 그들의 국가이익에 어긋나는 개혁을 추진하기 어려운 태생적 한계를 안고 있다. 유엔은 글로벌 거버넌스에 대한 요구와 수요가 급증한 21세기에도 냉전적 구조에 매여 그 활동에 제한을 받지 않을 수 없고, 그 같은 상황을 탈피하는 것이 유엔이 가진 최대의 과제라 할 것이다.

유엔을 개혁해야 한다는 목소리에는 여러 가지가 있지만 다음의 세 가지 이유가 가장 대표적이다. 첫째, 유엔헌장 개정이 필요하다는 것이다. 유엔은 냉전시대 이전에 제2차 세계대전의 막을 내리기 위해 설립된 기관이다. 따라서 유엔의 구조는 과거의 인식과 타협의 산물이다. 유엔헌장은 1965년에 제23조, 제27조, 제61조가 개정 발효가 되었으며, 1968년에 제109조가 개정 발효, 1973년에 제61조가 재개정 발효된 것이 전부이다. 1965년 유엔안전보장이사회 의석 수를 11석에서 15석으로 늘리기 위해 제23조가 개정되었고, 제27조는 안전보장이사회의 의견을 결정할 수 있는 이사국 수가 9개국으로 늘어나면서 개정되었다. 제109조에 대한 개정은 1968년에 일어났으며, 이 역시 안전보장이사회 이사국 수 변화에 따른 것이다. 제61조는 1965년 경제사회이사회 회원 수가 18개국에서 27개국으로 증가에 따라 개정되었고 1973년 한 번 더 증가하면서 두 번 개정되었다. 현재 유엔에 가입한 회원국의 수는 1945년 때보다 훨씬 많으며 국제사회는 변화하였다. 현재 유엔활동에 대한 요구는 날이 갈수록 커져가고 있으나, 제2차 세계대전 전후에 만들어진 헌장이 역할을 제대로 할 수 없는 건 자명한 현실이다. 둘째, 생겨난 지 50년 이상된 조직들이 대부분 그렇듯이, 유엔은 전면적인 제도적 개편이 필요하다. 유엔의 프로그램과 인원, 그리고 예산 등은 시간이 흐름에 따라 증가할 수밖에 없었다. 다른 조직과 마찬가지로 유엔 역시 구조조정, 투명성 확보와 새로운 운영방법 등이 필요하다는 지적이다. 셋째, 유엔의 자금난을 해소하기 위한 개혁이다. 유엔은 각국이 지불하는 분담금으로 운영된다. 분담금을 많이 지불하는 회원국이 할말이 많아지는 것이 당연하다. 그러나 할당량이 많은 회원국이 분담금을 지불유예하여 유엔의 발목을 잡고 있는 것이 현실이다.

유엔의 개혁은 관심 있는 주권국가들에 의해, 유엔 사무국에 의해, 또 NGOs에 의해 여러 차례 논의되었고 시도되었다. 그러나 무수히 많은 논의에도 불구하고 실질적인 개혁이 이루어진 것은 많지 않다. 다음에서 평화와 안보, 지속가능한 개발, 재정 등 여러 문제에 대한 유엔의 역량을 넓히기 위해 제안된 개혁안을 논의하고자 한다. 그 후 개혁이 이루어지지 않은 부분과 관련해 미국의 지도력에 대한 문제를 지적하고 글로벌 거버넌스에서 유엔의 역할을 짚어보도록 하겠다.

평화와 안보를 위한 개혁노력

유엔의 가장 궁극적인 목표인 국제 평화와 안보 문제에 대해 결정권 혹은 논의할 권리를 갖고 있는 기관은 안전보장이사회와 사무국이다. 이 두 기관에 대한 개혁논의가 지속적으로 제기되어 왔는데, 그 내용과 과정을 살펴보도록 하겠다.

정부 간의 안보적 협력에 유엔 내에서 가장 큰 책임을 가진 기관은 안전보장이사회다. 따라서 안보리의 의석 수와 투표권에 관한 개혁요구가 가장 크다. 지금의 안보리의 운영방식은 제2차 세계대전 이후의 정치적 틀에 따르고 있다. 제2차 세계대전 승전국들이 상임이사국으로서 모든 사항에 대한 거부권을 가지고 있는 것이다. 유엔 안보리의 의석 수를 유엔의 대표원칙에 따라 늘려야 하는가? 어떠한 제안들이 대표성과 효율성을 동시에 충족시킬 수 있을까? 거부권제도의 조정이 필요한가? 지역적 대표성을 조정하고 투표가 이루어지는 구조를 바꿈으로써 안보리의 행위에 대한 정당성이 높아지는가?

이러한 문제들은 이미 1960년대 초반부터 논의되어 왔다. 그 당시 한 가지 제안은 안보리를 5개의 최고상임이사국Maxipower, 15개의 주요 이사국Major Power, 11개의 중견 이사국Middle Power, 8개의 비주류 이사국Minor Power, 6개의 중소 이사국Ministate으로 구성하자는 것이었다. 모든 주권국가가 하나의 권리를 행사한다는 유엔의 기본 틀과 매우 상치되는 상당히 차별적인 재편성 안이지만 그나마 이 같은 제안이 나온 이유는 현재의 유엔안보리 상임 5개국, 즉 P5(Five Permanent Member States)의 높은 벽을 낮추자는 취지에서였다. 그러나 이나마도 실현되지 않았다. 그리고 탈냉전 이후 아시아, 아프리카 그리고 남미 국가들은 그들이 안보리 상임이사국에서 제외된 것과 개발도상국이 대표되지 않은 것에 대한 큰 불만과 불신을 감추지 않았다.

유엔의 현재 회원국 수를 감안할 때 안보리의 의석 수를 늘려야 한다는 의견에는 반대가 없다. 안보리 의석 수의 증가는 현재의 불평등을 해소하는 데 있어서 첫걸음이라고 할 수 있다. 중국이 상임이사국 중 유일한 개발도상국이자 아시아 국가이며 독일과 일본은 러시아, 중국, 영국, 프랑스 등 상임이사국들보다 유엔에 더 많은 재정적 지원을 하지만 정해진 역할이 없다. 그리고 남미, 아프리카, 아시아에 비해 유럽이 과잉 대표되고 있다. 이 문제해결의 핵심은 안보리의 의석 수를 대륙별 대표권을 감안하여 늘려서 안보리의 정당성을 증가시키면서도 안보리의 효율성을 감퇴시키지 않는 정도의 수준으로 의석 수를 제한해야 한다는 데 있다. 또 다른 문제는 새로운 안보리 상임이사국들에게 거부권을 줄 것인가 하는 문제이다. 안보리 개혁과 관련된 제안들은 때로는 새로운 상임이사국에게 거부권을 주지 않으며, 때로는 헌장 제7장에 관련된 문제에 있어서만 제한적인 거부권을 부여하고, 또 때로는 모든 상임이사국에게 동등한 거부권을 부여할 것을 권고하고 있다.

독일, 일본, 인도는 각각 유엔에서 보다 큰 역할을 맡기를 원하고 있고, 이들 모두 안보리 의석을 얻기 위해 상당한 로비활동을 벌이고 있다. 독일과 일본은 그들의 주장을 정당화하기 위해서 자발적인 자금지원 액수를 늘리는 한편 제한적인 평화유지활동에 참여할 것에 동의했다. 이들 두 나라의 안보리 참여는 제2차 세계대전의 종식과 함께 설립된 구조적 제약과 냉전의 틀에 박혀 있지 않은 탈냉전시대를 넘어선 진정한 의미의 현대적이고 새로운 유엔을 의미할 수 있다. 일본의 경우 안보리 진출을 지난 30년간 외교적 숙원이라고 할 만큼 많은 노력을 해 왔고, 최근 미국의 바이든 대통령은 일본을 지지하는 의사를 밝히기도 했다.

하지만 일본은 독일과 달리 여전히 과거사 문제에 대해 진정으로 반성하는 입장을 보이지 않고 있고 관련된 문제에 대해 한국과 중국의 반감을 사고 있는 상황이다. 한편, 인도의 경우는 핵실험을 통해 유엔에서의 위상 확보를 시도한 경우이다. 1998년 일어난 인도의 핵무기실험은 인도가 세계 강국의 대열에 올라섰다는 상징적 의미를 부여했다. 인도는 이 같은 핵변수를 이용하여 탈냉전시대의 개혁된 유엔 내에서의 지위를 확보하려 하였다.

안보리 개편에 대한 계획을 결정하는 것은 쉽지 않을 것이다. 일각에서는 불가능하다고 얘기하기도 한다. 개혁을 지지하는 개발도상국 내에서도 의견이 분분하다. 예를 들어 아르헨티나, 방글라데시, 말레이시아는 새로운 상임이사국의 선출을 반대하고 있고 튀르키예, 자메이카, 이란, 이집트는 지리적인 고려에 따른 이사국의 순환임명을 원하며 인도네시아는 거부권의 폐지를 주장하는 한편 콜롬비아, 이란, 리비아는 거부권의 사용을 제한할 것을 주장한다. 이탈리아, 파키스탄, 멕시코, 이집트 등 30여 개의 국가들이 안보리 상임이사국 수의 증가를 반대하고 있다. 이들이 상임이사국 수의 증가를 반대하는 이유는 역시 국가간 이해관계와 맥이 닿아 있다. 파키스탄은 인도의 상임안보리 진출 가능성을 견제하고 있으며 이탈리아는 독일의 상임이사국 진출 가능성을 견제하고 있다.

안보리의 규모와 대표권의 문제는 안보리가 안고 있는 문제 가운데 하나일 뿐이다. 유엔의 글로벌거버넌스위원회Commission on Global Governance는 안보리의 투명성을 높이기 위한 개혁안들을 제시했다. 위원회는 탈냉전시대에 증가하고 있는 비밀회의의 추세에 대한 우려를 표명했으며, 의사결정절차에 있어서 투명성 확보를 위한 개혁의 필요성을 주장했다. 그 어떤 구조개혁이 이루어지더라도, 안보리는 비밀리에 공식적인 기록 없이 비공식적으로 일을 수행하는 관행을 수정해서 더 폭넓은 참여를 활성화시켜야 할 압력을 느낄 것이다.

그렇다면 헌장 개정에 따른 우려는 무엇인가? 사무총장실이나 사무국의 권한 확대에 대한 논의는 1명의 강한 지도자에게 권한이 집중되어 회원국의 통제권을 감소시킬 것이라는 우려를 불러일으킨다. 안보리의 의석 수를 늘리고 거부권한을 변경하는 문제는 안보리 상임이사국에게 의석의 박탈이나 의석 수의 증가에 따른 권한축소의 위협이 있다. 또 하나 민감한 문제는 어떤 국가들이 새로운 안보리 상임이사국이 될 것인가이다.

소수에서 다수로의 권력분산에 대한 우려도 있다. 유럽과 북미 대륙의 국가들로부터 남미, 아시아, 아프리카 국가들에게, 부유층으로부터 빈곤층에게, 백인들로부터 유색인종들에게 권력이 전이되는 것을 우려한다. 개발도상국가들의 관점에서는 안보리의 역할확대는 개발도상국들의 영향력을 감소시키고 유엔의 정당성을 등에 업은 미국이 그들의 가치와 그들의 세계관을 여러 개발도상국에게 강요할 수 있다는 것을 의미할 수도 있다. 또한 안보리가 모든 민족의 가치와 목표를 포괄적으로 대표하는지에 대한 의문이 있다.

사무총장과 사무국의 권한확대와 안보리 의석 수를 확대하는 것을 시작으로 그 밖의 각 산하기관들이 더 여러 회원국들의 의사결정의 장이 되도록 헌장은 개정되어야 한다. 유엔이 국제 평화와 안보를 지키는 효과적인 도구가 되기 위해서는 지배적인 국가들과 상대적으로 권리를 박탈당하고 소외되었다고 생각하는 국가들 간의 격차를 좁혀야 하기 때문이다. 현재의 유엔헌장은 앞서 언급한 것처럼 글로벌 거버넌스가 형체를 드러내기 훨씬 전인 과거의 산물이다. 따라서 헌장 개정을 위해 유엔 지도부는 기득권을 내놓기 꺼리는 상임이사국들을 설득할 수 있는 지도력을 발휘해야 한다. 지도력은 의지만 있다고 발휘되는 것은 아니다. 힘과 의지가 함께 있을 때 비로소 실행될 수 있다. 유엔 지도부는 유엔의 변화를 바라는 다수의 회원국들과 그리고 국제사회가 안고 있는 유엔에 대한 기대를 그 힘의 밑거름으로 삼아야 할 것이다.

안보리와 더불어 사무국의 개혁도 중요한 논의 대상이다. 평화와 안보의 문제와 관련한 유엔활동에 대한 요구는 1990년 냉전의 끝으로 1992년 1월 각국 정상들이 모인 안보리 회의에서 절정에 이르렀다. 유엔 사무총장에게 체제개혁을 어떻게 해 나아갈 것인가에 대해 권고하도록 하는 새로운 임무가 부여되었다. 부트로스-갈리의 평화안은 전통적 유엔 평화유지활동을 강화하고 새로운 평화정착활동을 선도하는 포괄적인 개혁안이었다. 여기에서는 유엔의 정보활동과 위험지역의 감시 등의 예방외교preventive diplomacy활동에 우선순위가 부여되었다. 이런 활동에는 인력과 교육, 군수물자의 보급, 원격조정 운송수단, 인공위성 감시 등의 첨단 감시장비 사용 등도 포함된다. 이 같은 예방적 조치가 국제 분쟁터에서 자산과 생명을 보존하고 분쟁을 해결할 확률을 더 높여줄 것이란 기대가 생겨났다.

부트로스-갈리의 평화안은 유엔 사무총장이 분쟁지역 평화정착을 위해 무력사용을 명령할 수 있는 권한을 가질 것과 동시에 각종 지역기구의 역할을 강조했 유엔 대테러전담기구(CTITF: Counter-Terrorism Implementation Task Force)는 2005년 사무총장에 의해 설립되었으며, 2006년 합의를 통해 통과된 유엔 글로벌 대테러전략(The United Nations Global Counter-Terrorism Strategy)을 통해 총회로부터 공식적인 지지를 받게 되었다. 대테러전담기구의 주요 업무는 유엔 시스템의 테러를 반대하고 서로 협력하고자 하는 정신을 강화시키는 것이다. 전담반은 34개의 국제단체로 이루어져 있고, 다자간의 협력을 통해 테러를 방지하고자 한다. 각각의 단체는 그들의 임무를 계속적으로 수행하고 있으며 그 임무들은 대테러전담기구에 기여하고 있다.

유엔 대테러전담기구는 유엔의 시스템이 회원국들의 요구에 맞춰서 그들에게 필요한 정책적 지원과 깊이 있는 전략 그리고 기술적인 지원도 제공하고자 한다. 가장 중요한 목표는 회원국들이 대테러전략의 4가지 사항을 실행하기 위해 각 단체들의 비교우위를 최대화시키는 것이다. 2006년에는 모든 회원국들이 테러를 위해 싸우는 국제적 센터를 창설하고 운영하는 데에 동의하였다. 따라서 2011년 사우디아라비아 정부의 자발적인 기여를 통해 유엔 사무국이 유엔 대테러센터(UNCCT: The United Nations Counter-Terrorism Centre)를 설립하였다. 같은 해에 총회는 대테러전담반(CTITF)에 속하는 대테러센터(UNCCT)의 설립을 환영하였고, 회원국들이 센터와 함께 협력해 나갈 수 있도록 격려하였다. 센터에는 대테러전담기구에 속해 있는 30개 이상의 단체들이 포함되어 전문가들과 함께 넓은 범위에서 반테러 프로젝트를 수행하고자 한다. 따라서 대테러센터는 CTITF의 노하우와 기술에 기대어 서로 협력하며, 정기적인 회의를 통해 보다 의미 있는 프로젝트 수행과 그들의 활동 수행을 모니터링한다.

출처: 유엔 대테러전담기구 홈페이지 참조.

다. 예방외교와 평화의 확립 같은 유엔의 새롭고 혁신적인 도구들은 지역기구들과의 완벽한 협력이 있을 때 효과가 있다고 봤던 것이다. 보스니아 사태 당시 유엔과 나토가 협력한 사례가 이러한 새로운 접근방식의 본보기가 될 것이다. 글로벌거버넌스위원회는 이보다 더 나아가 지역기구 또는 지방단체에 의해서 더 효과적으로 해결될 것이라 판단되는 문제들에 대해서는 유엔이 나서지 말 것을 권고하기까지 했다. 유엔은 새로이 등장하는 모든 요구에 대응하기보다는 시기적절한 몇 가지 의제들만 선택해서 그것들에 집중해야 할지도 모른다는 것이 이 같은 대응방안의 근거였다(Carlsson, 1995).

유엔사무국은 과거에 비해 평화유지활동을 더 효과적으로 수행할 능력을 갖추었다고 할 수 있다. 그러나 아직 문제점들이 남아 있다. 사무총장은 유엔 또는 유엔의 특별기관의 회의를 소집할 권한이 없기 때문에 유엔체제 내의 활동을 효율적으로 조율할 힘이 없다. 더군다나 국가들의 군대와 재정적 지원을 요하는, 특히 평화유지활동과 같은 평화와 안보에 관련된 진취적인 활동들에 대한 국가들의 지지를 얻기란 더 어렵다. 이는 왜 안보리와 사무국의 개혁이 같이 이루어져야 하는지 보여주는 구체적인 사례라 할 수 있다.

지속가능한 개발을 위한 개혁노력

경제개발분야에 있어서 유엔활동을 개혁한다는 것은 안전보장이사회나 사무국 개혁보다 더욱 어려운 과제인지도 모른다. 특별기관들은 독립적이며 개별적 지원을 받는다. 그러므로 일괄적으로 통합된 예산과 기관 간 조율장치가 없는 셈이다. 통합된 예산과 기관 간 조율장치의 부재로 유엔경제사회이사회ECOSOC에게 부여된 조정자로서의 역할은 처음부터 취약할 수밖에 없었다. 1978년에는 개발과 국제경제협력을 관할하는 사무국장이 임명되었으나 이 같은 지위를 활용할 기회나 자원이 주어지지 않았었다. 경제사회이사회는 유엔 체제에서 비중 있는 역할을 맡지 못했고 이 기관에 맡겨졌어야 했을 사안들도 유엔총회가 결정하는 사례를 낳았다.

예를 들어, 1980년대의 제3차 10개년 개발과 1992년의 유엔 아프리카 실행 프로그램UN Program of Action in Africa과 관련해 총회는 경제사회이사회가 제3세계의 이익이 아닌 선진국들의 이익을 대변하는 집단이라고 주장하며 반발하고 나섰다. 지속가능한 개발에 관해서는 말 그대로 지속적이고 장기적인 계획과 실행이 가장 중요함에도 불구하고 각 집단은 이견차이를 좁히는 데 실패했다. 따라서 각 기관 간 의견조율이 시급한 문제가 되고 있다. 이는 지속가능한 개발의 주요 요소들이 근본적으로 여러 분야에 걸쳐 있어서 조정이 필요하기 때문이다.

조율이 잘 이루어지지 않는 여러 기관들이 다양한 과제를 해결하려고 했던 것이 유엔에서 시급한 사안을 해결하는 데 장애가 되기도 했다. 걸프전 이후와 구유고 사태 때가 그렇다. 두 경우 모두 각각 다른 기관들에게 여러 과제가 부여되었고 이는 업무추진에 장애요소로 작용했다. 후에 업무를 총괄하는 기관이 선정됐으나 여타 기관들을 조정할 수 있는 능력이나 역량 역시 제한되어 있었다.

걸프사태 때 여러 기관들이 쿠르드족 문제를 해결하기 위해 나섰다. UNHCR

은 난민보호소를 운영했고 유엔아동기금UNICEF은 식수공급과 공중위생을 담당했으며 세계보건기구WHO는 보건분야를 책임지게 되었다. 그런데 실질적으로 이 분야들은 서로 중복되는 부분이 많았다. 결국 UNHCR이 여러 업무를 총괄하는 기관이 되었으나 절차와 행동방식의 충돌이 기관 간 조율을 하려는 노력을 제약했다. 걸프사태 당시 유엔의 다른 기관들도 활동하였는데, 국제노동기구ILO는 일자리와 직업 재교육을 담당했고 유엔환경계획UNEP: United Nations Environment Programme은 걸프지역 환경영향평가를 담당했고 국제해사기구IMO: International Maritime Organization는 바다에 기름을 제거하는 작업을 지원했다. 그러나 이처럼 하나의 유엔이 아닌 여러 개의 유엔기관들이 참여한 것은 일사불란한 문제해결보다는 오히려 혼란을 초래했다(Mingst and Karns, 2000).

이처럼 유엔 각 기관 간의 조율이 실패로 돌아가자 1991년 12월에 부사무총장이 이끄는 인도적 지원부The Department of Humanitarian Affairs가 유엔총회권고에 의해 신설되었다. 총회는 이 부서가 위기사태에 더 신속하게 대처할 수 있도록 5천만 달러의 긴급자금을 배정했다. 그러나 유고사태가 보여주듯 이 새로운 기관은 기관 간 조율의 문제를 해결하지 못했다. 부서는 신설되었으나 여전히 각 기관 간의 이견을 조율할 권한이 부족했고 자금조달을 위한 노력을 적극적으로 전개할 의사도 없었다. 유엔은 하나의 통일된 체계로 문제에 대응하지 않았고 각각 독립적인 기관으로 문제를 해결하려 들었다. 각각의 기관들 역시 그들만의 제도적 체계가 있었고 독립적인 우선순위를 정했으며 스스로 정한 시간표에 따라 움직였다.

여러 기관들이 유엔기관 간의 조정체계 개혁을 권고했다. 미국유엔협회UNA/USA가 발간한 *A Successor Vision*에서는 경제사회이사회가 모든 유엔회원국을 포함하도록 개편하고 총회의 제2와 제3위원회를 철폐할 것을 권고했다(UNA/USA, 1998). 또 약 25개국으로 구성된 소규모 운영위원회가 안보리의 권한 밖에 있는 국제문제들을 감시하고 특별 실무그룹을 통해 이러한 문제들의 해결책에 대한 여론을 형성하며 유엔과 그 회원국들이 체결한 협약을 실행에 옮길 수 있도록 제안했다. 아울러 경제사회이사회 내에서의 논의가 의제의 우선순위를 결정, 시간표의 활용, 보고서의 신중한 사용 등을 통해 더 집중될 수 있도록 했는데, 이 같은 제안들은 경제사회이사회의 정당성과 효율성을 주된 조정기관에 준하는 수준으로 높이기 위함이었다.

노르딕 유엔 프로젝트Nordic UN Project는 1991년, 유엔개발활동에 대한 개혁안을 내놓았다. 체제 전반에 걸친 개발정책이 없는 상황에서 이들 북유럽 국가들은 유엔의 여러 개발과 관련된 기관들을 경제사회이사회의 후원 아래 하나의 국제개발위원회를 설립하는 것을 제안했다. 이런 방안은 경제사회이사회에 예산권을 부여하는 것이었다(Nordic UN Project, 1991). 전 사무총장 부트로스-갈리 역시 자신의 평화안에서 경제사회이사회가 경제 및 사회 개발에 대해 안보리에게 보고할 것을 건의했고 아울러 경제 및 사회 정책을 이끌어 나아갈 것을 건의했다. 또한 경제사회이사회가 현장활동의 전반적인 운영을 맡아야 할 것이라고도 지적했다.

글로벌거버넌스위원회는 더 파격적인 안을 제시했다. 이 위원회는 기관 간의 조율이 미흡한 점과 중첩되는 책임소재가 문제라고 보고 짜임새 있는 경제정책의 부재에 초점을 맞추었다. 글로벌거버넌스위원회는 세계경제가 정책설립에 있어서나 정책실행에 있어서 구조적 결함을 안고 있다고 보고 유엔개발기구, 브레튼 우즈 제도, 다국적기업 등에게 지속가능한 개발에 대한 틀을 마련해 줄 유엔 산하의 경제안보위원회ESC: Economic Security Council를 설립할 것을 제안했다. ESC의 지위를 높이기 위해 매년 각국의 재무장관과 국가원수들이 참석하는 회의를 제안하기도 했다.

코피 아난 전 유엔 사무총장이 1997년 세운 '조용한 개혁a quiet revolution'은 낙후된 사무국의 운영에 활력을 불어넣으려는 시도가 보였다. 사무국의 구조를 평화와 안보, 경제 및 사회 문제, 개발활동, 인도주의적 문제를 다루는 주요 4개 부문과 전략계획 부서로 개편하고 유엔관료들과 세계개발은행과의 더 긴밀한 협력을 요구했다. 이러한 개혁은 현장의 개정을 요구하지 않기 때문에 아난 전 사무총장은 인력 구조조정을 시작했고 1980년대 중반에 12,000명에 달하던 인력을 1998년에는 8,700명으로 줄였다. 아난은 사무총장으로는 최초로 그의 지도적 역할과 행정적 역할에 따르는 책임을 나눌 수 있는 대리인을 임명했고, 동시에 유엔 중심부를 다섯 개의 집행단체로 묶어서 각 단체의 지도부로 이뤄진 내각을 형성하게 했으며 각국에 유엔지부를 설립하자는 계획을 홍보하여 기관들과 프로그램들을 연계시킬 수 있는 제도적 장치를 제안하기도 했다.

코피 아난의 뒤를 이어 2006년 12월 14일에 취임한 대한민국 국적의 반기문 사무총장의 경우 임기 초기부터 유엔개혁이 그의 최우선 고려사항이었다. 그는

그림 15-1 제8대 유엔 사무총장, 반기문

출처 : 유엔홈페이지(http://www.un.org/apps/news/story.asp?NewsID=42984#.VaJMyvntluA).

세 가지 영역에서의 개혁을 강조했는데, 첫째, 유엔이 현지에서 보다 효과적으로 임무를 시행하는것, 둘째, 유엔이 보다 나은 생산성을 가지는 것, 셋째, 유엔의 책임을 증가시키는 것이다. 반기문 총장은 그의 임기 동안 필드 지원 부서Department of Field Support와 무장해제 부서Department of Disarmament Affairs의 구조조정과 미래의 개혁노력과 그에 따른 관리를 위한 변화관리팀Change Management Team의 설립, 직원 이동성을 개선하는 제안서를 만들기도 했다. 이러한 반기문 총장의 노력과 성공적인 개혁의 길은 그리 순탄하지는 않았다.

반기문 총장은 회원국들에게 포괄적인 개혁을 위한 충분한 압박을 하지 않았다는 비판을 받았다. 다른 한편으로는 전임 총장들과 마찬가지로 사무총장이라는 직책을 고려했을 때 개혁과 쇄신의 성공은 상당히 제한되어 있다고 보는 이들도 많다. 사무총장이란 행정을 총괄하고 있는 직책이며 개혁을 지지하며 가능하게 할 수 있는 위치에 있지만 그러한 개혁을 종합적으로 시행할 수 있는 권력은 사실상 유엔 회원국으로부터 나온다. 많은 회원국들은 반기문 총장으로부터의 개혁이 자국의 권위를 약화시키는 결과를 낼 것에 대해 두려워했다.

유엔 사무국의 구조를 개혁하려는 노력은 유엔이 글로벌 거버넌스에 대한 요구에 더 효과적으로 대응할 수 있도록 조직을 효율적으로 재편하는 데 중점을 두었다. 제도를 개편함으로써 평화와 안보 분야 및 환경과 개발 분야에서의 효과를 높일 수 있도록 하자는 것이었다. 그러나 이처럼 제도적 개편으로 유엔의 효율성을 높일 수 있으려면 회원국들의 재정지원이 이행되어야 할 필요가 있다.

재정문제 해결을 위한 개혁

현재 유엔 지도부에게는 매년 직원들에게 임금을 지불하는 것조차도 버거운 일이다. 유엔은 독자적인 자금줄이 없이 회원국들의 자발적인 자금지원에 의존하고 있기 때문에 오랫동안 재정적 문제에 시달려 왔다. 1980년대 중반부터 유엔은 심각한 예산위기에 직면해 왔는데 문제의 핵심은 미국의 분담금이다. 미국이 유엔에게 진 빚과 지불해야 할 할당금을 지불하지 않고 있기 때문이다. 1985년에 미국 의회는 미국의 지원을 삭감할 3개의 법안을 통과시켰다. 카스범Kassebaum법안은 유엔 내에 자금지원에 따른 가중적인 투표방식이 적용되기 전까지 미국의 지원을 유엔 예산의 25%에서 20%로 줄일 것을 골자로 하고 있고, 선드퀴스트Sundquist 법안은 이념적 이유를 들어, 미국의 재정적 지원이 구 소련 블록의 유엔 인력에 대한 임금지급에 쓰이지 못하도록 제한했다. 그램-러드맨Gramm-Rudman 법안은 미국 연방정부에서 지급되는 지원금과 유엔에 지급하는 정기적인 자금지원 외 43개의 다른 국제기구에 지원하는 자금을 줄였다.

레이건 행정부 시절 통과된 이처럼 강경한 3개 법안은 1986년 미국이 유엔에 지급한 재정지원을 예전의 반으로 줄이게 하였다. 미국이 이처럼 움직이자 나머지 4개 안보리 상임이사국을 포함한 18개의 다른 회원국들도 정치적인 이유로 유엔에 대한 자금지원을 줄였다. 그 밖의 회원국들 역시 여러 정치적 · 비정치적인 이유로 유엔 지원금을 유예시켰다. 이같이 유예되거나 미납된 분담금은 유엔이 프로그램을 지원하고 평화유지활동에 대해 회원국들이 사용한 비용을 환급하는 행위를 불가능하게 했다(Mingst and Karns, 2000).

이 같은 위기상황에서 총회는 18명의 고위정부 간 전문가단체 설립을 통해 대응하고자 했다. 유엔 인력감축과 비용을 줄이기 위한 절차의 간소화와 더불어 분담금을 미납하거나 지불유예한 18개국에 대한 타협안을 마련해 주요 자금지원국에게 프로그램을 검토하고 재정자원의 사용에 대한 우선순위를 정할 수 있는 권한을 부여함으로써 그들의 영향력을 증가시켰다. 프로그램 및 조정위원회CPC: Committee for Program and Coordination가 예산집행을 검토하고 검토결과를 운영 및 예산에 대한 자문위원회Advisory Committee on Administration and Budgetary Questions에게 넘기고 이를 다시 제5재정 위원회Fifth Financial Committee에게 넘긴 후 최종적으로 총회에 전달되도록 하는 방식도 도입했다. CPC에서 총회를 통한 투표는 미국과 다른 주요 자금지원국에게 1국 1투표의 원칙을 깨뜨리지 않고도 실질적으로 예산에 관한 문제에 있어서의 거부권을 주었다. 이 경우에는 유엔 회원국들이 헌장을 개정하지 않고도 주요 절차적 변화를 가져올 수 있다는 선례를 남겼다(Mingst and Karns, 2000). 주요 자금지원국들에게는 이러한 변화가 유엔 의사결정에 더 큰 영향을 미칠 수 있게 하였고 미국에게는 미국 의회의 조건을 충족시켜 자금지원을 지속할 수 있게 하였다. 그러나 개발도상국들은 이처럼 효율성을 강조하는 행정적 개혁이 그들의 입장을 대변하는 여러 기관들의 활동의 종말을 가져올지 모른다는 우려를 나타냈다.

문제는 유엔의 이 같은 행정적 개혁에도 불구하고 1980년대의 근본적인 예산문제를 해결하지는 못했다는 것이다. 러시아를 포함한 많은 회원국들이 경제적인 어려움으로 유엔 분담금을 지불하기 어려워졌고, 지불능력이 있다 하더라도 일부 회원국은 아직도 정책적 이견 때문에 지원자금의 지급을 유보했다. 미국의 경우 레이건과 부시 그리고 클린턴 등 3명의 대통령들 모두 미 의회에게 미국의 미불금과 현재 지불해야 하는 금액을 지급할 것을 요청했으나 지급이 이루어지지 않았다. 1980년대 중반 2억 4천2백만 달러에 달하던 미국의 미납액은 1998년 2천5백억 달러가 넘게 되었다. 유엔의 전체 미수금 가운데 미국의 미납액이 차지하는 비중이 3분의 2에 달했다.

이 와중에 탈냉전시대의 새로운 책임에 따른 비용의 증가로 추가적 지원에 대한 요구가 늘어났고 유엔은 심각해지는 재정적 문제로 평화유지활동, 개발, 환경계획, 인도주의적 요구에 따라 필요한 자금을 확보하기 위한 개혁요구에 시달렸다. 미국은 2023년 현재에도 매년 분담금을 상습적으로 체납하고 있다. 유엔헌장은 분담금을 체납한 국가의 총회투표권을 박탈하도록 하고 있으나 현실적으로 어떠한 제재도 이루어지지 못하고 있다.

부트로스-갈리 당시 사무총장은 1992년, 포드 재단의 후원하에 회의를 소집하고 유엔의 전반적 재정위기에 대처하기 위한 네 가지 변화안을 제시했다. 첫째는 자금유통의 문제를 해결하는 것이었다. 이 모임은 각 회원국이 자국의 부담금을 매년 4번에 걸쳐 동일하게 나누어 내고 늦은 자금지원에 대해 처벌할 것을 건의했다. 그리고 운용자금 기금을 1억 달러에서 2억 달러로 늘리는 것을 제안했다. 둘째, 국가들의 지불능력과 경제적 사정을 더 현실적으로 반영하기 위하여 이 모임은 10년간 평균 평가가 아닌 3년간 평균 GDP의 평가를 이용할 것을 제안했다. 셋째, 장기계획을 수립하기 위하여 회원국들이 일 년 단위가 아니라 다년간 이어질 자발적인 재정지원을 약속할 것을 권고했다. 넷째, 활동에 따른 여러 개의 예산이 아닌 매년 하나의 단일화된 평화유지활동 예산안을 설정할 것을 건의하였다(Ogata and Volcker, 1993).

유엔 재정지원에 대한 모든 제안의 목적은 평화유지활동에 투입되는 자원의 흐름을 예측하고 다른 활동의 범위를 파악하기 위한 것이다. 그러나 재정문제는 돈에 관한 것만은 아니다. 재정문제는 정치적 영향력과도 결부된다. 유엔은 국가들이 자발적으로 지원하는 자금 외에는 활동과 프로그램들을 재정적으로 지원할 수 있는 방법이 제한되어 있다. 유엔은 자금을 빌리거나 독자적인 모금활동을 해 본 경험이 없다. 국제해협 사용료, 남극의 자원 사용료, 해양 사용료, 심해저 사용료, 또는 우주 사용료 등의 여러 다양한 자금원이 건의되기도 하였다. 그러나 많은 회원국들이, 그중 특히 미국이, 이러한 유엔의 모금활동이 국가들의 독자적인 활동범위를 좁힐 거라는 우려에 따라 유엔의 독자적인 모금활동을 반대해 왔다. 유엔의 재정을 충당하는 구조와 방법을 변경하는 것이 유엔 개혁의 주요 방향이었다. 그러나 구조적 개혁을 성공시킬 정치적 변화에 대한 논의가 없었다는 것이 확연했다. 정치적 지도력의 변화가 요구된 것은 이런 맥락에서였다.

유엔과 미국의 갈등

유엔의 개혁에 있어서 미국의 역할의 중요성은 시간에 따라 변화해 왔지만 미국의 중요성은 과거에도 그렇고 현재로서도 유엔 개혁의 핵심이다. 1990년부터

1993년 초기 탈냉전기 당시 부시와 클린턴 행정부는 유엔을 강화하기 위한 개혁을 지지했다. 유엔과 다자주의에 대한 미국의 낙관론은 걸프전 때 가장 높았다. 구 소련 붕괴와 이라크의 쿠웨이트 침공으로 인한 세계 유류공급의 위협에 직면한 미국은 자발적으로 유엔의 지도자 역할을 맡았다. 미국은 유엔의 이익과 미국의 이익이 겹쳐 있고 상호보완적이라고 생각했다(Matthews, 1993). 유엔 초기의 이상이었던 집단안보의 마지막 무대라고 할 수 있었던 걸프전은 미국이 다자주의를 긍정적으로 평가하는 결정적인 계기가 되었다.

미국은 1992년, 부트로스-갈리 유엔 사무총장의 평화안이 국제안보에 있어 미래 유엔의 역할에 대해 상당히 크게 기여했다고 환영했고, 더욱이 부시 행정부는 미군을 다자적 평화유지활동과 인도주의적 작전을 위해 훈련시키겠다고 약속했다. 이어 1993년에 집권한 클린턴 행정부는 개혁되고 새로워진 유엔에 대해 더 낙관적이었다. 클린턴 행정부는 공개적으로 일본과 독일이 안보리에 포함될 것과 더 나아가 안보리의 역할이 확대되는 것을 지지했다. 유엔을 강화시키는 것은 클린턴 행정부의 정책인 적극적 다자주의와 같은 선상에 있었다. 미국은 더 이상 세계의 경찰 역할을 할 수 없었으며 다른 국가들과 책임을 더 균등하게 나누어야 했다. 유엔은 이러한 짐을 나누는 데 가장 적절한 동반자였다.

짧은 밀월이었다. 미국의 낙관적인 전망은 오래가지 않았다. 1993년 9월 유엔 총회 연설에서 클린턴 당시 미국 대통령은 유엔이 늘어나는 요구에 대처할 수 있는 능력이 있는지에 대한 회의를 나타냈다. 클린턴은 "유엔이 세상에서 발생하는 모든 분쟁에 관여할 순 없다. 미국 국민이 유엔 평화유지활동을 지지하기 위해서는 유엔이 언제 관여하고 언제 하지 않을지를 분명히 해야 한다."(New York Times, 9/28/1993)라고 연설했고, 소말리아에서의 미군 희생에 자극받아 1994년, 대통령 결정지시(President Decision Directive: PDD-25)를 선포했다. 이는 유엔 평화유지활동과 미국의 참여에 대한 신중한 입장을 표명한 것이다. PDD-25는 미국이 앞으로의 유엔 평화유지활동을 지원하기 위해서는 국제 평화와 안보에 위협이 된다는 사실에 의심이 없어야 하거나, 긴급조치가 필요한 거대 인도주의적 사태일 경우, 혹은 엄청난 인권유린 사태가 존재한다는 것에 미국이 수긍해야만 가능하다고 규정했다. PDD-25로 인해 미국은 유엔 평화유지활동을 지지하고 강화하자는 입장에서 책임부담을 줄이는 입장으로 정책을 수정했다.

그 후 미국은 탈냉전 대외정책의 제2단계에 착수했다. 유엔 중심의 세계와 적극적 다자주의에 대한 낙관론은 점차 수그러들었고 1994년 11월을 기해 완전히 사장되었다. 이때 새로이 출범한 공화당 주도의 미국 의회는 유엔에게 맹공격을 가했다. 이들은 평화유지활동을 비판하면서 미국의 지원을 줄이고 유엔이 미군을 지휘할 권한을 제한했다. 유엔은 다시 한번 미국의 대외정책에서 배제되어 더 이상 부트로스-갈리의 평화안과 같은 진취적이고 혁신적인 목적을 실현하기 어렵게 되었다. 1994년 이후 유엔은 미국의 대외정책 수단의 하나에 불과한 처지로 전락하기에 이르렀다.

1994년부터 미 의회는 유엔이 행정과 예산을 개혁해야 한다는 이유로 미납금과 분담금 지급을 거부했다. 그런데 문제는 유엔이 어떻게 스스로를 개혁해야 하는지에 대해서는 의도적으로 불투명한 입장을 개진했다. 이런 와중에 미 의회와 유엔은 미국의 미납금과 관련해 의견 차이를 보였고 그러면서 미국은 평화유지활동에 대한 지원금 환급을 유엔에 요구하면서 일방적으로 미국의 지원할당을 20%로 낮추었다. 상황이 이렇게 되자 안보리 개혁에 대한 논의는 보류되었다. 미국의 이 같은 행위는 유엔의 실질적인 개혁 가능성을 점점 희박하게 만들었다. 그리고 미국이 1994년을 기해 1990년 초반의 다자주의 정책에서 일방주의 정책으로 선회하였다는 사실을 입증했다.

유엔에 대한 1990년대의 미국의 정책변화를 어떻게 설명할 수 있을까? 대통령 행정부의 성격과 관련이 있는 것은 분명하다. 그러나 그보다는 미 의회의 영향력이 더 컸다. 클린턴은 1993년 비엔나 인권회의 때 지도력을 발휘해 경제와 사회 그리고 인권에 대한 규범을 받아들이고 유엔인권고등판무관을 신설하도록 했다. 미 클린턴 행정부는 레이건이나 부시 행정부에 비해 환경이나 에이즈 퇴치, 아동보호 그리고 군축활동을 훨씬 적극적으로 지지했다. 그러나 클린턴 행정부는 유엔이 평화 유지와 안보 문제로 자금과 지원난에 가장 허덕이고 있을 때, 미 의회의 압박으로 유엔을 외면했다. 공화당 주도의 미 의회에 의해 클린턴이 탄핵대상이 된 바 있듯이 미 행정부는 의회의 결정에 속수무책이고 그렇게 막강한 영향력을 행사하는 미 의회는 1980년 중반부터 유엔 예산에 대한 미국의 분담금 지급에 적대적이었다. 다루기 힘든 미 의회 예산결정과정과 공화당의 우세를 감안할 때 이러한 경향은 앞으로도 계속될 가능성이 크다. 1994년 총선을 시작으로 미국엔 유엔을 지지하지 않은 의회가 들어섰고 이것은 미국이 유엔에서 지도력을 행사할 능력을 약화시켰다.

그러나 미 의회의 결정내역이 미국 내 여론을 반영한 것은 아니다. 역사적으로 미국 여론은 유엔에 대해 호의적이었다. 이는 1998년 여론조사 결과를 보면 미국 국민의 72%가 유엔이 미국의 개입정책에 "아주 중요하다."고 응답했다. 이는 3년전 54%보다 훨씬 높은 수치이다. 60%는 유엔이 잘하고 있다고 생각한다고 응답했다. 당시 미국 사람들 4명중 3명은 유엔 미지급금을 지불하는 것을 지지했다. 그러나 유엔에 대한 지지와는 달리 미국 내 여론이 유엔의 개혁을 지지한 적은 없고 앞으로도 그렇지 않을 것으로 보인다. 그 이유는 유엔 개혁이 유엔 내에서 미국의 힘과 영향력을 약화시킬 것이라는 우려 때문이다. 2022년에 행해진 조사에서도 미국인의 62%가 유엔을 지지했으며 분담금을 지불해야 한다고 하였다. 또한, 미국인 69%가 현재 유엔이 여전히 필요한 조직이라고 믿는다는 의견을 제시하였다.

미국 사회는 미국이 1990년대 초의 적극적 다자주의에서 1990년대 중반 이후 일방주의적 나아가서는 고립적 정책으로 선회한 데 대한 활발한 토론을 벌였다. 한 단체는 미국이 아직도 시대에 맞지 않은 구시대의 가정 속에 살고 있다고 비판한다. 비판 세력 가운데 하나인 포크Richard Falk는 미국이 구시대에서 벗어나지 못했다고 보고 있다(Falk, 1998). 탈냉전시대에 따른 변화에도 불구하고 미국은 변함없이 지정학적 현상유지를 지지해서 행정적 절차 외에 그 어떤 변화도 저지하고 있다는 것이다. 또 중요한 것은 미국은 진취적인 개혁을 막기 위해 노력했으며 변함없이 실질적인 대안을 제시하지 못하는 비판자의 역할만을 해 왔다는 지적이다.

이렇게 변화하는 세계를 인식하지 못하며 미국이 점점 고립돼 가는 과정에서 21세기가 찾아왔다. 미국에는 레이건 이후 가장 강경한 매파 부시 행정부가 들어섰고, 2003년 미국과 영국이 유엔 안보리의 반대를 무시하고 강행한 이라크전이 발발했다. 2003년은 유엔과 미국이 가장 극단적으로 대립한 해로 기록될 것이다. 유엔 안보리는 2003년 2월, 미국이 제출한 이라크전 결의안을 부결했다. 안보리의 반대결정은 미국이 제기한 이라크의 대량살상무기WMD: Weapons of Mass Destruction 의혹과 관련해 유엔 산하 국제원자력기구IAEA: International Atomic Energy Agency의 사찰활동에 시간을 줘야 한다는 것이었다.

이에 미국은 제2차 결의안 상정을 포기하고 영국, 호주 등과 단독으로 2003년 3월 이라크 침공을 강행했고 국제사회에서의 유엔의 권위를 실추시켰다. 부시

행정부와 함께 부상한 미국의 네오콘, 즉 신보수주의자들neo-conservatives은 유엔의 죽음을 선언했다. 유엔은 이 기구가 설립된 가장 큰 목적인 전쟁을 막는 데 실패했을 뿐 아니라 공공의 적을 함께 협력해 막는다는 집단안보의 개념마저 허물어지는 과정을 지켜봐야 했다. 누가 유엔의 적인지 알 수 없는 상황이 이어졌다. 미 부시 행정부는 유엔뿐 아니라 이라크전에 반대한 프랑스와 독일에 대해서도 '올드 유럽'이라고 공공연히 지칭함으로써 제2차 세계대전 당시의 세계 권력 핵심국가들보다 미국이 우위에 있음을 나타냈다.

유엔으로서는 그간 미국의 전횡에 시달려 온 그 어느 때보다도 뼈아프게 미국에 의해 그 위상이 추락하게 된 시점이었다. 이에 대한 유엔의 반격은 같은 해 9월에 열린 총회에서 이뤄졌다. 미국에 의해 선택된 코피 아난 전 사무총장은 총회 연설에서 미국의 이라크 침공에 대해 "일국주의적이고 무법적인 무력사용 확산을 초래할 수 있다."고 이례적으로 비난하면서 58년 묵은 유엔의 오랜 숙원인 급진적 변화와 개혁을 강조했다. 그리고 그 가장 시급한 과제로서 안보리 회원국 확대방안을 제시했다. 국제 지정학적 현실을 감안할 때 10년 넘게 매년 제기돼 온 안보리 확대문제가 방법과 거부권 부여문제 등에서 해결을 보고 실행에 옮겨질 수 있을 것인가? 이에 대해서는 회의적인 시각이 많았다. 다만 유엔이 미국의 한 수단에 불과하다는 시각과 무능한 국제기구라는 굴레에서 벗어나기 위해 자구책 마련을 서두르고 있다는 점은 국제사회가 인식할 수 있었다.

논란의 한가운데 섰던 부시의 뒤를 이은 오바마 정권은 유엔을 통한 다자적 접근을 강조하면서 부시 정권의 일방주의와는 거리를 두는 모양새를 보였다. 이러한 유엔을 통한 다자주의 원칙은 부시 정권에서 거부했었던 기아에 대한 유엔 밀레니엄 개발목표나 유엔에 대한 자금지원의 정상화 등의 정책으로 더욱 가시화되었다. 그러나 그러한 긍정적인 기류는 오래가지 않았다.

2013년 9월 시리아에 대한 안전보장이사회와 미국의 갈등은 예전의 불신을 불러일으키기 충분했다. 시리아의 화학무기 프로그램을 저지하기 위한 유엔 결의안이 통과되기 전까지 안전보장이사회는 미국과 시리아의 우방인 러시아의 대립의 장이 되었고, 특히 미국이 예전의 일방주의 노선으로 돌아갈 것을 우려하던 러시아는 미국의 일방적 · 군사적 개입을 강력히 반대하였다. 푸틴은 뉴욕타임즈 기고문을 통해 유엔의 보편적인 국제기구로서의 역할을 강조하며 미국이 예전의 부시 정권과 같이 안전보장이사회와 유엔을 도외시하는 것은 삼가해야 한다고 주장했다.

이스라엘과 팔레스타인 문제를 둘러싼 해묵은 다툼이 지속적으로 유엔과 미국 사이의 분열을 초래하는 또 다른 문제 중 하나이다. 국제적 반발에도 불구하고 미국의 이스라엘에 대한 지속적이고 노골적인 지원은 유엔과 인권 옹호론자들을 불편하게 하고 있다. 2014년 12월 아랍 연합이 제안한 이스라엘 점령 종료 및 팔레스타인 독립국가 창설의 거부와 2015년 3월 미국과 이스라엘 대표의 팔레스타인 영토에 관한 유엔 인권이사회 회의의 불참 등은 그러한 갈등을 단적으로 보여준다.

미국과 유엔의 관계는 2017년 트럼프 대통령의 취임으로 더 악화되었으며, 유엔과 관련 국제기구의 위기는 심화되었다. 트럼프 대통령은 공공연하게 유엔과 관련 국제기구가 불필요하고 때때로 그 존재 자체가 미국의 이익에 반한다고 주장하였다. WHO가 중국 편을 든다며 지원금을 일시 중지하기도 하였으며, 탈퇴를 선언하기도 하였다. 유엔을 미국의 이익을 반영하기 위한 장소로 사용하였으며, 유엔에서 미국 우선주의를 설파하기도 하였다. 미국 주도하에 국제기구 중심으로 만든 글로벌 거버넌스를 미국 대통령인 트럼프가 스스로 무너뜨려 버렸다. 그 이후 바이든 정부는 트럼프 대통령의 행위를 비난하고 국제사회에서 미국의 의무를 이행하겠다고 했지만, 미국이 국제사회에서 이미 잃은 위상을 회복할 수 있을지는 의문이다. 이처럼 미국과 유엔의 복잡미묘한 관계는 현재 진행형이다.

미국은 유엔 분담금 문제에 있어서도 유엔과 갈등을 겪고 있으며 대인지뢰, 지구 온난화, 국제형사재판소 등에 관한 협약을 거부하는 몇 되지 않는 국가들 중 하나이다. 거기에 더해 유엔을 거스르며 전쟁을 벌였다. 미국은 여전히 강대국이지만 세계는 더 이상 단극체제가 아니다. 경제와 안보, 또는 환경에 대한 위협은 하나의 강대국에 의해 해결될 수 있는 문제가 아니라 세계 여러 나라 간의 협력이 필요하고, 그것이 국제기구가 존재하는 이유라 할 수 있음에도 불구하고 미국은 여러 차례 이를 무시했다.

미국은 다자주의를 통해서 세계평화를 다른 국가들과 분담할 수 있어야 함을 알면서도 일방주의 노선을 버리지 않았다. 유일하게 살아남은 강대국이라 자부하면서 다자주의가 미국의 행동의 자유를 제약하는 것처럼 보일 때는 가차없이 비판하고 무시해 왔다. 미국의 일방주의는 계속될 것인가? 어떻게 다른 국가들에게 다자주의적 부담을 나누어 갖게 할 수 있을까? 비판적 시각에서 볼 때, 세계 많은 국가들과 세계시민사회의 동참이 없이는 미국의 일방주의는 더욱 심각한 결과를 초래하게 될 것이다. 비판이론이 주장하는 것처럼 아래로부터의 목소리를 수용하지 않는 미국의 일방주의는 지속되기 어려울지도 모른다.

미국이 이루려고 하는 리더십, 즉 지도력은 미국의 앞장서려고 하는 의지, 연합을 결성하려는 의지, 재정적 지원을 하려는 의지뿐만 아니라 다른 국가와 각 주체들이 미국의 의도에 동참하려는 의지가 있을 때에만 나타날 수 있다. 그리고 유엔의 관점에서 봤을 때 현재와 같이 다양한 요구를 가진 회원국들이 늘어나고 NGOs의 중요성이 증가하는 것은 그 관리능력의 한계를 느끼게 한다.

그러나 정치적 관점에서 보면 유엔 내의 지도력은 결코 미국으로부터만 나와서는 안 될 것이며 유엔활동을 위한 힘의 기반과 재정적 자금을 확보하기 위해서는 다른 주요 선진국들의 지도력도 필요하다. 그동안 미국을 비롯한 강대국들은 유엔의 대표성과 정당성이 더욱 부각되고 효과적이며 투명한 조직으로 거듭나는 데 찬성하지 않았다. 글로벌 거버넌스를 대표한다고 할 수 있는 유엔의 대표성과 투명성 확대를 찬성하지 않은 이유는 자국의 영향력 약화를 우려한 것이다. 그러나 이미 각 회원국들은 이러한 강대국 특히 미국의 전횡에 거부감을 나타내고 있고 따라서 미국에게는 자국의 역할을 재검토하고 이것이 유엔 개혁에 어떤 영향을 미칠 것인지 고려해야 하는 책임이 주어져 있다.

유엔의 대안

유엔 개혁에 있어서의 문제점은 어떻게 더 효율적이고 대표성 있는 기구로 만들 것인가 하는 데 국한되는 것이 아니다. 세계를 대표하는 국제기구로서 회원국들 사이의 갈등을 최소화하고 중심과 주변과의 차이를 줄이는 데 보다 큰 가치를 두어야 하는 것이 유엔 개혁의 또 다른 핵심이다. 유엔 내부에서 일어난 갈등은 동서 간의 갈등, 즉 이념적인 것이라기보다는 남북한 갈등, 즉 경제적인 측면에 근거했었다.

동서 간의 장벽은 없어졌지만 남북 간의 격차는 여전히 남아 있고 점점 심화되고 있는 추세다. 동서 간 갈등을 극복한 이후 남아 있는 남북 간 갈등은 보다 실체가 뚜렷해졌고, 그로 인한 갈등을 해소하기 위한 방안 또한 보다 획기적인 것이 요구되고 있다. 헌장 개정이 시급한 것도 그 때문이다. 그러나 유엔은 다른 국제기구들과 달리 개혁적 성향과는 거리가 멀다. 그것은 유엔이 개혁을 원하지 않아서라기보다는 유엔이 안고 있는 태생적 한계 때문이다. 안보리를 비롯한 기관에 진입하는 데 따른 가입권한과 대표권, 분담금, 그리고 투표권 등에 대한 헌장의 조문들은 제2차 세계대전의 산물이다. 이는 당시 미국과 몇 개 강대국들이 조심스럽게 이룬 합의가 도출한 정치적 결과물이다. 더욱이 유엔 창설 당시의 회원국 수는 지금의 3분의 1도 되지 않았다. 합의에 도달하는 것 역시 당시엔 훨씬 쉬웠다. 모든 합의가 유엔 창설 당시보다 지금에 와서 훨씬 어려워진 것은 회원국 수가 늘고 이권이나 관점이 훨씬 다양해졌기 때문이다. 그렇기 때문에 헌장의 수정은 판도라의 상자에 비유된다. 한번 열리면 논의될 의제나 수정의 결과를 예측할 수 없게 된다는 것이다.

글로벌 거버넌스와 유엔 개혁의 논의는 몇 가지 중요한 근본적 딜레마에 직면해 있다. 첫째, 국가주권의 중요성이 국제기구의 존속과 관련돼 지속적으로 강조되면서도 실질적인 주권상실 현상이 일어나고 있다는 것이다. 둘째, 글로벌 거버넌스에 대한 요구는 점점 커지고 있지만 그 핵심주체가 되어야 할 국가들과 유엔의 역량은 더욱 제한되고 있다는 것이다. 셋째, 글로벌 거버넌스의 강력한 지도력이 요구되고 있지만 행위자의 수만 증가할 뿐 지도력을 발휘할 주체는 사라지고 있다는 점이다.

현재의 글로벌 거버넌스의 모습은 매우 다양하고, 복잡하며 그리고 무엇보다도 불완전하다. 지난 반세기 동안의 주권의 변화, 새로운 주체들의 출현, 상호의존의 증가와 기술발전의 변화는 거버넌스의 주체를 다양화시켰다. 이것은 국제사회에서 권력과 권위의 성격과 그 분배도 다양화되는 결과를 초래하였고, 따라서 거버넌스의 형태도 매우 가늠하기 어려운 모습이 되었다.

어떤 경우는 WTO의 경우와 같이 거버넌스의 방법과 배열이 잘 정렬되고 제도화되는 경우도 있고, 다른 경우는 거버넌스의 모습이 아주 초보적이고 생명력이 매우 취약한 경우도 있다. 또한 핵확산방지조약NPT: Nuclear Nonproliferation Treaty과 같이 해당 국가들에 의해 강력히 후원되고 있는 거버넌스의 형태도 있고, 반면에 NGOs와 하부국가 행위자들이 주도하고 있는 거버넌스도 있다. 또 많은 경우 국가가 NGOs와 공동으로 거버넌스를 유지하고 있는 경우도 있다.

‘환경 레짐’의 경우가 대표적인 것이다. 이런 모든 경우는 주권과 권위가 국민국가에게 있었던 과거의 모습과는 사뭇 다르고 새로운 형태의 거버넌스의 출현을 보여주고 있다.

거버넌스가 다루어야 할 영역도 다양해졌다. 국제 평화와 안보 문제는 여전히 아주 중요한 문제로 자리 잡고 있지만, 사회 · 경제 · 문화적 영역도 더 이상 보조적인 역할만을 수행하지는 않는다. 인권, 인도적 지원, 환경문제 등은 이제 글로벌 거버넌스의 핵심문제로 등장하였다. 또한 WTO, IMF, World Bank와 같은 국제경제기구들은 튼튼한 제도를 갖추고 조직화된 글로벌 거버넌스로 세계화 시대에 떠오르고 있다.

그렇다면 이러한 다양한 형태의 글로벌 거버넌스 구조에서 유엔의 역할은 무엇일까? 유엔은 글로벌 거버넌스의 유일한 핵심주체가 될 수는 없을지 모르지만 여전히 새로운 규범과 원칙을 구성해 가고 새로운 질서를 결정해 가는 포럼으로서의 역할을 하고 있다. 유엔은 국가주권에 기반을 둔 기구라는 한계에도 불구하고 상당한 정도의 신축성을 구조적 · 기능적 측면에서 보여주고 있다. 유엔이 미래의 국제사회에서 유일한 권위를 가진 거버넌스의 주체가 되는 것은 불가능할 것이다. 그러나 아주 중요한 위치에서 여러 가지 다양한 주체들을 아우르는 연결고리로서의 역할을 수행할 수는 있을 것이다. 그러기 위해 유엔은 앞서 언급한 다양한 개혁실패를 교훈삼아 하부구조 조직들과의 보다 긴밀하고 다양한 연계활동에 보다 큰 노력을 기울여야 할 것이다.

즉 하향식 접근법과 상향식 접근법을 적절히 조합한 중도적 접근법으로서 글로벌 거버넌스에 대한 요구에 부흥해야 할 것이다. 글로벌 거버넌스 구조에서 유일한 거대기관으로서의 역할을 담당하는 것이 아니라 수많은 국제기구들과의 조합 가운데 하나로 자리매김해야 할 것이라는 뜻이다. 상향식과 하향식 접근법을 조합한 개혁이란 변화된 환경에 적절히 대응할 수 있는 유동성을 확보하면서도 하부기관들과 시민사회를 아우르는 포용력을 발휘할 수 있다는 장점이 있다. 이 같은 개혁을 통해 유엔은 절대적 우위를 지닌 국제기구의 최고위 기구가 아닌 다양한 정부 그리고 NGOs의 연결고리 역할을 하는 기관으로서 새로운 체제를 구축할 수 있을 것이다. 그것이 유엔 글로벌 거버넌스 체제의 가장 바람직한 형태가 될 것이다.

비정부국제기구의 역할 전환

유엔뿐 아니라 다른 국제기구들도 그 역할과 활동영역이 비약적으로 성장했다. 이 역시 글로벌 거버넌스에 대한 요구증가와 국제사회의 체제개편에 따른 것이다. 그뿐만 아니라 냉전종식 이후 국제사회는 여러 차례의 더욱 다양한 유혈분쟁과 인도적 재난을 경험해야 했다. 오늘날에도 세계인구 가운데 7억 명 가량이 하루 미화 1.9달러 미만의 생계비로 살아간다. 최근에 인류에게 재앙으로 다가온 코로나19로 인하여 상황은 더 심각해졌다. 이는 NGOs의 활동과 역할을 증대시키는 계기가 되었다. 수요가 있는 곳에 공급이 따랐다는 뜻이 될 수 있겠고, NGOs 네트워크가 발전할 토대가 자연스럽게 마련됐다고 할 수도 있을 것이다.

냉전종식 이후 국제사회는 제3차 세계대전에 대한 불안은 줄어들었을지 몰라도 강대국들의 자국 우선주의로 인한 개발도상국의 피해는 더욱 늘어났다. 대표적으로 인종청소와 같은 민족분규와 대규모 기아, 빈곤사태 등이 있다. 또한, 우크라이나 전쟁으로 인해 다시금 제3차 세계대전에 대한 우려가 나오고 있는 상황이다. 유혈분쟁이나 기아 사태의 반인륜적 범죄 등에 대응해, 그리고 환경과 인권보호운동에 있어 국제기구의 활동은 21세기 국제사회의 가장 두드러진 특징이라고 할 수 있다.

몸집이 비대하면 행동이 느리게 마련이듯이 유엔은 이 같은 모든 비극적 상황에 일일이 관심을 가지지 않았고 적절히 대응하지도 못했다. 르완다에서 채 100일 안 되는 단기간에 백만여 명이 사망한 대학살 사건에 유엔은 너무 늦게 대처했고, 후에 코피 아난 전 사무총장은 르완다 정부에 사과해야 했다. 또한, 우크라이나 전쟁에 유엔은 제대로된 대응을 할 수 없었다. 국제기구를 대표하는 세계기구라고 할 수 있는 유엔의 역할과 개입은 항상 한계를 안고 있다.

그런 가운데 역할이 증대된 NGOs는 조직력과 순발력을 앞장세워 국제사회 곳곳에서 벌어지고 있는 분쟁과 유혈충돌 그리고 기아와 환경 문제 개선에 앞장서 왔다. 그러나 유엔이 안고 있는 제도적 문제점이 NGOs 사이에서 없다는 것은 아니다. 재정과 인력 확충 문제는 모든 국제기구들이 안고 있는 가장 큰 문제점이다. 대부분의 NGOs가 구체적인 목표를 안고 자발적으로 출범했다. 이는 NGOs가 독립성과 중립성을 유지하는 데는 크게 기여했지만 활동영역과 역할을 제한하는 근본적인 걸림돌로 작용하고 있다. 모든 NGOs가 각각 강제력을 동원해 글로벌 거버넌스를 실현하려 한다면 이 역시 문제일 것이다. 국제기구들이 강제적 구속력을 갖춰야 한다는 뜻도 아니다. 그러나 주권국가들이 갖고 있는 구체적인 힘에 비해 NGOs의 영향력은 아직 미흡하다고 볼 수 있다. 그 같은 미비점을 상쇄할 방안을 모색함에 있어서 국제기구와 유엔과의 연계가 강조되는 것이다.

주권국가는 사라지지 않을 것이며 국제사회에서 영향력도 크게 줄어들지 않을 것이다. 그런 국제질서에서 NGOs가 바람직한 방향을 설정하고 실현하기 위해서는 이들 역시 지도력을 발휘해야만 한다. NGOs와 유엔과의 협조체제가 보다 밀접하고 심도 있게 이뤄지는 것은 유엔과 NGOs 양자의 활동을 효과적으로 이루는 데 바람직한 전략이다. NGOs는 유엔체제 내에서 점점 더 중요한 역할을 맡게 되었다. 그들은 유엔 내의 의사결정에 영향을 미치고, 특히 국제회의에서 유엔 기관들과 협조적으로 경제적 · 사회적 · 인도적 지원을 제공한다. NGOs가 대표권에 있어서 민주적이라고 할 수만은 없지만, 그들은 각 국가 간 이익이 대변된 국가적 사안들보다 세계시민의 근심을 널리 알리고 대변하는 경우가 많다.

NGOs가 유엔체제 내에서 더 큰 역할을 맡을 수 있을까? 더 많은 종류의 NGOs가 유엔 내에서 대표성을 띨 수 있을까? NGOs가 과거보다도 더 효과적으로 유엔체제를 활용하고 영향을 미칠 수 있을까? NGOs가 지난 1992년 리우데자네이루 유엔환경개발회의에서 의제 21Agenda 21을 발의한 것과 같이 유엔의 결정에 적극 동참하고 이를 이행할 수 있을까? 국제기구들에게 이처럼 광범위한 권한이 주어질 것인가?

NGOs에게 그 같은 책임과 임무가 부여된다면 유엔은 창시자들이 생각했던 모습과는 달라질지도 모른다. 이것은 민족국가들로부터 평범한 개인들에게도 주권이 이전되는 것을 실현하게 되는 것이다. NGOs가 더 확대된 역할을 맡기 위한 조건들은 이미 충족되었다. NGOs의 설립목적이 바람직하다고 해서 이들이 자동적으로 각국 정부들이나 세계시민들을 더 잘 대표한다고 말할 수는 없지만 NGOs가 대중사회운동의 성장을 반영하고 국가의 중요성이 감소하면서 참여할 수 있는 새로운 대안을 제시하고 있는 것은 사실이다. 탈냉전시대 들어 생겨난 과거에 없던 많은 문제점들, 인권과 환경, 경제와 사회 전반에 걸친 문제들은 각 국가나, 국가들을 중심으로 하는 유엔과 같은 기구들보다 NGOs를 통한 새로운 문제해결의 접근방식을 요구하고 있다.

NGOs에겐 유엔헌장의 대대적인 개정 없이도 더 공식적인 역할이 주어질 수 있다. 이미 공식절차나, 유엔이 주관하는 국제회의에서 NGOs의 역할이 확대되었거나, NGOs의 사후활동에서 변화가 이루어지고 있다. 다른 제안들은 더 광범위한 조치를 필요로 하는데 이런 조치들에는 헌장 개정도 포함될 수 있다. 예를 들어, 글로벌거버넌스위원회는 유엔총회에 앞서 정기적으로 매년 시민사회를 위한 토론을 개최하자고 제안했다. 다른 제안은 진정서 위원회council of petition를 만들어 위기사태의 발단이 되는 사건들에 대한 정보를 제공하여 인도주의적 사태를 위한 조기경보체제의 주요 역할을 할 것을 건의했다.

유엔과 국제기구가 새로운 협력의 시대를 연 것은 최근의 일은 아니다. 유엔총회 참석이나 헌장 개정과 같이 대표적인 사례를 꼽지 않는다면, NGOs 혹은 국제기구의 범주에 있는 단체들이 유엔 산하기관과 협력해 온 역사는 꽤 오래전으로 거슬러올라간다. 개발도상국 인권과 산아제한, 위생시설 등에 투입된 유엔 산하기관들은 그 지역 각 단체들과의 연계에 주력했고, 그럼으로써 하부조직과의 역할증대에 따른 큰 효과를 본 사례를 기록하고 있다. 다국적 기업은 어떤가? 유엔은 최근 들어 MNCs와의 연계도 부쩍 강화하는 추세이다. 구체적인 방안들이 무엇이든 간에 세계시민사회의 새롭고 강력한 계획들이 필요하다는 것이 범세계적인 여론이다. 이러한 계획들은 정치적 환경을 충분히 변화시켜 현지 주요 국가들의 지정학과 대외정책을 형성하는 현실주의에 대한 공감에 도전장을 던질 수 있어야 한다(Falk; 1998).

WTO가 미국의 패권주의를 반영한다는 것은 비밀이 아니다. 그러나 그럼에도 불구하고 WTO는 예산과 협의 내용 가운데 NGOs의 의견을 상당부분 반영했다(Marceau and Pederson, 1999). 더 나아가 유엔은 NGOs와 연계해 글로벌 거버넌스 실현을 위한 과정에 참여하기 위해 '변화를 위한 협력-글로벌 정책 네트워크coalition for change-global policy network'를 구상하고 실행을 촉구했다(United Nations, 2000: 2). 이렇듯 세계정세가 개별화되고 세계시민사회가 부상하면서 양자 간 혹은 다자간 기관들이 NGOs에 의존하는 경향이 커지고 있다(Goldenker and Weiss, 1998).

그러므로 NGOs에게 더 큰 도전이자 이제까지의 가장 큰 성과는 각 기구의 활동영역과 발전상황을 범세계적인 의제로 끌어 올리는 것이라고 할 수 있을 것이다. 여기에 더해 이제 세계는 정보세대라는 점을 강조하고 싶다. 인터넷은 국가가 통제하거나 제어할 수 없다는 점에서 무정부적이다. 그리고 세계를 하나로 묶는 정보망은 국제기구의 활동과 역할을 확장하는 밑거름이 돼 왔고 앞으로도 그럴 것이다. 유엔은 르완다 대학살에 뒤늦게 대응한 것과 관련해 '인식의 차이 knowledge gap'가 있었다는 주장을 편 바 있다. 아프리카에서 일어나는 일이 미국과 유럽에 알려지기까지 그만큼의 시간이 걸렸다는 것이다.

지금은 그 같은 변명이 통하는 시대가 아니다. 이와 관련하여 NGOs에 대한 낙관적 전망이 제기된다고 할 수 있을 것이다. 이제 세계는 정보망을 통해 하나로 이어져 있고 정보화 시대에서는 그 같은 국제사회의 혼란과 무방비 사태를 쉴 틈 없이 감시하고 보고하고 그리고 해결해 나가는, NGOs가 이제까지 이행해 온 그 역할과 기능이 한층 확대될 것이다. 따라서 NGOs의 선도적 활동을 허용하도록 하는 유엔의 개혁은 그 어떤 기초적인 개혁에도 중요한 역할을 할 것이고 이것은 새로운 국제사회에 있어 유엔에게는 피할 수 없는 반가운 대안이 될 것이다.

토론 주제

1. IGOs와 NGOs는 서로 협력하기도 하고 대립하기도 하면서 성장해 나가고 있다. 앞으로 이 둘의 관계는 어떻게 될 것인가? 보다 발전적인 관계가 될 것인가? 아니면 갈등이 더 높아질 것인가?
2. 유엔의 개혁 가능성을 어떻게 생각하는가? 앞으로 효과적인 유엔 개혁이 일어날 수 있으리라 생각하는가?
3. 유엔의 안전보장이사회가 개혁이 가능하다면 새로운 안전보장이사회의 회원국은 어떤 국가가 될 것인가?
4. 중국의 성장은 국제사회에 큰 영향을 미치고 있다. 만약 중국이 국제사회를 주도하게 된다면 국제기구는 보다 성장할 것인가?
5. 세계정부의 출현은 가능한가?

유엔헌장

Charter of the United Nations

1945년 6월 26일 샌프란시스코에서 서명

우리 연합국 국민들은, 우리 일생 중에 두 번이나 말할 수 없는 슬픔을 인류에 가져온 전쟁의 불행에서 다음 세대를 구하고, 기본적 인권, 인간의 존엄 및 가치, 남녀 및 대소 각국의 평등권에 대한 신념을 재확인하며, 정의와 조약 및 기타 국제법의 연원으로부터 발생하는 의무에 대한 존중이 계속 유지될 수 있는 조건을 확립하며, 더 많은 자유 속에서 사회적 진보와 생활수준의 향상을 촉진할 것을 결의하였다. 그리고 이러한 목적을 위하여 관용을 실천하고 선량한 이웃으로서 상호 간 평화롭게 같이 생활하며, 국제 평화와 안전을 유지하기 위하여 우리들의 힘을 합하며, 공동이익을 위한 경우 이외에는 무력을 사용하지 아니한다는 것을, 원칙의 수락과 방법의 설정에 의하여 보장하고, 모든 국민의 경제적 및 사회적 발전을 촉진하기 위하여 국제기관을 이용한다는 것을 결의하면서, 이러한 목적을 달성하기 위하여 우리의 노력을 결집할 것을 결정하였다. 따라서 우리 각자의 정부는, 샌프란시스코에 모인, 유효하고 타당한 것으로 인정된 전권위임장을 제시한 대표를 통하여, 이 유엔헌장에 동의하고, 유엔이라는 국제기구를 이에 설립한다.

제 1 장 목적과 원칙

제 1 조 유엔의 목적은 다음과 같다.

1. 국제 평화와 안전을 유지하고, 이를 위하여 평화에 대한 위협의 방지, 제거 그리고 침략행위 또는 기타 평화의 파괴를 진압하기 위한 유효한 집단적 조치를 취하고 평화의 파괴로 이를 우려가 있는 국제적 분쟁이나 사태의 조정 · 해결을 평화적 수단에 의하여 또한 정의와 국제법의 원칙에 따라 실현한다.
2. 사람들의 평등권 및 자결원칙의 존중에 기초하여 국가 간의 우호관계를 발전시키며, 세계평화를 강화하기 위한 기타 적절한 조치를 취한다.
3. 경제적 · 사회적 · 문화적 또는 인도적 성격의 국제문제를 해결하고, 또한 인종 · 성별 · 언어 또는 종교에 따른 차별 없이 모든 사람의 인권 및 기본적 자유에 대한 존중을 촉진하고 장려함에 있어 국제적 협력을 달성한다.
4. 이러한 공동의 목적을 달성함에 있어서 각국의 활동을 조화시키는 중심이 된다.

제 2 조 이 기구 및 그 회원국은 제1조에 명

시한 목적을 추구함에 있어서 다음의 원칙에 따라 행동한다.

1. 기구는 모든 회원국의 주권평등 원칙에 기초한다.
2. 모든 회원국은 회원국의 지위에서 발생하는 권리와 이익을 그들 모두에 보장하기 위하여, 이 헌장에 따라 부과되는 의무를 성실히 이행한다.
3. 모든 회원국은 그들의 국제분쟁을 국제평화와 안전 그리고 정의를 위태롭게 하지 아니하는 방식으로 평화적 수단에 의하여 해결한다.
4. 모든 회원국은 그 국제관계에 있어서 다른 국가의 영토보전이나 정치적 독립에 대하여 또는 유엔의 목적과 양립하지 아니하는 어떠한 기타 방식으로도 무력의 위협이나 무력행사를 삼간다.
5. 모든 회원국은 유엔이 이 헌장에 따라 취하는 어떠한 조치에 있어서도 모든 원조를 다하며, 유엔이 방지조치 또는 강제조치를 취하는 대상이 되는 어떠한 국가에 대하여도 원조를 삼간다.
6. 기구는 유엔의 회원국이 아닌 국가가, 국제 평화와 안전을 유지하는 데 필요한, 이러한 원칙에 따라 행동하도록 확보한다.
7. 이 헌장의 어떠한 규정도 본질상 어떤 국가의 국내 관할권안에 있는 사항에 간섭할 권한을 유엔에 부여하지 아니하며, 또는 그러한 사항을 이 헌장에 의한 해결에 맡기도록 회원국에 요구하지 아니한다. 다만, 이 원칙은 제7장에 의한 강제조치의 적용을 해하지 아니한다.

제 2 장 회원국의 지위

제 3 조 유엔의 회원국은, 샌프란시스코에서 국제기구에 관한 연합국 회의에 참가한 국가 또는 1942년 1월 1일의 연합국 선언에 서명한 국가로서, 이 헌장에 서명하고 제110조에 따라 이를 비준한 국가이다.

제 4 조 1. 유엔의 회원국 지위는 이 헌장에 규정된 의무를 수락하고, 이러한 의무를 이행할 능력과 의사가 있다고 기구가 판단하는 그 밖의 평화애호국 모두에 개방된다.

2. 그러한 국가의 유엔회원국으로의 승인은 안전보장이사회의 권고에 따라 총회의 결정에 의하여 이루어진다.

제 5 조 안전보장이사회에 의하여 취하여지는 방지조치 또는 강제조치의 대상이 되는 국제연합회원국에 대하여는 총회가 안전보장이사회의 권고에 따라 회원국으로서의 권리와 특권의 행사를 정지시킬 수 있다. 이러한 권리와 특권의 행사는 안전보장이사회에 의하여 회복될 수 있다.

제 6 조 이 헌장에 규정된 원칙을 끈질기게 위반하는 유엔회원국은 총회가 안전보장이사회의 권고에 따라 기구로부터 제명할 수 있다.

제 3 장 기 관

제 7 조 1. 유엔의 주요 기관으로서 총회, 안전보장이사회, 경제사회이사회, 신탁통치이사회, 국제사법재판소 및 사무국을 설치한다.

2. 필요하다고 인정되는 보조기관은 이 헌장에 따라 설치될 수 있다.

제 8 조 유엔은 남녀가 어떠한 능력으로서든 그리고 평등의 조건으로 그 주요 기관 및 보조기관에 참가할 자격이 있음에 대하여 어떠한 제한도 두어서는 아니된다.

제 4 장 총 회

〈구 성〉

제 9 조 1. 총회는 모든 유엔회원국으로 구

성된다.

2. 각 회원국은 총회에 5인 이하의 대표를 가진다.

〈임무 및 권한〉

제10조 총회는 이 헌장의 범위 안에 있거나 또는 이 헌장에 규정된 어떠한 기관의 권한 및 임무에 관한 어떠한 문제 또는 어떠한 사항도 토의할 수 있으며, 그리고 제 12조에 규정된 경우를 제외하고는, 그러한 문제 또는 사항에 관하여 유엔회원국 또는 안전보장이사회 또는 이 양자에 대하여 권고할 수 있다.

제11조 1. 총회는 국제 평화와 안전의 유지에 있어서의 협력의 일반원칙을, 군비축소 및 군비규제를 규율하는 원칙을 포함하여 심의하고, 그러한 원칙과 관련하여 회원국이나 안전보장이사회 또는 이 양자에 대하여 권고할 수 있다.

2. 총회는 유엔회원국이나 안전보장이사회 또는 제35조 제2항에 따라 유엔회원국이 아닌 국가에 의하여 총회에 회부된 국제 평화와 안전의 유지에 관한 어떠한 문제도 토의할 수 있으며, 제12조에 규정된 경우를 제외하고는 그러한 문제와 관련하여 하나 또는 그 이상의 관계국이나 안전보장이사회 또는 이 양자에 대하여 권고할 수 있다. 그러한 문제로서 조치를 필요로 하는 것은 토의의 전 또는 후에 총회에 의하여 안전보장이사회에 회부된다.

3. 총회는 국제 평화와 안전을 위태롭게 할 우려가 있는 사태에 대하여 안전보장이사회의 주의를 환기할 수 있다.

4. 이 조에 규정된 총회의 권한은 제10조의 일반적 범위를 제한하지 아니한다.

제12조 1. 안전보장이사회가 어떠한 분쟁 또는 사태와 관련하여 이 헌장에서 부여된 임무를 수행하고 있는 동안에는 총회는 이 분쟁 또는 사태에 관하여 안전보장이사회가 요청하지 아니하는 한 어떠한 권고도 하지 아니한다.

2. 사무총장은 안전보장이사회가 다루고 있는 국제 평화와 안전의 유지에 관한 어떠한 사항도 안전보장이사회의 동의를 얻어 매 회기 중 총회에 통고하며, 또한 사무총장은 안전보장이사회가 그러한 사항을 다루는 것을 중지한 경우, 즉시 총회 또는 총회가 회기 중이 아닐 경우에는 유엔회원국에 마찬가지로 통고한다.

제13조 1. 총회는 다음의 목적을 위하여 연구를 발의하고 권고한다.

(가) 정치적 분야에 있어서 국제협력을 촉진하고, 국제법의 점진적 발달 및 그 법전화를 장려하는 것.

(나) 경제 · 사회 · 문화 · 교육 및 보건 분야에 있어서 국제협력을 촉진하며 그리고 인종 · 성별 · 언어 또는 종교에 관한 차별 없이 모든 사람을 위하여 인권 및 기본적 자유를 실현하는 데 있어 원조하는 것.

2. 전기 제1항 (나)호에 규정된 사항에 관한 총회의 추가적 책임, 임무 및 권한은 제9장과 제10장에 규정된다.

제14조 제12조 규정에 따를 것을 조건으로 총회는 그 원인에 관계없이 일반적 복지 또는 국가 간의 우호관계를 해할 우려가 있다고 인정되는 어떠한 사태도 이의 평화적 조정을 위한 조치를 권고할 수 있다. 이 사태는 유엔의 목적 및 원칙을 정한 이 헌장규정의 위반으로부터 발생하는 사태를 포함한다.

제15조 1. 총회는 안전보장이사회로부터 연례보고와 특별보고를 받아 심의한다. 이 보고는 안전보장이사회가 국제 평화와 안전을 유지하기 위하여 결정하거나 또는 취한 조치의 설명을 포함한다.

2. 총회는 유엔의 다른 기관으로부터 보고를 받아 심의한다.

제16조 총회는 제12장과 제13장에 의하여 부과된 국제신탁통치제도에 관한 임무를 수행한다. 이 임무는 전략지역으로 지정되지 아니한 지역에 관한 신탁통치협정의 승인을 포함한다.

제17조 1. 총회는 기구의 예산을 심의하고 승인한다.

2. 기구의 경비는 총회에서 배정한 바에 따라 회원국이 부담한다.

3. 총회는 제 57조에 규정된 전문기구와의 어떠한 재정약정 및 예산약정도 심의하고 승인하며, 당해 전문기구에 권고할 목적으로 그러한 전문기구의 행정적 예산을 검사한다.

〈표 결〉

제18조 1. 총회의 각 구성국은 1개의 투표권을 가진다.

2. 중요문제에 관한 총회의 결정은 출석하여 투표하는 구성국의 3분의 2의 다수로 한다. 이러한 문제는 국제 평화와 안전의 유지에 관한 권고, 안전보장이사회의 비상임이사국의 선출, 경제사회이사회의 이사국의 선출, 제86조 제1항(다)호에 의한 신탁통치이사회의 이사국의 선출, 신회원국의 국제연합 가입의 승인, 회원국으로서의 권리 및 특권의 정지, 회원국의 제명, 신탁통치제도의 운영에 관한 문제 및 예산문제를 포함한다.

3. 기타 문제에 관한 결정은 3분의 2의 다수로 결정될 문제의 추가적 부문의 결정을 포함하여 출석하여 투표하는 구성국의 과반수로 한다.

제19조 기구에 대한 재정적 분담금의 지불을 연체한 유엔회원국은 그 연체금액이 그 때까지의 만 2년간 그 나라가 지불하였어야 할 분담금의 금액과 같거나 또는 초과하는 경우 총회에서 투표권을 가지지 못한다. 그럼에도 총회는 지불의 불이행이 그 회원국이 제어할 수 없는 사정에 의한 것임이 인정되는 경우 그 회원국의 투표를 허용할 수 있다.

〈절 차〉

제20조 총회는 연례 정기회기 및 필요한 경우에는 특별회기로서 모인다. 특별회기는 안전보장이사회의 요청 또는 유엔회원국의 과반수의 요청에 따라 사무총장이 소집한다.

제21조 총회는 그 자체의 의사규칙을 채택한다. 총회는 매 회기마다 의장을 선출한다.

제22조 총회는 그 임무의 수행에 필요하다고 인정되는 보조기관을 설치할 수 있다.

제 5 장 안전보장이사회

〈구 성〉

제23조 1. 안전보장이사회는 15개 유엔회원국으로 구성된다. 중화민국, 프랑스, 소비에트사회주의공화국연방, 영국 및 미합중국은 안전보장이사회의 상임이사국이다. 총회는 먼저 국제 평화와 안전의 유지 및 기구의 기타 목적에 대한 유엔회원국의 공헌과 또한 공평한 지리적 배분을 특별히 고려하여 그 외 10개의 유네스코회원국을 안전보장이사회의 비상임이사국으로 선출한다.

2. 안전보장이사회의 비상임이사국은 2년의 임기로 선출된다. 안전보장이사회의 이사국이 11개국에서 15개국으로 증가된 후 최초의 비상임이사국 선출에서는, 추가된 4개 이사국 중 2개 이사국은 1년의 임기로 선출된다. 퇴임이사국은 연이어 재선될 자격을 가지지 아니한다.

3. 안전보장이사회의 각 이사국은 1인의 대표를 가진다.

〈임무와 권한〉

제24조 1. 유엔의 신속하고 효과적인 조치를 확보하기 위하여, 유엔회원국은 국제 평화와 안전의 유지를 위한 일차적 책임을 안전보장이사회에 부여하며, 또한 안전보장이사회가 그 책임하에 의무를 이행함에 있어 회원국을 대신하여 활동하는 것에 동의한다.

2. 이러한 의무를 이행함에 있어 안전보장이사회는 유엔의 목적과 원칙에 따라 활동한다. 이러한 의무를 이행하기 위하여 안전보장이사회에 부여된 특정한 권한은 제6장, 제7장, 제8장 및 제12장에 규정된다.

3. 안전보장이사회는 연례보고 및 필요한 경우 특별보고를 총회에 심의하도록 제출한다.

제25조 유엔회원국은 안전보장이사회의 결정을 이 헌장에 따라 수락하고 이행할 것을 동의한다.

제26조 세계의 인적 및 경제적 자원을 군비를 위하여 최소한으로 전용함으로써 국제평화와 안전의 확립 및 유지를 촉진하기 위하여, 안전보장이사회는 군비규제체제의 확립을 위하여 유엔회원국에 제출되는 계획을 제47조에 규정된 군사참모위원회의 원조를 받아 작성할 책임을 진다.

〈표 결〉

제27조 1. 안전보장이사회의 각 이사국은 1개의 투표권을 가진다.

2. 절차사항에 관한 안전보장이사회의 결정은 9개 이사국의 찬성투표로써 한다.

3. 그 외 모든 사항에 관한 안전보장이사회의 결정은 상임이사국의 동의투표를 포함한 9개 이사국의 찬성투표로써 한다. 다만, 제6장 및 제52조 제3항에 의한 결정에 있어서는 분쟁당사국은 투표를 기권한다.

〈절 차〉

제28조 1. 안전보장이사회는 계속적으로 임무를 수행할 수 있도록 조직된다. 이를 위하여 안전보장이사회의 각 이사국은 기구의 소재지에 항상 대표를 둔다.

2. 안전보장이사회는 정기회의를 개최한다. 이 회의에 각 이사국은 희망하는 경우, 각료 또는 특별히 지명된 다른 대표에 의하여 대표될 수 있다.

3. 안전보장이사회는 그 사업을 가장 쉽게 할 수 있다고 판단되는 기구의 소재지 외의 장소에서 회의를 개최할 수 있다.

제29조 안전보장이사회는 그 임무의 수행에 필요하다고 인정되는 보조기관을 설치할 수 있다.

제30조 안전보장이사회는 의장선출방식을 포함한 그 자체의 의사규칙을 채택한다.

제31조 안전보장이사회의 이사국이 아닌 어떠한 유엔회원국도 안전보장이사회가 그 회원국의 이해에 특히 영향이 있다고 인정하는 때에는 언제든지 안전보장이사회에 회부된 어떠한 문제의 토의에도 투표권 없이 참가할 수 있다.

제32조 안전보장이사회의 이사국이 아닌 유엔회원국 또는 유엔회원국이 아닌 어떠한 국가도 안전보장이사회에서 심의 중인 분쟁의 당사자인 경우에는 이 분쟁에 관한 토의에 투표권 없이 참가하도록 초청된다. 안전보장이사회는 유엔회원국이 아닌 국가의 참가에 공정하다고 인정되는 조건을 정한다.

제 6 장 분쟁의 평화적 해결

제33조 1. 어떠한 분쟁도 그의 계속이 국제평화와 안전의 유지를 위태롭게 할 우려가 있는 것일 경우, 그 분쟁의 당사자는 우선 교섭, 심사, 중개, 조정, 중재재판, 사법적 해결, 지역적 기관 또는 지

역적 약정의 이용 또는 당사자가 선택하는 다른 평화적 수단에 의한 해결을 구한다.

2. 안전보장이사회는 필요하다고 인정하는 경우 당사자에 대하여 그 분쟁을 그러한 수단에 의하여 해결하도록 요청한다.

제34조 안전보장이사회는 어떠한 분쟁에 관하여도, 또는 국제적 마찰이 되거나 분쟁을 발생하게 할 우려가 있는 어떠한 사태에 관하여도, 그 분쟁 또는 사태의 계속이 국제 평화와 안전의 유지를 위태롭게 할 우려가 있는지 여부를 결정하기 위하여 조사할 수 있다.

제35조 1. 유엔회원국은 어떠한 분쟁에 관하여도, 또는 제34조에 규정된 성격의 어떠한 사태에 관하여도, 안전보장이사회 또는 총회의 주의를 환기할 수 있다.

2. 유엔회원국이 아닌 국가는 자국이 당사자인 어떠한 분쟁에 관하여도, 이 헌장에 규정된 평화적 해결의 의무를 그 분쟁에 관하여 미리 수락하는 경우에는 안전보장이사회 또는 총회의 주의를 환기할 수 있다.

3. 이 조에 의하여 주의가 환기된 사항에 관한 총회의 절차는 제11조 및 제12조의 규정에 따른다.

제36조 1. 안전보장이사회는 제33조에 규정된 성격의 분쟁 또는 유사한 성격의 사태의 어떠한 단계에 있어서도 적절한 조정절차 또는 조정방법을 권고할 수 있다.

2. 안전보장이사회는 당사자가 이미 채택한 분쟁해결 절차를 고려하여야 한다.

3. 안전보장이사회는 이 조에 의하여 권고를 함에 있어서, 일반적으로 법률적 분쟁이 국제사법재판소 규정의 규정에 따라 당사자에 의하여 동 재판소에 회부되어야 한다는 점도 또한 고려하여야 한다.

제37조 1. 제33조에 규정된 성격의 분쟁당사자는, 동 조에 규정된 수단에 의하여 분쟁을 해결하지 못하는 경우, 이를 안전보장이사회에 회부한다.

2. 안전보장이사회는 분쟁의 계속이 국제평화와 안전의 유지를 위태롭게 할 우려가 실제로 있다고 인정하는 경우 제36조에 의하여 조치를 취할 것인지 또는 적절하다고 인정되는 해결조건을 권고할 것인지를 결정한다.

제38조 제33조 내지 제37조의 규정을 해하지 아니하고, 안전보장이사회는 어떠한 분쟁에 관하여도 모든 당사자가 요청하는 경우 그 분쟁의 평화적 해결을 위하여 그 당사자에게 권고할 수 있다.

제 7 장 평화에 대한 위협, 평화의 파괴 및 침략행위에 관한 조치

제39조 안전보장이사회는 평화에 대한 위협, 평화의 파괴 또는 침략행위의 존재를 결정하고, 국제 평화와 안전을 유지하거나 이를 회복하기 위하여 권고하거나, 또는 제41조 및 제42조에 따라 어떠한 조치를 취할 것인지를 결정한다.

제40조 사태의 악화를 방지하기 위하여 안전보장이사회는 제39조에 규정된 권고를 하거나 조치를 결정하기 전에 필요하거나 바람직하다고 인정되는 잠정조치에 따르도록 관계 당사자에게 요청할 수 있다. 이 잠정조치는 관계 당사자의 권리, 청구권 또는 지위를 해하지 아니한다. 안전보장이사회는 그러한 잠정조치의 불이행을 적절히 고려한다.

제41조 안전보장이사회는 그의 결정을 집행하기 위하여 병력의 사용을 수반하지 아니하는 어떠한 조치를 취하여야 할 것인지를 결정할 수 있으며, 또한 유엔회원국에 대하여 그러한 조치를 적용하도록 요청할 수 있다. 이 조치는 경제관계 및 철도, 항해,

항공, 우편, 전신, 무선통신 및 다른 교통통신 수단의 전부 또는 일부의 중단과 외교관계의 단절을 포함할 수 있다.

제42조 안전보장이사회는 제41조에 규정된 조치가 불충분할 것으로 인정하거나 또는 불충분한 것으로 판명되었다고 인정하는 경우에는, 국제 평화와 안전의 유지 또는 회복에 필요한 공군, 해군 또는 육군에 의한 조치를 취할 수 있다. 그러한 조치는 유엔회원국의 공군, 해군 또는 육군에 의한 시위, 봉쇄 및 다른 작전을 포함할 수 있다.

제43조 1. 국제 평화와 안전의 유지에 공헌하기 위하여 모든 유엔회원국은 안전보장이사회의 요청에 의하여 그리고 하나 또는 그 이상의 특별 협정에 따라, 국제 평화와 안전의 유지 목적상 필요한 병력, 원조 및 통과권을 포함한 편의를 안전보장이사회에 이용하게 할 것을 약속한다.

2. 그러한 협정은 병력의 수 및 종류, 그 준비정도 및 일반적 배치와 제공될 편의 및 원조의 성격을 규율한다.

3. 그 협정은 안전보장이사회의 발의에 의하여 가능한 한 신속히 교섭되어야 한다. 이 협정은 안전보장이사회와 회원국 간에 또는 안전보장이사회와 회원국 집단 간에 체결되며, 서명국 각자의 헌법상의 절차에 따라 동 서명국에 의하여 비준되어야 한다.

제44조 안전보장이사회는 무력을 사용하기로 결정한 경우 이사회에서 대표되지 아니하는 회원국에게 제43조에 따라 부과된 의무의 이행으로서 병력의 제공을 요청하기 전에 그 회원국이 희망한다면 그 회원국 병력 중 파견부대의 사용에 관한 안전보장이사회의 결정에 참여하도록 그 회원국을 초청한다.

제45조 유엔이 긴급한 군사조치를 취할 수 있도록 하기 위하여, 회원국은 합동의 국제적 강제조치를 위하여 자국의 공군파견부대를 즉시 이용할 수 있도록 유지한다. 이러한 파견부대의 전력과 준비정도 및 합동조치를 위한 계획은 제43조에 규정된 하나 또는 그 이상의 특별협정에 규정된 범위 안에서 군사참모위원회의 도움을 얻어 안전보장이사회가 결정한다.

제46조 병력사용계획은 군사참모위원회의 도움을 얻어 안전보장이사회가 작성한다.

제47조 1. 국제 평화와 안전의 유지를 위한 안전보장이사회의 군사적 필요, 안전보장이사회의 재량에 맡겨진 병력의 사용 및 지휘, 군비규제 그리고 가능한 군비축소에 관한 모든 문제에 관하여 안전보장이사회에 조언하고 도움을 주기 위하여 군사참모위원회를 설치한다.

2. 군사참모위원회는 안전보장이사회 상임이사국의 참모총장 또는 그의 대표로 구성된다. 이 위원회에 상임위원으로서 대표되지 아니하는 유엔회원국은 위원회의 책임의 효과적인 수행을 위하여 위원회의 사업에 동 회원국의 참여가 필요한 경우에는 위원회에 의하여 그와 제휴하도록 초청된다.

3. 군사참모위원회는 안전보장이사회하에 안전보장이사회의 재량에 맡겨진 병력의 전략적 지도에 대하여 책임을 진다. 그러한 병력의 지휘에 관한 문제는 추후에 해결한다.

4. 군사참모위원회는 안전보장이사회의 허가를 얻어 그리고 적절한 지역기구와 협의한 후 지역소위원회를 설치할 수 있다.

제48조 1. 국제 평화와 안전의 유지를 위한 안전보장이사회의 결정을 이행하는 데 필요한 조치는 안전보장이사회가 정하는 바에 따라 유엔회원국의 전부 또는 일부에 의하여 취하여진다.

2. 그러한 결정은 유엔회원국에 의하여 직접적으로 또한 유엔회원국이 그 구성국

인 적절한 국제기관에 있어서의 이들 회원국의 조치를 통하여 이행된다.

제49조 유엔회원국은 안전보장이사회가 결정한 조치를 이행함에 있어 상호원조를 제공하는 데에 참여한다.

제50조 안전보장이사회가 어느 국가에 대하여 방지조치 또는 강제조치를 취하는 경우, 유엔회원국인지 아닌지를 불문하고 어떠한 다른 국가도 자국이 이 조치의 이행으로부터 발생하는 특별한 경제문제에 직면한 것으로 인정하는 경우, 동 문제의 해결에 관하여 안전보장이사회와 협의할 권리를 가진다.

제51조 이 헌장의 어떠한 규정도 유엔회원국에 대하여 무력공격이 발생한 경우, 안전보장이사회가 국제 평화와 안전을 유지하기 위하여 필요한 조치를 취할 때까지 개별적 또는 집단적 자위의 고유한 권리를 침해하지 아니한다. 자위권을 행사함에 있어 회원국이 취한 조치는 즉시 안전보장이사회에 보고된다. 또한 이 조치는, 안전보장이사회가 국제 평화와 안전의 유지 또는 회복을 위하여 필요하다고 인정하는 조치를 언제든지 취한다는, 이 헌장에 의한 안전보장이사회의 권한과 책임에 어떠한 영향도 미치지 아니한다.

제 8 장 지역적 약정

제52조 1. 이 헌장의 어떠한 규정도, 국제 평화와 안전의 유지에 관한 사항으로서 지역적 조치에 적합한 사항을 처리하기 위하여 지역적 약정 또는 지역적 기관이 존재하는 것을 배제하지 아니한다. 다만, 이 약정 또는 기관 및 그 활동이 유엔의 목적과 원칙에 일치하는 것을 조건으로 한다.

2. 그러한 약정을 체결하거나 그러한 기관을 구성하는 유엔회원국은 지역적 분쟁을 안전보장이사회에 회부하기 전에 이 지역적 약정 또는 지역적 기관에 의하여 그 분쟁의 평화적 해결을 성취하기 위하여 모든 노력을 다한다.

3. 안전보장이사회는 관계국의 발의에 의하거나 안전보장이사회의 회부에 의하여 그러한 지역적 약정 또는 지역적 기관에 의한 지역적 분쟁의 평화적 해결의 발달을 장려한다.

4. 이 조는 제34조 및 제35조의 적용을 결코 해하지 아니한다.

제53조 1. 안전보장이사회는 그 권위하에 취하여지는 강제조치를 위하여 적절한 경우에는 그러한 지역적 약정 또는 지역적 기관을 이용한다. 다만, 안전보장이사회의 허가 없이는 어떠한 강제조치도 지역적 약정 또는 지역적 기관에 의하여 취하여져서는 아니된다. 그러나 이 조 제2항에 규정된 어떠한 적국에 대한 조치이든지 제107조에 따라 규정된 것 또는 적국에 의한 침략 정책의 재현에 대비한 지역적 약정에 규정된 것은, 관계정부의 요청에 따라 기구가 그 적국에 의한 새로운 침략을 방지할 책임을 질 때까지는 예외로 한다.

2. 이 조 제1항에서 사용된 적국이라는 용어는 제2차 세계대전 중에 이 헌장 서명국의 적국이었던 어떠한 국가에도 적용된다.

제54조 안전보장이사회는 국제 평화와 안전의 유지를 위하여 지역적 약정 또는 지역적 기관에 의하여 착수되었거나 또는 계획되고 있는 활동에 대하여 항상 충분히 통보받는다.

제 9 장 경제적 및 사회적 국제협력

제55조 사람의 평등권 및 자결원칙의 존중에 기초한 국가 간의 평화롭고 우호적인 관

계에 필요한 안정과 복지의 조건을 창조하기 위하여, 유엔은 다음을 촉진한다.

(가) 보다 높은 생활수준, 완전고용 그리고 경제적 및 사회적 진보와 발전의 조건

(나) 경제 · 사회 · 보건 및 관련 국제문제의 해결 그리고 문화 및 교육상의 국제협력

(다) 인종 · 성별 · 언어 또는 종교에 관한 차별이 없는 모든 사람을 위한 인권 및 기본적 자유의 보편적 존중과 준수

제56조 모든 회원국은 제55조에 규정된 목적의 달성을 위하여 기구와 협력하여 공동의 조치 및 개별적 조치를 취할 것을 약속한다.

제57조 1. 정부 간 협정에 의하여 설치되고 경제 · 사회 · 문화 · 교육 · 보건 분야 및 관련 분야에 있어서 기본적 문서에 정한 대로 광범위한 국제적 책임을 지는 각종 전문기구는 제63조의 규정에 따라 유엔과 제휴관계를 설정한다.

2. 이와 같이 유엔과 제휴관계를 설정한 기구는 이하 전문기구라 한다.

제58조 기구는 전문기구의 정책과 활동을 조정하기 위하여 권고한다.

제59조 기구는 적절한 경우 제55조에 규정된 목적의 달성에 필요한 새로운 전문기구를 창설하기 위하여 관계국 간의 교섭을 발의한다.

제60조 이 장에서 규정된 기구의 임무를 수행할 책임은 총회와 총회의 권위하에 경제사회이사회에 부과된다. 경제사회이사회는 이 목적을 위하여 제10장에 규정된 권한을 가진다.

제 10 장 경제사회이사회 구성

제61조 1. 경제사회이사회는 총회에 의하여 선출된 54개 유엔회원국으로 구성된다.

2. 제3항의 규정에 따를 것을 조건으로, 경제사회이사회의 18개 이사국은 3년의 임기로 매년 선출된다. 퇴임이사국은 연이어 재선될 자격이 있다.

3. 경제사회이사회의 이사국이 27개국에서 54개국으로 증가된 후 최초의 선거에서는, 그해 말에 임기가 종료되는 9개 이사국을 대신하여 선출되는 이사국에 더하여, 27개 이사국이 추가로 선출된다. 총회가 정한 약정에 따라, 이러한 추가의 27개 이사국 중 그렇게 선출된 9개 이사국의 임기는 1년의 말에 종료되고, 다른 9개 이사국의 임기는 2년의 말에 종료된다.

4. 경제사회이사회의 각 이사국은 1인의 대표를 가진다.

〈임무와 권한〉

제62조 1. 경제사회이사회는 경제 · 사회 · 문화 · 교육 · 보건 및 관련 국제사항에 관한 연구 및 보고를 하거나 또는 발의할 수 있으며, 아울러 그러한 사항에 관하여 총회, 국제연합회원국 및 관계전문기구에 권고할 수 있다.

2. 이사회는 모든 사람을 위한 인권 및 기본적 자유의 존중과 준수를 촉진하기 위하여 권고할 수 있다.

3. 이사회는 그 권한에 속하는 사항에 관하여 총회에 제출하기 위한 협약안을 작성할 수 있다.

4. 이사회는 유엔이 정한 규칙에 따라 그 권한에 속하는 사항에 관하여 국제회의를 소집할 수 있다.

제63조 1. 경제사회이사회는 제57조에 규정된 어떠한 기구와도, 동 기구가 유엔과 제휴관계를 설정하는 조건을 규정하는 협정을 체결할 수 있다. 그러한 협정은 총회의 승인을 받아야 한다.

2. 이사회는 전문기구와의 협의, 전문기구에 대한 권고 및 총회와 유엔회원국에

대한 권고를 통하여 전문기구의 활동을 조정할 수 있다.

제64조 1. 경제사회이사회는 전문기구로부터 정기보고를 받기 위한 적절한 조치를 취할 수 있다. 이사회는, 이사회의 권고와 이사회의 권한에 속하는 사항에 관한 총회의 권고를 실시하기 위하여 취하여진 조치에 관하여 보고를 받기 위하여, 유엔회원국 및 전문기구와 약정을 체결할 수 있다.

2. 이사회는 이러한 보고에 관한 의견을 총회에 통보할 수 있다.

제65조 경제사회이사회는 안전보장이사회에 정보를 제공할 수 있으며, 안전보장이사회의 요청이 있을 때에는 이를 원조한다.

제66조 1. 경제사회이사회는 총회의 권고의 이행과 관련하여 그 권한에 속하는 임무를 수행한다.

2. 이사회는 유엔회원국의 요청이 있을 때와 전문기구의 요청이 있을 때에는 총회의 승인을 얻어 용역을 제공할 수 있다.

3. 이사회는 이 헌장의 다른 곳에 규정되거나 총회에 의하여 이사회에 부과된 다른 임무를 수행한다.

〈표 결〉

제67조 1. 경제사회이사회의 각 이사국은 1개의 투표권을 가진다.

2. 경제사회이사회의 결정은 출석하여 투표하는 이사국의 과반수에 의한다.

〈절 차〉

제68조 경제사회이사회는 경제적 및 사회적 분야의 위원회, 인권의 신장을 위한 위원회 및 이사회의 임무수행에 필요한 다른 위원회를 설치한다.

제69조 경제사회이사회는 어떠한 유엔회원국에 대하여도, 그 회원국과 특히 관계가 있는 사항에 관한 심의에 투표권 없이 참가하도록 초청한다.

제70조 경제사회이사회는 전문기구의 대표가 이사회의 심의 및 이사회가 설치한 위원회의 심의에 투표권 없이 참가하기 위한 약정과 이사회의 대표가 전문기구의 심의에 참가하기 위한 약정을 체결할 수 있다.

제71조 경제사회이사회는 그 권한 내에 있는 사항과 관련이 있는 비정부 간 기구와의 협의를 위하여 적절한 약정을 체결할 수 있다. 그러한 약정은 국제기구와 체결할 수 있으며 적절한 경우에는 관련 유엔회원국과의 협의 후에 국내기구와도 체결할 수 있다.

제72조 1. 경제사회이사회는 의장의 선정방법을 포함한 그 자체의 의사규칙을 채택한다.

2. 경제사회이사회는 그 규칙에 따라 필요한 때에 회합하며, 동 규칙은 이사국 과반수의 요청에 의한 회의소집의 규정을 포함한다.

제 11 장 비자치지역에 관한 선언

제73조 주민이 아직 완전한 자치를 행할 수 있는 상태에 이르지 못한 지역의 시정의 책임을 지거나 또는 그 책임을 맡는 유엔회원국은, 그 지역주민의 이익이 가장 중요하다는 원칙을 승인하고, 그 지역주민의 복지를 이 헌장에 의하여 확립된 국제 평화와 안전의 체제 안에서 최고도로 증진시킬 의무와 이를 위하여 다음을 행할 의무를 신성한 신탁으로서 수락한다.

(가) 관계주민의 문화를 적절히 존중함과 아울러 그들의 정치적 · 경제적 · 사회적 및 교육적 발전, 공정한 대우, 그리고 학대로부터의 보호를 확보한다.

(나) 각 지역 및 그 주민의 특수사정과 그들의 서로 다른 발전단계에 따라 자치를 발달시키고, 주민의 정치적 소망을 적절히

고려하며, 또한 주민의 자유로운 정치제도의 점진적 발달을 위하여 지원한다.

(다) 국제 평화와 안전을 증진한다.

(라) 이 조에 규정된 사회적 · 경제적 및 과학적 목적을 실제적으로 달성하기 위하여 건설적인 발전조치를 촉진하고 연구를 장려하며 상호 간 및 적절한 경우에는 전문적 국제단체와 협력한다.

(마) 제12장과 제13장이 적용되는 지역 외의 위의 회원국이 각각 책임을 지는 지역에서의 경제적 · 사회적 및 교육적 조건에 관한 기술적 성격의 통계 및 다른 정보를, 안전보장과 헌법상의 고려에 따라 필요한 제한을 조건으로 하여, 정보용으로 사무총장에 정기적으로 송부한다.

제74조 유엔회원국은 이 장이 적용되는 지역에 관한 정책이, 그 본국 지역에 관한 정책과 마찬가지로 세계의 다른 지역의 이익과 복지가 적절히 고려되는 가운데에, 사회적 · 경제적 및 상업적 사항에 관하여 선린주의의 일반원칙에 기초하여야 한다는 점에 또한 동의한다.

제 12 장 국제신탁통치제도

제75조 유엔은 금후의 개별적 협정에 의하여 이 제도하에 두게 될 수 있는 지역의 시정 및 감독을 위하여 그 권위하에 국제신탁통치제도를 확립한다. 이 지역은 이하 신탁통치지역이라 한다.

제76조 신탁통치제도의 기본적 목적은 이 헌장 제1조에 규정된 유엔의 목적에 따라 다음과 같다.

(가) 국제평화와 안전을 증진하는 것.

(나) 신탁통치지역 주민의 정치적 · 경제적 · 사회적 및 교육적 발전을 촉진하고, 각 지역 및 그 주민의 특수사정과 관계주민이 자유롭게 표명한 소망에 적합하도록, 그리고 각 신탁통치협정의 조항이 규정하는 바에 따라 자치 또는 독립을 향한 주민의 점진적 발달을 촉진하는 것.

(다) 인종, 성별, 언어 또는 종교에 관한 차별 없이 모든 사람을 위한 인권과 기본적 자유에 대한 존중을 장려하고, 전 세계 사람들의 상호의존의 인식을 장려하는 것.

(라) 위의 목적의 달성에 영향을 미치지 아니하고 제89조의 규정에 따를 것을 조건으로, 모든 유엔회원국 및 그 국민을 위하여 사회적 · 경제적 및 상업적 사항에 대한 평등한 대우 그리고 또한 그 국민을 위한 사법상의 평등한 대우를 확보하는 것.

제77조 1. 신탁통치제도는 신탁통치협정에 의하여 이 제도하에 두게 될 수 있는 다음과 같은 범주의 지역에 적용된다.

(가) 현재 위임통치하에 있는 지역

(나) 제2차 세계대전의 결과로서 적국으로부터 분리될 수 있는 지역

(다) 시정에 책임을 지는 국가가 자발적으로 그 제도하에 두는 지역

2. 위의 범주 안의 어떠한 지역을 어떠한 조건으로 신탁통치제도하에 두게 될 것인가에 관하여는 금후의 협정에서 정한다.

제78조 유엔회원국 간의 관계는 주권평등원칙의 존중에 기초하므로 신탁통치제도는 유엔회원국이 된 지역에 대하여는 적용하지 아니한다.

제79조 신탁통치제도하에 두게 되는 각 지역에 관한 신탁통치의 조항은, 어떤 변경 또는 개정을 포함하여 직접 관계국에 의하여 합의되며, 제83조 및 제85조에 규정된 바에 따라 승인된다. 이 직접 관계국은 유엔회원국의 위임통치하에 있는 지역의 경우, 수임국을 포함한다.

제80조 1. 제77조, 제79조 및 제81조에 의하여 체결되고, 각 지역을 신탁통치제도하에 두는 개별적인 신탁통치협정에

서 합의되는 경우를 제외하고 그리고 그러한 협정이 체결될 때까지, 이 헌장의 어떠한 규정도 어느 국가 또는 국민의 어떠한 권리, 또는 유엔회원국이 각기 당사국으로 되는 기존의 국제문서의 조항도 어떠한 방법으로도 변경하는 것으로 직접 또는 간접으로 해석되지 아니한다.

2. 이 조 제1항은 제 77조에 규정한 바에 따라 위임통치지역 및 기타지역을 신탁통치제도하에 두기 위한 협정의 교섭 및 체결의 지체 또는 연기를 위한 근거를 부여하는 것으로 해석되지 아니한다.

제81조 신탁통치협정은 각 경우에 있어 신탁통치지역을 시정하는 조건을 포함하며, 신탁통치지역의 시정을 행할 당국을 지정한다. 그러한 당국은 이하 시정권자라 하며 하나 또는 그 이상의 국가, 또는 기구 자체일 수 있다.

제82조 어떠한 신탁통치협정에 있어서도 제 43조에 의하여 체결되는 특별협정을 해하지 아니하고 협정이 적용되는 신탁통치지역의 일부 또는 전부를 포함하는 하나 또는 그 이상의 전략지역을 지정할 수 있다.

제83조 1. 전략지역에 관한 유엔의 모든 임무는 신탁통치협정의 조항과 그 변경 또는 개정의 승인을 포함하여 안전보장이사회가 행한다.

2. 제76조에 규정된 기본목적은 각 전략지역의 주민에 적용된다.

3. 안전보장이사회는, 신탁통치협정의 규정에 따를 것을 조건으로 또한 안전보장에 대한 고려에 영향을 미치지 아니하고, 전략지역에서의 정치적 · 경제적 · 사회적 및 교육적 사항에 관한 신탁통치제도하의 유엔의 임무를 수행하기 위하여 신탁통치이사회의 원조를 이용한다.

제84조 신탁통치지역이 국제 평화와 안전유지에 있어 그 역할을 하는 것을 보장하는 것이 시정권자의 의무이다. 이 목적을 위하여, 시정권자는 이 점에 관하여 시정권자가 안전보장이사회에 대하여 부담하는 의무를 이행함에 있어서 또한 지역적 방위 및 신탁통치지역 안에서의 법과 질서의 유지를 위하여 신탁통치지역의 의용군, 편의 및 원조를 이용할 수 있다.

제85조 1. 전략지역으로 지정되지 아니한 모든 지역에 대한 신탁통치협정과 관련하여 국제연합의 임무는, 신탁통치협정의 조항과 그 변경 또는 개정의 승인을 포함하여 총회가 수행한다.

2. 총회의 권위하에 운영되는 신탁통치이사회는 이러한 임무의 수행에 있어 총회를 원조한다.

제 13 장 신탁통치이사회 구성

제86조 1. 신탁통치이사회는 다음의 유엔회원국으로 구성한다.

(가) 신탁통치지역을 시정하는 회원국

(나) 신탁통치지역을 시정하지 아니하나 제23조에 국명이 언급된 회원국

(다) 총회에 의하여 3년의 임기로 선출된 다른 회원국. 그 수는 신탁통치이사회의 이사국의 총수를 신탁통치지역을 시정하는 국제연합회원국과 시정하지 아니하는 회원국 간에 균분하도록 확보하는 데 필요한 수로 한다.

2. 신탁통치이사회의 각 이사국은 이사회에서 자국을 대표하도록 특별한 자격을 가지는 1인을 지명한다.

〈임무와 권한〉

제87조 총회와, 그 권위하의 신탁통치이사회는 그 임무를 수행함에 있어 다음을 할 수 있다.

(가) 시정권자가 제출하는 보고서를 심의하는 것

(나) 청원의 수리 및 시정권자와 협의하여

이를 심사하는 것

(다) 시정권자와 합의한 때에 각 신탁통치 지역을 정기적으로 방문하는 것

(라) 신탁통치협정의 조항에 따라 이러한 조치 및 다른 조치를 취하는 것

제88조 신탁통치이사회는 각 신탁통치지역 주민의 정치적 · 경제적 · 사회적 및 교육적 발전에 관한 질문서를 작성하며, 또한 총회의 권능 안에 있는 각 신탁통치지역의 시정권자는 그러한 질문서에 기초하여 총회에 연례보고를 행한다.

〈표 결〉

제89조 1. 신탁통치이사회의 각 이사국은 1개의 투표권을 가진다.

2. 신탁통치이사회의 결정은 출석하여 투표하는 이사국의 과반수로 한다.

〈절 차〉

제90조 1. 신탁통치이사회는 의장 선출방식을 포함한 그 자체의 의사규칙을 채택한다.

2. 신탁통치이사회는 그 규칙에 따라 필요한 경우 회합하며, 그 규칙은 이사국 과반수의 요청에 의한 회의의 소집에 관한 규정을 포함한다.

제91조 신탁통치이사회는 적절한 경우 경제사회이사회 그리고 전문기구가 각각 관련된 사항에 관하여 전문기구의 원조를 이용한다.

제 14 장 국제사법재판소

제92조 국제사법재판소는 유엔의 주요한 사법기관이다. 재판소는 부속된 규정에 임무를 수행한다. 이 규정은 상설국제사법재판소 규정에 기초하며, 이 헌장의 불가분의 일부를 이룬다.

제93조 1. 모든 유엔회원국은 국제사법재판소 규정의 당연 당사국이다.

2. 유엔회원국이 아닌 국가는 안전보장이사회의 권고에 의하여 총회가 각 경우에 결정하는 조건으로 국제사법재판소 규정의 당사국이 될 수 있다.

제94조 1. 유엔의 각 회원국은 자국이 당사자가 되는 어떤 사건에 있어서도 국제사법재판소의 결정에 따를 것을 약속한다.

2. 사건의 당사자가 재판소가 내린 판결에 따라 자국이 부담하는 의무를 이행하지 아니하는 경우에는 타방의 당사자는 안전보장이사회에 제소할 수 있다. 안전보장이사회는 필요하다고 인정하는 경우 판결을 집행하기 위하여 권고하거나 취하여야 할 조치를 결정할 수 있다.

제95조 이 헌장의 어떠한 규정도 유엔회원국이 그들 간의 분쟁의 해결을 이미 존재하거나 장래에 체결될 협정에 의하여 다른 법원에 의뢰하는 것을 방해하지 아니한다.

제96조 1. 총회 또는 안전보장이사회는 어떠한 법적 문제에 관하여도 권고적 의견을 줄 것을 국제사법재판소에 요청할 수 있다.

2. 총회에 의하여 그러한 권한이 부여될 수 있는 국제연합의 다른 기관 및 전문기구도 언제든지 그 활동범위 안에서 발생하는 법적 문제에 관하여 재판소의 권고적 의견을 또한 요청할 수 있다.

제 15 장 사 무 국

제97조 사무국은 1인의 사무총장과 기구가 필요로 하는 직원으로 구성한다. 사무총장은 안전보장이사회의 권고로 총회가 임명한다. 사무총장은 기구의 수석행정직원이다.

제98조 사무총장은 총회, 안전보장이사회, 경제사회이사회 및 신탁통치이사회의 모든

회의에 사무총장의 자격으로 활동하며, 이러한 기관에 의하여 그에게 위임된 다른 임무를 수행한다. 사무총장은 기구의 사업에 관하여 총회에 연례보고를 한다.

제99조 사무총장은 국제 평화와 안전의 유지를 위협한다고 그 자신이 인정하는 어떠한 사항에도 안전보장이사회의 주의를 환기할 수 있다.

제100조 1. 사무총장과 직원은 그들의 임무 수행에 있어서 어떠한 정부 또는 기구 외의 어떠한 다른 당국으로부터도 지시를 구하거나 받지 아니한다. 사무총장과 직원은 기구에 대하여만 책임을 지는 국제공무원으로서의 지위를 손상할 우려가 있는 어떠한 행동도 삼간다.

2. 각 유엔회원국은 사무총장 및 직원의 책임이 전적으로 국제적인 성격을 존중할 것과 그들의 책임수행에 있어서 그들에게 영향을 행사하려 하지 아니할 것을 약속한다.

제101조 1. 직원은 총회가 정한 규칙에 따라 사무총장에 의하여 임명된다.

2. 경제사회이사회, 신탁통치이사회 그리고 필요한 경우에는 유엔의 다른 기관에 적절한 직원이 상임으로 배속된다. 이 직원은 사무국의 일부를 구성한다.

3. 직원의 고용과 근무조건의 결정에 있어서 가장 중요한 고려사항은 최고수준의 능률, 능력 및 성실성을 확보할 필요성이다. 가능한 한 광범위한 지리적 기초에 근거하여 직원을 채용하는 것의 중요성에 관하여 적절히 고려한다.

제 16 장 잡 칙

제102조 1. 이 헌장이 발효한 후 유엔회원국이 체결하는 모든 조약과 모든 국제협정은 가능한 한 신속히 사무국에 등록되고 사무국에 의하여 공표된다.

2. 이 조 제1항의 규정에 따라 등록되지 아니한 조약 또는 국제협정의 당사국은 유엔의 어떠한 기관에 대하여도 그 조약 또는 협정을 원용할 수 없다.

제103조 유엔회원국의 헌장상의 의무와 다른 국제협정상의 의무가 상충되는 경우에는 이 헌장상의 의무가 우선한다.

제104조 기구는 그 임무의 수행과 그 목적의 달성을 위하여 필요한 법적 능력을 각 회원국의 영역 안에서 향유한다.

제105조 1. 기구는 그 목적의 달성에 필요한 특권 및 면제를 각 회원국의 영역 안에서 향유한다.

2. 유엔회원국의 대표 및 기구의 직원은 기구와 관련된 그들의 임무를 독립적으로 수행하기 위하여 필요한 특권과 면제를 마찬가지로 향유한다.

3. 총회는 이 조 제1항 및 제2항의 적용세칙을 결정하기 위하여 권고하거나 이 목적을 위하여 유엔회원국에게 협약을 제안할 수 있다.

제 17 장 과도적 안전보장 조치

제106조 안전보장이사회가 제42조상의 책임의 수행을 개시할 수 있다고 인정하는 제43조에 규정된 특별협정이 발효할 때까지, 1943년 10월 30일에 모스크바에서 서명된 4개국 선언의 당사국 및 프랑스는 그 선언 제5항의 규정에 따라 국제 평화와 안전의 유지를 위하여 필요한 공동조치를 기구를 대신하여 취하기 위하여 상호간 및 필요한 경우 다른 유엔회원국과 협의한다.

제107조 이 헌장의 어떠한 규정도 제2차 세계대전 중 이 헌장 서명국의 적이었던 국가에 관한 조치로서, 그러한 조치에 대하여 책임을 지는 정부가 그 전쟁의 결과로서 취하였거나 허가한 것을 무효로 하거나 배제하지 아니한다.

제 18 장 개 정

제108조 이 헌장의 개정은 총회 구성국의 3분의 2의 투표에 의하여 채택되고, 안전보장이사회의 모든 상임이사국을 포함한 유엔회원국의 3분의 2에 의하여 각자의 헌법상 절차에 따라 비준되었을 때, 모든 유엔회원국에 대하여 발효한다.

제109조 1. 이 헌장을 재심의하기 위한 유엔회원국 전체회의는 총회 구성국의 3분의 2의 투표와 안전보장이사회의 9개 이사국의 투표에 의하여 결정되는 일자 및 장소에서 개최될 수 있다. 각 유엔회원국은 이 회의에서 1개의 투표권을 가진다.

2. 이 회의의 3분의 2의 투표에 의하여 권고된 이 헌장의 어떠한 변경도, 안전보장이사회의 모든 상임이사국을 포함한 유엔회원국의 3분의 2에 의하여 그들 각자의 헌법상 절차에 따라 비준되었을 때 발효한다.

3. 그러한 회의가 이 헌장의 발효 후 총회의 제10차 연례회기까지 개최되지 아니하는 경우에는 그러한 회의를 소집하는 제안이 총회의 동 회기의 의제에 포함되어야 하며, 회의는 총회 구성국의 과반수의 투표와 안전보장이사회의 7개 이사국의 투표에 의하여 결정되는 경우에 개최된다.

제 19 장 비준 및 서명

제110조 1. 이 헌장은 서명국에 의하여 그들 각자의 헌법상 절차에 따라 비준된다.

2. 비준서는 미합중국 정부에 기탁되며, 동 정부는 모든 서명국과 기구의 사무총장이 임명된 경우에는 사무총장에게 각 기탁을 통고한다.

3. 이 헌장은 중화민국, 프랑스, 소비에트사회주의공화국연방, 영국과 미합중국 및 다른 서명국의 과반수가 비준서를 기탁한 때에 발효한다. 비준서 기탁 의정서는 발효 시 미합중국 정부가 작성하여 그 등본을 모든 서명국에 송부한다.

4. 이 헌장이 발효한 후에 이를 비준하는 이 헌장의 서명국은 각자의 비준서 기탁일에 유엔의 원회원국이 된다.

제111조 영어, 불어, 중국어, 러시아어 및 스페인어 본이 동등하게 정본인 이 헌장은 미합중국 정부의 문서보관소에 기탁된다. 이 헌장의 인증등본은 동 정부가 다른 서명국 정부에 송부한다.

이상의 증거로서, 연합국 정부의 대표들은 이 헌장에 서명하였다.

1945년 6월 26일 샌프란시스코 시에서 작성하였다.

참고문헌

강성학, "냉전후 유엔의 인도주의적 개입: 시지프스에서 이카루스로?" 「IRI 리뷰」 제5권 1호. 2000.

강원택 · 조홍식, 「하나의 유럽」. 푸른길. 2009.

김석준 · 이선우 · 문병기 · 곽진영, 「뉴거버넌스 연구」. 대영문화사. 2000.

김열수, 「국제기구를 통한 분쟁관리: 국제연합의 평화유지활동(PKO)」. 오름. 2000.

김옥진, 「글로벌 거버넌스에 대한 연구: 형성과정과 전망」. 부산대학교. 2003.

김완순 · 한복연, 「국제경제기구론」. 박영사. 1997.

민족통일연구원 편, 「국제기구 및 비정부기구의 인도적 지원사례」. 민족통일연구원. 1997.

박기철, 「박기철 교수의 안식년 365일-4권」. 2014.

박수길 편, 「21세기 유엔과 한국」. 오름. 2002.

박재영, 「국제기구정치론」. 법문사. 1998.

_____, 「국제관계와 NGO」. 법문사. 2003.

_____, "국제기구 강화의 부메랭 효과: 국제연합 개발원조 체계의 분석 사례." 「한국과 국제정치」 제10권 2호. 1994.

서창록, "국제기구와 거버넌스: UN 개혁을 중심으로." 「거버넌스의 정치학」. 법문사. 2002.

서창록 · 이연호 · 곽진영, "거버넌스의 개념: 거버넌스의 개념과 쟁점에 관한 소고." 「거버넌스의 정치학」. 법문사. 2002.

송유철 · 박지현, 「WTO 농업협상 대비 주요 쟁점분석 및 정책시사점: 국제기구 논의 동향을 중심으로」. 대외경제정책연구원. 2001.

성재호, 「국제기구와 국제법」. 한울. 2002.

유엔환경계획 한국위원회, 「몬트리올 의정서」. 유넵프레스. 2002.

____________________, 「교토 의정서」. 유넵프레스. 2003.

유현석, 「국제정세의 이해: 9·11 테러 이후 지구촌의 아젠다와 국제관계」. 한울 아카데미. 2003.

윤영관 외, 「국제기구와 한국외교」. 민음사. 1996.

이무성, "유럽연합, 리스본 조약 발효 유럽 합중국 등장?" 「통일한국」 313호. 2010.

임문영, 「유럽연합의 사회정책」. 계명대학교출판부. 2003.

전창조 · 최학유, 「환경문제의 이해」. 세종출판사. 2001.

정인교, 「自由貿易協定(FTA) 이해하기」. 대외경제정책연구원. 2001.

정준금 · 신연재 · 최병철 · 한상진, 「환경과 사회」. 대영문화사. 1999.

조홍식, "ASEM의 국제정치적 의미." 「국가전략」 6권 4호 (통권 제14호). 세종연구소. 2000.

주성수, 「글로벌 가버넌스와 NGO」. 아르케. 2000.

주성수 · 서영진, 「UN, NGO, 글로벌 시민사회」. 한양대학교출판부. 2000.

최영종, 「동아시아 지역통합과 한국의 선택」. 아연출판부. 2003.

한국무역협회 무역연구소, 「주간무역리뷰」. 한국무역협회. No.73. 2003.

Amin, Samir, *Imperialism and Uneven Development*. New York: Monthly Review Press, 1977.

Amnesty International, *Amnesty International*/1994. London: Amnesty International Publication, 1994.

An-Na'im, Abdullahi A., "The Cultural Mediation of Human Rights: The Al-Arqum Case in Malaysia." *In The East Asian Challenge for Human Rights*. Edited by Joanne R. Bauer and Daniel A. Bell. Cambridge: Cambridge University Press. 1999.

Balaam, David N. and Veseth, Michael, *Introduction to International Political Economy*. New Jersey: Prentice Hall, 2001.

Barnet, Richard and Mueller, Ronald, *Global Reach: The Power of the Multinational Corporations*. New York: Simon and Schuster, 1974.

Behrman, Jack N., *National Interests and the Multinational Enterprise: Tensions among the North Atlantic Countries*. Englewood Cliffs, NJ: Prentice Hall, 1970.

Bennett, LeRoy A., *International Organizations: Principles and Issues*. 6th ed. Upper Saddle River, NJ: Prentice Hall, 1995.

Bennett, LeRoy A. and Oliver, James K., *International Organizations: Principles and*

Issues. 7th ed. Upper Saddle River, NJ: Prentice Hall, 2002.

Biersteker, Thomas J., *Distortion or Development? Contending Perspectives on the Multinational Corporation*. Cambridge, MA: MIT Press, 1978.

Binmore, Ken, *Fun and Games: A Text on Game Theory*. Lexington, MA: D.C. Heath, 1992.

Bowman, Steve and Dale, Catherine, "War in Afghanistan: Strategy, Military Operation and Issues for Congress." *CRS report for Congress*, 2009.

Brownlie, Ian, *Basic Documents on Human Rights*. Oxford, UK: Clarendon Press, 1994.

Cardoso, Fernando H. and Faletto, Enzo, *Dependency and Development in Latin America*. Berkley, CA: University of California Press, 1979.

Carlsson, Ingnar, "The United Nations: A Time to Reform." *Foreign Policy*. Fall 1995.

Cohen, Benjamin J., *In Whose Interest? International Baking and American Foreign Policy*. New Haven, CT: Yale University Press, 1986.

Cox, Robert W., "Social Force, States and World Orders: Beyond International Relations Theory." in Robert O. Keohane ed. *Neorealism and Its Critics*. New York: Columbia University Press, 1986.

______________, "Critical Political Economy." in Bjorn Hettine. ed. *International Political Economy: Understanding Global Disorder*. London: Zed Books, 1995.

______________, "Introduction." in Robert W. Cox. ed. *The New Realism*. London: Macmillan for the UN University Press, 1997.

Crane, George T. and Amawi, Abla, "The Theoretical Evolution of International Political Economy: A Reader." George T. Crane and Abla Amawi. ed. 2nd ed. Oxford University Press, 1997.

Diehl, Paul F., "The Politics of Global Governance: International Organizations in an Interdependent World." 2nd ed. Boulder, Colo. : Lynne Rienner Publishers, 2001.

Donnelly, Jack, *International Human Rights*. Boulder, CO: Westview Press, 1993.

Evans, Peter, *Dependent Development: The Alliance of Multinational, Sate and Local Capital in Brazil*. Princeton, NJ: Princeton University Press, 1979.

Falk, Richard, "The Outlook for UN Reform: Necessary, but Impossible." *In Between Sovereignty and Global Governance: The United Nations, the State, and Civil Society*. Edited by Albert J. Paolini, Anthony P. Jarvis, and Christian Reus-Smit.

New York: St. Martin's Press, 1998.

Friedman, Thomas L., *The Lexux and the Olive Tree*. New York: Farrar, Straus and Giroux, 1999.

Gill, Stephen, *American Hegemony and the Trilateral Commission*. Cambridge, UK: Cambridge University Press, 1991.

Gilpin, Robert, *War and Change in World Politics*. Cambridge, UK: Cambridge University Press, 1981.

_____________, *The Political Economy of International Relations*. Princeton, NJ: Princeton University Press, 1987.

Gordstein, Joshua, *International Relations*. 2nd ed. New York: Harper Collins, 1996.

Gordenker, Leon, *Refugees in International Politics*. 2nd ed. London: Croom Helm, Ltd. 1987.

Gordenker, Leon and Weiss, Thomas, "Developing Responsibilities: A Framework for Analyzing NGO's and Services." in T. Weiss. ed. *Beyond UN Subcontracting: Talk-Sharing with Regional Security Arrangement and Service-providing NGO's*, Basingstroke: Macmillan, and New York: St. Martin's Press, 1998. pp.30-45.

Gowa, Joanne, "Rational Hegemons, Excludable Foods, and Small Groups: An Epitaph for Hegemonic Stability Theory." *World Politics* 41(April): 302-324. 1988.

Grieco, Joseph M., "Systemic Sources of Variation in Regional Institutionalization in Western Europe, East Asia, and the Americas." Edward M. Mansfield and Helen V. Milner. eds. *The Political Economy of Regionalism.* NY: Columbia, 1997. pp. 164-187.

Haas, Ernst. *Beyond the Nation-State*. Stanford, CA: Stanford University Press, 1958.

Hass, Peter M., *From Theory to Practice: Ecological Ideas and Development Policy*. Cambridge: Harvard University Press, 1992. pp.31-34.

Hardin, Garrett, "The Tragedy of the Commons." *Science*, 1968. 162: 1243-1248.

Human Rights Watch, *World Report 2000: Events of 1999*. New York: Human Rights Watch, 1999.

Hoare, Quentin and Smit, Geoffrey N., eds. *Selections from the Prinson Notebooks*. London: Lawren and Wishart, 1971. p.114, pp.56-57.

Katzenstein, Peter J., "Introduction: Asian Regionalism in Comparative Perspective." *Network Power: Japan and Asia*. NY: Cornell, 1997. pp.1-44.

Keohane, Robert O., *After Hegemony: Cooperation and Discord in the World Political Economy*. Princeton, NJ: Princeton University Press, 1984.

Keohane, Robert O. and Nye, Joseph S. Jr. *Power and Interdependence: World Politics in Transition*. Boston, MA: Little Brown, 1977.

Keohane, Robert O. and Nye, Joseph S. Jr., eds., "Transnational Relations and World Politics." *International Organization* 25(Summer) 1971.

Knight, Andy, "State-Society Complexes and the New Multilateralism: Creating Space for Hetearchic Governance." in Timothy M. Shaw. ed. *Global Institutions and Local Empowerment*. New York: St. Martin's Press, 1999a.

____________, "Engineering Space in Global Governance: The Emergence of Civil Society in Evolving 'New' Multilateralism." in Michael Schechter. ed. *Future Multilateralism*. London: Macmillan for the UN University Press, 1999b.

____________, *A Changing United Nations: Multilateral Evolution and the Quest for Global Governance*. New York: Palgrave, 2000.

Kolko, Joyce and Kolko, Gabriel, *The Limits of Power: The World and United States Foreign Policy, 1945-1954*. New York: Harper and Row, 1972.

Krasner, Stephen, *International Regimes*. Ithaca, NY: Cornell University Press, 1983.

______________, "Global Communication and National Power: Life and the Pareto Frontier." *World Politics* 43(April): 336-366. 1991.

Lee, Shinwha, *Environmental Matters: Conflicts, Refugees & International Relations*. Seoul and Tokyo: WHDI Press, 2001.

Lewis, Paul, "Reluctant Peacekeepers: Many UN Members Reconsider Role in Conflicts." *New York Times*, December 12, 1993.

Marceau, G. and Pederson, P., "Is the WTO Open and Transparent," *Journal of World Trade* 33(1): 5-49. 1999.

Matthews, Ken, *The Gulf Conflict and International Relations*. London: Routledge, 1993.

Mearsheimer, John J., "Back to the Future: Instability in Europe After the Cold War." *International Security* 15(summer): 5-56. 1990.

_________________, "The False Promise of International Insitutions." *International Security* 19(winter): 5-49. 1994/1995.

_________________, "A Realist Theory." *International Security* 20(summer): 82-104.

1995.

Mingst, Karen A., *Essentials of International Relations*. 2nd ed. New York: W.W. Norton & Company, 2003.

Mingst, Karen A. and Karns, Margaret, *The United Nations in the Post-Cold War Era: Dilemmas in World Politics*. Colorado: Westview Press, 2000.

Mitrany, David, "The Functional Approach to World Organization." *International Affairs* 24(July): 350-363. 1948.

______________, *A Working Peace System*. Chicago, IL: Quadrangle Books, 1966.

Modelski, George. "The Long Cycle of Global Politics and the Nation-State." *Comparative Studies in Society and History 20*(April): 214-235. 1978.

Murphy, Craig N, *International Organizations and Industrial Change*. New York: Oxford University Press, 1994.

Nincic, Miroslav, *Democracy and Foreign Policy: The Fallacy of Political Realism*. New York: Columbia University Press, 1992.

Nordic UN Project, *The United Nations in Development: Reform Issues in Economic and Social Fields*. Stockholm: Almqvist and Wiksell International, 1991.

Nye, Joseph S, Jr., *Peace in Parts: Integration and Conflict in Regional Organization*. Boston, MA: Little Brown, 1971.

_______________, *Bound to Lead: The Changing Nature of American Power*. New York: Basic Books, 1990.

Ogata, Shijuro and Volcker, Paul. *Financing an Effective United Nations: A Report of the Independent Advisory Group on UN Financing*. New York: Ford Foundation, 1993.

Oneal, John R. and Russett, Bruce M., "The Classical Liberals Were Right: Democracy, Interdependence and Conflict, 1950-1985." *International Studies Quarterly* 41(June): 267-294. 1997.

Packenham, Robert A., *The Dependency Movement: Scholarship and Politics in Dependency Studies*. Cambridge, MA: Harvard University Press, 1992.

Paul, James A., *NGOs, Civil Society and Global Policy Making*. June 1996, March 16, 2000. http://www.igc.org/globalpolicy/NGOs/analysis/analhysis.Htm.

Pease, Kelly-Kate S., *International Organizations: Perspectives on Governance in the Twenty-First Century*. 2nd ed. New Jersey: Prentice Hall, 2003.

Potter, Pitman B., "Origins of the Term International Organizations." *American Journal of International Law*, Vol.39. 1945.

Power, Jonathan, *Amnesty International: The Human Rights Story*. New York: McGrow Hill, 1981.

Reich, Robert B., *The Work of Nations: Preparing Ourselves for Twenty-First Century Capitalism*. New York: Simon and Schuster, 1991.

Riggs, Robert E. and Plano, Jack C., *The United Nations: International Organization and World Politics*. 2nd ed. Belmont, CA: Wadsworth, 1994.

Rosenau, James N., "Toward and Ontology for Global Governance." in Martin Hewson and Timothy F. Sinclair. eds. *Approaches to Global Governance Theory*. New York: State University of New York Press, 1999.

Ruggie, John Gerald, "International Regimes, Transactions, and Change: Embedded Liberalism in the Post-Cold War Economic Order." *International Organization* 36. 1982.

__________________, *Constructing World Polity*. New York: Routledge, 1998.

Russett, Bruce M., *Grasping the Democratic Peace: Principles for a Post-Cold War World*. Princeton, NJ: Princeton University Press, 1993.

Salvatore, Dominick, *International Economics*. 7th ed. New York: John Wiley & Sons, 2001.

Sassoon, Anne Showstack, *Approaches to Gramsci*. London: Writers and Readers, 1982.

Schweller, Randall L. and Preiss David, "A Tale of Two Realisms: Expanding the Institutions Debate." *Mershon International Studies Review* 41(May): 1-32. 1997.

Simon, Roger, *Gramsci's Political Thought*. London: Lawrence Wishart, 1982. p. 11.

Stopford, John, "Multinational Corporation." *Foreign Policy*, No.113(Winter): 12-24. 1998-1999.

Strange, Susan, "Cave Hic Dragones." *International Regime*. in Stephen Krasner. ed. Ithaca, NY: Cornell University Press, 1983. pp.337-354.

The Commission on Global Governance, *Our Global Neighborhood*. Commission on Global Governance: Oxford University Press, 1995.

Tuchman, Barbara W., *The March of Folly*. New York: Knopf, 1984.

UNA/USA, *A Successor Vision: The United Nations of Tomorrow*. Lanham, MD:

University Press of America. 1998.

United Nations, *Development Update*, No. 26, January-February 1999.

____________, "Millenium Forum Aims to Give Global Civil Society a Collective Voice," February 18, 2000, accessed May 9, 2000. http://www.millenniumforum.org/html/news/PressRe11_holistic.htm.

____________, Report of the Secretary-General on the Work of the Organization. General Assembly Official Records, fifty-fifth series, supplement No.1, New York, United States. 2000.

Urquhart, Brian, *A Life in Peace and War*. New York: Harper and Row. 1987.

USTR, "Recommendations on Future Tree Trade Area Negotiations." 1997.

Valenzuela, Samuel J. and Arturo, Valenzuela, "Modernization and Dependency: Alternative Perspectives in the Study of Latin American Underdevelopment." *Comparative Politics* 10(July): 535-537, 1978.

Van der pijl, Kees. *The Making of the Atlantic Ruling Class*. London: Verso Press, 1984.

Viotti, Paul R. and Kauppi, Mark V., *International Relations Theory: Realism, Pluralism, and Globalism*. 2nd ed. New York: Macmillan Publishing Company, 1993.

Wallerstein, Immanuel, *The Modern World System*. New York: Academic Press, 1980.

Waltz, Kenneth N., *The Man, State and War: A Theoretical Analysis*. New York: Columbia University Press, 1959.

Wapner, Paul, *Environmental Activism and World Civic Politics*. Albany, NY: State University of New York Press, 1996.

Weiss, Thomas G. and Campbell, Kurt M., "The United Nations and Eastern Europe." *World Policy Journal* 7, No. 3(Summer). 1990.

Weiss, Thomas G., Forsythe, David P., and Coate, Roger A., *The United Nations and Changing World Politics*. Boulder, CO: Westview Press, 1994.

Weiss, Thomas G. and Gordenker, Leon, eds., *NGOs, the UN, and Global Governance*. Boulder, CO: Lynne Rienner Press, 1996.

Wendt, Alexander, "Anarchy is What States Make of It: The Social Construction of Power Politics." *International Organization* 46(2). 1992.

_______________, "Constructing International Politics." *International Security* 20-1 (Summer). 1995.

Williams, Marc, "Rethinking Sovereignty." in Eleonore kofman and Gillian Youngs. eds. *Globalization: Theory and Practice*. London: Pinter, 1998.

Winters, Matthew, "The World Bank and the Global Financial Crisis: The Reemergence of Lending to Middle-Income Countries." *Whitehead Journal of Diplomacy and International Relations*, 12: 57, 2011.

Ziring, Lawrence, Riggs, Robert, and Plano, Jack, *The United Nations: International Organization and World Politics*. 3rd ed. New York: Harcourt Brace & Company, 2000.

Websites:

Amnesty International: www.amnesty.org

Asia-Pacific Economic Cooperation(APEC): www.asecsec.org.sg

Council of Europe: www.coe.fr/indes.asp

Doctors Without Borders: www.doctorswithoutborders.org

European Unison(EU): www.europa.eu.int

G-7 Information Center: www.g7.untoronto.ca

G-77 Home Page: www.g77.org

Global Policy Forum: www.globalpolicy.org

Green Peace: www.greenpeace.org/internationalmen/aboutus/

High Commissioner for Human Rights: www.unhchr.ch

Human Rights Watch: www.hrw.org

International Committee of the Red Cross: www.icrc.org

International Court of Justice: www.icj-cij.org

International Monetary Fund: www.imf.org

NATO: www.nato.int

OECD: www.oecd/org

Organization of American States(OAS): www.oas.org

Oxfam: www.oxfam.org

Stockholm International Peace Research Institute: www.sipri.org

UN: www.un.org

UNDP: www.undp.org

UN Peacekeeping Operation: www.un.org/Depts/dpko/

UN sustainable development website: www.un.org/esa/sustdev/

UN System: www.unsystem.org

United Nations Association: www.unausa.org

World Bank: www.worldbank.org

World Food Program: www.wfp.org

World Trade Organization: www.wto.org

Yearbook of International Organizations: www.uia.org/organizations/pub.php

찾아보기

ㄴ

ㄷ

ㄹ

ㅁ

ㅇ

ㅈ

chapter 08 쉬어 가는 장 – 정답

			레		아	르	누	보	
		표	제	음	악				
			드					포	숙
			라			피	닉	스	
플	라	즈	마			톤		트	
라		믄				치		모	
스			프	로	이	드		더	
틱	장	애			카			니	
	발				루			즘	
	장			박	스	권			

[저자약력]

서창록

서울대학교 외교학과 졸업
미국 Tufts University, The Fletcher School of Law and Diplomacy 국제정치학 박사
미국 University of California, Berkeley 연구교수
미국 New York University 초빙교수
유엔인권이사회 자문위원회 위원
현재 휴먼아시아 이사장
현재 일민국제관계연구원장
현재 유엔 시민적 · 정치적 권리위원회 위원
현재 고려대학교 국제대학원 교수

김영완

연세대학교 정치외교학과 졸업
미국 University of California San Diego 국제정치학 석사
미국 University of Iowa 정치학 박사
미국 Iowa State University 강의전담교수
고려대학교 국제대학원 연구교수
미국 University of California San Diego 방문교수
한국외국어대학교 LD 학부 교수
현재 휴먼아시아 상임이사
현재 서강대학교 정치외교학과 교수

제 3 판

국제기구 -글로벌 거버넌스의 정치학-

2004년 1월 30일 제1판 1쇄 발행
2016년 8월 25일 제2판 1쇄 발행
2023년 2월 28일 제3판 1쇄 발행
2024년 7월 25일 제3판 2쇄 발행

저자와의 협의에 의해 인지첩부를 생략합니다.

저 자 서 창 록 · 김 영 완
발행인 강 희 일 · 박 은 자
발행처 **다 산 출 판 사**

서울특별시 마포구 대흥로 6길 8
등 록 1979. 6. 5. 제 3-86 호(윤)
전 화 717-3661~2
FAX 716-9945
조 판 민 하 디 지 탈 아 트

정가 26,000원 파본은 바꾸어 드립니다.

http://www.dasanbooks.co.kr
ISBN 978-89-7110-633-4 93340